大佛頂 如來密因 修證了義
諸菩薩萬行 首楞嚴經 講解
小考

統和佛教 傳講院 編

경서원
2010

머 리 말

首楞嚴經은 一乘教의 終實이며 圓頓教의 指歸이다.

그리고 또한 顯教 頓教 大小乘을 총 망라하였으며, 華嚴 法華 涅槃 般若 彌陀經등의 핵심 要諦이다.

無上 法寶중의 法寶이며 如來說法 중의 說法이기에 佛教 宗主國인 摩竭陀國에서는 역대의 君主들이 그 나라의 那爛陀寺의 石塔안에 봉안해 두고 外國으로 수출하는 것을 금지했던 것이다.

그러므로 天台智者 大師께서는 十八年동안 西쪽을 향하여 이 經이 東土에 傳해지기를 매일 기도 하셨다.

우리는 末法을 만났으나 이 경전과 법문을 접하게 된 것은 참으로 한량없는 慶幸이 아닐 수 없다.

그러므로 이번 統和佛教 傳講院에서는 특히 이 경전을 공부하기로 선정하였던 것이다.

二年간의 기간은 비록 짧지만 首楞嚴經 正解 강의본에 의해서 공부한 결과로 여러분의 硏鑽과 勞苦에 의하여 二十三人이 모두 이 楞嚴經 小考를 써내어 발표하게 되었다.

우리가 앞으로 더 공부할 것은 이 정도에서 멈추지 말고 더욱 수행하고 정진하여 首楞嚴三昧를 이루고 如來의 一代時教의 핵심인 首楞教義를 더욱더 大悟하여 無上道를 이루는

데에 있다고 할 것이다.

여러 말을 줄이고 끝으로 楞嚴經에 있는 悟道頌을 末尾에 적어 둔다.

묘담총지부동존(妙湛總持不動尊)
수릉엄왕세희유(首楞嚴王世希有)
소아억겁전도상(銷我億劫顚倒想)
불역승지획법신(不歷僧祇獲法身)
원금득과성보왕(願今得果成寶王)
환도여시항사중(還度如是恒沙衆)
장차심심봉진찰(將此深心奉塵刹)
시즉명위보불은(是則名爲報佛恩)

불기 2554년 경인 정월 십구일 아침
佛紀 年 庚寅 正月 十九日

부산 화엄사 화엄당에서
釜山 華嚴寺 華嚴堂

원조 각성 삼가 씀
圓照 覺性

傳講院 序文

부처님께서 말씀하신 經典 中에서 어느 經文인들 重要하지 않은 것이 없지만 그 中 『大佛頂 如來密因 修證了義 諸菩薩萬行 首楞嚴經』은 특히 부처님 말씀을 체계적이고 종합적으로 說한 經典이다.

『楞嚴經』은 마음의 所在에 대한 疑問에서 시작하여 부처님의 마음으로 世上을 제대로 보는 理致, 깨달음을 위한 修行을 하는 方法, 修行에 있어서 警戒할 對象과 지표를 삼아야 할 내용 등, 佛子로서 體得해야 할 法의 내용을 禪과 敎의 구분을 뛰어 넘어 종합적으로 제시하고 있다.

이런 이유로 『楞嚴經』을 예로부터 <小華嚴>이라 稱하였으며 전국의 승가대학에서는 『楞嚴經』을 華嚴經, 起信論. 金剛經, 圓覺經과 더불어 出家修行者가 기본적으로 공부해야 할 필수 敎材로 채택하고 있다.

그러나 『楞嚴經』는 전체적으로 四字一句의 형식을 取하고 있어 經文의 내용상 함축 및 省略이 많기 때문에 解釋이 難解한 經典으로 알려져 있다.

이로 인해 佛家에서는 『楞嚴經』을 '차돌경전'이라는 別稱을 붙일 정도이다.

그만큼 내용이 알차면서 한편으로 難解한 經典이란 뜻이

다.

이러한 문제를 해결하기 위해 일찍이 조선 세조 때에는 『楞嚴經』 한글 언해본을 따로이 편찬하여 經典을 이해하는 데 일조를 해왔고 이후 현대에 이르기까지 많은 스님과 학자들이 『楞嚴經』에 대한 飜譯 및 註解 作業을 해왔지만 『楞嚴經』은 아직도 쉽게 접근하기 어려운 經典으로 남아있다. 부처님 말씀에 대한 『楞嚴經』의 심오한 내용을 생각해 볼 때 이는 매우 안타까운 일이 아닐 수 없다.

차제에 불교계의 대강백이신 원조각성 큰 스님을 모시고 통화불교 전강원이라는 이름 하에 제방의 비구·비구니 스님들이 모여 다시 『楞嚴經』을 공부하게 되는 귀한 因緣을 얻게 되었다. 원조각성 큰 스님은 佛敎를 비롯하여 儒敎, 道敎 등 東洋思想 전반에 걸쳐 깊은 이해를 가지신 분이다.

일찍이 승가대학에서 講義를 하셨고 동국대학교 동국역경원에서 오랫동안 經典 飜譯과 證義를 하셨다.

經典硏究에 있어서도 勞苦를 아끼지 않고 『楞嚴經』, 원각경, 능가경, 기신론, 유식학, 천태학, 대도직지, 화엄경론 등의 방면에 철저한 공부의 결과물로서 많은 著書를 내셨다.

원조각성 큰스님은 오랜 불교 硏究를 通하여 많은 불자들이 경전 공부에 있어 어려움을 겪는 것을 늘 안타깝게 여기신 분이다. 때문에 각성 큰스님은 경전 공부에 있어 누구보다도 쉽고 구체적인 가르침에 각별한 관심을 가져오셨다.

금번 『楞嚴經』 공부에 있어 교재로 삼은 『楞嚴經正解』는 각성 큰스님의 이러한 배려가 충분히 배어든 저서다. 『楞嚴經正解』에는 『楞嚴經』에 대한 운문과 번역 그리고 그에 대한 각성 큰스님의 解釋과 경전증거와 설명이 자세하게 실려 있다.

23인의 전강원 비구·비구니 스님들은 『楞嚴經正解』와 『楞嚴經』 한역을 서로 비교하면서 研究하는 한편, 각자 주제를 맡아 經에 대한 이해를 심화시키고, 매월 정기적으로 모여 5시간 이상 각성 큰스님의 證明 하에 발표와 토론을 거쳐 공부의 성과를 발표하는 과정을 거쳐 왔다.

2년여에 걸친 이러한 지속적인 활동을 通하여 전강원 스님들은 『楞嚴經』에 대해 새로운 깨달음을 얻게 되었고 선정과 불법 포교에 대한 새로운 각오를 다지게 된 부분이 적지 않다.

本 論集은 그 간의 전강원 스님들의 研究 활동의 자그만한 결실이라 할 수 있다. 본 논집의 구성은 『楞嚴經』을 주제에 따라 세분하고 스님들이 각기 自身이 맡은 주제에 대해 최종적으로 집필한 小論을 다시 『楞嚴經』의 목차에 배치하여 엮은 것이다.

이와 같은 구성은 특히 『楞嚴經』연구에 있어서는 전무한 사례라 할 수 있다. 때문에 이번 論文集을 出刊하는데 있어서 적잖은 어려움과 부족함을 절실히 느낀 것은 사실이다.

그럼에도 불구하고 『楞嚴經』을 주제별로 연구한 결과물이 다시 전체적인 구성에 녹아들어간 본 論文의 내용이 『楞嚴經』을 공부하고자 하는 이들에게 여러모로 참고가 될 것임을 자부하며 本 論集의 가장 큰 의의를 바로 이 점에 둔다.

본 논집을 通하여 비판과 동의를 막론하고 『楞嚴經』에 대한 世間의 관심이 더욱 활성화 되고 나아가 본 論集이 佛敎에 대한 研究가 그 규모와 성격을 막론하고 보다 활발하게 전개되는 지표가 되기를 기원하는 바이다.

끝으로 다시 한 번 오랜 기간 동안 後學들에 대한 각별한 애정을 가지시고 지도에 勞苦를 아끼지 않으신 원조각성 큰스님께 머리 숙여 감사드린다.

전강원 비구·비구니 스님들은 모두 승납 20년 이상이며 승가대학 졸업자 혹은 일반 대학원 석사·박사 과정을 수료하거나 中講 이상의 실력을 갖춘 분들이다.

그 중에는 이미 수십 년 前에 승가대학에서 각성 큰스님 밑에서 『楞嚴經』 공부를 하신 분도 계시고, 이미 공부나 법납이 지극하신 분이 적지 않았다.

그러나 모두 이번 因緣을 通하여 『楞嚴經』와 불교에 대하여 새로운 깨달음을 얻게 되어 한량없는 기쁨을 누렸다. 이 기회로 불법 공부와 포교에 더욱 전념할 것을 전강원 23명 비구·비구니 스님들은 다짐하는 바이다.

불기2554 경인년(2010) 5월

통화불교 전강원 스님 일동

차 례

1. 七番破心
-부처님이 아난에게 마음의 所在를 묻다

化榮 法鏡

1. 들어가면서-楞嚴經의 시작으로서의 七番破心

覺性 스님은 『楞嚴經正解』 첫 줄을 다음과 같은 말로 시작하셨다.

"본래 한 글자도 없으나 항상 光明을 놓는 그러한 經을 읽어야 된다."[1)]

1) 覺性 『楞嚴經正解』上, 玄音社, p.21

부처님의 말씀을 전한 經 중에 어느 것 하나 보석같이 진귀하지 않은 經이 있겠냐마는 그 중에서 『楞嚴經』은 부처님 말씀을 가장 체계적, 조직적, 논리적으로 전하고 있다. 『능엄경』의 본래 이름이 『大佛頂如來密因修證了義諸菩薩萬行首楞嚴經』인 것에서 볼 수 있듯이 『楞嚴經』은 수행을 하여 證得하는데 最高의 眞理, 最上의 眞理라 할 수 있다.

『능엄경』은 부처님께서 아난 존자를 破戒의 위험에서 구제하신 후 대화를 통해 가르침을 펴시는 형식으로 이루어져 있다. 그 중에 가장 먼저 언급되는 것이 바로 '참마음의 所在'이다. 부처님은 아난에게 마음이 어디에 있는가를 물으시고 아난의 답을 일곱 번 부정하시어, 하나하나 단계적으로 아난의 그릇된 인식을 깨고 참 마음의 所在를 탐구하는 방향을 제시해 주고 있다. 이것이 바로 이른바 '七番破心'[2]이다. 본문에서는 七處徵心의 내용을 헤아려 보고 그것이 갖는 의미를 짚어 보고자 한다.

2. 아난과의 對話의 시작

『楞嚴經』은 전반적으로 부처님과 아난의 대화의 형식으로 法을 설하고 있다. 아난은 부처님의 10대 제자이자 사촌동생으로 항상 부처님의 곁에서 시봉하였기 때문에 부처님의 가르침을 누구보다도 더 많이 들어왔다.

---

2) 覺性 스님이 언급하였듯이 『正脈疏』의 七番破心이라고 하는 것이 더 맞는 표현이다. 여기서는 관례에 따라 『戒環解』의 해석대로 七處徵心이라 칭한 것을 「七番破心」이라고 칭하겠다.

多聞第一인 아난과의 대화를 통해 가장 체계적이고 논리적이라는 『능엄경』의 법이 전해졌다는 것은 시사하는 바가 크다. 비록 부처님 곁에서 가장 많이 부처님 말씀을 듣고 가장 많이 기억할 뿐 아니라, 그토록 명석한 두뇌를 가지고 있음에도 불구하고 아난은 解脫의 경지에 쉽게 접어들지 못했다고 한다. 이는 佛敎적 眞理가 언어로써 다 표현하기 어려운 경지의 것임에도 불구하고 아난이 애초에 이를 머리로서 이해하려고 하였으며, 때문에 한계에 부딪힌 탓으로 본다. 이러한 아난을 상대로 부처님께서 우선 아난의 눈높이에 맞춰 언어의 논리로 아난을 깨우치시려 하신 것이다.[3] 이런 이유로 능엄경의 내용이 그 어떤 경보다도 체계적이고 논리적인 것으로 볼 수 있다. 그를 접하게 된 사부 대중들로서는 다행스러운 일이 아닐 수 없다. 佛法을 보다 쉽게 이해하는 데에도 많은 도움을 주기 때문이다.

아난은 어느 날 홀로 乞食을 나갔다가 음녀 마등가의 淫術에 빠지게 되었다. 이를 알아챈 부처님께서 아난을 破戒의 위험에서 구제하시고 아난의 어리석음을 꾸짖으셨다. 아난이 자책하며 부처님에게 사마타, 삼마제, 선나(奢摩他, 三摩提, 禪那)의 最初方便을 啓請하니, 이에 부처님께서 아난에게 다음과 같이 물으신다.

---

3) 多聞第一인 아난의 이러한 한계에 대해 經에서는 文殊菩薩을 통해 아난에게 소리를 들을 것이 아니라 듣는 성품 자체를 들으라고 하고 있다. 覺性 『楞嚴經正解』下, 玄音社, p.209. "汝聞微塵佛의 一切秘密門호대 欲漏를 不先除할새 畜聞成過誤니 將聞持佛佛하고 何不自聞聞고"

"네가 지금 말한 바와 같아서 참으로 愛樂한 바는 마음과 눈으로 인한 것이다. 만약 마음과 눈의 所在를 알지 못하면 곧 능히 塵勞를 항복받지 못할 것이다...내가 지금 너에게 묻노니 너의 마음과 눈이 지금 어디에 있느냐?"[4)]

부처님의 이 질문으로 아난과의 七番破心의 對話가 시작되는 것이다.

3. 七番破心의 내용

(1) 참마음은 안에 있지 않음

부처님이 아난에게 마음과 눈의 所在를 물으심에 아난의 첫 번째 대답은 다음과 같다.

"世尊이시여! 一切世間에 열 가지 異生들이 함께 識心을 가져서 몸 안에 있아오니, 비록 如來의 青蓮華眼을 볼지라도 또한 부처님 얼굴에 있으며 제가 지금 이 浮根四塵을 보아도 다만 저의 얼굴에 있사오니, 이와 같은 識心은 참으로 몸 안에 있습니다."[5)]

---

4) 覺性 『楞嚴經正解』上, 玄音社, p.118 "如汝所說하야 眞所愛樂이 因於心目이로다 若不識知心目所在하면 則不能得降伏塵勞하리라...吾今問汝하노니 惟心與目이 今何所在오"

5) 覺性 『楞嚴經正解』上, 玄音社, p.120. "世尊하 一切世間의 十種異生이 同將識心하야 居在身內하나니 縱觀如來青蓮花眼하야도 亦在佛面하며 我今觀此浮根四塵하야도 只在我面하니 如是識心은 實居身內니다"

아난이 언뜻 생각하기에 눈은 얼굴에 붙어있고 識心, 즉 아는 마음은 몸 안에 있다. 사물을 보는 눈이 얼굴에 붙어있는 것은 맞다. 중요한 것은 마음의 所在이다. 분명 눈을 가지고 사물을 봄으로 인하여 마음에서 어떤 반응이 일어나는 것을 알 수 있는데, 그렇다면 그 마음 자리가 도대체 어디인가를 확인하자니 쉽게 가늠이 되질 않는다. 어렴풋이 생각하기로 몸의 內部에서 생각이 일어나는 것을 느끼기에 아난이 「마음이 몸 안에 있다」고 대답한 것이다. 사실 이러한 생각은 가장 일반적인 상식이다. 浮根四塵이 몸의 표면에서 감각을 일으키면 마음이 몸 內部 어딘가에서 작용하고 있는 것으로 막연히 느끼는 것이다.

이에 부처님은 이런 어렴풋한 생각을 명확하게 바로잡아 주기 위해서 일일이 확인하시고 반박하신다. 마음이 몸 안에 있다고 하면, 도대체 몸 안 어느 곳에서 어떻게 자리 잡고 있다는 말인가? 여기서 부처님은 講堂에서 林園을 보는 예를 들어 반박하신다. 그 질문하신 내용을 요약하자면 다음과 같다.

> "講堂에 앉아서 부처님을 포함한 講堂의 내부를 보지 않고 講堂 외부의 숲 만을 볼 수 있느냐 없느냐?"[6)]

講堂의 비유는 아난 자신의 마음으로서, 강당 內部를 몸 안으로, 강당 밖의 숲을 몸 밖의 대상으로 비유한 것으로 볼 수 있다. 여기서 유의할 점은 강당의 비유에서 강당 안의 如

6) 覺性『楞嚴經正解』上, 玄音社, p.127 참조

來를 본다, 혹은 강당 밖의 林園을 본다 등의 '본다'는 것은 눈과 관련된 비유가 아니라는 점이다. 앞서 눈의 所在를 물으셨기에 눈이 보는 것와 관련하여 이를 이해할 수도 있겠지만, 여기서는 눈의 소재를 묻거나 답한 것이 아니고 마음의 소재를 말한 것이다.

부처님은 마음이 몸 안 어느 곳엔가 자리 잡고 있다면 오직 감각기관, 즉 六根 外部의 대상만을 인식한다는 것은 성립되지 않는다고 말씀하셨다. 강당 안에 있을 때 강당 안의 如來를 먼저 볼 수 있는 것과 같이 마음이 몸안에 있다면 응당 몸 內部의 상태를 마음이 알아차릴 수 있어야 한다. 그러나 마음이 몸속의 臟器나 여타 몸의 변화와 상태를 충분히 알고 있지는 않다. 그러므로 마음이 몸 안에 있다는 말은 옳지 않다.

(2) 참마음은 밖에 있지 않음

부처님의 反論을 들은 아난은 마음이 몸 안에 있지 않다면 몸 밖에 있다는 것을 알게 되었다고 한다. 이러한 아난의 반응은 언뜻 보기에 참으로 단순한 생각으로 볼 수 있다. 그러나 마음의 所在가 자신의 몸의 기준으로 봤을 때 몸 안에 존재하지 않는다면 응당 몸 밖에 존재할 것이라고 단순하게 생각했던 것이다. 이렇듯 단순하지만 명확하게 하나하나 짚어가고 또 그를 부처님이 반박을 하심으로써 참마음의 所在를 보다 분명하게 이해할 수 있게 된다.

아난이 그에 대한 비유로서 등불의 光明의 예를 들고 있다.

"그 까닭이 무엇이냐? 하면 비유컨대 등불의 光明이 방안에서 불이 탈 때 이 등불은 반드시 먼저 방안을 비추고 그 방의 문으로부터 그 뒤에 마당으로 비춰감과 같나이다. 一切 衆生이 몸 속을 보지 못하고 유독 몸 밖을 보는 것은 비유컨대 등불 光明이 방 밖에 있어서 능히 방안을 비추지 못하는 것과 같사오니"7)

즉, 마음이 몸 밖에 있기 때문에 外部는 비춰 알 수 있지만, 반대로 몸 內部는 능히 알 수 없다는 의미로 아난이 답하고 있다.

이에 부처님께서 역시 비유를 들어 아난을 반박하신다.

"한 사람이 먹을 때에 여러 사람이 배가 부르느냐?"8)

당연히 여러 사람이 배부를 수가 없다. 아난도 역시 그와 같이 대답한다. 한 사람이 먹을 때에는 오직 밥을 먹은 그 한 사람만이 배가 부름을 느끼는 것이다. 부처님이 이와 같이 물으신 연유는 무엇인가? 아난이 비유한 대로 마음이 몸

---

7) 覺性『楞嚴經正解』上, 玄音社, p.132. "所以者何오 譬如燈光이 然於室中에 是燈이 必能先照室內하고 從其室門하야 後及庭際니다 一切衆生이 不見身中하고 獨見身外가 亦如燈光이 居在室外하야 不能照室이니"

8) 覺性『楞嚴經正解』上, 玄音社, p.133. "一人이 食時에 諸人이 飽不아"

밖에 있어서 등불의 光明이 밖에서 방안을 제대로 비추지 못하는 것과 같다고 가정해 보자. 그렇다면 한 사람이 밥을 먹었을 때 비록 자신이 먹은 것이 아니지만 다른 사람들도 배부른 마음을 느낄 수 있을 것이다. 왜냐하면 마음이 몸 밖에서 등불의 光明처럼 外部를 비춘다면 外部의 상태에 대해서도 마음이 느낄 수 있어야 하기 때문이다. 그러나 실제로는 그렇지가 않다. 오직 배부름을 느끼는 사람은 밥을 먹은 한 사람 뿐이다.

> "만일 느껴 알고 알아보는 너의 마음이 참으로 몸 밖에 있다면 몸과 마음이 서로 등져서 서로 相關하지 아니하여 곧 마음에 아는 바를 몸이 능히 알지 못할 것이고, 느껴 아는 것이 또 몸 속에 있다면 마음은 능히 알지 못할 것이다."[9)]

마음이 외부에 있다고 한다면 이미 마음의 主體와 상관이 없게 되어 主體에 대한 인식이 불가능함을 의미하는 것이다. 이로써 아난의 두 번째 妄想이 깨진다.

(3) 참마음은 눈 안에 있지 않음

마음의 所在에 대해 몸의 안과 밖에 어느 곳에도 있지 않음을 알게 된 아난은 根 속에 마음이 潛伏해 있다는 가설을

9) 覺性 『楞嚴經正解』上, 玄音社, p.140. "若汝覺了知見之心이 實在身外인댄 身心이 相外하야 自不相干하야 則心所知를 身不能覺이요 覺在身際인댄 心不能知리라"

제기한다. 根이란 주지하다시피 12處 중 6境에 대비되는 6가지 감각기관(眼, 耳, 鼻, 舌, 身, 意)이다.

> "마치 어떤 사람이 유리로 된 주발을 가지고 그 두 눈을 덮으면 비록 물체가 덮인 것이 있으나 장애되지 아니하여 저 눈이 보는 것을 따라서, 그에 따라 곧 분별합니다. 그러나 저의 느껴 아는 마음이 몸 안을 보지 못하는 것은 눈에 있기 때문이고, 또 분명히 바깥을 보되 장애가 없는 것은 눈 안에 잠재해 있기 때문입니다."[10]

이 비유는 바깥을 보는 눈에 유리를 씌운 것을 가정하여 마음과 根과 境의 관계를 논한 것이다. 여기서 유리가 눈, 즉 根에 해당되고 실재의 눈은 마음에 비유하였다. 부처님은 다시 이 비유를 반박하신다.

> "만약 눈을 본다고 한다면 눈은 곧 바깥 境界와 같아서, 눈이 봄을 따라서 분별한다는 말이 성립하지 못하며, 만약 눈을 능히 보지 못한다면 이는 잘 아는 마음이 눈 안에 잠재해 있는 것이 유리로 눈을 덮은 것과 같다고 어떻게 말하겠느냐?"[11]

마음이 마치 유리를 보듯이 눈을 인식한다고 한다면 눈은

---

10) 覺性『楞嚴經正解』上, 玄音社, p.143. "猶如有人이 取琉璃椀하야 合其兩眼하면 雖有物合이나 而不留碍하야 彼根이 隨見하야 隨卽分別이니다"

11) 覺性『楞嚴經正解』上, 玄音社, p.146. "若見眼者인댄 眼卽同境하야 不得成隨며 若不能見인댄 云何說言此了知心이 潛在根內가 如琉璃合이리요"

이미 감각기관인 根이 아닌 감각대상이 되어버리는 것이고, 만약 마음이 눈을 인식하지 못한다면 눈(마음)이 바깥 境界를 보면서 유리(눈)를 인식한다는 비유가 성립하지 못한다는 의미이다. 이로써 부처님은 다시 아난의 迷妄을 깨부수셨다.

(4) 참마음은 內外가 아님

뒤이어 아난이 또 다른 의견을 내 놓는다.

> "世尊이시여! 제가 지금에 또 이와 같은 생각을 해봅니다. 이 중생 몸의 臟腑는 몸 속에 있고 구멍은 밖에 있으니, 장부에 있으면 어둡고 구멍에 있으면 밝습니다. 지금 제가 부처님을 대하여 눈을 뜨고 밝은 것을 보는 것은 밖을 보는 것이 된다고 말할 수가 있고, 눈을 감고 어두운 것을 보는 것은 안(臟腑)을 보는 것이 된다고 하오니 그 뜻이 어떻습니까?"[12]

識心이 根의 구멍을 통해서 外部를 볼 때는 밝아서 능히 볼 수가 있고 內部의 내장을 볼 때는 어두워서 볼 수가 없다는 생각이다. 이는 識心이 본래 능히 內外를 모두 볼 수가 있는데, 明暗의 차이에 의해 볼 수 있고 없음의 차이가 생긴다고 말하는 것이다. 이에 부처님이 아난의 수준에 맞게 참

---

12) 覺性『楞嚴經正解』上, 玄音社, p.148. "世尊하 我今又作如是思惟호니 是衆生身의 腑臟은 在中하고 竅穴은 居外하니 有藏則暗하고 有竅則明이라 今我對佛하야 開眼見明은 名爲見外요 閉眼見暗은 名爲見內니 是義云何닛고"

으로 논리적으로 반박을 하신다. 그 내용을 정리하자면 다음과 같다.

첫째, 눈을 감았을 때 어두운 것을 보는 것이 장부를 본다는 것은 옳지 않다. 왜냐하면 눈을 감았을 때 相對되는 어두운 대상이 비단 몸 속의 內臟만 해당되는 것이 아니기 때문이다.

둘째, 만약 어두운 것을 보는 것이 장부를 본다는 것이라고 가정한다면, 밝은 것을 볼 때에는 응당 얼굴도 볼 수 있어야 할 것이다. 이 논리는 아난이 明暗의 차이에 의해서 마음이 인식한다는 주장에 근거했을 때 그렇다는 말이다. 얼굴은 밝은 대상이기 때문에 당연히 볼 수 있어야 한다는 말이다. 그러나 실상은 그렇지 못하니 역시 옳지 못하다.

셋째, 눈과 마음이 얼굴을 볼 수 있으려면 虛空에 떠 있는 상태여야 할 것인데, 이렇게 되면 마음은 이미 몸과 相關이 없게 되어 서로 상대하여 인식하지 못하고 마치 두 개의 부처가 존재하듯 개별적으로 작용할 것이다. 이 부분은 두 번째 妄想에 해당하는 것이므로 역시 옳지 못하다. 이로써 아난의 세 번째 妄想을 깨부수셨다.

(5) 참마음은 思惟體와 合處가 아님

아난이 말하기를 “제가 일찍 들어보니 부처님께서 사부대중을 開示하시기를 ‘마음이 생김을 말미암아서 가지가지 法이 생기고 法이 생김을 말미암아서 가지가지 마음이 생긴다’고 하셨으니, 제가 지금 생각해 보니 곧 생각하는 자체가 참으로 저의

心性이어서 相合(心法相合)한바 곳을 따라서 마음이 곧 따라 있습니다. 또한 內와 外와 中間 세 곳이 아닙니다."[13]

이제 아난이 생각을 전환하여 새로운 방식으로 마음의 소재를 설명하는 것이다. 즉 마음이 어느 實在적인 장소에 자리 잡는 것이 아니라 마음과 法이 서로 작용함(心法相合)에 따라 생긴다는 주장이다. 이런 생각 역시 부처님께서 옳지 않음을 밝히시는데 마음이 實體가 있는 것이냐 없는 것이냐에 따라 그 논거가 다르다.

첫째, 마음이 法과 相合하는 곳을 따라 존재한다고 했는데, 마음이 實體가 없는 것이라고 가정한다면 法이 존재하지 않는 것과 相合한다는 말이 되므로 이루어질 수 없다. 마치 '19界가 7塵으로 인하여 合한다'는 말처럼 그 도리가 옳지 못하다.

둘째, 마음이 實體가 있는 것이라고 한다면, 그 어디에 마음이 나와서 法과 合하는가를 물으신다.

"만약 實體가 있다면 네가 손으로써 스스로 너의 몸을 때리는 것과 같을 것이니 너의 아는 바 마음이 안에서 나오느냐, 밖에서 들어가느냐? 만약 그것이 안에서 나온다고 하면 몸 속을 보아야 할 것이고, 만약 밖으로부터 왔다면 먼저 합당히 얼

13) 覺性 『楞嚴經正解』上, 玄音社, p.158. "阿難이 言호대 我嘗聞하오니 佛이 開示四衆하사대 由心生故로 種種法生하고 由法生故로 種種心生이라 하시니 我今思惟호니 卽思惟體가 實我心性이라 隨所合處하야 心則隨有니"

굴을 보아야 될 것이다."[14)]

이렇게 볼 때, 마음이 實體가 있다면 그것이 內部로부터 나와 합하던 外部로부터 합하던 결국 앞서의 첫 번째, 두 번째, 세 번째의 妄想에 해당하는 것으로 모두 옳지 않은 것임을 밝히셨다.

셋째, 根의 虛想에 대해서 설명하신다. 아난이 이쯤에서 눈이 보는 것과 마음이 아는 것이 다르다고 이의를 제기한다.

"보는 것은 눈이고, 마음으로 아는 것은 그 눈이 아니기 때문에 본다고 하는 것은 옳지 못합니다."[15)]

부처님이 이에 대해 문과 죽은 사람의 눈을 예를 들어 설명하신다.

"만약 눈이 본다고 한다면 네가 방 안에 있을 적에 문이 능히 보느냐? 곧 이미 죽은 사람도 오히려 눈이 있으니 응당 모두 다 물건을 보겠구나. 만일 죽은 사람이 물체를 본다면 어찌 죽었다고 말하겠느냐?"[16)]

---

14) 覺性 『楞嚴經正解』上, 玄音社, p.162. "若有體者인댄 如汝以手로 自挃其體리니 汝所知心이 爲復內出가 爲從外入가 若復內出인댄 還見身中이요 若從外來인댄 先合見面하리라"

15) 覺性 『楞嚴經正解』上, 玄音社, p.163. "見是其眼이요 心知는 非眼일새 爲見이 非義니다"

16) 覺性 『楞嚴經正解』上, 玄音社, p.163. "若眼能見인댄 汝在室中에 門能見不아 則諸已死도 尙有眼存하니 應皆見物이로다 若見物者인댄 云何名死리요"

눈은 마치 門을 통해서 外部를 보는 것과 같이 認識의 通路에 지나지 않음을 밝히신 것이다. 진정으로 認識하고 分別하는 것은 마음이다. 사람이 죽었을 때 눈은 아직 얼굴에 붙어있지만 이미 그 눈은 아무것도 보지도 느끼지도 못한다. 중요한 것은 마음인 것이다.

넷째, 心法相合에 있어서 마음이 實體가 있다고 했을 때, 마음이 하나인가 여럿인가를 물으셨다. 만약 마음이 하나라면 손으로 자신을 때릴 때에 몸 전체가 하나의 마음으로 느껴야 할 것인데 그렇게 된다면, 특정하게 때린 그 곳이 없게 된다. 왜냐하면 어느 부위를 때리든 하나인 마음이 전체적으로 느끼기 때문이고 반면 때려서 통증을 느끼는 그 곳이 있다면 마음이 하나라는 것이 성립될 수 없다. 또한 느껴 아는 마음이 여러 개라고 한다면 몸의 각 부위마다 느끼는 마음이 서로 相關하지 않게 되니 마치 여러 사람이 있는 것과 같게 되나니 그 중에 어느 것이 자신의 마음인지 알 도리가 없게 된다. 부처님은 덧붙여서 마음이 몸 전체에 두루하여 는가 두루하지 않는가를 물으셨는데 그것 역시 같은 이치로서 옳지 않음을 밝히셨다.

(6) 참마음은 根塵의 中間도 아님

아난이 다시 새로운 주장을 펼친다.

"世尊이시여! 제가 또 들어보니 부처님께서 문수 등 모든 法王子와 더불어 실상을 말씀하실 때에 世尊께서 또한 말씀하시기를 '마음이 안에도 있지 않으며 또한 밖에도 있지 않다고.'고 하셨으니 제가 생각한 것 같아서는 안으로는 보는 바가 없고 밖으로 또 서로 아는지라, 안으로 아는 바가 없기 때문에 마음이 안에 있다는 것이 성립되지 않고 몸과 마음이 서로 알기 때문에 밖에 있다는 말도 옳지 못하니, 지금 서로 알기 때문이며 또 안으로는 보는 것이 없기 때문이니 中間에 있는 것 같습니다."[17]

이러한 아난의 생각에 대해 부처님은 두 가지 측면에서 옳지 않음을 밝히신다.

첫째, 處와 身의 中間이라는 개념의 허망함에 대해서 논하셨다. 中間이라고 할 때에도 반드시 그 정확한 所在가 있을 것인데, 도대체 그 中間은 몸에 있는 것인지 處에 있는 것인지 애매하다. 만약 몸에 있다면 그것은 이미 中間이 아닌 것이 되고, 만약 處에 있다면 處가 변함에 따라 기준할 수 있는 표시가 일정할 수 없어 마음의 所在가 종잡을 수 없게 된다.

둘째, 根과 塵의 中間에 마음이 있다는 妄想도 깨부수셨다. 아난이 말하기를,

---

17) 覺性『楞嚴經正解』上, 玄音社, p.168. "世尊하 我亦聞호니 佛이 與文殊等諸法王子로 談實相時에 世尊이 亦言하사대 心不在內하며 亦不在外라 하시니 如我思惟컨댄 內無所見하고 外不(又)相知라 內無知故로 在內不成이요 身心이 相知일새 在外非義니 今相知故며 復內無見일새 當在中間이니다"

"世尊께서 말씀하신 바와 같이 '눈과 빛깔이 因緣이 되어 眼識을 낸다' 하였으니, 눈은 분별함이 있고 色塵은 분별함이 없거든 識이 그 가운데 나오는 그것이 곧 마음이 있는 곳이라고 하옵니다."[18]

분별함이 있는 根과 분별함이 없는 物體의 中間에서 마음이 작용한다는 말이다. 이에 대해 부처님은 마음이 그 중간에서 根과 塵을 모두 겸하는가, 아니면 모두 겸하지 않는가를 되물으시면서 둘 다 옳지 않음을 밝히신다. 만약 마음이 根과 塵을 모두 겸하여 中間에 작용한다면, 마음에 分別心이 있는 根과 分別心이 없는 塵이 모두 존재하게 되니 서로 충돌하고 어지러워서 참마음을 이룰 수 없다. 만약 마음이 根과 塵을 모두 겸하지 않고 中間에 작용한다면, 분별함이 있는 것도 아니고 분별함이 없는 것도 아니어서 中間이라는 것이 의미가 없다. 이렇게 해서 아난의 여섯 번째 妄想이 깨뜨려졌다.

(7) 참마음은 一切無着도 아님

아난이 마지막으로 다른 생각을 제기한다.

---

18) 覺性 『楞嚴經正解』上, 玄音社, p.171. "如世尊言하사대 眼色이 爲緣하야 生於眼識이라 하시니 眼有分別하고 色塵은 無知커든 識生其中이 則爲心在니다"

"世尊이시여! 제가 예전에 보니 부처님께서 대목련과 수보리와 부루나와 사리불 4대 제자들과 함께 法輪을 굴릴 적에 항상 말씀하시기를 '느껴 아는 分別의 마음 성품이 이미 안에도 있지 않고 또한 밖에도 있지 않고 중간에도 있지를 아니하여 함께 所在가 없다.'고 하셨으니 一切 執着이 없는 그것을 마음이 된다고 말할 수 있으니 곧 제가 '執着이 없는 것으로 마음이 된다'고 말할 수가 있습니까?"[19)]

원래 부처님이 말씀하신 의미는 妄識無處, 妄識非心, 妄識無體인 세 가지 非種非眞이다. 즉 '느껴 아는 분별의 마음'은 곧 참마음이 아니고 감각을 내는 妄想이다. 부처님이 느껴 아는 분별의 마음은 안에도, 밖에도, 중간에도 그 어디에도 所在가 없다고 이미 말씀하신 것을 아난은 참마음에 대한 말씀으로 잘 못 알고 이에 근거해 '一切 執着이 없는 것이 마음'인가를 묻는다. 부처님은 이에 대해 一切物相의 존재함과 존재하지 않음을 나눠서 반박하셨다.

"物體가 없다면 거북털, 토끼뿔과 같을 것이니 무엇에 執着하지 않는다는 것이냐? 있어(物體)도 執着하지 아니한다면 없다(執着)고 말하지 못할 것이다."[20)]

---

19) 覺性 『楞嚴經正解』上, 玄音社, p.174. "世尊하 我昔見호니 佛이 與大目連과 須菩提와 富樓那와 舍利弗四大弟子로 共轉法輪하실새 常言覺知分別心性이 既不在內하고 亦不在外하고 不在中間하야 俱無所在라 하시니 一切無著을 名之爲心이니 則我無著으로 名爲心不닛가"

20) 覺性 『楞嚴經正解』上, 玄音社, p.177. "無則同於龜毛兎角이니 云何不著이리요 有不著者인댄 不可名無니라"

物相이 존재하지 않는다면 執着을 하고 안할 대상 자체가 없으니 執着하지 않는다는 말 자체가 의미가 없다는 말씀이다.

> "物相이 없으면 물체가 아주 없는 것이고 없는 것(物體)이 아니면 곧 物相이다. 物相이 있으면 집착함이 있나니 어찌 執着이 없겠느냐?"[21)]

物相이 존재한다면 그에 따라 마음이 작용하지 않을 수 없으니 執着함이 생기지 않을 수 없다고 하셨다.

4. 부처님께서 七番破心 하신 이유(그릇된 妄想을 쳐부숨)

아난은 부처님의 '殊勝하고 淸淨하고 妙하고 밝은 紫金光體'를 사모하는 마음에서 出家를 하였다고 말했다. 이에 부처님이 그 마음이 어디에서 나왔는가를 물음에 아난이 답하니 일곱 번 모두 부처님에게 깨부숨을 당하였다. 그런데 여기에서 아난은 三觀法門(사마타, 삼마, 선나)을 청하였는데도 如來는 그에 대한 답변은 아직 하시지 않고 우선적으로 아난에게 마음이 있는 所在를 따져 물은 이유는 무엇일까? 왜 먼저 참 마음이란 무엇인가를 설하시지 않으시고 마음이 어디있는가

---

21) 覺性 『楞嚴經正解』上, 玄音社, p.178. "無相則無요 非無면 卽相이라 相有則在어니 云何無著이리요"

를 물으셨는가?

覺性 스님은 부처님께서 七番破心을 하시기 전에 이미 결론을 말하셨다고 하였다. 經에서 언급된 부처님의 말씀을 다시 인용해 보자.

> "一切衆生이 비롯이 없는 때로부터 지금까지 옴으로 生死가 되풀이되는 것은 모두가 常住眞心의 性淨明體를 알지 못하고 온갖 妄想을 쓰기 때문이니 이 생각이 참되지 않기 때문에 그러므로 輪轉이 있다."[22]

중생들은 識蘊자체에서 일어난 五蘊으로 이루어진 肉身과 그에 따른 分別心에 執着할 뿐 識蘊이 일어나기 이전 자기의 참 모습인 廣大無邊한 진실한 마음(如來藏性)을 모른다. 지금 여기에서 아난은 은연중에 그 마음이 그 肉身 안에 따로 있다고 執着하였다. 그는 色身을 의지해서 일으키는 妄想見解를 진실한 常住眞心으로 잘못 오인한 것이다. 그 때문에 아난은 부처님 외형의 모습만을 貪愛하였을 뿐 탐애하는 마음과 貪愛의 대상인 色法이 동시적으로 내 마음의 自性 자리에선 본래 공적한 이치임을 몰랐던 것이다.

이같은 五蘊을 의지해서 六根이 허망하게 나뉘고, 그 六根은 다시 대상인 六境을 상대적으로 마주하면서 다시 地水火風四大로 조성된 허망한 五塵을 執着하여 나의 소유물로 여기고 그 사이에서 六識을 일으켜 허망한 分別心으로 迷惑을

22) 覺性 『楞嚴經正解』上, 玄音社, p.113. "一切衆生이 從無始來로 生死相續은 皆由不知常住眞心의 性淨明體하고 用諸妄想이니 此想이 不眞일새 故有輪轉하니라"

일으키고 그에 따른 모든 業을 짓는다. 이러한 이유 때문에 그 결과 淸淨한 自性엔 본래 없던 生死輪廻가 끝없이 반복된다. 이것이 衆生界의 현실상황이다. 이와 같은 生死輪廻는 妄想의 모습인 五蘊身心을 실제의 我, 참마음으로 허망하게 인식하고 그것을 常住하는 實體라고 執着한데에 따른 것이다.

> "네가 지금 말한 바와 같이 참으로 愛樂한 바는 마음과 눈으로 인한 것이다. 만약 마음과 눈의 所在를 알지 못하면 곧 능히 塵勞를 항복받지 못할 것이다. 비유컨대 나라의 임금이 敵에게 침략을 당한 바가 되어서 병사를 발동하여 토벌해서 제거함에 이 군대는 종요로이 적의 所在를 알아야 할 것이니, 너로 하여금 輪轉하게 한 것은 마음과 눈이 허물이 된다."[23)]

여기서 말하는 마음이란 참마음이 아닌 妄想이다. 衆生은 지금 妄想이라는 적에게 침략당하여 輪轉하고 있는 것이다. 이를 토벌하기 위하여 먼저 妄想의 所在를 알아야 한다. 지금 이러한 허망한 妄想을 돌이켜 근원적인 진실한 마음으로 되돌아 가려면 반드시 우선적으로 五蘊에 대한 잘못된 我執을 타파해야만 한다. 허망한 我執은 억겁이래로 그 뿌리가 깊이 박혀 수행을 한다 해도 楞嚴三觀大定이 아니면 타파하지 못한다.

그 때문에 부처님께서 楞嚴三觀大定을 선양하려 하시면서,

---

23) 覺性『楞嚴經正解』上, 玄音社, p.118. "如汝所說하야 眞所愛樂이 因於心目이로다 若不識知心目所在하면 則不能得降伏塵勞하리라 譬如國王이 爲賊所侵하야 發兵討除에 是兵이 要當知賊所在니 使汝流轉은 心目이 爲咎라"

그보다 앞서 우선적으로 마음의 所在를 알아야 된다고 하셨다. 그러나 아난은 지금까지 妄想의 分別心을 실제의 참마음으로 잘못 알고 그에 執着하였다. 아난이 執着한대로 마음이 몸 안에 있다함을 의거한다면 그곳이 바로 煩惱의 도적이 있는 處所이므로 바로 그곳에서 격파할 수 있다. 하지만 지금 그것을 일시에 타파하려면 놀랍고 두려운 마음이 일어날 뿐 그 이치를 종잡을 수 없게 된다. 부처님이 아난의 처지를 잘 헤아려 서 한 걸음 한 걸음 단계적으로 이끌어주고 계신 것이다.

5. 글을 마치면서

이상으로 부처님께서 아난과의 대화를 통해 七番破心을 하신 내용을 살펴보았다. 이를 통해 참마음은 몸의 內部에도, 外部에도, 根 속에 潛在한 것도, 明暗에 따라 內外에 작용하는 것도, 法과 合하는 것도, 內外 혹은 根塵의 中間에 있는 것도, 一切 執着하지 않는 것, 그 어느 것도 아님을 밝히셨다. 이를 통해 아난이 五蘊에 근거한 我執의 妄想에 사로잡혀 있음을 깨닫게 하시려 하였다. 이는 常住眞心의 性淨明體를 알지 못하고 生死가 되풀이되게 하는 煩惱의 도적을 쳐부수기 위한 필수 關門이었다. 이제 敵의 所在를 알았으니 이를 무찌르고 輪廻를 벗어나 진정한 깨달음에 이를 方道를 찾기가 훨씬 쉬워졌다. 이어지는 二種根本에 관한 말씀을 필두로 진짜 마음과 三觀法門의 最初方便에 대한 가르침이 시작되는 것이다.

천태지자대사는『楞嚴經』을 보기 위해서 서쪽을 향해서 18년간을 기도하였다고 한다. 원효대사도『楞嚴經』을 보지 못하였다고 한다. 覺性 큰스님은 깨달은 道는 비록 천태와 원효대사만 못할지라도 이렇게 楞嚴經을 보게 된 것만으로도 '百千萬劫難遭遇'의 福이라 하셨다. 각별히 고명하신 覺性 큰스님의 지도하에 여러 출중한 선후배 道伴들과 함께 楞嚴經을 공부하는 복을 누렸음에 대해 부처님께 감사드리면서 글을 마친다.

2. 『楞嚴經』에 나타난 二種根本에 대하여

眞明 正眼

1. 서문

『楞嚴經』은 迷惑에서 아직 벗어나지 못한 아난이 마등가의 淫術에 빠진 것을 계기로 부처님께 奢摩他, 三摩提, 禪那의 最初方便을 묻는 것으로 시작된다. 이에 부처님은 우선 七番破心을 통하여 아난이 평소에 안고 있는 妄想을 깨뜨리셨다. 사실 이는 마치 도적이 자신의 所在를 은폐하기 위해 위장술을 발휘하여 곳곳에 虛相을 세워 놓은 것과 같은 것을 낱낱이 밝히심과 같다. 이제 아난은 마음에 대한 그릇된 妄想의 껍데기 안에 갇혀있었음을 감지할 수 있게 되었다. 하지만 아난은 더욱더 미혹에 빠질 수밖에 없으니, 이젠 도무지 참마음에 대해서 어렴풋이나마도 종잡을 수 없게 되었다. 이리하여 아난은 다시 부처님께 가르침을 요청하고 奢摩他의 길을 열어달라고 하니, 부처님께서 이제 본격적으로 아난을 啓導하신다. 이때 아난과 대중에게 먼저 두 가지 근본, 즉 無始生死根本과 無始菩提涅槃元淸淨體에 대해서 설하신다. 無始生死根本은 중생의 攀緣하는 마음이고 無始菩提涅槃元淸淨體는 최초 보리와 열반의 원래 청정한 근본 자체이다. 본 소고에서는 『楞嚴經』에서 부처님이 먼저 奢摩他의 大義로써 처음 二種根本을 말씀하신 맥락을 짚어보고, 그 밖에 三摩提 법문과 禪那 법문에 대한 二種根本을 밝힌 내용의 의의를 살펴보겠다.

2. 經文의 내용분석

『楞嚴經』에서 二種根本에 대한 언급은 七番破心과 十番顯見의 사이에 위치한다. 이에 먼저 부처님이 七番破心 이후 본격적으로 十番顯見을 설법하시기 전까지의 내용을 검토해 보도록 한다.

> "저는 이 부처님의 가장 어린 동생으로 부처님의 자비로운 사랑을 받아서 비록 지금 출가했으나 오히려 예뻐하신 것만을 믿기 때문에 많이 듣기만 하고 無漏를 얻지 못했습니다. 능히 사비라주(娑毗羅呪)[1]를 꺾어버리지를 못하고 저에게 타락 되어

1) 마등가 어머니가 사용한 外道의 先梵天呪를 말한다.

> 서 婬舍에 빠졌으니, 眞心의 소재를 알지 못함으로 말미암은 것입니다. 원하옵노니 世尊께서는 큰 자비로 불쌍히 여기시어 저희들에게 사마타의 길을 열어주셔서 闡提들로 하여금 미려거(彌戾車)[2]를 떨어뜨리게 하소서."[3]

칠반파심 법문을 통해 아난은 자신이 마음이라고 생각한 것이 妄想에 지나지 않음을 알게 되었다. 그러나 아직 구체적으로 眞心에 대한 가닥을 잡지 못한 상태다. 이에 아난이 다시 부처님께 가르침을 구하는 것이다.

> "一切 衆生이 비롯이 없는 때로부터 오면서 가지가지로 顚倒하여 業의 種子가 저절로 악차 무더기(惡叉聚)[4] 같으며, 모든 수행하는 사람이 無上菩提를 이루지 못하고 내지 유달리 聲聞과 緣覺을 이루며 및 外道와 모든 하늘 魔王의 권속이 되는 것은 모두가 두 가지 근본을 알지 못하고 착란하게 닦아 익힘을 말미암음이니 마치 모래를 삶아서 아름다운 밥을 만들려고 하는 것과 같음이라. 비록 塵劫을 지날지라도 마침내 (보리를) 얻을 수가 없다."[5]

---

2) 미려거는 惡見, 그릇된 邪見을 말한다.

3) 覺性 『楞嚴經正解』上, 玄音社, p.185. "我是如來最小之弟 蒙佛慈愛 雖今出家 猶恃憍憐 所以多聞 未得無漏 不能折伏娑毗羅呪 爲彼所轉溺於婬舍 當由不知眞際所詣 惟願世尊大慈哀愍 開示我等奢摩他路令諸闡提隳彌戾車"

4) 惡叉聚란 많은 것을 뜻한다. 인도에 있는 식물로 열매가 한꺼번에 세 개씩 열린다. 때문에 중생의 惑, 業, 苦 三障에 비유하기도 한다.

5) 覺性 『楞嚴經正解』上, 玄音社, p.192. "一切衆生 從無始來 種種顚倒 業種自然 如惡叉聚 諸修行人 不能得成 無上菩提 乃至別成 聲聞緣覺 及成外道 諸天魔王 及魔眷屬 皆由不知 二種根本 錯亂修習 猶如煮沙

二種根本에 대해서 깨달음이 없으면 아무리 수행을 하여도 그 결과가 원만하지 못함을 경계하는 것이다. 수행을 아무리 열심히 한다 해도 기껏해야 外道와 魔王의 권속이 되는 것은 애초에 顚倒된 妄心分別과 業障에 의지하여 佛性을 얻으려 하기 때문이다.

> "어떤 것이 두 가지냐? 첫째는 비롯이 없는 生死의 근본이니 네가 지금에 모든 중생과 더불어 攀緣하는 마음(반연심)을 써서 自性으로 여기는 것이다. 두번째는 비롯이 없는 보리열반의 원래 청정한 自體니 곧 네가 지금에 識精元明이 능히 여러 가지 인연을 내거든 그 인연에서 遺失한 것이다. 모든 중생들이 이 본래 밝은 것을 遺失했기 때문에 비록 종일 수행하더라도 스스로 깨닫지 못하고 三界六趣에 잘못 들어간다."[6)]

두 가지 근본은 즉 無始生死根本과 無始菩提涅槃元淸淨體이다. 攀緣하는 마음이란 六塵 境界에 따라 마음이 끌려가서 연연하는 것이다. 아난이 여태까지 주장한 그 妄想心이 바로 攀緣心으로 이것은 第六識에 해당한다. 六識은 대상이 있음으로 인하여 見聞覺知 한다. 이러한 攀緣心을 고집하여 自己의 本心이라고 여기는 第七識의 思量 때문에 결국 業을 짓고

欲成嘉饌 縱經塵劫 縱不能得"

6) 覺性 『楞嚴經正解』上, 玄音社, p.195. "云何二種 一者 無始生死根本 則汝今者 與諸衆生 用攀緣心 爲自性者 二者 無始如來菩提涅槃元淸淨體 則汝今者 識精元明 能生諸緣 緣所遺者 由諸衆生 遺此本明 雖終日行 而不自覺 枉入諸趣"

윤회하게 된다[7]. 無始菩提涅槃元淸淨體는 곧 如來藏 妙眞如性이니 본래 청정하고 담연하여 밝은 것이다. 識精元明은 第八識으로 本覺과 不覺의 양면성을 내포하고 있다. 識精元明의 不覺의 자리에서 여러 인연을 만들어내어 본래의 청정한 성품을 유실하게 되니 그 자리에 오로지 반연심만 가득차게 된다. 반연심은 인연의 合離에 따라 생멸하는 허망한 것이므로 곧 生滅心이다. 생멸심을 가진 상태로는 비록 수행을 하더라도 진정한 깨달음에 이를 수 없고 三界六趣의 發業潤生을 벗어나지 못한다.

二種根本에 대해 당면한 문제는 妄想과 眞心의 올바른 구분이다. 이를 위해 부처님이 아난에게 주먹을 쥐어보이며 비유로 설명하신다. 부처님이 아난에게 주먹을 무엇으로 보느냐고 물으시니 아난이 눈과 마음으로 본다고 하였다. 그렇다면 무엇을 마음이라 하느냐고 되물으시니 아난이 '如來께서 마음의 所在를 물으시매 제가 마음으로써 추궁하여 찾아보고 있사오니 곧 추궁하여 찾아보는 그것이 바로 마음입니다'라고 대답한다. 이에 부처님은 아난을 꾸짖으시며 그것은 마음이 아니라고 하신다.

> "(세존이시여,) 이것이 저의 마음이 아니라면 그것은 뭐라고 말해야 됩니까?"
>
> "(아난아,) 이것은 前塵의 허망한 모양의 생각이다. 너의 眞性을 미혹하게한다 네가 無始로 말미암아 今生에 이르기까지 도적을 아들로 여겨서 너의 '참마음 잃었기 때문에 그러므로

7) 김진렬『楞嚴經연구입문』, (운주사, 1993), p.243 참조

輪轉을 받는다."[8]

아난이 그러한 반연심을 자신의 마음이라고 여기는 그것은 眞心이 아닌 妄想임을 다시금 밝히시는 부분이다. 본래의 분별없고 담연한 如來藏性이 반연심에 따라 가려져 스스로 인식하지 못하고 오히려 妄想을 자신의 마음으로 여기는 것이 마치 도적을 아들로 여기는 것과 같다. 여기서 도적은 六識의 妄想煩惱이고 아들은 眞性을 말하는 것이다. 본래의 眞性, 元常, 보리열반의 자리, 즉 생사가 없는 해탈의 위대한 그 마음자리를 상실하기 때문에 생사윤회의 고통을 받는다. 그러나 이러한 顚倒는 無始 이래로 이어져왔기 때문에 중생들은 이것이 도적임을 깨닫지 못한다. 보리열반원청정체도 無始이래로 존재해왔지만 생사의 근본 역시 無始다. 중생이 생멸심을 갖는 것이 시작도 알 수 없는 때 이래로 그래왔다는 것이다. 習이 무서운 것이 한번 인식이 박히면 좀처럼 그것을 수정하기 어렵다. 중생의 짧은 인생의 순간마다 쌓이는 妄見의 固着으로도 이러한 결과를 낳는 것을 생각해 볼 때 무시이래의 생사근본이란 중생에게 숙명과도 같은 업보다. 그런데 또 한편으로 생사의 근본은 자체적으로 有限性을 내포하고 있다. 반연하는 마음은 前塵이 변멸함에 따라 수시로 생겼다가 사라진다. 이러한 반연심을 아난이 자신의 마음으로 알고 있기에 보리열반원청정체를 깨닫지 못하는 것이다.

---

8) 覺性 『楞嚴經正解』上, 玄音社, p.203. "此非我心 當名何等. 此是前塵虛妄相想 惑汝眞性 由汝無始 至於今生 認賊爲子 失汝元常 故受輪轉"

"세존이시여! 저는 부처님의 총애하는 아우로서 제가 마음에 부처님을 받들고 좋아하기 때문에 저로 하여금 出家하게 하셨으니 저의 마음은 어찌 유독 석가여래만을 공경하겠습니까? 내지는 恒河 모래수와 같은 국토를 두루 거치면서 여러 부처님과 善知識을 받들어 섬기고 큰 용맹을 발하여 일체 행하기 어려운 법과 일을 행하는 것도 다 이 마음을 쓰는 것이며 비록 법을 비방하여 善根에서 영원히 물러날지라도 또한 이 마음을 쓰는 때문이오니 이와 같이 발명한 것이 그 마음이 아니라고 한다면 저는 이에 마음이 없는 것이 흙과 나무와 같아서 이 느껴 아는 것을 떠나고는 다시 딴 마음이 없을 것이니, 어찌하여 여래께서 이것은 저의 마음이 아니라고 말씀하십니까? 저는 실로 놀라고 두려워하며 이 대중들도 의혹이 없지를 않사오니 대비를 드리우셔서 깨닫지 못한 저와 여러 대중들을 위해서 잘 가르쳐 주소서."[9)]

아난의 말은 자신이 마음이라고 생각하는 그것이 심지어 부처님과 시방여래를 보고 佛心을 일으켜 禪定을 닦으려 하는 것도 그 마음에서 비롯되는 것인데, 그것이 마음이 아니라면 자신이 생각하고 느끼고, 결심하는 모든 것이 마음이 아닌 것이 되니 외부의 생명 없는 사물과 하등 다를 것이 없게 되어버린다는 말이다. 그렇다면 중생에게는 애초에 마음

9) 覺性『楞嚴經正解』上, 玄音社, p.206. "世尊我佛寵弟 心愛佛故 令我出家 我心何獨 供養如來 乃至徧歷 恆沙國土 承事諸佛 及善知識 發大勇猛 行諸一切 難行法事 皆用此心 縱令謗法 永退善根 亦因此心 若此發明 不是心者 我乃無心 同諸土木 離此覺知 更無所有 云何如來 說此非心 我實驚怖 兼此大衆 無不疑惑 惟垂大悲 開示未悟"

이 존재하지 않는가를 묻고 있다.

> "여래가 항상 말하되 '모든 法의 생기는 바가 오직 마음에서 나타난 바이며 일체 因果와 世界微塵이 마음을 인하여 그 자체를 이루었다'고 하였느니라. 아난아! 모든 세계에 모두 있는 바와 그 가운데 내지 초목과 縷結이라도 그 근원을 따져 보면 모두 다 體性이 있으며 비록 허공이라도 또한 名貌가 있는데 어찌 하물며 청정하고 묘하고 밝은 마음이 일체 마음의 본성이 되는데 어찌 그 실체가 없겠느냐?"[10]

'모든 법의 생기는 바가 오직 마음에서 나타난 바'라는 말은 『華嚴經』의 '應觀法界性 一切唯心造(法界의 本性인, 모든 것이 오로지 마음에서 만들어진 것임을 관하라)'와 같은 의미다. 중생은 萬法을 얘기할 때 生滅法에 의해서 이해하려 한다. 금이 물을 생성하고, 나무가 불을 생성하고, 불이 물을 멸하고, 사람이 태어나고 늙어서 죽는 등 이러한 생각들이 모두 生滅法이다. 生滅法은 모두가 반연하는 마음에서 비롯되고 반연심은 菩提涅槃元淸淨體에서 顚倒되어 나온 것이니 妄心과 眞心을 불문하고 諸法이 다 마음에서 비롯된다. 여기서 부처님이 말씀하시는 마음은 眞性, 즉 常住眞心을 말하는 것이다. 세상의 모든 것의 근원을 따져 볼 때 다 體性이 있다는 것은 四科 七大가 모두 如來藏 妙眞如性임을 여기서

---

10) 覺性 『楞嚴經正解』上, 玄音社, p.210. "如來常說 諸法所生 惟心所現 一切因果 世界微塵 因心成體 阿難若諸世界 一切所有 其中乃至草葉 縷結 詰其根元 咸有體性 縱令虛空 亦有名貌 何況淸淨妙淨明心 性一切心 而自無體"

미리 말씀하신 것이다. 아난이 앞서 자신이 생각하는 마음을 부정당하니 마치 토목과 다를 바 없는 것 아니냐는 의문을 제기하였다. 이는 我와他를 분별하는 망상에서 비롯된 것이니 부처님이 넌지시 이점도 지목하시는 것이다.

> "만약 네가 分別覺觀으로 아는 마음을 고집해서 반드시 마음이라고 한다면 이 마음이 곧 응당 일체의 色, 香, 味, 觸과 모든 塵의 事業을 떠나고 따로 온전한 성품이 있어야 할 것이다. 네가 지금에 나의 법을 받아들이는 것도 소리를 인하여 분별함이 있으며 비록 일체 보거나 듣거나 느끼거나 알거나 하는 것을 없애고 안으로 幽閑을 지키더라도 오히려 法塵의 分別影事가 된다."[11]

아난이 마음이라고 여기고 고집하는 것은 모두가 分別心이다. 분별심은 色, 香, 味, 觸 등 六塵에 반연하여 일어나는 것이다. 음식을 먹음으로서 맛있다, 맛없다, 짜다, 달다 등의 느낌을 갖고, 사물을 봄으로 인해서 아름답다, 추하다는 생각을 갖게 된다. 아난이 마음이라고 고집하는 것이 진정 본연의 마음이라면 이러한 六塵境界를 떠나서도 존재해야 한다. 그러나 분별하는 마음은 六塵을 떠나서 존재할 수 없다. 먹어보지 않고, 보지 않고, 듣지 않고, 또 기억하지 않음에 분별하는 마음 자체가 존재할 수 없는 것이다. 분별심은 모두

11) 覺性『楞嚴經正解』上, 玄音社, p.214. "若汝執悋 分別覺觀 所了知性 必爲心者 此心卽應 離諸一切 色香味觸 諸塵事業 別有全性 如汝今者 承聽我法 此則因聲 而有分別 縱滅一切 見聞覺知 內守幽閒 猶爲法塵 分別影事"

客塵에 되돌릴 수 있다. 아난이 고집한 이 분별심이 마음이라고 한다면 아난의 말대로 중생에게 마음이란 없는 것이며 그 점에서 토목과 하등 다를 바가 없다.[12] 法塵은 第六識이 반연하는 대상물인 善, 惡, 無記 또는 是非, 黑白 같은 法에 대한 티끌을 말한다. '안으로 幽閑을 지킨다'는 말은 모든 感關을 닫고 내부로 침잠하여 명상하는 것이다. 설령 이러한 상태를 유지하더라도 내부에서 끊임없이 法塵.意識이 작용한다. 이것을 '法塵의 分別影事가 된다'고 표현한 것이다.

> "내가 너에게 명령하여 마음이 아닌 것이 된다고 고집하라는 것은 아니니 다만 네가 마음으로 자세하게 살펴(揣摩)보라. 만약 目前의 티끌을 떠나고도 분별하는 마음이 있다면 곧 참으로 너의 마음이거니와 만약 分別性이 六塵을 떠나서 실체가 없다면 이것은 곧 前塵을 분별하는 그림자이다. 六塵境界는 항상 머물러 있는 것이 아니기 때문에 만약 변하여 사라질 때는 그 마음도 곧 거북털과 같고 토끼뿔과 같아서, 곧 너의 法身이 끊어져서 없어질 것이니 어느 것이 無生法忍을 닦아 증득하겠느냐?"[13]

---

12) 經에서 뒤에 見性을 설법할 때 언급되는 이른바 八還辨見이 분별심이 진심 아님을 잘 설명해주고 있다. 八還辨見은 눈 앞에 보이는 여덟 가지 현상을 예로 들어 밝은 것은 해에게 돌려보내고, 어두운 것은 黑月에 돌려보내고, 통한 것은 門에 돌려보내고, 막힌 것은 담에 돌려보내고, 攀緣은 분별에 돌려보내고, 빈 것은 허공에 돌려보내고, 울발(鬱勃)은 티끌에 돌려보내고, 청명한 것은 갠 것에 돌려보낼 수 있으나, 오직 見性은 돌려보낼 데가 없어 외부의 客塵이 아닌 진심임을 설명한 내용이다.

13) 覺性『楞嚴經正解』上, 玄音社, p.218. "我非勅汝 執爲非心 但汝於心 微細揣摩 若離前塵 有分別性 卽眞汝心 若分別性 離塵無體 斯則前塵

억지로 고집하여 마음이 없다고 하는 것이 아니라 진정 마음이라 할 수 있는 것과 妄想을 가려내라는 것이다. 분별심을 마음이라 한다면 六塵을 떠났을 때 응당 분별하는 마음이 남아있어야 하겠지만 變滅하는 六塵에 반연하는 분별심은 六塵에 따라 존재했다 사라지니 아난 자신의 마음이라 할 수가 없다. 아난의 본연의 마음이라 할 것이 없으니 그렇다면 不生滅인 常住眞心을 얻고자 수행하는 것 자체가 불가능하게 될것이다.

> "세간에서 닦아 배우는 모든 사람들이 현재에 비록 九次第定을 이룬다 해도 漏가 다하여 阿羅漢이 되는 것을 얻지 못하는 것은 모두가 이 생사 망상을 고집하여 잘못 진실로 여긴 것을 말미암은 것이니, 그러므로 너도 지금에 비록 多聞을 얻었지만 聖人의 果德을 이루지 못했다."[14)]

3.『楞嚴經』三大 法門의 大義로서의 二種根本

無始生死根本과 無始菩提涅槃元淸淨體는『楞嚴經』에 있어서 처음이자 끝과 같다. 처음 七番破心하면서 부터 無始生死

分別影事 塵非常住 若變滅時 此心則同 龜毛兎角 則汝法身 同於斷滅 其誰修證 無生法忍"

14) 覺性『楞嚴經正解』上, 玄音社, p.225. "世間一切 諸修學人 現前雖成 九次第定 不得漏塵 成阿羅漢 皆由執此 生死妄想 誤爲眞實 是故汝今 雖得多聞 不成聖果"

根本이 妄想임을 깨우치고 경의 마지막 부분에 50魔障을 설명하여서 無始菩提涅槃元淸淨體를 證得하기까지 정진 수행할 것을 경계하고 있다. 이 두 가지 근본이 經 전체에 반영되는 면모를 三觀法門에 맞춰 정리해 본다.

1) 奢摩他 法門의 대의로서의 二種根本

『楞嚴經』에서 사마타 법문에 해당하는 부분은 권1에서 권4까지이다. 구체적인 내용을 보면 아난에게 마음의 소재를 묻고 일곱 번 파하신 부분(七番破心), 見性에 대해 10번 설하신 부분(十番顯見), 두 가지 顚倒妄見을 설한 부분, 四科 七大가 如來藏임을 설한 부분, 그리고 세계와 중생의 忽生에 대한 부루나의 의혹을 풀어주는 부분이 사마타 법문에 해당한다. 이는 모두 無始生死根本에서 나오는 妄心을 깨고 無始菩提涅槃元淸淨體의 圓妙한 이치를 깨닫게 하는 과정이다. 七番破心과 顚倒妄見 설법부분은 無始生死根本의 허망한 이치를 설하는 부분이고, 十番顯見, 四科七大 如來藏 설법부분은 無始菩提涅槃元淸淨體의 眞空性을 드러내는 부분이다. 부루나장의 세계와 중생의 忽生, 相續 부분은 無始菩提涅槃元淸淨體으로부터 無始生死根本에 반연하는 중생과 세계나 생겨난 연유를 설명하는 부분이다.

2) 三摩提 法門의 대의로서의 二種根本

삼마제 법문은 사마타 법문을 통해 眞과 妄을 구분하고 보리열반의 자리를 깨달은 후, 보리열반을 얻기 위해 觀을 통한 수행을 하는 과정을 설한 것이다. 『楞嚴經』의 구성으로 볼 때, 25圓通을 소개하고 그 중 관세음보살의 耳根圓通을 중생의 根機에 맞는 수행법으로 간택하고, 수행의 助道로써 楞嚴呪를 소개하는 부분에 해당한다. 경에서는 권4에서부터 삼마제 법문을 시작할 때에 부처님은 먼저 대중에게 初發心의 二決定義를 주지시키신다.

> "너희들이 결정코 보리심을 내어 여래의 묘한 삼마제에 疲倦을 내지 아니하려거든, 깨닫는 初心의 두 가지 결정한 뜻을 먼저 밝혀야 한다. 어떤 것이 初心의 두 가지 뜻의 결정이냐? 첫째는 너희들이 만약 聲聞을 버리고 菩薩乘을 닦아서 佛知見에 들어가고자 하면, 마땅히 因地의 發心이 果地의 覺과 같은가, 다른가를 잘 살펴야 한다. 만약 因地에서 생멸의 마음으로 닦는 근본 원인을 삼아서 佛乘의 불생불멸을 구하려고 하면 그것은 옳지 못하다.[15] (생략) 둘째는 너희들이 반드시 보리심을 발하여 菩薩乘에 큰 용맹을 내어서 결정적으로 모든 有爲相을 다 버리려면, 마땅히 번뇌의 근본을 잘 살펴야 할 것이니 이것이 무시겁래로 업을 발하여 潤生을 하되 어느 것이 짓고 어느 것이 받는가를 잘 살펴보아야 된다."[16]

15) 覺性 『楞嚴經正解』上, 玄音社, p.993. "汝等決定 發菩提心 於佛如來 妙三摩提 不生疲倦 應當先明 發覺初心 二決定義 云何初心 二義決定 阿難 第一義者 汝等若欲 捐捨聲聞 修菩薩乘 入佛知見 應當審觀 因地發心 與果地覺 爲同爲異 阿難若於因地 以生滅心 爲本修因 而求佛乘 不生不滅 無有始處"

16) 覺性 『楞嚴經正解』上, 玄音社, p.1023. "第二義者 汝等必欲 發菩提心 於菩薩乘 生大勇猛 決定棄捐 諸有爲相 應當審詳 煩惱根本 此無始來

二決定義의 첫 번째로 들고 있는 것은 因地와 果地의 일치이다. 그런데 중생이 반연하는 마음은 生滅心 그 것이고, 중생이 수행을 통해 얻어야 할 佛知見은 不生不滅의 常住眞心이다. 생멸심에 의지하여 불생불멸의 常住眞心을 얻으려는 것은 모래로 밥을 짓는 것과 같이 근본적으로 불가능한 일이므로, 처음에 수행을 시작할 때 반드시 생멸심을 떠나야 함을 강조한 것이다. 그리고 또한 번뇌의 근본을 알아내고 그 것을 해제시켜야 한다. 여기서 생멸심과 번뇌의 근본이 바로 無始生死根本을 말하는 것이고, 果地로써의 佛知見은 無始菩提涅槃元淸淨體이다. 삼마제 법문은 결국 無始生死根本을 끊어버리고 無始菩提涅槃元淸淨體를 얻기 위한 수행의 방편을 설하는 내용인 것이다.

3) 禪那 法門의 대의로서의 二種根本

선나 법문은 修證을 통한 자신의 공부와 깨달음을 얻는 결과이다. 57가지 聖位를 말하여 證得의 단계를 밝히고, 七趣와 五陰魔에 떨어지지 않게 魔障을 경계하고 正道에서 벗어나지 않을 것을 설하고 있다. 아난이 선나의 법문을 요청할 때 역시 부처님은 二種根本의 대의를 주지시키신다.

"아난아! 이렇게 알아라. 묘한 성품은 둥글고 밝아서 모든 名과 相을 다 떠나서 본래 세계와 중생이 없거늘, 虛妄을 인하

發業潤生 誰作誰受"

여서 生이 있고 생을 인하여 滅이 있으니, 생멸을 妄이라 하고 망을 없애는 것을 眞이라고 말하나니 그를 如來의 無上菩提와 大涅槃의 二轉依라 이름하느니라."[17)]

본래의 둥글고 밝은 묘한 성품은 眞이며, 無始菩提涅槃元淸淨體의 자리이다 그리고 마음의 허망에 의해 나타난 세계와 중생의 생멸은 妄이고, 무시보리생사근본이다. 二轉依는 번뇌를 轉하여 보리에 依하고, 생사를 轉하여 열반에 依하는 것이다.[18)]

禪那의 내용도 따지고 보면 수행을 통해서 無始生死根本을 얼마나 떨쳐버리고 無始菩提涅槃元淸淨體에 얼마나 다가섰는가를 수증하는 것이다. 十二類生을 말함은 無始生死根本에 의지하는 12가지 허망한 중생계를 나타낸 것이고, 57聖位는 無始生死根本을 끊은 정도에 따라 修證의 단계를 이루는 것이다. 五陰魔의 경우 무시보리열반에 도달하는데 있어 無始生死根本의 잔상이 수행자를 끈질기게 방해하는 양상에 다름 아니다. 수행을 하면서 57位 聖位 중의 단계에 머물러 만족하거나, 50魔障의 교란에 미혹하여 이러한 修證의 과정에서 두 가지 근본의 대의를 항상 각심하고 있다면 중간의 성위에 만족하여 머무르지도 않을 것이며, 갖가지 마장의 방해에 혼란을 일으키지도 않을 것이다.

---

17) 覺性『楞嚴經正解』下, 현음사, p.403. "阿難當知 妙性圓明 離諸名相 本來無有 世界衆生 因妄有生 因生有滅 生滅名妄 滅妄名眞 是稱如來 無上菩提 及大涅槃 二轉依號"

18) 耘虛『楞嚴經註解』(동국역경원. 2007) p.320 참조

4. 결 론

본문에서 살펴본 바와 같이 二種根本은 『楞嚴經』 전반에 걸쳐서 반복적으로 그 뜻이 언급되고 있다. 처음 破妄顯見을 설하는 과정에 二種根本을 들어 천명하여 妄과 眞의 정체를 명확히 밝혔고, 三摩提 법문을 시작할 때 二決定義를 통해서 二種根本이 수행을 통해 극복해야할 대상이자 동시에 수행의 목표임을 강조하였고, 선나 법문에서도 첫머리에 二種根本의 뜻을 언급해 修證의 좌표로 제시하고 있다.

따지고 보면 『楞嚴經』을 비롯하여 佛法의 모든 이치가 이 두 가지 근본 외에는 다른 것이 없다. 본래의 청정한 眞如의 자리인 無始菩提涅槃元淸淨體에서 허망하게 無始生死根本이 생겨나고, 중생은 이에 반연하여 생멸의 윤회에서 벗어나지 못한다. 본래의 眞性, 元常, 菩提涅槃의 자리, 生死가 없는 마음자리를 상실하였기 때문에 생사윤회의 고통을 받는 것이다. 대승불교의 교리는 생멸에 집착하고 윤회하는 중생의 미혹을 깨우쳐 常住眞心 妙圓明한 보리열반의 근본으로 돌아가게 濟度하는 것이다. 이 두 가지의 진리를 사무쳐 알게되면 究竟에 三摩地에 들어 佛知見을 얻고 번뇌의 속박에서 영원히 벗어나게 될 것이다.

3. 見性을 밝히다(第五顯見까지)

重明 和庵

Ⅰ. 序 論

『楞嚴經』에서 열 번 見性을 밝히는 것은 帶妄顯眞, 즉 妄 속에서 眞을 가려내는 과정이다. 七番破心은 중생이 마음이라 여기는 것이 실은 妄想에 불과함을 밝힌 것이다. 이는 마치 아들로 여겼던 이가 기실 도적임을 알게 된 것과 같으니 이제는 진짜 아들이라 할 眞心을 찾아내야 한다. 그러나 대중들은 진짜 아들을 한 번도 본 적이 없고 오히려 無始以來로 도적이 아들인 줄로만 알아왔으니 도대체 진짜 아들을 찾을 엄두가 나지 않는다. 이러한 중생의 어리석음을 타파하기 위해서 眞心의 面貌를 대중에게 구체적이고 소상하게 알려

줄 필요성이 대두된다. 따라서 경에서 부처님은 七番破心 후 이어지는 十番顯見章에서 見性을 들어 眞心에 대해 열 번에 걸쳐 구체적이면서도 자세한 說法을 하신다.

見性은 보는 것과 관련한 것이지만 見性을 제대로 깨달으면 眞心 그 자체를 깨달을 수 있다. 眞心. 즉 常住眞心인 性精明體는 본래 원만하여 따로이 六識의 구분이 있는 것이 아니기 때문이다. 見識에서 見을 觀하여 本元으로 돌아가면 常住眞心으로 통하는 것이므로, 결국 見性이 곧 참마음임을 깨닫게 된다.

本文에서는 이 十見性의 내용 중 見卽眞心, 見不動, 見不滅, 見不失, 見不環歸 等 第五顯見까지의 說法을 위주로 정리하고 부처님이 말씀하신 참 마음자리를 명확하게 파악하고자 한다.

Ⅱ. 十番 顯見의 내용 (第一顯見에서 第五顯見까지)

1) 見이 곧 眞心

주먹을 보여 마음과 눈의 關係를 물으시다

일곱 번 망심을 쳐부수신 후에 아난이 煩惱障과 所知障의 두 가지 장애를 벗어나지 못함은 寂常心性을 알지 못한 이유라며 부처님에게 가르침을 구한다. 寂常心性이란 고요하고 恒常한 마음성품의 자리이니 곧 眞心을 말한다. 이에 부처님이 眞心에 대해 가르침을 펴시는데 그 첫 번째가 보는 성품

(見性)을 들어 眞心을 밝히는 것이다.

見性을 제대로 이해하기 위해서는 먼저 보여지는 바(所見)와 보는 성품 자체(見性)를 구분하여야 한다. 부처님은 먼저 주먹을 들어 아난에게 무엇으로 주먹을 보는가를 물으시니 이에 아난이 눈으로 본다고 대답하였다. 부처님은 다시 "손이 없으면 주먹이 존재하지 않는 것처럼 눈이 없으면 보는 것이 없는가" 를 물으시니 아난이 그와 같다고 대답한다. 부처님이 아난의 대답이 틀렸다 하시고 손이 없는 사람은 주먹이 반드시 없지만 눈이 없다고 보는 것이 없는 것은 아니라 하신다.

아난이 생각하기로는 오로지 눈을 통해서 만이 비단 부처님의 주먹 뿐 아니라 외부의 모든 사물을 인식할 수 있는 것이다. 그러나 부처님은 눈이 없어도 보는 것이 있음을 역설하셨다. 왜냐하면 아난은 지금 見聞覺知하는 도구로써의 六根만을 생각하는 것이고, 부처님은 그 六根의 근원에 자리잡은 眞心을 말씀하시려는 것이기 때문이다. 즉, 보는 것(見)에 대한 생각에 있어서 아난에게는 眼根이 本質로 생각되지만, 無上之覺을 이룬 부처님은 眞見 자체가 허망한 六根의 분별에 의지하지 않고 本然한 것임을 지적하시는 것이다. 經에서는 이를 설명하기 위해 視力을 잃은 盲人의 경우(盲人矚暗章)을 예로 들었다.

盲人에게도 보는 것이 있다 (盲人矚暗章)

"네가 시험 삼아 길에서 盲人들에게 '네가 무엇을 보느냐?'

고 묻는다면 모든 盲人들이 반드시 너에게 대답하기를 '나는 지금 눈앞에 어두운 것만 보고 다시 딴 것을 보는 것이 없다.' 고 말할 것이다. 이 뜻으로 본다면 前塵이 스스로 어두울지언정 보는 것이 어찌 虧損함이 되겠느냐?"[1)]

盲人이 비록 눈이 없어도 어둠을 능히 본다는 것은 눈이 곧 보는 것의 바탕이 되는 것이 아님을 의미하는 것이다. 前塵이 어둡기만 하고 밝은 것이 없어도 보는 그 自體에는 損失함이 없다는 말이다.

아난이 '盲人이 어둠만을 보는 그것을 어찌 본다고 할 수 있는가'하고 부처님 말씀에 수긍하지 않자, 부처님이 또 다른 예를 들어 설명하셨다. 즉, 눈이 있어도 暗室에 있는 사람은 어둠만 볼 뿐인데, 그때 어둠만 보는 그것이 盲人이 어둠만 보는 그것과 차이가 없다고 하셨다. 또 盲人이 시력을 얻게 되면 가지가지 빛깔을 보게 될 것이니 이를 눈이 보는 것이라 命名할 경우, 같은 理致로 暗室에 있는 사람이 등불빛을 얻게 된다면 그제서야 對象에 대한 가지가지 빛깔을 보게 될 것이니 이를 등불이 보는 것이라 해야 되느냐. 이렇게 본다면 등불이 능히 보는 것이 있다고 말할지언정 아난이 본다고 말할 수는 없게 되는 것이다.

"그러므로 마땅히 알아라. 등불이 능히 빛깔을 나타내거든 그와 같이 보는 것은 눈이고 등불이 아니며, 눈이 능히 빛깔을

1) 覺性 『楞嚴經正解』上, 玄音社, p.238. "汝試於途詢問盲人 汝何所見彼諸盲人 必來答汝我今眼前惟見黑暗 更無他矚以是義觀前塵自暗見何虧損"

나타내거든 이와 같이 보는 性品은 이 마음이고 눈이 아니다."[2]

등불의 빛깔을 보는 것은 등불이 아니고 눈이듯이, 눈을 통해 빛깔을 볼 때 그 보는 주체는 마음이지 눈이 아닌 것이다.

보는 것은 눈과 관련되어있다. 사람들이 사물을 볼 때 눈으로 본다는 認識이 깊이 뿌리박혀 있다. 그러나 盲人의 예에서 보았듯이 비록 눈이 제 기능을 발휘하지 못할지라도 보는 것 자체는 毁損되지 않는다. 눈은 곧 色塵을 分別하는 感覺器官이다. 때문에 눈이 비록 色塵에 대해 밝다, 어둡다, 아름답다, 추하다, 가깝다, 멀다, 등의 비추워 주는 역할을 하지만는 보는 것의 根源이 될 수는 없다.

부처님이 강조하시고자 하는 것은 무엇인가? 눈을 통해 보이느냐 안 보이느냐가 아니라 根과 塵을 초월하여 그와 상관없이 보거나 듣거나 하는 마음이 있다는 것을 밝히신 것이다. 色塵을 떠나서도 볼 수 있는 것이 바로 見性이고 이것이 곧 眞心이다,

2) 顯見不動 (見性은 不動하다)

見性은 客과塵이 아니다

2) 覺性 『楞嚴經正解』上, 玄音社, p.241. "是故當知 燈能顯色 如是見者 是眼非燈 眼能顯色 如是見性 是心非眼"

이어서 부처님이 大衆에게 客塵煩惱의 의미를 물으셨다. 이에 교진나[3]가 일어나서 다음과 같이 대답하였다.

"世尊이시여! 비유하자면 나그네가 旅館에서 유숙하여 혹은 잠을 자기도 하고 밥을 먹기도 하다가 먹고 자는 일을 마침에 行裝을 차리고 길을 떠나서 安住하지아니하나, 旅館 主人만은 그곳에 머물고 가는 바가 없나니, 그와 같이 생각해 본다면 머무르지 않는 것은 客이라 말하고 머무는 사람을 主人이라고 말하나니, 머무르지 않는 것이 客의 의미가 됩니다.

또 날씨가 처음 개임에 淸明하게 맑은 햇빛이 하늘에 오르면 日光이 문틈으로 들어와서 방안 속에 있는 온갖 먼지가 보이는데 먼지는 搖動하지만 虛空은 고요하니, 그와 같이 생각해 보면 맑고 고요한 것은 虛空이라 이름하고 搖動하는 것은 먼지라고 이름하나니 搖動하는 것으로써 塵의 의미라고 말합니다."[4]

객(客)이란 마치 旅館에 숙박하는 나그네와 같다. 비록 旅館에서 잠을 자기도 하고 밥을 먹기도 하지만 어느덧 行裝을 차리고 길을 떠나서 安住하지 못할 運命이다. 진(塵)은 먼지

3) 교진나(憍陳那)가 곧 아야다(阿若多)이다. 교진나는 부처님이 綠野園에서 最初說法을 하실 때에 客塵煩惱에 대한 깨달음을 얻고 부처님으로부터 '解名'(아야다)이라는 이름을 얻었다.

4) 覺性 『楞嚴經正解』上, 玄音社, p.251. "世尊譬如行客投寄旅亭 或宿或食食宿事畢 俶裝前途不遑安住 若實主人自無攸往 如是思惟不住名客住名主人 以不住者名爲客義. 又如新霽淸暘升天光入隙中 發明空中諸有塵相 塵質搖動虛空寂然 如是思惟澄寂名空搖動名塵 以搖動者名爲塵義"

이다. 淸明한 날씨에 문틈으로 日光이 비춤에 방안에 보이는 먼지는 쉴새 없이 搖動한다. 이 不住하거나 搖動하는 그 自體가 바로 煩惱와 같다. 그러한 마음은 가짜 마음이니 쓸데없는 것이다. 여기에선 凡夫衆生의 顚倒된 見解를 打破하여 迷惑된 妄想의 實體를 보여주려는 것이다. 打破하는 始初에 우선적으로 "客과塵"이라는 두 가지 문제를 들어 질문한 이유는 衆生이 마음이라고 여기고 虛妄하게 집착하는 것은 모두 客과 塵처럼 不住하고 搖動하는 六塵에 攀緣하는 妄想임을 깨닫게 하려는 것이다.

見性은 主人이며 虛空과 같다

그러면 진짜 마음은 어떤 것인가? 客이 잠시 머무는 旅館에 常住하는 旅館 主人이요, 塵이 搖動하는 空間에 고요한 虛空과 같은 것이다. 客과塵을 먼저 언급함으로써 見性의 不動함을 명확히 드러내려는 것이니 교진나의 대답에서 이미 답이 나온 것이다.

이를 확인하기 위해 부처님이 손바닥을 보이며 '네가 무엇을 보느냐? 나의 손이 폈다 오므렸다 하는가, 너의 보는 것(見性)이 폈다 오므렸다 하는 것이냐? 어느 것이 움직이고, 어느 것이 고요하느냐? 너의 머리가 左右로 움직인 것이냐, 너의 보는 것이 움직였느냐?'라고 이리조리 물으신다. 이에 아난은 '손이 폈다 오므렸다 하여움직였고 또 저의 머리가 좌우로 요동했을 뿐이옵고 저의 見性이 움직이는 것은 아닙니다'라고 대답한다.

아난이 옳게 답할 수 있었던 이유는 먼저 盲人의 비유에서 六根이 眞性아님을 깨달았고 客과塵의 설명을 통해 見性이 이와 대조적으로 不動함을 짐작하였기 때문이다. 움직이는 것은 모두 客과塵이고 그것을 보는 것은 눈이 아닌 見性이다. 눈은 손의 위치에 따라 움직이지만 눈과 몸이 움직인다고 해서 마음도 따라 움직이는 것은 아니다. 見性 자체는 움직임이 없는 것이다.

> "어찌하여 너는 지금 움직이는 것을 몸으로 여기고 움직이는 것을 境界로 여겨서, 처음부터 終末까지 생각 생각이 生滅해서 眞性을 遺失하고 뒤바뀐 짓을 하여 그 心性에서 참됨을 잃고 물건을 자기로 여기며 그 가운데(몸과 境界)서 輪廻하여 스스로 流轉함을 취하느냐?"[5)]

衆生들이 볼 때 몸과 外部의 모든 對象이 어느 하나 움직이지 않는 것이 없다. 이 움직이는 모든 것이 客과 塵이다. 衆生들은 이 客과塵에 의지한 것을 마음이라 여기므로 常住不動하는 眞性을 遺失하고 顚倒되어 客과塵에 따라 생각도 生滅하고 斷絶되어 生死輪廻에서 벗어나지 못한다.

3) 顯見不滅 (見性은 不滅하다)

不滅에 대한 疑心

---

5) 覺性 『楞嚴經正解』上, 玄音社, p.259. "云何汝今 以動爲身 以動爲境 從始洎終 念念生滅 遺失眞性 顚倒行事 性心失眞 認物爲己 輪廻是中 自取流轉"

이번에는 바사익왕이 일어서서 묻는다.

"제가 옛적에 부처님의 가르침을 받지 못하고, 가전연과 비라지자를 보니 모두가 '이 몸이 죽고 난 다음에 斷滅하는 것이 涅槃이다'고 말하였습니다. 제가 지금 부처님을 만났으나 아직도 疑惑이 있사온대 어떻게 밝혀 발휘하여야만 이 마음의 不生滅地를 證驗하여 알 수가 있습니까?"[6)]

바사익왕은 부처님을 뵙기 이전에 外道인 가전연을 섬겼는데, 그는 '一切法은 있기도 하고 동시에 없기도 하다(亦有亦無)'라고 하였으며, 비라지자는 '모든 法은 본래 스스로 자연적으로 있다(自然)'라고 헤아렸다. 이들의 敎理에 따르자면 肉身의 죽음은 곧 斷滅을 뜻한다. 몸과 마음과 業報가 모두 거기서 끊기고 사라지는 것이다. 때문에 오히려 죽음은 涅槃에 이른다고 본다.

이에 부처님이 바사익왕에게 '그대가 죽지 않았는데 어떻게 變滅이 될 줄을 아는가?'하고 묻는다. 바사익왕이 부처님께 가르침을 받으면서도 外道의 생각을 아직 버리지 못하는 이유는 자신의 肉身을 볼 때 시간의 흐름에 따라 그 樣相의 變化를 느끼기 때문이다. 어릴 적의 모습과 늙은 현재의 모습을 比較해 봄에 그 차이가 확연하다. 이러한 變化는 해마다, 달마다, 날마다, 찰나찰나 머무름이 없으니 비록 아직 죽

6) 覺性『楞嚴經正解』上, 玄音社, p.265. "我昔未承諸佛誨勅 見迦旃延 毗羅胝子 咸言此身 死後斷滅 名爲涅槃 我雖値佛 今猶狐疑 云何發揮 證知此心 不生滅地"

음을 겪지 않았어도 마침내 몸이 변화하여 없어질 것을 아는 것이다.

見性은 세월이 흘러도 變하지않다

"그대가 지금 머리카락이 희고 얼굴이 쭈그러짐을 스스로 슬퍼하는데 그 얼굴은 반드시 어린 나이 때부터 쭈그러지기 시작했거니와, 곧 지금의 恒河를 보는 것과 옛날 아이 적에 恒河를 보는 그 見이 아이 적과 늙은이 적의 차이가 있는가?"

"아니옵니다. 세존이시여!"

"대왕이여! 그대의 얼굴은 비록 쭈그러졌으나 이 見精은 本性이 일찍이 쭈그러진 것은 아니니, 쭈그러지는 것은 변하지만 쭈그러지지 않는 것은 변하지를 아니하며, 변하는 것은 없어지거니와 저 변하지 않는 것은 원래 生滅이 없다. 그런데 그 가운데 그대의 죽고 사는 것을 받는 것이 어찌 있겠는가?"[7]

바사익왕의 疑惑에 대해 부처님은 바로 恒河江의 비유를 들어 不生滅의 見性을 설명하신다. 어릴 때에 본 恒河와 나이를 먹어 본 恒河에 다름이 없듯이, 세월이 흐르고 늙어감에 따라 恒河를 보는 見의 성품에는 다름이 없다. 부처님이 먼저 바사익왕에게 肉體의 變滅에 대해 질문을 한 것은 肉體가 찰나찰나의 순간에 끊임없이 變化하는 과정 속에서도 恒

7) 覺性 『楞嚴經正解』上, 玄音社, p.287. "佛言汝今自傷髮白面皺 其面必定皺於童年則汝今時觀此恆河 與昔童時觀河之見有童耄不. 王言不也世尊. 佛言大王汝面雖皺而此見精性未曾皺 皺者爲變不皺非變變者受滅彼不變者元無生滅 云何於中受汝生死"

常하고 不變하는 것이 있음을 상대적으로 명확히 드러내고자 하신 이유에서다. 바사익왕이 아직 죽지 않았음에도 몸이 時時刻刻으로 衰滅해가는 것을 보고 죽음이 斷滅을 의심한다 하였으니 肉身의 變化 속에서 見性이 不變함을 깨닫게 해 見性의 不滅함을 立證하시려는 것이다. 본래 生滅 自體가 變化에 기인한다. 變化가 없으면 生滅도 있을 수 없다. 眞性은 常住眞心이고 無始菩提涅槃元淸淨體이니 有限性이 아니다. 본래 몸과 마음이 모두 如來藏 妙眞如性이고 不生不滅이다. 그러나 여기서는 大衆들에게 '眞心이란 이런 것이다'하고 처음 설명하는 단계이므로 이해를 쉽게 하기 위해서 비유를 통해 문제를 단순화 시켜 말씀하신 것이다.

4) 顯見不失 (見性은 遺失하지 않는다)

`眞性을 遺失했다 함을 의심함

부처님이 見性이 生滅하지 않음을 밝히시자 아난이 또 의문을 제기한다.

"세존이시여! 만일 이 보고 듣는 것이 반드시 生滅하지 아니한다면 어찌하여 세존께서 저희들을 '眞性을 遺失하고 뒤바뀐 짓을 한다'고 말씀하셨습니까?"[8]

8) 覺性 『楞嚴經正解』上, 玄音社, p.292. "世尊若此見聞必不生滅 云何世尊名我等輩遺失眞性顚倒行事"

아난의 질문에는 두 가지 문제가 내포되어 있다. 첫째, '眞性을 遺失'하였다는 말에 대한 誤解이고 둘째, '뒤바뀐 짓(顚倒)'을 한다는 말의 意味를 묻는 것이다.

'眞性을 遺失하고 뒤바뀐 짓을 한다'는 말은 앞서 見性의 不動함을 밝히실 때 하신 말씀인데, 뒤이어 '心性에서 참됨을 잃고 물건을 자기로 여기며 그 가운데(몸과 경계)서 輪廻하여 스스로 流轉함'취하느냐"라고 하셨다. 아난이 생각하기에 앞서 부처님이 너희들이 眞性을 遺失하였다고 하셨는데, 또 見性(진성이 곧 見性이다)은 生滅하지 않는다고 하시어 말씀이 일치하지 않아 보이는 것이다. 부처님이 앞서 말씀하신 '眞性을 遺失하고 뒤바뀐 짓을 한다'에서의 遺失의 의미는 아난이 의심하는 것과 같은 진짜 사라진 것을 의미하는 것이 아니다. 眞性은 변함없이 그 자리에 있으되, 衆生이 色心의 因緣에 휩싸여 顚倒된 妄想으로 참마음 자리를 찾지 못함에 이를 '遺失'하였다고 말씀하신 것이다. 다시 말해서 여기서의 '遺失'은 衆生의 顚倒性을 말하는 것이다.

正徧知와 性顚倒

眞性은 遺失되지 않으나, 衆生은 그를 모르고 顚倒된 짓을 한다. 이를 설명하기 위해 부처님은 손을 내린 것과 올린 것의 관계를 들어 顚倒의 의미를 인지시키셨다. 즉, 부처님의 손을 아래로 내린 것이 거꾸로 된 것이라면, 손을 위로 올린 것은 바로 된 것이다. 그와 같이 顚倒는 머리와 꼬리의 위치가 뒤바뀐 것을 말한다. 如來의 正徧知와 衆生의 性顚倒의 관계가 그와 같다. 正偏知란 正知와 偏知인데, 마음이 宇宙萬法을 다 포괄했음을 通達한 것을 正知라 하고 萬法이 다 마음인 것을 通達한 것을 偏知라 한다. 즉, 正偏知란 마음이 곧 宇宙萬法이며 宇宙萬法이 모두 마음에서 나옴을 아는 것이다. 性顚倒란 육체가 마음자리를 싸고 있다고 고집(倒知)하거나, 마음 밖에 法이 있다고 고집(倒見)하는 것이다. 如來의 正偏知가 바른 것이라면 衆生의 性顚倒는 마치 손을 아래로 드리운 것과 같이 완전히 뒤바뀐 것이다. 衆生이 이렇게 顚倒된 생각을 갖는 이유는 物質界와 精神界의 모든 因緣과 現象과 法이 모두 마음에서 비롯된 것, 즉 正偏知를 깨닫지 못하기 때문이다. 그러나 아난을 비롯한 凡夫衆生은 자신의 몸과 마음이 顚倒되어 있는 사실 자체도 깨닫지 못하고 있다. 아난은 부처님이 손을 올렸다 내렸다 하시면서 어느 것이 바른 것이고 어느 것이 顚倒된 것인가를 물어도 대답을 명백하게 하지 못하는 데, 그 이유는 그 기준을 모르기 때문이다.

顚倒가 된 까닭

그렇다면 어떤 緣由로 正偏知에서 衆生의 性顚倒를 일으키게 되었는가? 그 과정을 설명하신 내용을 검토해 보자.

"善男子여! 내가 항상 말하기를 '色과 心의 모든 因緣과 및 心所事와 온갖 所緣法이 오직 마음에서 나타난 바라'고 하였나니, 너의 몸과 너의 마음이 다 묘하고 밝고 참되고 정미로운 妙心의 가운데에서 나타난 물건이다.[9] (생략) 어두워 昧하여 허공이 되어서 虛空 가운데서 어두운 것을 맺어서 色(물질)이 되었으며, 그 색이 虛妄한 생각과 섞여서 그 생각함과 虛妄한 모양을 몸으로 여기며, 緣을 쌓아 내적으로 흔들리고 밖으로 나아가 분주하게 설치는 그 어둡고 흔들리는 모양을 가지고 자기 心性으로 여기나니, 한번 迷하여 그를 마음으로 여겨서는 결정적으로 그것이 色身의 안에 있는 것이라고 迷惑하고 色身과 그 밖의 山河와 虛空과 大地가 모두 이 妙明眞心 안의 물건인 줄을 알지 못하나니. 비유컨대 맑고 맑은 큰 바다를 버리고 오직 하나의 작은 물거품 만을 인식하여 온전한 큰 바다로 여겨서 바다의 모두라고 여김과 같나니, 너희들이 곧 迷한 중에서 倍나 迷한 사람이다."[10]

이것은 富樓那章에서 본래의 本覺자리에서 虛妄한 世界와 衆生이 나오게 된 緣由를 자세히 설명한 부분이다. 여기서 衆生의 妄心이 본래의 眞心에서 顚倒된 것임을 알리고자 미리 간단히 설하신 것이다. 내용을 간추려 보자면 본래의 밝고 묘하고 청정한 마음(本覺)에서 虛妄하게 어두움과 虛空이 생기고(不覺無明), 虛空과 어둠이 어울려 色(물질)이 되었으며, 그 色과 妄想이 섞여서 虛妄한 色의 움직임에 반연하여 떠오르는 생각을 진짜 마음으로 여기게 되었다는 것이다. 그러나

---

9) 覺性 『楞嚴經正解』上, 玄音社, p.304. "諸善男子 我常說言 色心諸緣及心所使 諸所緣法 惟心所現 汝身汝心 皆是妙明 眞精妙心中所現物"

10) 覺性 『楞嚴經正解』上, 玄音社, p.310. "晦昧爲空 空晦暗中 結暗爲色 色雜妄想 想相爲身 聚緣內搖趣外奔逸 昏擾擾相 以爲心性 一迷爲心 決定惑爲色身之內 不知色身 外洎山河 虛空大地 咸是妙明眞心中物 譬如澄淸百千大海棄之 惟認一浮漚體 目爲全潮 窮盡瀛渤 汝等即是迷中倍人"

사실 이 산하대지의 모든 세계가 본래의 本覺자리에서 나온 것인데, 衆生은 이것을 알지 못하니 본래 妙하게 圓滿하고 妙하게 밝은 마음, 보배롭고 밝고 묘한 성품을 '遺失'하고 그 중의 미혹만을 인식하는 것이다.

5) 顯見不環

緣心은 진심이 아님

"제가 비록 부처님의 그와 같이 妙한 音聲을 듣고 妙明한 마음이 원래 圓滿하여 常住하는 心地임을 깨달았으나, 제가 부처님께서 현재 說法하시는 소리를 깨닫는 것도 현재 緣心으로써 한 것이며 진실로 보고 우러름도 한갓 이 마음을 얻어서 한 것이라 감히 그를 本元의 心地라고 인정하지 못하옵니다."[11]

새로이 제기된 아난의 문제는 부처님이 말씀하신 원만하고 常住하는 心地를 아직도 감히 인정하지 못하겠다는 것이다. 그 이유는 아난이 느끼고 분별하고 심지어 부처님의 說法을 듣고 깨닫는 것조차도 모두 '緣心'에 근거한 것으로 생각되기 때문이다. 이에 대한 부처님의 대답은 단호하다.

"너희들이 오히려 緣心으로써 法을 들으니 이 法도 또한 반

---

11) 覺性 『楞嚴經正解』上, 玄音社, p.329. "我雖承佛如是妙音悟妙明心元所圓滿常住心地 而我悟佛現說法音現以緣心允所瞻仰徒獲此心 未敢認爲本元心地"

연이어서 法性을 얻을 수 없다."[12]

緣心이란 무엇인가? 바로 分別하는 마음, 攀緣하는 마음이다. 즉 六塵境界를 반연한 眼識, 耳識, 鼻識, 舌識, 身識, 意識 따위가 緣心이다. 이러한 緣心은 根塵를 반연하지 않고서는 存在할 수가 없으며, 根塵의 變化에 따라 시시각각으로 변화하기 마련이다. 이렇게 緣心에 근거해서는 설령 부처님의 고귀한 法을 듣는다 할지라도 그 진리를 온전히 깨닫지 못하고 말과 글, 소리와 모양에 연연하게 되기 쉽다. 부처님이 달을 가리키는 손가락의 비유는 너무나도 이를 잘 설명해 주고 있다.

"마치 어떤 사람이 손으로 달을 가리켜서 사람에게 보이거든 저 사람이 손가락을 인하여 웅당 달을 보아야 할 것이어늘 만일 다시 손가락을 보아서 달이라고 한다면 이 사람이 어찌 달바퀴를 잃어버린 것뿐이겠느냐? 또한 그 손가락도 모르는 것이니 무슨 까닭이냐 가리키는 손가락을 밝은 달로 여겼기 때문이다. 어찌 손가락만 모를 뿐이겠느냐? 또한 밝고 어두운 것도 다시 모르는 것이다. 무슨 까닭이냐 곧 손가락 자체로써 달의 밝은 성능으로 여겨서 밝음과 어두움의 두 가지 성능을 아는 바가 없기 때문이다."[13]

---

12) 覺性 『楞嚴經正解』上, 玄音社, p.334. "汝等尙以緣心聽法 此法亦緣非得法性"

13) 覺性 『楞嚴經正解』上, 玄音社, p.336. "如人以手指月示人彼人因指當應看月 若復觀指以爲月體此人豈惟亡失月輪亦亡其指 何以故以所標指爲明月故豈惟亡指亦復不識明之與暗 何以故卽以指體爲月明性明暗二性無所了故汝亦如是"

달은 眞心이고 손가락은 法, 즉 부처님의 가르침이다. 그런데 아난은 지금 손가락, 즉 부처님의 가르침을 듣고 그것 자체에 얽매여서 깨달았다 여기고 부처님을 우러러 본다. 그러나 엄밀히 말하자면 중요한 것은 부처님의 音聲도 부처님 그 自體도 아니다. 이 모두가 아난이 分別心에 起因함으로써 손가락 밖에 있는 眞心을 알아채지 못하는 것이다.

分別心은 돌려보낼 곳이 있음

아난이 얘기한대로 부처님의 音聲을 듣고 그 깨달음을 얻는 것이 마음이라 한다면, 부처님의 音聲이 없을 때에도 깨달음을 얻을 수 있는 그러한 마음이 있어야 된다는 것이다, 分別心이란 것이 과연 그러하냐를 反問하신다. 그러나 分別心이란 客塵煩惱에 의존하는 것이기에 그것을 떠나서는 어떠한 마음도 일어날 수가 없다. 이는 마치 나그네가 여관에서 하룻밤 投宿하고는 이내 떠나 버리는 것과 마찬가지여서 근본적으로 나의 참된 마음과는 관련이 없는 것이다. 說法하는 소리에 따른 分別心 뿐 아니라, 一切의 六塵에 의한 分別心은 모두 客이 떠나 사라짐과 같은 虛妄한 妄想에 지나지 않는다. 그러므로 이러한 緣心은 모두 돌려보낼 곳이 있는 것이다.

"아난아! 이 대강당이 동쪽으로 통하여 열리었음에 태양이 뜨게 되면 밝게 비추는 것이 있고, 한밤중에 달이 안 보이고 구름과 안개가 끼면 곧 다시 어둡고, 문틈에는 다시 통함을 보게 되고 담 사이에는 다시 막힘을 보며, 分別하는 곳에서는 다시 반연함을 보고, 頑虛의 가운데는 두루 이 虛空性이고 울발(鬱勃)의 모양은 곧 混塵에 얽혔고 맑게 개어서 雲霓(운예)가 걷히면 또 淸淨함을 본다. 아난아! 너는 이 모든 變化相을 보아라. 내가 지금에 본래 本因의 곳에 각각 돌려보내겠다.

어떤 것이 本因이냐? 아난아! 이 여러 가지 變化가 밝은 것은 해에 돌려보내니 무슨 까닭이냐? 해가 없으면 밝지 못하다. 밝은 원인은 해에 속하니 그러므로 해에 돌려보내고, 어두운 것은 黑月에 돌려보내고, 通한 것은 문에 돌려보내고, 막힌 것은 담에 돌려보내고, 攀緣은 分別에 돌려보내고, 頑虛는 虛空에 돌려보내고, 또 鬱勃은 티끌에 돌려보내고, 청명한 것은 갠 것에 돌려보낼 수 있으니 곧 모든 世間에 있는 一切의 것이 이런 종류에서 벗어나지 않는다."[14)]

위의 설법내용은 '八還辨見'이라 하여 禪家에서 公案으로 애용되는 부분이다. 보는 것을 예로 봤을 때, 보여지는 모든 것들이 본래 돌아갈 바가 있는 것이니, 밝은 것은 해에 돌려보내고, 어두운 것은 흑월에 돌려보내고, 통한 것은 문에 돌려보내고, 막힌 것은 담에 돌려보내고, 攀緣은 前塵分別에 돌

14) 覺性『楞嚴經正解』上, 玄音社, p.348. "阿難此大講堂洞開東方日輪升天則有明耀 中夜黑月雲霧晦暝則復昏暗 戶牖之隙則復見通 牆宇之間則復觀壅 分別之處則復見緣 頑虛之中徧是空性 鬱勃之象則紆昏塵 澄霽斂氛又觀淸淨. 阿難汝咸看此諸變化相 吾今各還本所因處. 云何本因阿難此諸變化明還日輪 何以故無日不明 明因屬日是故還日 暗還黑月通還戶牖 壅還牆宇緣還分別 頑虛還空鬱勃還塵淸明還霽 則諸世間一切所有不出斯類"

려보내고나니, 이런 식으로 보여지는 여덟 가지의 모든 것들을 본래의 本因으로 돌려보낸다. 돌려보내지는 것들은 곧 진정한 我體라고 할 수 없는 것이다.

妙明元心은 돌려보낼 곳이 없음

그렇다면 眞如心은 어떠한가?

> "네가 여덟 가지를 보는 見의 精明한 性은 마땅히 어디에 돌려보내려 하느냐하면 만약 밝은 데에 돌려보낸다면 곧 밝지 않을 때는 다시 어두운 것을 보지 못할 것이다. 비록 밝고 어두운 따위가 가지가지로 差別이 있기는 하나 그 보는 것은 差別이 없느니라."[15)]

'여덟 가지'란 앞의 예에서 든 還歸處가 있는 것들을 의미한다. 이런 森羅萬象의 모든 것을 보는 見性 그 자체는 과연 어디로 돌려보내야 하는가를 물으심이다. 만약 見性을 어느 한 대상에 돌려보낸다면 다른 것을 보거나 分別할 수 없게 될 것이니 마땅히 돌려보낼 곳이 없다. 굳이 돌려보내야 한다면 이 여덟 가지를 보는 自身에게 돌려보내야 한다. 돌려보낼 수 있는 것은 自身이 아니지만 돌려보낼 데가 없는 것은 바로 自身이요 主人인 것이다.

---

15) 覺性『楞嚴經正解』上, 玄音社, p.354. "汝見八種見精明性當欲誰還 何以故若還於明則不明時無復見暗 雖明暗等種種差別見無差別"

Ⅲ. 見性을 찾는 것이 곧 깨달음

부처님은 계속해서 見은不雜, 見은無碍, 見은不分, 見은離卽, 見은離見을말씀하시어 見性에 대해 10번 밝히셨다. 마치 아난의 妄想을 깨뜨리기 위해 일곱 번에 걸쳐 아난 망심의 생각을 파하신 것처럼 하나하나 구체적으로 見性에 대해서 설하셨다. 이렇게 자세하게 설하시는 이유는 중생들이 見性을 遺失하여 見性에 대해 아는 것이 없기 때문이다. 見性에 대한 부처님의 說法은 어리석은 大衆들에게 한 번도 본 적 없는 진짜 아들의 초상화를 보여주는 것과 같다.

인간은 태어나는 순간부터 분별과 반연에 의하여보고, 듣고, 맛보고, 맡고, 접촉하고, 느낀다.

이런 경험을 하나하나 쌓아가면서 성장하고 分別心을 키워서 그것을 自我라고 생각한다. 이러한 自我에 따라 저마다의 世界觀이 存在하지만 결국 모두 我執이요 妄想에 불과한 것이다. 저마다 돌려보낼 곳이 있는 극히 제한된 六塵에 근거한 경험과 分別心으로는 煩惱에서 벗어날 수 없다. 아난이 처음 부처님께 方便法門을 요청한 계기를 되새겨 보자. 아난이 破戒의 위험에서 빠져나와 절실히 느낀 것은 자신이 너무나도 쉽게 유혹에 빠져 正道에 나아가지 못함이다. 오랜 修行을 통해서 깨달으신 부처님의 입장에서는 이런 我執에 빠져 眞理를 보지 못하는 凡夫衆生들이 너무나도 가여울 뿐이다. 깨달음을 위해서는 我執에 대한 妄想을 깨뜨리고 빨리 진정한 나, 진정한 마음을 찾아야 하는 것이다. 이는 다른 곳에서 힘겹게 얻어야 할 것이 아니다. 바로 자신이 지니고 있는 것, 그렇지만 生死 輪廻 속에서 잊어버린 것이다.

『正脈疏』에서 七番破心과 十番顯見을 묶어서 帶妄顯眞이라 命名한 이유가 바로 여기에 있다. 妄心과 眞心의 자리는 둘로 존재하여 따로이 배척하고 구하여야 할 것이 아니라, 본래 하나의 清淨本然한 자리에서 妄이 작용한 결과로 妄과 眞의 분별이 생겼다. 妄心이 뒤섞인 상태에서 眞如의 자리로 돌아가려면 먼저 마치 옥석을 가려내는 것과 같이 妄과 眞을 철저히 가려내어야 한다. 凡夫衆生의 根機에 맞추어 妄을 떠나지 않은 채로 眞을 드러냄으로써 양자의 차별을 확연히 깨닫도록 하려는 것이다. 이 과정을 거치고 난 후에야 비로소 眞性을 전면적으로 받아들일 수 있는 것이며, 수행을 통해 실질적으로 成佛의 果位에 도달할 수 있는 것이다.

Ⅳ. 결론

이렇게 해서 다섯 번째 顯見의 내용을 검토해 보았다.

첫 번째로,보는 것은 눈이 아닌 見性이고 見性이 곧 眞心임을 밝히셨다.

두 번째로, 見性은 이리저리 搖動하지 않고 常住함을 밝히셨다.

세 번째로, 見性은 肉身이나 器世間의 有爲法처럼 變滅하지 않음을 밝히셨다.

네 번째로, 見性은 常住하고 遺失함이 없으나, 顚倒에 의해 유실함과 같다고 밝히셨다.

다섯 번째로 팔종물은 모두 돌려보낼 수가 있으나, 見性自體는 돌려보낼 데가 없는 자신의 眞心임을 밝히셨다.

七番破心을 통해 妄想을 파하고 그 속에서 眞心을 밝혀내는 과정이다. 이와 같이 妄心과 眞心을 철저히 구별해 낸 후에야 비로소 我執에서 벗어나 순수한 眞如의 자리를 구할 수 있다. 億劫의 輪廻의 業을 통해서 형성된 我執은 깨뜨리기가 쉬울 리 없다. 부처님께서 이를 돕기 위해 참마음 자리의 틀을 설명해주시는 것이다. 비록 緣心을 통해서는 法도 緣이 될 뿐이지만, 衆生이 修行精進을 통해서 法을 받아들인다면 마침내 見性을 찾을 수 있으리라.

覺性 큰스님과 因緣을 맺은지 어언 38년이 지났다. 1974년 海印僧伽大學에서 처음 覺性 큰스님을 모시고 修學하여 졸업한 이후, 38년 후에 다시 옛스승을 모시고 楞嚴經 공부를 하게 된 감회가 남다르다. 出家者로서 어느 때고 부처님의 말씀을 멀리할 때가 있겠냐마는 필자와 같은 나이에 스승을 모시고 다시금 겸허하게 經典의 구절구절을 되새기는 기회를 갖기란 현실적으로 쉬운 일이 아니다. 그러나 부처님의 가피를 얻어 이렇게 여러 수승한 道伴 스님들과 함께 더욱이 옛스승의 가르침을 받게 되니 이 因緣이 더없이 값지게 느껴진다. 이 기회를 통하여 38년 전 미처 얻지 못한 깨달음을 소소히 얻게 되었고, 앞으로 出家者로서 나아가야 할 방향을 더욱 명확히 다질 수 있었다.

다시 한번 覺性 큰스님과 道伴 스님들께 감사의 말을 전하며, 한편으로 필자와 道伴 스님들의 이 귀한 因緣이 후배 스님들께 자그마한 龜鑑이 되기를 기대하며 소감의 말을 덧붙인다.

4. 十番顯見에 대하여

光馥 法忍

Ⅰ. 序 論

『楞嚴經』에서 十番顯見으로 見性을 드러내는 부분은 衆生들로 하여금 奢摩他 法門을 깨닫게 하는데 있어 첫 關門에 해당한다. 앞서의 七番破心은 眞心을 드러내기 이전에 먼저 衆生들의 마음에 가득찬 妄想을 철저히 파함으로써 眞心을 발판을 餘地를 마련하기 위한 사전작업이다. 見을 들어 설법을 하는 이유는 허망한 前塵에 攀緣할 뿐 眞如의 성품을 알지 못하는 衆生의 이해를 돕기 위해서 六識 중 하나를 선택하여 그 본질을 밝히려는 것이다. 이는 마치 圓通法을 설함에 있어서 衆生들의 根器에 맞춰 觀音菩薩의 耳根圓通으로 修行할 것을 권하는 것과 같은 이치다. 十番顯見의 처음에는 주로 妄心과 차별되는 見性의 純粹性을 드러내었다. 그러나 뒤로 갈수록 見性의 중층적 구조와 미세한 성질을 설하고 있다. 앞서 화암스님의 論文에서 十番顯見 중 見性이 眞心, 見性은 不動, 見性은 不滅, 見性은 非遺失, 見性은 無歸還임을 검토하였다. 이에 이어서 본 소고에서는 經에서 열 번 見性을 밝힌 내용 중 여섯 번째에서 열 번째까지의 부분(見性은 外物이 아님, 見性은 舒縮이 아님, 見性은 是非를 떠남, 見性은 자연·인연을 떠남, 見性은 見精의 自相도 아님)을 중심으로 부처님의 말씀을 고찰해보고자 한다.

Ⅱ. 顯見의 내용

1. 見性은 外物이 아닌 自我의 眞性이다

1) 自와 他의 분별

부처님이 여섯 번째 설하신 이 대목에 대해서 성격을 어떻게 규정해야 할 것이냐에 대해 논란이 있다. 『正脈疏』에서는 이 대목을 顯見不雜이라 하였고, 耘虛스님은 '見은 혼란하지 않는다'라고 규정하였고 覺性스님은 둘 다 적절치 못하다 하며 '見性非外物, 顯見是眞'이라 함이 옳다 하였다.[1] 經의 내용을 검토해 보면 알겠지만 이 대목의 要旨는 見이 나의 참 마음임을 확인하고자 하신 것이다. 이 부분에 대한 부처님의 설명은 아난의 다음과 같은 질문에서 비롯된다.

"제가 비록 이 見性은 돌려보낼 수 없는 것임을 알았으나, 이것이 저의 眞性임을 어찌 알 수가 있겠습니까?"[2)]

이 질문은 바로 다섯 번째 '見性은 돌려보내거나 去來가 없다'의 끝부분에서 이어지는 아난의 질문이다. 八還辨見을 통해 보는 대상을 六塵으로 모두 돌려보내고 난후, 최종적으로 돌려보낼 수 있는 것은 저절로 아난이 아니거니와 아난이 돌려보내지 못하는 그것은 바로 아난임을 설하셨다. 그런데 아난은 부처님이 말씀하신 '네가 돌려보내지 못하는 것은 네가 아니고 무엇이냐'라는 부분에 대해서 재차 질문을 하고 있는 것이다. 모든 色塵의 대상이 각각 돌려보낼 바가 있으므로 곧 내가 아니라는 것은 확인할 수 있었지만, 그렇다고 돌려보내지 못하는 것이 곧 내가 된다는 것을 아직 수긍할 수 없다는 것이다. 이에 대해 부처님이 하신 말씀을 보자.

"네가 여기서 自와 他를 分別하여라. 이제 내가 너를 위해 보는 見性 가운데 어느 것이 이 我體며 어느 것이 이 物象인지를 가려 보겠다."[3)]

---

1) 覺性『楞嚴經正解』上, 玄音社, p.357 내용 참조

2) 覺性『楞嚴經正解』上, 玄音社, p.358. "我雖識此見性無還 云何得知是我眞性"

3) 覺性『楞嚴經正解』上, 玄音社, p.364. "汝應於此分別自他 今吾將汝擇

이 말씀을 볼 때 이 대목의 핵심이 自他의 구별 속에 見性이 自我, 즉 眞性임을 확인하는 것임을 알 수 있다. 八還辨見이 見性은 外部로 되돌릴 바가 없는 성품임을 강조한 說法이라면, 여기서는 한걸음 더 나아가 我他의 分別을 명확히 하여 見性이 我의 고유한 성품임을 드러내고자 한 것이다. 이제 부처님께서 그에 대한 답을 주시는데 그 핵심이 이른바 四若章이다.

2) 四若章

四若章 부분은 經典에 '만약 若'자가 네 번에 걸쳐 나오면서 見性이 物象 아닌 我體임을 밝히는 핵심부분이다. 상당히 축약적으로 표현되어 있기에 禪家에서 公案으로 애용되어 왔다.[4] 강의를 하면서도 상당히 해석의 難航을 겪으면서 논란이 많았던 부분이다. 전후 맥락을 포함한 四若章의 내용은 다음과 같다

"아난아! 이 가깝고 먼 데 있는 여러 가지 物性이 비록 여러 가지로 다르나 모두가 너의 淸淨한 見精이 보는 바이니 곧 모든 物象의 종류가 스스로 差別이 있을지언정, 그 見性은 差別이 없으니 이 精微롭고 밝은 것이 眞實로 너의 見性이다.

(四若章부분) 1.만약 보는 것이 물질이라면 곧 네가 나의 보

於見中誰是我體誰爲物象"

4) 대표적으로 『벽암록』 제94則 및 『종용록』 제99則에 '楞嚴不見(時)'로 실려 있다.

는 것을 볼 수가 있어야 할 것이다.

2.만약 함께 보는 것으로써 나를 보는 것이 된다고 이른다면 내가 보지 아니할 때에는 어찌 나의 보지 아니한 것을 보지 못하느냐?

3.만약 보지 못하는 그것을 본다면 自然히 저 보지 못하는 것(相)이 아닐 것이다.

4.만약 내가 보지 못하는 그 자리를 네가 보지 못한다면 그는 저절로 物質이 아니거니 어찌 네가 아니겠느냐?

또 곧 네가 지금 물건을 볼 때에 네가 이미 물건을 보고 물건이 또한 너를 본다면 體性이 紛亂하고 混雜하여 곧 너와 나와 및 모든 世間들이 安立함을 이룰 수 없다."[5)]

四若章의 요지는 다음과 같다. 外部로 보여지는 바의 물질은 모두 我體가 아니고 물질에 따라 差別性을 띠는 것이지만 그 물질을 보는 見性은 순수한 我體이다. 물질적인 것은 八還辨見에서도 확인했듯이 還元할 대상이 있으므로 我體가 될 수 없다. 見性을 물질이라고 가정한다는 것은 아난이 앞서 어떻게 見性이 眞我임을 알 수 있냐고 물었음으로 眞我가 아닌 물질로 가정을 해보고 따져보려는 것이다. 따져본 결과가 이치에 맞을 경우 見性은 眞我가 될 수 없지만 따져본 결과 見性이 물질이 아니다면 그것은 곧 見性이 眞我임을 反證하

5) 覺性『楞嚴經正解』上, 玄音社, p.368. "阿難是諸近遠諸有物性雖復差殊同汝見精淸淨所矚　則諸物類自有差別見性無殊此精妙明誠汝見性. (四若章　부분) 若見是物則汝亦可見吾之見　若同見者名爲見吾吾不見時何不見吾不見之處　若見不見自然非彼不見之相　若不見吾不見之地自然非物云何非汝. 又則汝今見物之時汝旣見物物亦見汝　體性紛雜則汝與我幷諸世間不成安立"

는 것이다. 見性을 물질로 가정했을 때 응당 볼바 대상이 되어 見性을 볼 수 있어야 한다. 하지만 한 물건을 부처님과 아난이 같이 봤을 때 부처님이 보지 않는 것에 대해서는 아난도 역시 보지 못한다. 만약 부처님이 보지 않는 것을 아난이 본다고 말한다면 이미 (부처님이) 보지 않는 바가 아닌 것이 되므로 矛盾이 생긴다. 이는 見性이 외부 대상으로 보여질 수 있는 물질이 아님을 反證하는 것이다. 결국 아난이 외부 대상을 봄에 있어서 見性이 물질이 아니라면 自然히 아난의 眞我가 되는 것이다.

見性이 我體를 성립하는 또 다른 이유는 見性이 물질과 서로 어지럽게 섞여 버리면 내가 物象을 보는 동시에 物象이 나를 보고, 내가 相對를 봄으로써 (相對가 나를 보지 않아도) 동시에 相對가 나를 보는 것이 되어서 世界의 모든 存在가 혼잡하여 安立하지 못하게 된다. 결국 見性은 自와 他를 구분하는 자신의 眞性임을 알 수 있다.

2. 見性은 舒縮이 아닌 無礙이다

1) 見性에 늘어나고 줄어듦이 있는가?

舒縮이란 늘어나고 줄어듦을 뜻한다. 본 대목은 見性이 前塵에 따라 늘고 주는 것이 아니라 본래 걸림이 없고 두루하다는 것을 설하고 있다. 아난이 새로이 제기한 문제는 다음과 같다.

"넓은 공간에서 볼 적에는 이 見이 그와 같아서 그 自體가 본래 一界에 두루하다가 지금 방안에 있어서는 보는 것이 오직 하나의 방에만 꽉 차 있으니, 이 見이 큰 것이 축소되어 작아진 것입니까? 장벽이 좁게 차단해서 끊긴 것입니까?"[6]

아난이 생각하기에 장소에 따라 보이는 것이 많고 적다. 탁 트인 곳에 서서 보면 보이는 것이 넓고 많은데 좁은 방안에서 볼 때는 오직 보이는 것은 방안 내부의 자그마한 시야뿐이다. 見이 外物이 아닌 自身의 것이라고 할 때 이렇듯 보이는 것이 많고 작은 것은 見 自體가 縮小되고 늘어나거나 혹은 遮斷당해서 그러한 것인가에 의문을 갖는 것이다.

이는 大, 小, 舒, 縮 등의 差異는 前塵에 속한 것이어서 前塵의 특성을 나타내는 것이지, 見 자체는 크고, 작고, 늘어나고, 줄어들고 하는 것이 없다는 것을 아난이 알지 못하게 때문이다. 부처님은 이를 그릇에 담긴 虛空의 비유를 들어 설명하셨다.

2) 모난 그릇에 담긴 虛空

부처님은 모난 그릇에 虛空이 담긴 경우를 비유를 드셨다. 여기서 그릇은 前塵이고 虛空은 見性이라 할 수 있다. 또 그릇에 모난 모양은 前塵의 大小, 長短 등의 차이를 의미하고, 虛空의 모난 모양을 본 것은 見性에 대한 前塵의 그릇된 妄

6) 覺性『楞嚴經正解』上, 玄音社, p.377. "此見如是其體本來周徧一界今在室中唯滿一室 爲復此見縮大爲小爲當牆宇夾令斷絶 我今不知斯義所在願垂弘慈爲我敷演"

相이다. 이를 통해 부처님이 見性이 舒縮이 없음을 논파하시는데 그 내용을 정리하면 다음과 같다

① 虛空이 모난 것으로 정해졌다면 둥근 그릇을 두더라도그 그릇 안에 虛空이 둥글게 보이지 않아야 될 것이고, 虛空이 모난 것으로 정해진 것이 아니라면 모난 그릇 안에서도 虛空이 모난 것으로 보이지 않아야 할 것이다. 이렇듯 虛空은 딱히 모양이 정해져 있는 것이 아니다. 見性도 그와 같다.

② 만약 虛空의 모나고 둥근 모습을 없애고자 한다면 모나고 둥근 그릇을 없애면 되는 것이고, 따로 虛空의 모나고 둥근 모습을 없앨 것 없다. 즉, 前塵의 大小, 長短 등의 차이는 前塵을 제거하면 사라질 뿐 見性 자체와는 하등 상관이 없다.

③ 見이 場所에 따라 그 늘어나고 줄어듦이 있다면 방안에 들어올 때는 일부러 보는 것을 縮小하고, 해를 볼 때는 見을 해에까지 늘리는 것인가? 또 담이 쌓여 見이 차단되었다면 담에 구멍을 뚫었을 때 구멍을 통해 見이 이어지는 자취가 있는가? 그렇지 않다. 見이 前塵을 따라 가는 것이 아니라 前塵이 見안에 담겨 있을 뿐이다.

그릇은 그 모양에 따라 네모나기도 하고 둥글기도 하고, 크고 작고 등의 차별이 있을 수 있지만, 그 그릇안에 담긴 虛空은 세상에 두루할 뿐 본래 그러한 차이가 없다. 오직 모난 그릇에 담겼을 때 그 공간이 모나게 보이고, 둥근 그릇에 담겼을 때는 그 공간이 둥글어 보일 뿐, 사실 본래 모나거나 둥근 形體가 없는 것이다. 그런데 이것을 보고 오히려 둥근

그릇 안의 虛空을 둥글다 하고 모난 그릇 안의 虛空을 모나다고 보는 것이 어리석은 衆生들의 착각이다. 여기서 부처님은 前塵의 大小長短의 攀緣心을 떠나면 無着無礙하고 두루한 見性을 얻을 수 있음을 反證하고 있는 것이다.

3) 失於本心 爲物所轉을 警戒함

본 대목에서 중요한 것은 단순히 見이 舒縮이 없다는 것을 확인하는 것이 아니다. 기실 아난의 질문에는 또 다른 의미가 숨겨져 있다. 見이 前塵의 대상을 따라 縮小되고 擴大된다는 것은 見이 前塵에 종속적인 위치를 갖는 것으로 해석될 수 있다. 不生不滅, 不動, 非遺失, 無還.無去來한 眞性의 見이 前塵의 變化에 따라 함께 변화한다면, 이미 앞서 말한 見性의 本質을 잃어버리게 되는 것이다. 부처님은 이를 경계하시고 있다.

> "一切衆生이 비롯이 없는 때로부터 옴으로 自己를 迷하여 물질로 여겨서 本心을 상실하고 물질에 流轉함이 되었으므로 그 가운데에 大를 보고 小를 보거니와 만약 물건을 능히 굴리면 곧 如來와 같아서 몸과 마음이 圓明하여 道場에서 움직이지 아니하고 하나의 털끝에서 十方의 無窮無盡한 넓은 국토를 두루 능히 포함하여 받아들일 것이다."[7)]

---

7) 覺性『楞嚴經正解』上, 玄音社, p.387. "一切衆生從無始來迷己爲物失於本心爲物所轉 故於是中觀大觀小 若能轉物則同如來身心圓明不動道場於一毛端徧能含受十方國土"

一切衆生이 眞我를 迷하고 물질과 같이 여겨서 물질에 따라 大小를 보고, 자신의 마음도 그에 따라 커지고 작아지는 양 妄想과 煩惱에 빠진다. 이는 本心과 物質이 顚倒된 것이다.

앞서 여섯 번째 顯見인 見性은 外物이 아닌 자신의 眞性임을 밝힌 부분에서 물질의 他와 見性의 주인인 我를 分別하였다. 그런데 이 我의 本質은 사실 他와 分離되는 我가 아니다. 他와 分別하여 我를 세우는 것이 바로 我를 물질과 같이 여기는 바이다. 이것은 眞我가 아니다. 眞我의 성품은 見性의 舒縮 없이 두루한 성품과 같다. 妄想을 극복하고 本性을 찾을 때, 우주에 두루한 虛空과 같이 前塵에 치우침 없이 세상을 두루 觀照할 수 있는 것이다.

이로써 見性의 범위가 확 트였다. 이제까지 見性을 妄想과 구별되는 점을 중심으로 드러냈다면 이제부터는 見性을 통해서 妄想과 眞心을 모두 포함한 완연한 如來藏의 모습을 드러내시려고 한다.

3. 見性은 是見과 非見이 아니다

1) 아난이 分別心으로 見과 몸을 分離해서 보고있다.

이 장의 說法은 난이 그릇된 질문을 함으로써 시작된다. 아난은 부처님의 말씀을 듣고 見性이 眞我라면 몸이 假我가 되어 구별이 있게 되니 이는 부처님말씀대로라면 '물건이 능히 저를 보는' 바가 되어 一切世間이 安立할 수 없는 경우가 되어 모순된다 고 본다. 왜냐하면 안근을 포함한 몸은 견성과 대비한다면 그 역시 외부의 물질에 속한다고 할 수 있기 때문이다. 이러한 질문은 아난이 아직 妄想에서 벗어나지 못한 데서 起因하지만 지금 見性을 차근차근 설명하는 단계로 볼 때 이 질문에 대한 부처님의 해답은 見性에 대한 대중들의 깨달음의 폭을 확장시키는 결과가 되었다. 아난의 문제는 見을 六塵과 분리하여 사고함으로 是와 非是의 구별이 생긴 것이다. 是와 非是의 구별이 생겼다는 것은 기실 見자체를 六塵의 攀緣心의 범주 안에서 인식하고 있는 것이다. 부처님이 아난의 말 중에서 '지금 見의 묘한 성품이 제 앞에 놓여있다'고 한 부분을 지적하시어 그것은 맞지 않다고 하셨다. 본래 담연하고 원만한 見精을 아난이 '지금 見의 묘한 성품이 제 앞에 놓여있다'고 무의식적으로 말함으로써 마치 方所와 指示함이 있는 物象이 되어버린 셈이다.

2) 文殊菩薩이 見精과 色空의 是, 非是의 가르침을 구하다

부처님이 아난에게 見性이 方所가 없음을 설하시는 중에 見精이 物象 가운데 없는 동시에 一切의 物象을 떠나서 따로 見性이 있을 수 없음을 드러내셨다. 見精이 物象 아닌 我體임은 四若章에서 부처님이 말씀하신 내용이다. 이제 다시 物象을 떠나서 따로이 見性이 있을 수 없음을 설하시자 말이 모순된 것 처럼보여 大衆들이 당혹감을 감추지 못한다. 이때 文殊菩薩이 大衆을 위해 나서서 부처님께 精見과 色空(즉 모든 物象) 두 가지의 是, 非是의 의미에 대한 가르침을 요청한다.

> "시방의 여러 부처님과 및 위대한 菩薩들이 그 스스로 머무는 三摩地 가운데에, 見과 및 見緣과 아울러 생각과 몸 모양이 虛空꽃과 같아서 본래 있는 바가 아니다. 이 見과 見緣이 원래 菩提의 묘하고 청정하고 밝은 自體이거니 어찌 그 가운데 是와 非是가 있겠느냐? 文殊여! 내가 지금 그대에게 묻노니 그대가 文殊인데 다시 文殊에게 옳은 是文殊와 그른 非文殊가 있는가?"[8)]

見緣이란 見이 緣하는 대상, 즉 世間의 色塵을 의미하는 것이다. 見과 色塵이 모두 본래 보리의 묘하고 청정하고 밝은 자체(菩提妙精明體)여서 그 구별이 없는 것이다. 이는 마치 文殊菩薩이 존재할 뿐이지 거기에 是文殊와 非文殊가 따로 있지 않는 것과 같다. 이 점을 더 명확하게 설명하기 위해서 부처님이 달의 비유를 들으셨다.

> "이 見의 묘하고 밝은 것과 및 모든 空塵도 또한 다시 그와 같아서 본래 이 묘하고 밝고 위없는 菩提의 淸淨하고 둥근 참 마음인데 망령되이 色空과 및 聞見이 되어서, 第二月과 같으니 어느 것이 是月이며 또 어느 것이 非月인가? 文殊여, 다만 달 하나만이 진짜이고 중간에 是月 非月이 없다. 그러므로 그대가

8) 覺性 『楞嚴經正解』上, 玄音社, p.416. "十方如來及大菩薩於其自住三摩地中 見與見緣幷所想相如虛空華本無所有. 此見及緣元是菩提妙淨明體云何於中有是非是 文殊吾今問汝如汝文殊更有文殊是文殊者爲無文殊"

지금 見과 및 六塵을 보아서 가지가지로 발명하나니 그것은 妄想이라고 말한다. 거기에서는 是와 非是를 능히 벗어나지 못하거니와 이는 참되고 精微로운 妙覺明性이기에 그러므로 그대로 하여금 指와 非指를 능히 벗어나게 한다."[9]

第二月은 눈의 왜곡으로 원래의 달에서 비롯되어 나타나는 幻影이다. 第二月의 幻影이 나타남으로써 진짜 달과 第二月 사이에서 是月과 非月의 分別이 생긴다. 그러나 본래 달을 말한다면 달 그 자체로서 是月, 非月의 是非 分別이 아예 없는 것이다. 마찬가지로 世間의 森羅萬象들은 그 根本을 추구하면 청정하고 원만한 菩提妙精明體인데 虛妄하게 밖으로는 色空과 안으로는 見聞覺知의 分別을 이루었는데 그것이 마치 본래 없던 第二月과도 같다는 것이다. 진실한 第一月의 自體를 분명하게 안다면 거기에는 자연히 是非의 差別相이 없게 된다.

9) 覺性『楞嚴經正解』上, 玄音社, p.420. "此見妙明與諸空塵亦復如是本是妙明無上菩提淨圓眞心　妄爲色空及與聞見如第二月誰爲是月又誰非月. 文殊但一月眞中間自無是月非月.　是以汝今觀見與塵種種發明名爲妄想不能於中出是非是由是眞精妙覺明性 故能令汝出指非指"

4. 見性은 自然, 因緣이 아님

1) 아난의 因緣과 自然에 대한 문제제기

아난이 지금 覺性이 生滅이 없고 一切 虛妄顚倒를 떠난 것을 알겠는데, 外道의 주장과 관련하여 의혹이 남아있다.

> "世尊이시여! 진실로 法王께서 말씀하신 바와 같아서 覺과 緣이 十方世界에 두루하여 湛然하고 常住하여 그 自性이 生滅이 아니라면, 선범지, 사비가라가 말한바 冥諦와 및 投灰 등 모든 外道들이 말한 '眞我가 시방에 두루해 있다'고 한 것과 어떤 차별이 있습니까? 世尊께서 또한 능가산에서 大慧 등 菩薩들을 위하시어 그 뜻을 설명하시되 '저 外道들이 항상 自然을 말하거니와 내(부처님)가 말한 因緣은 저의 境界가 아니라' 고 하셨나이다. 제가 지금 이것을 보건대 覺性이 自然하여 生도 아니고 滅도 아니며 一切 虛妄顚倒를 멀리 떠났기에 因緣과 저 自然이 아닌 것 같사오니 어떻게 開示하여야만 여러 가지 삿된 소견에 빠지지 않고 진실한 마음, 妙覺明의 성품을 얻겠나이까?[10]

선범지, 사비가라 등의 外道들이 말하는 自然說은 根身과

10) 覺性 『楞嚴經正解』上, 玄音社, p.430. "世尊誠如法王所說覺緣徧十方界湛然常住性非生滅 與先梵志娑毗迦羅所談冥諦及投灰等諸外道種 說有眞我徧滿十方有何差別. 世尊亦曾於楞伽山爲大慧等敷演斯義 彼外道等常說自然我說因緣非彼境界. 我今觀此覺性自然非生非滅 遠離一切虛妄顚倒似非因緣與彼自然 云何開示不入群邪獲眞實心妙覺明性"

밖으로 器世間, 이 모든 法들이 본래적으로 일어난 原因이 없이 천연적으로 그러하다고 여기는 것이다. 즉 因緣性 없이 世界가 스스로 존재하니 그것이 바로 진실한 主宰者이며 萬物이 常住不滅의 眞我라고 여기는 것이다. 즉 外道가 말한 '眞我가 世界에 두루한다'는 말은 世界의 自然性과 관련하여 의미가 있는 것이다. 이것은 常住眞心 性精明體에 見과 覺이 虛妄하게 작용하여 因緣한다는 부처님의 說法과는 기본적으로 現象界를 보는 자세가 다르다. 大乘의 敎理로 볼 때 煩惱를 끊고 常住眞心을 되찾아야 하는 입장인데 그에 反해서 外道의 自然說은 그럴 필요가 없다. 이미 世界가 그 자체로 不生滅이니 따로이 修行을 통해서 찾아야 할 것이 없기 때문이라고 한다. 이러한 外道들의 自然說이 衆生界의 도리에 타당하다고 함으로 부처님은 器世間의 因緣法을 들어서 論破하신 적이 있는데 아난이 이점을 명확히 깨닫지 못하고 혼동하여 부처님께 질문을 하는 것이다.

2) 見性은 一切相을 떠나고 一切法에 卽한 것

때문에 부처님은 아난의 의혹에 대해 두 단계로 설법을 하셨다. 첫째로 見性이 自然 아님을 밝히고 둘째로 見性이 因緣도 역시 아님을 밝히셨다. 이를 종합하여 見性은 因緣, 自然을 비롯한 그 어떤 是非도 아님을 다시 밝히셨다.

첫째, 見性이 自然 아닌 이유는 見의 특정한 부분을 들어 自體로 삼을 수 없음이다. 만약 반드시 自然性이라고 주장할 경우에는 因緣性 없이 스스로 밝고 밝은 自然의 體가 있어야 한다. 그러나 마땅히 自然의 體로 삼을 만한 이치가 없다. 만약 虛空을 自體로 삼는다면 막힌 것을 보지 못하게 되고 밝은 것을 自體로 삼는다면 어두운 것을 보지 못하게 되니 이는 두루함을 잃어 見性이라 할 수 없게 된다.

둘째, 見性이 因緣도 아닌 이유는 인연은 주변성이 없으므로 원만하고 두루한 성품을 잃어버리기 때문이다. 예를 들어 見이 虛空을 因 또는 緣하여 본다고 하면 막힌 것을 보지 못하고, 막힌 것을 因 또는 緣하여 본다고 하면 通한 것을 보지 못하게 된다. 마찬가지로 見이 밝은 것을 因 또는 緣하여 보게 된다 하면 어두운 것을 보지 못하고, 어두운 것을 因 또는 緣하여 보게 된다면 밝은 것을 보지 못하게 되니 見性을 이룰 수 없다.

> "마땅히 알아라. 이와 같은 正覺妙明은 인연도 아니고 자연도 아니며 자연아님도 아니며 非와 不非가 없고 是와 非是도 없으며 一切相을 떠나고 一切法에 卽하였다."[11)]

見性을 이루는 精微롭고 妙明한 覺의 자리는 因緣, 自然, 是非, 등 모든 것을 떠나서 두루하고 담연한 자리이다. '一切相을 떠나고 一切法에 즉하였다'는 말이 총결론이다. 一切相을 떠난 것은 眞空의 도리이고 一切法에 卽했다는 것은 妙有의 도리이다. 眞空이 바로 體이고 妙有는 用이다. 實體는 모든 것을 다 떠나서 眞空이다. 그래서 一切相을 떠났다는 그

---

11) 覺性『楞嚴經正解』上, 玄音社, p.447. "當知如是精覺妙明 非因非緣亦非自然 非不自然無非不非無是非是 離一切相卽一切法"

차원에서 我相도 없고 人相도 없고 衆生相도 없고壽者相이 없으며 모든 것이 다 없는 것이다.

5. 見性은 妄見을 떠나 見精의 自相도 아니다

열 번째 顯見의 了義는 因緣法에 의지하는 妄見과 因緣法을 떠난 眞見의 구별이다. 아홉 번째의 顯見과 관련하여 아난이 다시 의문을 제기하였다.

> "世尊이시여! 반드시 묘한 覺의 성품이 因도 아니고 緣도 아니라면 世尊께서 어찌하여 항상 비구들에게 말씀하시기를 '見性이 네 가지 因緣을 갖추어야 하니, 이른바 虛空을 因하고 밝은 것을 因하고 마음을 因하고 눈을 因한다'고 하셨습니까? 그 뜻은 어떠한 것입니까?"[12)]

앞에서 부처님이 見性은 因緣도 自然도 그 무엇도 아니라고 하셨는데 아난이 기억하기로 '見性이 네 가지 因緣을 갖추어야 한다'고 하니 이야기가 들어맞지 않는 것으로 보이는 것이다. 그러나 이때에 부처님이 설하신 뜻은 見性에 대한 第一義가 아니다. 이때의 見性은 眞如心을 얘기하는 것이 아니고 虛妄한 攀緣心의 見이다. 세속의 見을 놓고 본다면 空間과 빛과 그것을 인식하는 눈과 마음이 있어야 보는 것이

12) 覺性『楞嚴經正解』上, 玄音社, p.452. "世尊必妙覺性非因非緣 世尊云何常與比丘宣說 見性具四種緣所謂因空因明因心因眼 是義云何"

이루어지는 것이다. 그러나 이것은 모두 虛妄한 因緣으로 이루어지는 見으로서 곧 妄見이다.

"아난아, 만약 어두움에 있을 때에 밝은 것을 보지 못하기 때문에 '보는 것이 아니다'라고 말한다면, 지금 밝음이 있을 때에 어두운 모양을 보지 못하는 것도 또 '보지 못하는 것이라'고 말해야 할 것이니, 그와 같은 어두움과 밝음의 두 가지 모양을 다 보지 못한 것이라고 말해야 되겠구나. 이것은 다만 두 가지 모양(明, 暗)이 서로 스스로 奮鬪하는 것일지언정 너의 見性이 그 가운데에 잠시도 없는 것은 아니니 그와 같은 즉 두 가지를 다 함께 보는 것임을 곧 알 수 있다."[13)]

妙明心體의 見性은 이러한 因緣을 떠난 것이다. 본다는 것은 비단 밝은 것을 보는 것 뿐만 아니라 어둠을 보는 것도 역시 보는 것이며 虛空을 보는 막힌 것을 보는 것을 내포하는 것이다. 때문에 因緣法에 의존하는 見(妄見), 因緣을 떠나 모든 것을 두루하는 見의 참 성품(眞見)을 구별하여야 한다.

"見(妄見)을 見(眞見)할 때에 그 見(本體眞見)은 이 見(妄見)이 아니다. 見(眞見)은 오히려 見(妄見)을 떠나서 見(妄見)이 능히 미치지 못하거니 어찌 또다시 因緣, 自然과 및 和合相을 말하겠느냐?"[14)]

---

13) 覺性 『楞嚴經正解』上, 玄音社, p.455. "阿難若在暗時不見明故名爲不見 今在明時不見暗相還名不見 如是二相俱名不見 若復二相自相陵奪非汝見性於中暫無 如是則知二俱名見"

14) 覺性 『楞嚴經正解』上, 玄音社, p.430. "見見之時見非是見 見猶離見見不能及 云何復說因緣自然及和合相"

眞見은 因緣性을 떠나서 妄見까지도 觀하는 성품이다. 이 부분은 이어서 나오는 顚倒妄見 설법을 통해 명확히 드러난다. 顚倒妄見은 개인의 눈병으로 비유되는 別業妄見과, 衆同分의 同業妄見으로 나뉘는데 결국 器世間의 諸衆生과 諸現象은 모두 妄見에서 비롯되어 虛妄한 因緣 和合을 통해서 이루어진 것임 설파하고 있다. 때문에 이러한 因緣性을 떠난다면 眞見, 즉 眞性의 자리를 찾을 수 있다.

Ⅲ. 結 論

지금까지 여섯 번째 顯見부터 열 번째 顯見 부분까지 검토해 보았다. 見性은 外物이 아니고 外物과 섞이지 않는 我의 本性임을 확인하고, 見性 자체는 舒縮이 없이 萬界에 두루함을 밝히고, 見性은 本然한 것이므로 是非를 떠났음을 밝히고, 見性은 因緣性도 自然性도 모두 떠난 자리임을 밝히고, 見性은 妄見을 떠났고 그 自相까지도 떠난 것임을 밝혔다.

앞서 밝힌 첫 번째 顯見부터 다섯 번째 顯見까지가 見性의 純粹性과 妄想을 대비시켜 전개되었다면, 여기서 논한 여섯 번 이후의 부분은 見性의 如來藏性을 드러내었다고 할 수 있다. 다시 말해서 十番顯見의 초반부에서는 見性이 곧 眞心임을 밝히고 깨뜨려진 妄想의 자리에 진심의 정체를 드러내고자 하는 내용이 지배적이다. 이것은 아뢰야식(제8식)에서 無明을 걷어내고 그 안에 잠재된 眞性을 드러내게 된다. 후

반부에 見性은 妄想과 대립하여 진심을 드러내는 것에서 더 나아가 아뢰야식의 境界 마저도 없애는 것이다. 즉 是見도 非見도 아니어서 본래 妄見과 眞見이 따로이 있는 것도 아니고, 自然 因緣도 아니며, 見精의 自相도 아닌 見性의 중층적 구조를 밝힌 것이다. 요컨대 衆生들은 純粹理性, 眞如가 있더라도 없는 것이나 마찬가지이다. 眞如를 상실하고 眞如를 모르고 眞如를 등졌기 때문에, 오직 생멸과 허망에 의지할 뿐이고 또 眞如와 虛妄한 無明을 분별하려고 한다. 十番顯見을 통하여 이 모든 妄心을 모두 걷어냄으로써 衆生으로 하여금 一心眞如의 如來藏으로 인도하려는 것이다.

5. 두 가지 顚倒妄見에 대한 考察

青蓮 道行

Ⅰ. 서 언

『楞嚴經』은 아난이 부처님께 方便法門을 요청하면서 그에 대해 부처님이 아난과 대화를 통해 가르침을 보이시는 것으로 구성되어 있다. 『楞嚴經』 전 10권 중 특히 제1권과 제2권은 說法의 시작으로서 먼저 마음의 正體에 대해서 妄心과 眞心을 명확히 구별하고, 常住眞心 淸淨明體를 깨달을 것을 說하신 부분이다. 이를 위해 破妄顯眞, 즉 七番破心과 十番顯見으로 妄想을 깨뜨리고 見性을 밝히셨다. 아난과 대중이 見性 說法을 통해 眞心의 正體를 파악하기 시작하였으나 아직 완전한 奢摩他의 깨달음을 얻은 것이 아니어서 의혹이 계속된다. 아난은 見性에 대한 說法을 듣고도 因緣 和合에 執着하는 마음을 아직 버리지 못하고 있다. 因緣의 마음으로는 眞見의 깨달음에 도달할 수 없다. 이러한 중생의 미혹을 깨뜨리고자 부처님은 경에서 두 가지 顚倒된 妄見을 자세히 설명하신다. 顚倒妄見의 說法은 앞선 十番顯見을 통해 眞心을 드러낸 후 見性에 내재된 妄見을 다시 한 번 걸러내는 작업으로 볼 수 있다. 이 과정을 통해 妄見의 正體를 바로 알고 見性이 因緣도 아니고 自然도 아니며 和合하는 것도 아니고 和合하지 않는 것도 아닌 모든 것을 떠나 妙明한 것임을 알아야 한다. 本文에서 顚倒妄見을 이해하고 경의 전후맥락을 통하여 그 了義를 고찰해 보고자한다.

Ⅱ. 본 문

1. 顚倒妄見 說法의 배경

顚倒妄見의 說法部分은 부처님이 十番顯見 하신 후 아난이 다시 의문을 제기함에 대한 부처님의 답이다.

> "世尊이시여! 부처님 께서 저희 무리를 위하셔서 因緣과 및 自然과 모든 和合相과 및 和合 아닌 것까지를 말씀하셨으나 마음이 오히려 열리지 못하고 있사온데 지금에 '見을 보는 것은 見이 아니라'는 말씀을 다시 듣고 거듭 迷悶을 더하오이다. 엎드려 원하옵노니 크신 慈悲로 큰 智慧의 눈을 베풀어주셔서 저희들의 本覺의 마음이 밝고 깨끗하게 開示하여 주옵소서."[1)]

여기서 아난이 두 가지 문제의 해답을 구하고 있다. 첫째, 아난은 眞心이 因緣, 自然, 和合, 非和合이 아니라는 점을 이해하지 못했다. 둘째. '見을 보는 見은 見이 아니다', 즉 眞見과 妄見의 구별이 명확하지 못하다.

아난은 十番顯見을 통해 見性이 眞心임을 알게 되었다. 그러나 十番顯見의 내용을 살펴보면 아난이 因緣性에 執着하여 本覺이 因緣性을 떠나 자체로 妙明함을 아직 깨닫지 못함을

---

1) 覺性 『楞嚴經正解』上, 玄音社, p.464. "世尊, 如佛世尊爲我等輩宣說因緣及與自然諸和合相與不和合心猶未開　而今更聞見見非見重增迷悶伏願弘慈施大慧目開示我等覺心明淨"

볼 수 있다. 더욱이 顯見의 말미에 부처님이 '見을 보는 것은 見이 아니다'고 말씀하심에 迷惑이 깊어만 갔다. '見을 보는 것은 見이 아니다'라는 내용은 정확하게 말하면 '見을 見할 때에 그 見은 이 見이 아니다. 見은 오히려 見을 떠나서 見이 능히 미치지 못하거니 어찌하여 또 다시 因緣, 自然과 및 和合相을 말하느냐?'고 하신 말씀이다. 이 말씀을 되짚어 보자면 지금 두 가지 다른 종류의 見이 언급된 것이다. 見을 見한다고 할 때 앞서의 見은 妄見이고 뒤의 見은 眞見이다. 妄見은 因緣, 自然, 和合이 작용하고 眞見은 그로부터 떠나 妄見을 觀하는 위치에 있는 성품이다. 아난이 자꾸 因緣, 和合性에 대해서 의혹을 풀지 못하니 그것이 妄見에서 비롯됨을 재확인시켜 주시는 과정이 바로 顚倒된 妄見에 대한 說法인 것이다.

2. 顚倒妄見에 대한 해석

1) 顚倒妄見의 의미

"아난아! 一切 衆生이 世間에 輪廻하는 것은 두 가지 顚倒된 分別見妄으로 말미암아 當處에서 발생하며 當業에서 輪轉한다. 어떤 것이 두 가지 見이냐? 첫째는 衆生의 別業妄見이고 둘째는 衆生의 同分妄見이다."[2)]

2) 覺性 『楞嚴經正解』上, 玄音社, p.468. "阿難, 一切衆生輪廻世間 由二顚倒分別見妄 當處發生當業輪轉. 云何二見 一者衆生別業妄見 二者衆生同分妄見"

顚倒란 그 위치가 정반대로 뒤바뀐 것을 의미한다. 예를 들어 자기를 迷해서 물질로 여기든지, 森羅萬象은 사실 없는 것인데도 있다고 보든지 하는 따위이다. 또 無我인데 我가 있다고 我執을 일으키고, 法空인데 法이 있다고 法執을 내는 것이 顚倒이다. 『楞嚴經』에서는 이를 '머리와 꼬리가 뒤바뀐 상태(首尾相換)[3]'라 규정하였다. 分別見妄은 分別心을 일으키는 妄見을 의미한다. 결국 顚倒妄見은 본래 존재하지 않는데 虛妄한 分別心의 작용으로 妄見이 나타나는 것을 말한다. '當處에서 發生하며 當業에서 輪轉한다'는 말은 現在에 業을 지어 이것이 來世 혹은 未來에 영향을 끼친다는 의미다[4]. 이

3) 覺性 『楞嚴經正解』上, 玄音社, p.291~p.297. "阿難卽從座起 禮佛合掌長跪白佛 世尊 若此見聞必不生滅 云何世尊名我等輩 遺失眞性顚倒行事 願興慈悲洗我塵垢. 卽時如來垂金色臂 輪手下指示阿難言 汝今見我母陀羅手 爲正爲倒. 阿難言 世間衆生以此爲倒 而我不知誰正誰倒. 佛告阿難 若世間人以此爲倒 卽世間人將何爲正. 阿難言 如來竪臂兜羅綿手 上指於空卽名爲正. 佛卽竪臂告阿難言 若此顚倒首尾相換 諸世間人一倍瞻視." 이 대목은 부처님이 손을 위아래로 움직이시면서 正徧知와 性轉倒를 아난에게 설하시는 내용이다. 이때 손을 위로 세운 것을 正이라고 하며 아래로 내리는 것을 倒라고 해야 하는가의 是非를 따지는 것은 무의미하다. 부처님의 뜻은 손을 볼 때에 正이든 倒이든 간에 그 見性은 본래 遺失함이 없으며 설사 顚倒가 되었다 해도 잃어버린 것이 아니라 그 자리 그대로 있음을 譬喩를 들어 보여주시는 것이다. 이렇게 볼때 顚倒란 如來의 正徧知에 對立한 衆生의 迷한 생각이자, 동시에 首尾相換에 대한 관념 자체이다.

4) 耘虛스님은 當處發生과 當業輪轉을 각각 同分妄見과 別業妄見의 의미로 해석하였다. 耘虛 『楞嚴經註解』, (동국역경원, 2007) "[當處에서 發生] 全法界心이 迷惑을 編成한 處에서, 盡法界의 有情과 無情이 發生함이니, 同分妄見의 境이 나타나는 것이다. [當業으로 輪轉] 當處의 迷惑한 境界에서 取着 造業하고, 業을 따라 報를 받아 輪廻하는 것이니, 別業妄見의 報가 成立함이다."

를 惑, 業, 苦의 三障으로 설명하자면 分別妄見이 惑이고, 當處發生當業輪轉이 業이고, 이로 인한 輪廻가 苦이다. 이는 衆生界의 因緣을 말하는 바와 같으니 顚倒妄見(惑)이 因緣을 유발(業)하고 그러므로 衆生이 輪廻(苦)의 業報에서 벗어나지 못한다는 것이다. 지금 아난이 眞見과 妄見을 구별하지 못하고 자꾸 因緣에 집착하니 顚倒妄見을 설명하여 그 因緣性의 虛妄함을 깨닫게 하려는 것이다. 顚倒妄見은 두 가지로 나누어 첫째가 別業妄見이고 둘째가 同分妄見이다.

2) 別業妄見

別業妄見은 모든 衆生들 개개인이 根身과 器界가 본래 없는 것인데 妄見으로 있다고 執着하여 개인적으로 業을 짓고 感得하는 것이다. 부처님은 別業妄見에 대해 눈병난 사람의 비유를 들어서 상세히 설명하셨다.

> "어떤 것을 別業妄見이라 하느냐? 아난아! 세간의 사람이 눈에 붉은 눈병이 있으면 밤에 등불 빛을 볼 때 별달리 둥근 그림자가 있어서 오색이 영롱한 圓影이 있나니 어떻게 생각하느냐? 이 밤의 밝은 등불에서 나타난 圓影의 빛은 등불의 빛이냐, 見의 빛이냐?" 아난아, 이것(원영)이 만일 등불의 빛깔일진대 곧 눈병이 없는 사람들은 어찌하여 이 원영을 함께 보지 않고 오직 눈병이 있는 사람만 보느냐? 만일 이것이 견의 색이라면 견이 벌써 색을 이루었는지라, 곧 저 눈병 있는 사람이 원영을 보는 것은 무엇이라고 이름해야 되겠느냐? 다시 다음 아난아! 만일 이 원영이 등불을 떠나 따로 있다면 곧 응당 겹

> 으로 병풍, 휘장, 궤, 자리를 봄에 원영이 나오는 것이 있어야 할 것이고, 보는 것을 떠나서 등불에 원영이 또 따로 존재한다면 응당 눈으로 본 것이 아닐 것이다. 어찌하여 눈병이 있는 사람만 눈으로 원영을 보느냐? 그러므로 마땅히 알아라. 色은 실로 등불에 있으나, 見病이 圓影이 된 것이다. 圓影과 그를 보는 見이 모두 다 눈병이나 눈병을 보는 것은 눈병이 아니다. '이것이 燈이다, 이것이 見이다, 이 가운데 燈도 아니고 見도 아님이 있다'고 말하지 않을 것이니 마치 第二月이 見體도 아니고 圓影도 아닌 것과 같다. 무슨 까닭이냐? 第二月로 보인 것은 눈을 눌러서 이루어진 것이니, 지혜가 있는 이는 이 누른 근본이 '이것이 月形이다, 月形이 아니다, 見을 떠났다, 非見을 떠났다'는 말을 응당 하지 않는다."[5)]

여기서 눈은 眞見을, 눈병은 妄見을, 등불은 界內를, 圓影은 妄見을 통해 보이는 虛像을 비유한 것이다. 정상적인 눈으로 볼 때는 등불 자체만 제대로 보일 뿐 오색의 圓影이 보이지 않는데, 유독 눈병이 난 사람에게는 등불의 圓影이 보인다. 五色 圓影(色)은 실제는 등불 자체에 있는 것도 아니고 있지 않는 것도 아니며 또한 눈에서 비롯된 것도 아니다.

---

5) 覺性『楞嚴經正解』上, 玄音社, p.474. "云何名爲別業妄見 阿難 如世間人目有亦眚 夜見燈光別有圓影 五色重疊於意云何 此夜燈明所現圓光爲是等色爲當見色 阿難 此若燈色則非眚人何不同見 而此圓影惟眚之觀 若是見色見已成色 則彼眚人見圓影者名爲何等 復次阿難 若此圓影離燈別有 則合傍觀屛帳几筵有圓影出 離見別有應非眼矚 云何眚人目見圓影 是故當知 色實在燈見病爲影 影見俱眚見眚非病 終不應言是燈是見 於是中有非燈非見 如第二月非體非影 何以故 第二之觀捏所成故 諸有智者不應說言此捏根元 是形非形離見非見"

이것은 妄想이 眞心의 顚倒에서 비롯된 것이나 또한 眞心을 떠나지 않은데 비유한 것이다. 눈병 때문에 五色 圓影이 보인다 함은 迷惑 때문에 妄想이 있게 되었음을 비유하였으며, 圓影과 눈병이 모두 다 눈병이라 함은 마음과 경계를 함께 미혹했음을 비유하였다, 병이 일어난 눈 자체는 눈병이 아니라는 것은 眞見은 妄想을 보는 原因이 아님을 뜻한다. 비록 눈병이 난 경우에도 눈(眞見) 자체는 이 圓影의 原因이 눈병이며 그러므로 원영이 虛像임을 안다. 아난이 이해를 못한 '見을 보는 見은 見이 아니다'는 말의 의미를 여기에 배대하자면 눈(眞見)은 눈병(妄見)을 알고 圓影의 원인이 눈병임도 알지만 눈병(妄見)이 눈(眞見)을 보거나 圓影의 원인이 자신임을 알 수는 없다.

眞見은 눈이고 눈병이나 圓影이 虛像임을 알면 눈병이나 圓影에 대한 是非를 가리는 것이 虛妄한 것임을 깨닫게 된다. 이를 다시 '第二月은 見體도 아니고 圓影도 아닌 것과 같다'라고 비유하였는데, 이를 통해서 명료하게 알 수 있는 것은 眞心에는 끝내 是非有無의 모습이 없다는 점이다. 第二月은 단지 눈꺼풀을 손가락으로 눌러서 일어났음을 안다면 그것을 가지고 달이다 아니다 따지는 것이 의미가 없어진다. 오직 妄見을 통해서만 是非 分別이 있는 것이다.

3) 同分妄見

別業妄見이 衆生의 業報의 個別性에 초점을 맞춰 설명된 妄見이라면 同分妄見은 여러 사람이 공유하는 普遍性에 초점을 맞춰 설명되는 妄見이다.

> "아난아! 만일 다시 이 가운데 하나의 작은 섬에 다만 두 나라가 있거든, 오직 한 나라 사람은 함께 惡業의 因緣을 感得하여, 곧 저 작은 섬나라 衆生들이 온갖 상서롭지 못한 境界를 보되, 혹은 두 해를 보고 혹은 두 달을 보며 그 가운데 내지 해, 달무리, 월식, 일식, 해, 달의 귀걸이, 혜성, 발성, 나는 별, 흐르는 별, 등무지개, 虹霓의 가지가지 고약한 모양을 다만 이 나라만 보고 저 나라의 衆生은 또한 보지 못하고 또한 듣지도 못한다."[6)]

한 나라에서는 온갖 상서롭지 못한 現象(災變)을 봄이 전혀 없는데 다른 한 나라에서는 온갖 상서롭지 못한 現象들을 목격하게 된다. 그 나라의 衆生들은 누구를 막론하고 단지 그 나라에서 사는 이유만으로 그러한 現象들을 보게 되는 것이다. 이는 개개인의 業果에 상관없는 必然性을 내포한다. 두 나라 중 온갖 상서롭지 못한 現象이 보이지 않는 나라는 청정한 佛國土이며, 온갖 상서롭지 못한 現象을 보게 되는 나라는 穢土인 衆生界를 비유한 것이다.

惑의 개념을 빌어 別業妄見과 同分妄見을 비교하자면, 別業妄見은 分別惑에 해당하고 同分妄見은 俱生惑에 해당한다. 分別惑은 胎生에 관계없이 경험적으로 잘못된 分別識을 갖는

---

6) 覺性『楞嚴經正解』上, 玄音社, p.489. "阿難, 若復此中有一小洲只有兩國 惟一國人同感惡緣則彼小洲當土衆生 覩諸一切不祥境界 或見二日或見兩月 其中乃至暈適珮玦彗孛飛流 負耳虹蜺種種惡相但此國見 彼國衆生本所不見亦復不聞"

것을 의미한다. 別業妄見을 한 사람의 妄見에 배대했으니 이를 分別惑(後天性)이라 할 수 있다. 이에 반해 俱生惑은 선천적으로 주어진 惑이다. 배고프면 먹을 것을 찾고, 죽음을 두려워하고, 남녀가 서로를 그리워하는 등의 본능적인 想念들이 모두 俱生惑에 해당하는데 이는 娑婆世界의 衆生들이 業緣에 따라 인간은 인간끼리 동물은 동물끼리 衆同分으로 感得하는 것을 同分妄見이라 할 수 있다.

衆生은 누구나 태어나서 죽어야 할 운명에 처해있다. 現象계에 존재하는 모든 萬物은 變滅性을 가져서 생겼다가 時時刻刻 變化하여 결국 사라지고 다시 새로운 것들이 생기고 사라지고 한다. 衆生들이 妄見으로 眞實하게 보지 못하고 生住異滅하고 成住壞空하는 現象을 허망하게 있다고 보므로 生滅心의 煩惱에서 벗어나지 못하고 輪廻한다. 이러한 生滅心이 同分妄見의 대표적인 예라 할 수 있다.

3. 두 가지 顚倒妄見의 合明

부처님이 妄見을 別業妄見과 同分妄見 두 가지로 나누어 說法한 요지는 그 個別性과 普遍性을 명시함이 목적이라고 사료된다. 그런데 妄見의 본질을 따지고 들어가면 결국 別業妄見과 同分妄見은 차별이 없어진다. 別業妄見이든 同分妄見이든 결국 實體가 없는 虛相이고 正覺을 이루지 못한 衆生의 業報에서 비롯된 것이라는 점에서는 차이가 없다. 부처님은 두 가지 妄見을 서로 合明하여 山河大地 一切衆生을 보는 것이 모두 눈병과 같은 妄見이며, 나아가 一切의 모든 現象

이 모두 妄見에서 비롯된 虛像임을 밝히셨다.

1) 前進하여 合明

"아난아! 저 衆生의 別業妄見으로 등불빛깔에 나타나는 圓影을 보는 것이 비록 나타난 境界인 것 같으나, 마침내 저 보는 자의 눈병으로 이루어진 것이니 눈병은 곧 見의 피로함이고 色으로 된 것은 아니다. 그러나 눈병임을 보는 것은 마침내 見의 허물이 없다. 네가 오늘날에 눈으로써 山河國土와 모든 衆生을 보는 것에 비례하건대, 모두 다 비롯함이 없는 見의 病으로 이루어진 것이다. 見과 見의 緣이 前境에 나타난 것 같으나 원래 나의 覺明이 緣할 바(前境)를 보는 눈병이니 覺明으로 보는 것은 눈병이나 本覺의 밝은 마음이 所緣을 깨닫는 것은 눈병이 아니다. 所覺을 覺함(보고 아는 것)은 눈병이나 本覺은 눈병 속의 것이 아니라, 그것은 실로 見을 見함이니 어찌 다시 覺聞知見이라고 말하겠느냐? 그러므로 네가 지금에 나와 및 너와 아울러 모든 世間의 十類衆生을 보는 것은 모두 見의 눈병이고 눈병을 見한 것은 아니다. 저 見의 眞精은 그 性이 눈병이 아니니 그러므로 見이라고 이름하지 않는다."[7]

한 사람의 衆生이 別業妄見을 갖게 되는 대상이 山河國土

---

7) 覺性 『楞嚴經正解』上, 玄音社, p.494. "阿難, 如彼衆生別業妄見 矚燈光中所現圓影 雖現似境終彼見者目眚所成 眚卽見勞非色所造然見眚者終無見咎. 例汝今日以目觀見山河國土及諸衆生 皆是無始見病所成. 見與見緣似現前境 元我覺明見所緣眚 覺見卽眚本覺明心覺緣非眚. 覺所覺眚覺非眚中 此實見見云何復名覺聞知見 是故汝今見我及汝幷諸世間十類衆生 皆卽見眚非見眚者 彼見眞精性非眚者故不名見"

一切衆生이 모두 해당함을 밝히신 부분이다. 앞서 눈병이 나서 등불에 圓影을 보는 비유를 든 것이 衆生이 妄見으로 세상을 보는 것임을 다시 확인을 하고 있다. 見의 緣이란 보여지는 바(所見)를 의미한다. 그러니까 衆生이 世界를 보는 것은 모두 눈병과 같고, 本覺妙明을 알지 못하므로 자신이 보는 바가 눈병에 의한 圓影과 같음을 알지 못하고 자신이 눈병이 났다는 것조차도 깨닫지 못한다. 즉 衆生은 見을 見하지 못하고 山河國土와 一切衆生을 보는 것이 眞見인 本覺妙明이 아니라 모두 妄見이다. 本覺妙明, 즉 眞見으로 그 攀緣의 이치(所緣)을 깨닫는 것은 눈병이 아니다.

여기까지는 別業妄見을 예를 들어서 山河國土을 보는 것까지도 등불을 보는 것과 같다고 進退合明을 했다

2) 後退하여 合明

> "아난아! 저 衆生의 同分妄見을 저 虛妄하게 보는 別業의 한 사람에 비례하건대 하나의 눈병난 사람은 저재변을 보는 한 나라와 같으며, 저 圓影을 보는 것이 눈병에서 생긴 바와 이 衆同分에서 보는 不祥이 同分業의 瘴惡으로 일어나는 바가 모두 함께 이 無始見妄으로 생기는 것이다."[8)]

이 別業妄見은 비단 한 衆生의 특수한 경우가 아니다. 한 국가를 예로 들었을 때 그 나라의 衆生이 공통으로 겪는 同

8) 覺性 『楞嚴經正解』上, 玄音社, p.507. "阿難, 如彼衆生同分妄見 例彼妄見別業一人 一病目人同彼一國 彼見圓影眚妄所生 此衆同分所見不祥同見業中瘴惡所起 俱是無始見妄所生"

分妄見을 한 사람으로 배대하여 놓고 보면 同分妄見도 역시 別業妄見의 성질을 띠는 것이다. 이는 곧 한 世界의 衆生이라면 누구든지 공통의 눈병을 가지고 있으며, 공통의 눈병으로 圓影의 세상을 본다는 것을 의미한다. 또한 世界의 衆生은 자신이 눈병을 가지고 세상을 본다는 것을 깨닫지 못한다. 눈병난 사람이 圓影을 보는 것이나 한나라 사람들이 天災地變을 보는 것이 다 無始見病으로 생기는 것이다. 눈병난 한사람을 들어서 한나라와 같다고 譬喩하여 退以合明하였다.

3) 다시 前進하여 合明

"閻浮提에서 삼천 나라와 겸하여 東西南北 넷의 큰 바다와 娑婆世界와 및 十方의 모든 有漏國과 衆生들을 비례하건대, 함께 이 覺明의 無漏인 妙心이 見聞覺知하는 虛妄한 病이 든 因緣으로 和合하여 虛妄하게 생기고 和合하여 虛妄하게 죽는 것이다."[9)]

세 번째 合明의 말씀은 娑婆世界 一切萬物의 現象이 모두 妄見에서 비롯됨을 밝히신 것이다. 첫 번째 合明에서 別業妄見의 시야를 世界로 확대한 것이고, 두 번째 合明에서 그 別業妄見을 가진 衆生을 同分妄見의 한 나라로 확대하였다. 그리고 세 번째 合明을 통하여 正覺을 이루지 못한 衆生世界 전체로 확대하여 일반화시킨 것이다.

---

9) 覺性 『楞嚴經正解』上, 玄音社, p.508. "例閻浮提三千洲中 兼四大海娑婆世界幷洎十方諸有漏國及諸衆生　同是覺明無漏妙心見聞覺知虛妄病緣 和合妄生和合妄死"

이러한 娑婆世界 衆生은 모두 妄見에 의해 虛妄한 和合을 일으키고 生死輪廻한다. 그 和合이 虛妄한 이유는 眞見이 아닌 妄見에 의지하여 허망하게 나타난 것들에 攀緣하여 見聞覺知하고 生死의 業을 쌓는다는 것이다. 그렇다면 妄見으로부터 벗어나려면 먼저 眞性이 虛妄病緣에 의하여 和合하는 것이 아니라 오직 本覺妙明뿐임을 깨달아야한다.

4. 顚倒妄見의 극복

1) 本覺은 和合과 非和合이 아님

> "만약 모든 和合과 및 不和合마저 능히 멀리 떠나면 곧 모든 生死의 原因을 다 없애고 보리의 不生滅性을 원만히 하여 本心이 清淨하여 本覺이 常住하게 된다."[10]

妄見을 통한 和合이 虛妄한 것이라면 虛妄한 이치를 깨닫는 순간 清淨明體인 本覺(眞見)에 더 가까이 다가갈 수 있다. 여기서 和合이란 因緣性, 自然性을 모두 포함하는 개념이다. 因緣이란 原因과 條件의 결합이므로 일종의 和合이다. 自然이란 因緣에 반하여 스스로 성립함을 의미하는 것이므로 넓은 의미로 和合의 범주에 포함된다. 왜냐하면 和合에 동반되는 非和合의 개념이 自然性을 내포하고 있기 때문이다. 부처

10) 覺性 『楞嚴經正解』上, 玄音社, p.511. "若能遠離諸和合緣及不和合 則復滅除諸生死因 圓滿菩提不生滅性 清淨本心本覺常住"

님은 明, 暗, 通. 塞 의 경우를 들어 眞見이 和合 아님을 밝히셨다. 見이 밝은 것과 和合하는 것을 예를 들어 보자면 다음과 같다. 밝은 것이 見과 和하였다면 밝은 것과 見이 섞이게 되어 (밝은 것의 性과 見이 混雜하게 되어) 밝은 것은 밝다는 性을 잃고 見은 見만을 보게 되니(여기서의 의미는 眞見이 眞見을 보게 된다는 말이다) 밝은 것이 見과 和「섞임」하였다는 것이 성립되지 않는다. 또 밝은 것과 見이 合하였다면 어두울 때는 밝은 것이 없으니 밝은 것과 合한 見이 어두움을 볼 수 없게 된다. 그러므로 見이 밝음 따위와 和合한다는 것은 妄見일지언정 眞見이 될 수 없는 것이다.

그런데 眞如一心의 성품을 얻으려면 和合을 벗어나는 것만이 완전함이 아니다. 부처님은 不和合 마저도 벗어나야 비로소 生死의 原因을 다 없애고 菩提의 不生滅性을 원만히 하여 本心이 淸淨하고 本覺이 常住하게 된다고 하신다.

> "묘한 見精이 和合이 아니라고 한다면 밝은 것과 더불어 합하지 않았느냐, 어두운 것과 합하지 않았느냐? 통한 것과 합하지 않았느냐, 막힌 것과 합하지 않았느냐? 만약 見이 밝은 것과 합한 것이 아니라면 곧 見과 明이 서로 어긋남이 귀가 밝은 것과 관계가 없는 것 같아서 見이 또한 밝은 모양의 所在를 알지 못할 것이니, 어떻게 合과 非合의 이치를 밝힐 수 있겠느냐? 저 어둠과 통함과 막힌 것도 또한 그와 같다."[11]

---

11) 覺性『楞嚴經正解』上, 玄音社, p.523. "又妙見精 非和合者 爲非明合 爲非暗合 爲非通合 爲非塞合 若非明合 則見與明 性相乖角 如耳與明 了不相觸 見且不知明相所在 云何見明合非合理 彼暗與通 及諸群塞 亦復如是

和合과 마찬가지로 非和合이라 함도 역시 妄見이다. 和合은 자체적으로 非和合을 내포하고 있는 것이다. 그러므로 妙見精이 明, 暗, 通, 塞과 和合, 非和合을 모두 떠나야 하고 심지어 和合 非和合이 아닌 것도 떠나야 비로소 妙明精見의 자리 즉 法性圓融無二相이 성취될 수 있다.

2) 妄見을 벗어나 如來藏을 깨달음

일반적으로 『楞嚴經』을 해석할 때 妄心과 眞心의 관계를 唯識思想의 구조로 설명되어져 왔다. 唯識思想의 특징은 이처럼 마음을 한 가지 차원으로 보지 않고 여러 차원으로 구분하여 보는데 있다. 마음은 한 겹이 아니라 여러 겹인 것이다. 보통 우리가 생각하는 마음이란 것은 가장 표면에 있는 마음이다. 이것을 唯識에서는 妄心 또는 第六識으로 지칭한다. 그러나 妄心을 벗기고 아주 세밀하게 관찰하여 들어가면 眞心(元淸淨體)인 第九白淨識이 자리잡고 있다. 修行의 근거는 바로 眞心이다.

부처님은 一切衆生이 無始이래로 生死가 相續함은 다 常住하는 眞心의 自性이 精明한 자리(常住眞心 性精明體)는 알지 못하고 妄想으로 작용한 것임을 언급함으로써 마음의 문제가 바로 生死解脫의 근원임을 밝히고 있다. 이때의 마음은 衆生이 항상 我라고 여기는 當體이다. 그러나 알고 보면 진정한 자기가 아니라 假我에 지나지 않을 뿐이다. 假我를 『楞嚴經』에서는 妄想心, 혹은 識으로 분류한다. 識이란 분별하는 마음으로서, 禪家에서는 통상 分別心으로 부른다. 識을 破하고 나면 참마음이 나오고, 참마음을 찾으면 本來面目을 찾은 것이고 이것이 곧 眞見이다.

七番破心과 十番顯見의 설법은 眞見을 드러낸 과정으로 이는 帶妄顯眞[12], 즉 妄을 떠나지 않은 채로 妄에서 眞을 밝힌 것이다. 이제 전도망견의 설법에서는 그 虛妄함을 깨어 부수어 버리고 眞見을 드러내는(剖妄出眞[13]) 과정으로 眞見을 가리우는 妄見을 명확히 드러냄으로써 순수한 本覺의 體를 깨닫게 하려는 것이다. 妄見을 통해서 세상을 볼 때는 모든 것이 和合(혹은 因緣)의 이치로 보이지만 그것이 和合이 아님을 알 때, 妄見을 見하는 眞見의 실체를 알 수가 있다. 다시 圓影을 보는 눈병을 언급하자면, 눈병을 통해 보는 세상의 和合상이 모두 虛妄한 이치인줄을 알고 눈병과 圓影은 모두 본래의 눈(眞見)에서 비롯된 것임을 안다면 攀緣하는 衆生界를 벗어나 모든 것의 本源인 本覺에 이를 수 있다.

> "幻妄은 相이라고 칭하거니와 그 性은 참으로 묘한 覺明의 本體가 된다. 이와 같이 내지 五陰, 六入과 十二處로부터 十八界까지 因緣이 和合하여 虛妄하게 생기며, 因緣이 떠남에 虛妄하게 사라진다."[14]

---

12) 帶妄顯眞은 돌(忘)속에 들어있는 玉을 보고 즉 玉石을 보고 '이것이 玉(眞)이다'라고 말하는 것과 같이 忘을 가진 채로 그대로 虛妄한 거기서 實相인 眞을 밝히는 것이다.

13) 剖妄出眞은 玉石을 쪼개어서 돌(妄)을 가려버리고 그 속에 든 玉(眞)을 드러내는 것과 같이 妄을 쪼개어 제거하고 순수한 眞을 전면적으로 드러내는 것이다.

14) 覺性 『楞嚴經正解』上, 玄音社, p.539. "幻妄稱相其性眞爲妙覺明體 如

여기서 부처님이 顚倒妄見을 설하신 了義가 드러난다. 妄見을 보는 것에 국한하여 그 虛妄함과 배후의 眞見을 드러내는 것이지만, 더 나아가 器世間의 一切萬物과 一切衆生의 諸現象이 모두 虛妄하여 因緣性도 自然性도 和合도 非和合도 아님을 알아야 한다. 또한 그 虛妄한 相의 根源에는 常住하면서도 不生不滅하고 自體가 淸淨하고 참된 本覺의 자리가 있음을 깨달아야 한다. 이 자리가 바로 常住眞心 淸淨明體요, 無始菩提涅槃元淸淨體요, 眞如이며 如來藏性인 것이다.

『起信論』으로 배대하여 이를 살펴보면, 최초의 자체인 밝은 本覺의 자리가 있고 반면에 無明不覺이 虛妄하게 생겨 있다. 不覺에서 業相, 轉相, 現相, 智相, 相續相, 執取相, 計名字相, 造業相, 受報相 등의 九相次第의 虛妄한 相이 파생되며 여기서 生滅門이 시작되는 것이다. 하지만 不覺의 本源에는 本覺의 성품이 숨겨져 있다. 거꾸로 모든 九相이 虛妄한 것임을 깨닫는다면 그 本覺의 성품에 이를 수 있는 것이다. 이를 깨우치게 하기 위해 『楞嚴經』에서는 顚倒妄見 說法에 이어서 四科七大가 如來藏 妙眞如性임을 설하여 이 점을 밝히고 있다.

Ⅲ. 결 어

부처님이 두가지 顚倒妄見을 밝히게 된 동기는 아난이 見

是乃至五陰六入從十二處至十八界　因緣和合虛妄有生因緣別離虛妄名滅”

性은 因緣도 自然도 모든 和合도 不和合도 아님을 이해하지 못하고 또, 眞見과 妄見을 구별하지 못하는 것을 보고 이를 깨우치시려 한 것이었다. 앞서 十番顯見 부분에서 眞心에 대한 설법을 듣고도 아난이 깨닫지 못한 이유는 아난이 眞心을 이해하고자 하는 識의 작용 자체가 모두 妄想이기 때문이다. 妄想으로 眞心을 이해하려 아무리 노력해도 결국 망상의 범주에서 벗어나 眞如의 성품에 도달할 수 없다. 따라서 아난의 생각 자체가 모두 妄想, 즉 妄見임을 깨우쳐야 한다. 즉, 顚倒妄見 說法은 妄想의 범위를 我體에서 現象界 전체로 확대하여 法執마저 타파하려는 의도가 깔린 것이다. 이를 위해 別業妄見을 설명하여서 눈병과도 같은 妄見이 虛相을 만들고 是非를 따지게 함을 밝혔다. 또한 同分妄見을 설명하여서 衆生의 공통된 妄見을 밝혔다. 두 妄見을 合明하여 한 衆生이 一切世間을 보는 것이 모두 妄見임을 밝히고, 一切의 衆生이 一切世間을 보는 것이 또한 妄見임을 밝혔으며 나아가 一切萬物과 一切衆生의 모든 現象이 다 妄見으로 인하여 虛妄하게 和合生滅함을 밝혔다. 이와 같이 前後, 縱橫, 겹겹으로 모두 妄見임을 거듭거듭 밝히고 衆生이 妄見에서 벗어나려면 이러한 허망한 和合相에서 먼저 벗어나야 한다고 설하셨다. 이와 같이 妄見을 깨닫고 또 화합을 떠날 때 비로소 眞見을 통하여 만물이 모두 如來藏임을 알게 되며, 衆生이 여기까지 깨달아야 生死의 輪廻를 끊고 常住眞心의 자리로 들어가는 門에 이를 수 있는 것이다.

6. 四科에서 如來藏을 보이다

智淏 慧眞

Ⅰ. 들어가는 말

『楞嚴經』 초반의 破妄顯見章은 우리가 見聞覺知 하는 것이 모두 妄見에서 비롯된 것이며, 모든 因緣을 떠난 자리에 본연의 眞心이 자리함을 밝힌 것이다. 초반부에서 부처님이 설하신 七番破心이나 十番顯見, 顚倒妄見에 대한 내용들은 주로 破妄에 초점을 맞춘 것이다. 七番破心을 통하여 妄心의 자리를 모두 부정하고, 十番顯見에서는 妄心의 生滅性, 因緣性을 타파함으로써 眞心의 자체를 나타냈다. 顚倒妄見에서는 우리가 見聞覺知하는 모든 것이 虛妄한 和合에 따른 妄見에 지나지 않음을 밝힘으로써, 그 和合性을 떠나 眞見이 담연하고 두루함을 설파했다.

和合性을 떠나 담연하고 두루한 그 자리가 바로 如來藏이다. 破妄顯見章에서 見性을 들어 如來藏의 자리를 드러내었다면, 이제부터는 一切萬物이 如來藏임을 포괄적으로 드러내는 부분이다. 그러니까 모든 것이 다 眞理인 純粹理性, 그야말로 眞如 아닌 것이 없다는 점을 밝히는 것이다. 인간의 의식과 정신세계는 물론이고 산이나 물이나 눈에 보이는 천지만물, 하늘이나 땅이 모두 다 如來藏 妙眞如性이란 것을 밝힌다. 이는 현실세계를 완전히 부정하는 것이 아니다. 부정하는 것은 因緣도 自然도 아니라는 그 말 뿐이고 오히려 모든 것이 如來藏 妙眞如性이라고 밝힌 그 말은 四科 七大로 이루어진 現世界를 긍정적으로 표현하신 말씀이다. 본문에서는 부처님이 四科 七大가 모두 如來藏임을 밝힌 내용을 四科 부분을 중심으로 고찰해 보기로 한다.

Ⅱ. 總論에 대한 고찰

부처님이 四科에 대해 일일이 如來藏임을 밝히기 앞서 相과 性에 대하여 말씀하신 부분이 있다. 이 부분은 四科가 모두 如來藏임을 설하신 내용의 總論이자 결론이다. 이 부분을 이해하면 본 내용의 핵심을 이해하게 되는 것이다.

① 아난아! 네가 오히려 一切의 浮塵인 모든 幻化相이 當處에서 出生하며 또 곳에 따라서 滅盡하는 것을 밝히지 못했구

나.

(阿難 汝猶未明一切浮塵諸幻化相 當處出生 隨處滅盡)[1]

一切浮塵諸幻化相이란 現世界에서의 森羅萬象을 말한다. 즉 뒤에서 부처님이 낱낱이 밝히실 五陰, 六入, 十二處, 十八界로 이루어진 현세계의 물질적, 정신적 제요소를 말함이다. 浮塵이란 떠다니는 먼지란 뜻이고, 幻化란 거짓된 造化란 뜻이다. 一切萬物이 모두 부질없고 虛妄한 相이라는 의미다. 이러한 虛妄한 相은 또한 當處에서 나서 기약 없이 아무 때고 사라지는 존재들이다.

② 幻妄은 相이라고 칭하거니와 그 性은 참으로 妙한 覺明의 本體가 된다. 이와 같이 내지 五陰, 六入과 十二處로부터 十八界까지 因緣이 和合하여 虛妄하게 생기며, 因緣이 떠남에 虛妄하게사라진다.

(幻妄 稱相 其性 眞爲妙覺明體 如是乃至五陰六入 從十二處至十八界 因緣和合 虛妄有生 因緣別離 虛妄名滅)[2]

이 부분에서는 외부로 표출되는 相의 虛妄함과 그 안에 감춰진 性의 妙覺明性을 대비하고 있다. 아울러 相의 虛妄함은 因緣의 和合과 떠남이 작용하는 것을 강조하고 있다. 一切浮塵幻化相의 相은 虛妄하되, 그 性은 妙한 覺明의 本體이다.

③ 生滅과 去來가 본래 如來藏의 常住하고 妙明하며 또 不

---

1) 覺性 『楞嚴經正解』上, 玄音社, p.536.

2) 覺性 『楞嚴經正解』上, 玄音社, p.539.

動하고 두루 圓滿한 妙眞如性임을 능히 알지 못하구나. 本性이 眞常한 그 자리에는 去來와 迷悟, 生死를 구하여도 마침내 얻을 수가 없다.

(殊不能知生滅去來 本如來常住妙明 不動周圓 妙眞如性 性眞常中 求於去來 迷悟生死 了無所得)[3]

一切浮塵幻化相 속에 常住하고 있는 妙眞如性은 그 本性이 虛妄한 相의 성질과 완전 다르다. 그 본질은 生滅과 因緣性을 떠난 것임을 밝히고 있다. 如來藏 妙眞如性을 깨달으면 生滅, 去來, 迷悟 등 一切의 煩惱에서 벗어난다. 『楞嚴經』의 四科가 모두 如來藏임을 밝힌 부분은 결국 四科로 命名되는 一切 萬物의 現相이 幻妄에 지나지 않음을 밝히고, 다시 또 그 虛妄함 속에 常住妙明한 如來藏의 本性이 숨어있음을 드러내는 내용이다.

Ⅲ. 四科가 본래 如來藏

1. 五陰이 본래 如來藏 妙眞如性

1) 五陰의 개념

五陰은 달리 五蘊이라고도 한다. 여기서 蘊은 스칸다(skandha)의 譯語로 ·집합을 의미하며 積聚, 즉 쌓여서 모인다

3) 覺性『楞嚴經正解』上, 玄音社, p.541.

는 의미이기도 하다. 집합으로서 다른 집합과 구별되는 요소라는 의미도 된다. 따라서 五蘊이라 함은 원래 개인의 존재가 5개 요소(色, 受, 相, 行, 識)의 집합으로 유지되고 형성되고 있다는 견해이다. 또 陰이라고 하는 것은 盖覆義, 즉 덮였다, 혹은 가렸다는 뜻이다. 순수하고 청정한 본래의 마음자리를 물질, 정신인 色陰, 受陰, 想陰, 行陰, 識陰이 가렸다는 말이다. 마치 먹구름이 밝은 태양을 가렸듯이 본래 밝고 순수하고 묘한 眞如를 五陰이 들어서 가렸다는 의미로 陰이라고 한다. 양자의 어감에 약간의 차이가 있기는 하지만 좁게는 인간의 존재를 구성하는 요소를 다섯 가지로 분류하여 이 다섯 가지 구성 이외에는 我라고 부를 수 있는 것이 아무것도 없음을 나타내고, 넓은 의미로는 전체 現相界의 구성요소를 지칭하는 것에는 차이가 없다.

色은 四大인 地, 水, 火, 風의 물질적 제요소를 말하는 것이다. 나머지 受, 想, 行, 識이 정신의 작용을 나타내는 것으로 각각 感覺, 表想, 意志, 理性의 작용을 대표한다. 『楞嚴經』에서 부처님은 五陰, 즉 色, 受, 相, 行, 識이 모두 본래 如來藏 妙眞如性임을 밝히고 있는 것이다.

2) 色陰이 본래 如來藏임을 밝힘

五陰 중 대표적으로 色陰이 如來藏임을 밝힌 부분을 검토해 보자.

"아난아, 비유컨대 어떤 사람이 청정한 눈으로써 개이고 밝은 허공을 볼 적에 다만 하나의 맑은 허공 뿐이고 멀리 툭 터져서 아무것도 없다가, 그 사람이 공연히 눈동자를 움직이지 않고 직시하여 피로가 발생하면 허공에서 별달리 狂花를 보기도 하며 다시 온갖 미쳐 어지러운 그릇된 모양이 있나니, 色陰도 그와 같은 줄 마땅히 알아라.

아난아, 이 모든 미친 꽃이 허공으로부터 온 것도 아니고 눈으로부터 나온 것도 아니다. 이와 같다 아난아! 만약 허공에서 왔다면 그 꽃이 허공으로부터 왔기 때문에 도로 허공으로 들어갈 것이다. 만약 그 꽃이 출입이 있을진대 곧 허공이 아닐 것이다. 허공이 만일 허공이 아니라면 스스로 그 꽃 모양이 생겼다 사라졌다 하는 것을 용납하지 않는 것이 아난의 몸에서 아난을 용납하지 않는 것과 같을 것이다. 만약 허공꽃이 눈에서 나왔다면 이미 눈으로부터 나왔기에 도로 눈으로 들어가야 할 것이며, 곧 이 꽃의 自性이 눈으로부터 나왔기 때문에 마땅히 보는 것이 있어야 한다. 만약 허공꽃이 보는 것이 있다면 나갔을 때는 이미 허공에 꽃이 되었기에 돌아올 때는 합당히 눈을 보아야 할 것이다. 만약 눈을 보는 것이 없다면 나갔을 때에 이미 허공을 가리웠으니 돌아올 때는 마땅히 눈을 가리워야 할 것이다. 또 狂花를 볼 때 눈이 응당 가리움이 없을 것인데, 어찌하여 맑은 허공 볼 적을 청명한 눈이라고 말하느냐?

그러므로 마땅히 알아라. 色陰이 虛妄하여 본래 因緣도 아니며 自然性도 아니다."[4)]

---

4) 覺性 『楞嚴經正解』上, 玄音社, p.545. "阿難 譬如有人 以淸淨目 觀晴明空 惟一晴虛 無所有 其人無故 不動目睛 瞪以發勞 則於虛空 別見狂華 復有一切狂亂非相 色陰 當知 亦復如是 阿難 是諸狂華 非從空來 非從目出 如是阿難 若空來者 旣從空來 還從空入 若有出入 卽非虛空 空若非空 自不容其華相起滅 如阿難體 不容阿難 若目出者 旣從目出 還從目入 卽此華性 從目出故 當合有見 若有見者 去旣華空 旋合見眼 若無見者 出旣翳空 旋當翳眼 又見華時 目應無翳 云何晴空

부처님이 四科가 모두 如來藏임을 설하신 내용을 이해하기 위해서는 먼저 經에서 앞서 밝힌 顚倒妄見의 설법내용을 알아야 한다. 부처님은 顚倒妄見을 설명하면서 눈병이 난 눈의 비유를 들었는데, 눈은 眞見을 눈병은 妄見을 한다. 一切衆生이 一切萬物을 볼 때 모두 눈병이 작용하니 중생은 妄見으로부터 벗어나지 못하고 있다. 如來藏을 밝히는 부분은 이 妄見과 眞見의 이치를 一切萬物 諸現相으로 확대하는 내용이다.

같은 이치로 청정한 눈으로 맑은 허공을 본다는 것은 청정한 마음으로 眞如를 본다는 의미다. 청정한 눈은 妙眞如에 비유한 것이다. 妙眞如로 본다면 五陰, 六入 같은 것이 없다. 그런데 눈병이 나든지 눈을 비벼서 눈이 이상하게 보여서 狂花가 생기고 一切狂亂非相이 생긴다는 그 말은 色陰이 있게 된 것을 비유한 것이며 동시에 色陰이 진실한 본래의 것이 아닌 虛相임을 밝힌 것이다. 이 虛相, 즉 狂花는 눈으로부터 나온 것도 아니고 허공으로부터 나온 것도 아니다. 만약 狂花가 허공이나 눈으로부터 나온 것이라면 각각 허공과 눈으로 되돌릴 수가 있어야 하는데 허공으로 되돌린다면 허공의 성질이 狂花를 허용할 수 없고, 눈으로 되돌린다면 狂花가 눈을 볼 수 있는 성질이 되지 못한다. 결국 狂花로 비유되는 色陰은 되돌릴 근원이 없어 因緣도 아니고, 스스로 나타난 것도 아니어서 自然性도 아닌 虛妄한 것이다. 마찬가지로 色陰, 受陰, 想陰, 行陰, 識陰의 五陰이 모두 그러하다.

號淸明眼 是故 當知 色陰虛妄 本非因緣 非自然性"

2. 六入이 본래 如來藏 妙眞如性

1) 六入의 개념

六入은 六根을 말한다. 六根은 인간이 외부 대상을 인식하는 眼, 耳, 鼻, 舌, 身, 意의 여섯 가지 통로다. 六根은 六塵에 攀緣하여 識을 일으키기 때문에 망상을 일으키는 주범으로 지적되면서 동시에 망상을 제거하는 통로로서도 중요한 위치를 차지한다. 經에서는 三摩提 설법을 하면서 六根을 통하여 煩惱를 소멸하고 원통을 얻는 이치를 설명하고 있다. 如來藏을 설명하면서 六根이라 하지 않고 六入이라고 말하는 것은 六根이 인식체를 통해 六塵의 相을 받아들이는 통로임을 나타내는 데 초점을 맞췄기 때문이다. 부처님이 六入이 본래 如來藏임을 밝히셨는데, 대표적으로 耳入을 들어 그 내용을 검토해 보겠다.

2) 耳入이 본래 如來藏

아난아, 비유컨대 어떤 사람이 두 손가락으로 갑자기 귀를 막으면 耳根이 피로하기 때문에 머리 속에 소리가 나나니 귀와 피로가 함께 이 보리의 瞪發勞相이다. 動하고 靜한 두 가지 虛妄한 聲塵을 인하여 듣는 것을 발하여 그 가운데 있어서, 이 塵象을 받아들이는 것을 듣는 性이라고 말하나 이 듣는 것이 저 動과 靜 두 가지를 떠나면 필경에 듣는다는 자체가 없다.

이와 같다, 아난아! 마땅히 알라. 이 듣는 것은 動靜에서 온 것도 아니며, 耳根에서 나온 것도 아니며, 허공에서 나온 것도 아니다. 만약 듣는 것이 耳根에서 나왔다면 반드시 動과 靜이 없으리니, 그렇다면 듣는 자체가 본래 自性이 없을 것이다. 만약 듣는 것이 허공에서 나왔다면 들음이 있음에 聞性을 이루니 곧 허공이 아닐 것이며 또 허공이 제가 스스로 듣거니 너의 耳入과 무슨 관계가 있겠느냐?

그러므로 마땅히 알라. 耳入이 虛妄하여 본래 因緣도 아니고 自然性도 아니다.[5)]

귀를 막았을 때 머리 속에서 소리가 날 경우를 들어 色陰을 狂花에 비유했듯이 耳入을 귀의 피로로 비유했다. 소리는 動(진동함)과 靜(고요함)의 聲塵으로 인하여 귀가 듣는 것이므로 聲塵이 없으면 듣는 것도 없다. 그렇다면 듣는 것(聞性)이 어디에서 온 것인가? 귀에서 나온 것도 아니고, 허공에서 나온 것도 아니다. 귀에서 나왔다하면 이는 動과 靜, 즉 聲塵을 배제하였기 때문에 聞性 자체가 있을 수 없다. 또 허공에서 나왔다 하면 허공이 聞性과 섞이니 허공의 性을 잃게 되고 동시에 이입과는 관계가 없게 된다. 그러므로 耳入이 虛妄하여 본래 소리와 因緣하는 것도 아니고 또 스스로 존재하는 것(自然性)도 아니다. 마찬가지로 眼入, 耳入, 鼻入, 舌入,

---

5) 覺性『楞嚴經正解』上, 玄音社, p.590. "阿難 譬如有人 以兩手指 急塞其耳 耳根 勞故 頭中作聲 兼耳與勞 同是菩리提 瞪發勞相 因於動靜 二種妄塵 發聞居中 吸此塵象 名聽聞性 此聞 離彼動靜二塵 畢竟無體 如是阿難 當知是聞 非動靜來 非於根出 不於空生 何以故 若從靜來 動卽隨滅 應非聞動 若從動來 靜卽隨滅 應無覺靜 若從根生 必無動靜 如是聞體 本無自性 若於空出 有聞成性 卽非虛空 又空自聞 是故 當知 耳入 虛妄 本非因緣 非自然性"

身入, 意入의 六入이 모두 그러하다.

3. 十二處가 본래 如來藏 妙眞如性

1) 十二處의 개념

十二處는 현상에 대한 감각과 관련된 六根, 六塵을 합해서 이르는 말이다. 六根(眼, 耳, 鼻, 舌, 身, 意)이 대상을 감각하는 기관이고 六塵(色, 聲, 香, 味, 觸, 法)은 六根이 받아들이는 감각의 대상이 된다. 『楞嚴經』에서 이 열두 가지 根과 塵을 서로 부합하는 대로 짝을 이뤄 각각 眼色處, 耳聲處, 鼻香處, 舌味處, 身觸處, 意法處로 나누어 본래 如來藏임을 밝히신 것이다.

六入을 밝히고 또 十二處를 밝히는 것은 六入이 虛妄함을 먼저 들고 이후에 六塵을 포함하여 인식작용의 범위를 넓혀 보아 역시 虛妄함을 드러내기 위해서이다. 이 중 대표적으로 眼色處가 본래 如來藏임을 밝힌 부분을 검토해 보자.

2) 眼色處가 본래 如來藏

아난아! 네가 이 기타의 나무숲과 샘과 못을 보나니 어떻게 생각하느냐? 그러한 것들은 이 물질이 눈의 보는 것을 낸다고 하겠느냐, 눈이 色相을 낸다고 하겠느냐? 아난아! 만일 다시 '眼根이 色相을 냈다'고 한다면 空을 봄에 色이 아니니 色의 성질이 응당 소멸할 것이다. 소멸한다면 一切를 現發하는 것이 모두 없게 될 것이다. 色相이 이미 없을 경우에는 어느 것이 허공이란 바탕을 밝히겠느냐? 허공도 또한 그와 같다. 만일 다시 色塵이 眼見을 냈다고 한다면 허공을 봄에 色이 아니다. 見이 곧 消亡할 것이니 消亡한다면 모두 다 없거니 어느 것이 空과 色을 밝힐 수 있느냐?

그러므로 마땅히 알라. 見과 色이 空과 함께 處所가 없어서 色과 見 두가지 處所가 다 虛妄하여 본래 因緣도 아니고 自然性도 아니다.[6]

사물을 볼 때 보는 性品(見性)은 眼根에서도 色塵에서도 나온 것이 아님을 밝혔다. '眼根이 色相을 냈다고 한다면'이란 말은 眼根이 각 대상에 色을 배정하여 보는 것을 가능하게 한다는 말이다. 이럴 경우 허공을 봄에 있어서는 色이 없으니 허공을 나타내는 見의 성질이 사라져 버린다. 허공은 色이 없으나 허공이라 하여 볼 수는 있는 것인데, 그것이 성립이 안 된다는 의미이다. 그러므로 眼根이 보는 성품을 낸 것이 아니다. 또 色塵이 보는 성품을 냈다고 한다면 허공은 보는 바의 色이 없으니 이는 곧 허공에 見이 없는 것과도 같아서 허공을 보는 것이 성립할 수가 없다. 色(六塵)과 見(六根) 모두 因緣함이 없고 스스로 생긴 것도 아니어서 虛妄하다. 마찬가지로 眼色處, 耳聲處, 鼻香處, 舌味處, 身觸處,

---

6) 覺性『楞嚴經正解』上, 玄音社, p.627. "阿難 汝且觀此祇陀樹林 及諸泉池 於意 云何 此等 爲是色生眼見 眼生色相 阿難 若復眼根 生色相者見空 非色 色性應銷 銷則顯發一切 都無 色相旣無 誰明空質 空亦如是 若復色塵 生眼見者 觀空非色 見卽銷亡 亡則都無 誰明空色 是故當知 見與色空 俱無處所 卽色與見二處 虛妄 本非因緣 非自然性"

意法處의 十二處가 모두 그러하다.

5. 十八界가 본래 如來藏 妙眞如性

1) 十八界의 개념

앞에서 六根, 六塵을 들어 그 虛妄함을 밝혔다. 이제 여기에 六根, 六塵에 상응하여 일어나는 마음의 작용인 六識(眼識, 耳識, 鼻識, 舌識, 身識, 意識)까지 포함해서 모두 如來藏임을 밝힌다. 내용을 따져 볼 때 여기서 주요 논점이 되는 부분은 識의 부분이다. 六根, 六塵의 경우는 이미 앞에서 如來藏임을 일일이 밝혔기 때문에 여기서 六根과 六塵 사이에서 작용하는 識의 虛妄함을 밝혀 결과적으로 十八界 모두가 如來藏임을 설파하려는 것이다. 대표적으로 意法識界가 본래 如來藏임을 밝힌 부분을 검토해 보자.

2) 意法識界가 본래 如來藏

아난아, 네가 밝힌 바 '意(意根)와 法(法塵)이 因緣이 되어서 意識(제六識)을 낸다'고 하니 이 意識은 '意로 인하여 생긴 것이라'하여 意로써 界라 하겠는냐, '法으로 생긴 것이라' 하여 法으로써 界라 하겠느냐?

아난아, 意識이 만약 意根으로 인하여 생겼다면 너의 意根 가운데 반드시 생각하는 바가 있어야만 너의 意를 발명할 것이니, 만약 前法이 없으면 意가 생기는 바가 없으며 緣을 떠나면 형체가 없거니, 意識이 무엇을 가지고 작용할 수 있겠느냐? 또 너의 識心(意識)이 思量(意根)과 了別性(第八識)과 더불어 같은 것이냐, 다른 것이냐? 意根과 같다고 하면 곧 意根인데 어떻게 나는 바(所生)가 되며, 意와 다르다면 같지 않기 때문에 응당 아는 바가 없을 것이다. 만약 아는 바가 없다면 어떻게 意根에서 생겼다고 하며, 만약 아는 바가 있다면 어찌 意識을 내는 意根이라고 하겠느냐? 같다고 하거나 다르다고 하는 二性이 이루지 못하면 界가 어떻게 성립되겠느냐?

만약 法塵으로 인하여 생겼다고 한다면 세간의 여러 가지 法이 五塵을 떠나지 않으니 너는 色法과 및 聲法과 香法과 味法과 觸法을 보아라. 그 모양새가 분명하여 五根을 상대하고 意根에 해당되는 바는 아니다. 너의 識이 결정적으로 法에 의해서 생겼다고 한다면 너는 지금 자세히 보라. 法塵이라는 法이 무슨 모양이냐? 만약 色과 空, 動과 靜, 通과 塞, 合과 離, 生과 滅을 여의어서 이 모든 相을 떠나서는 얻을 것이 없다. 생긴 것은 色空 등 모든 法이 생기고, 멸한 것은 色空 등 모든 法 따위가 없어진다. 因할 바(法塵)가 없다면 因해서 났다는 識이 있다는 그것은 무슨 모양이냐? 그 모양새가 없다면 界가 어떻게 생길 수가 있겠느냐?

그러므로 마땅히 알라. 意와 法이 因緣이 되어서 意識界를 낸다고 하는 세 가지 곳이 모두가 다 없어서 意와 法과 界 세 가지가 본래 因緣도 아니며 自然性도 아니다.[7]

---

7) 覺性『楞嚴經正解』上, 玄音社, p.685. "阿難 又汝所明 意法 爲緣 生於意識 此識 爲復因意所生 以意 爲界 因法所生 以法 爲界 阿難 若因意生 於汝意中 必有所思 發明汝意 若無前法 意無所生 離緣 無形 識將何用 又汝識心 與諸思量 兼了別性 爲同 爲異 同意 卽意 云何所生 異意 不同 應無所識 若無所識 云何意生 若有所識 云何識意 惟同與異 二性 無成 界云何立 若因法生 世間諸法 不離五塵 汝觀色法 及諸聲法 香法味法 及與觸法 相狀 分明 以對五根 非意所攝 汝識 決定依

界는 根, 塵, 識의 작용을 통괄적으로 말하는 것이다. 예를 들어 보는 것을 따져본다면 眼根과 色塵이 작용하여 眼識이 일어난다. 眼色識界란 眼根, 色塵, 眼識 등 보는 것과 관련된 제반 작용을 말하는 것이다. 意識法界는 意根과 法塵, 그리고 法識의 합이다. 앞에서 六入 및 十二處가 如來藏임을 밝혀 意根과 法塵이 虛妄한 것임은 알 수 있다. 그렇다면 法識이 虛妄한 것인가를 따질 때이다.

法識은 意根에서 난 것도 아니고 法塵에서 난 것도 아니다. 만약 意根에서 나왔다고 가정한다면 意根의 대상(法塵)이 없으면 意가 생길 바도 형체도 없으니 성립이 안 된다. 또한 意根은 能生이고 意識은 所生이므로 意識이 意根과 같다고 하면 意識이 생길 바가 없게 되고 다르다고 하면 서로 상관이 없게 되어 界를 성립하지 못하게 된다.

만약 法塵에서 나왔다고 한다면 法塵은 모든 相을 떠나서는 얻을 수 없는 것이며, 識도 모양을 갖추어야 하는 것이므로 識이 될 수 없다. 모양새가 없다면 識이 相을 근거로 하는 法塵과 성질이 다른 것이 되니 또한 意法識의 界를 형성하지 못하게 된다. 그러므로 意根과 法塵을 포함해 識과 意法識界 모두가 因緣性도 없고 自然性도 없는 虛妄한 것이다. 마찬가지로 眼色識界, 耳聲識界, 鼻香識界, 舌味識界, 身觸識界, 意法識界의 十八界 모두가 그러하다.

於法生 汝今諦觀 法法 何狀 若離色空 動靜通塞 合離生滅 越此諸相 終無所得 生則色空諸法等 生 滅則色空諸法等 滅 所因 旣無 因生有識 作何形相 相狀 不有 界云何生 是故 當知 意法爲緣 生意識界三處都無 則意與法 及意界三 本非因緣 非自然性”

Ⅳ. 四科가 본래 如來藏 妙眞如性임을 밝힌 의의-眞空如來藏을 드러냄

四科 如來藏 설법은 五蘊에서 시작하여 六入, 十二處, 十八界의 순으로 모두 如來藏임을 밝힌 것이다. 세친의 『아비달마구사론』에 보면 五陰은 오직 有爲法만을 설하고 있으며 心所法에 어리석은 자를 위하여, 또한 짧은 법문만으로도 濟度가 가능한 上根機들을 위해서 설하였다고 한다. 그리고 12處는 色法에 우매한 자들을 위해 설하였다고 하며 이는 또한 中根機를 위한 설법이었다고 한다. 마지막 18界는 心法과 色法에 모두 어리석어 實我에 대한 집착을 갖는 자들을 위해 설하였다고 한다. 五陰은 그 자체로 정신계와˙물질계를 다 표현하는 개념이다. 이런 점에서 볼 때 四科 七大가 如來藏임을 밝힐 때 五陰이 如來藏임을 설하는 것으로 내용상으로는 충분한 것이다. 그러나 중생들 각자의 根機의 차이를 고려하여 다시 六入, 十二處, 十八界, 그리고 七大로 점점확대하고 세분화하면서 포괄적으로 설명을 한 것이다.

經의 앞부분에서는 아난의 妄識을 쳐부수고 見을 들어 眞如의 성품을 대중들에게 들어 보이며, 攀緣하는 마음에 따른 모든 것이 妄見임을 지적하였다. 여기에서는 불생불멸의 如來藏性이 진실한 근원임을 바로 지적하여 眞心과 萬法을 하나의 이치로 융합하려 하였다. 眞如一心을 미혹함 때문에 如來藏 妙眞如性이 生滅妄想과 和合하여 아뢰야식(제8식)을 형성하고, 여기에서 다시 見分과 相分의 변화가 일어나 相分은 色法이 되고 見分은 心法이 되었다. 이리하여 오온중생과 허공세계가 형성되어 모든 인식대상으로서의 萬法이 모두 如來藏性 가운데 나타나게 되었다. 이처럼 眞心과 妄心이 和合하여 세계와 중생이 이루어진 이치를 모르는 중생들이 허망한 見分과 相分을 실재로 인식하고 그것이 일어난 근본자체인 如來藏性 眞心을 미혹했기 때문에 끝없는 생사윤회를 반복하고 있을 뿐이다.

아난이 대비심으로 마등가의 淫心에 잘못 떨어진 이유는 五蘊身心을 진실로 오인한 데서 기인한다. 그 때문에 아난은 특별히 세존께 간청하여 시방여래가 성취한 오묘한 奢摩他, 三摩提, 禪那에 깨달아 들어갈 수 있는 최초의 수행방편을 열어 보여 주기를 요청하였다.

이런 이유로 세존께선 제일 먼저 五陰을 타파하면서 心目이 그 허물임을 지적하였다. 四科 如來藏의 내용은 사실 이처럼 처음부터 지금까지 妄心妄見을 타파했을 뿐이다. 그렇다면 妄心妄見은 第八識의 인식작용인 見分心法이며, 인식대상인 육신과 세계는 제팔식의 모습인 相分일 뿐이다. 이것을 根本無明이라고 한다. 八識의 見分과 相分은 단지 眞心을 미혹해서 일어난 無明의 허상이므로 그들 모습은 있다 해도 그 자체가 본래 공적한 이치임을 명료하게 모른다. 이 때문에 지금까지 점진적으로 相分境界는 우리의 心識 밖에 실제로 있지를 않고 그것을 실재인양 인식하는 妄見인 見分도 본래 그 실체가 없음을 밝혀, 見分과 相分을 끊어 識精, 즉 아뢰야식의 自證分으로 귀결시키고, 그 自證分마저 타파하여 始

覺으로 귀결시키고, 끝내는 始覺을 本家一心, 즉 證自證分으로 귀결시킴으로써 空如來藏의 실체가 드러나게 했다.

앞에서 이미 妄想을 타파함으로써 나타난 空의 실체는 단지 空 그 자체일 뿐 아직은 현실세계인 有를 동시에 포함하지 못하였다. 그러므로 이 수준에선 아직 진실한 空의 이치는 아니다. 따라서 五陰, 六入, 十二處, 十八界를 如來藏性의 근본으로 융화시켰는데, 이것이 有에 즉한 空이다. 『기신론』에서는 이것을 實相眞空이라고 하며, 여기에 이르러야만 대승의 원융한 空如來藏의 실제적 모습이라고 할 수 있다.

이와 같은 實相眞空의 원융한 이치를 명료하게 안다면 그 가운데 生滅 去來하는 허깨비 망상의 모습이 실체적으로 존재할 수 없다. 가령 망상으로 관찰한다면 생사거래의 차별상이 현실적으로 목전에 있는 듯 하나 올바른 지혜로 관조한다면 眞如常住의 如來藏性 가운데선 去來·生死·迷悟의 모습을 끝내 얻을 수 없다.

경의 앞부분에서 칠번파심에서부터 시작하여 망상을 타파하고 진여의 실체를 드러내어 眞空如來藏性의 오묘한 이치를 드러내는 과정은 五陰, 六入, 十二處, 十八界, 그리고 七大까지를 낱낱이 如來藏性으로 귀결시킴으로써 완결되는 것이다.

V. 나가는 말

지금까지 五陰, 六入, 十二處, 十八界가 모두 因緣도 자연도 아님을 밝혀 모두 如來藏임을 설한 내용을 살펴보았다. 이것은 총론에서 미리 언급했듯이 一切의 有爲相은 幻妄이고, 그 내면의 성품에 一切의 和合을 떠난 본연의 如來藏이 있음을 확인하는 것이다. 이것은 경의 초반에 아난의 妄心을 깨고 見을 통해 眞心을 드러낸 후 이를 확대하여 일체만물이 모두 空한 이치를 설하신 것이다.

용수의 『中論』(觀因緣品)을 보면 '모든 법은 스스로 생하는 것도 아니고, 다른 것으로부터 생하는 것도 아니며, 그 양자에서 함께 생하는 것도 아니고, 아무 원인 없이 생하는 것도 아니다. 그러므로 無生을 알아라[8]'는 내용이 나온다. 이는 만법의 생성원리가 자연성도 아니고 인연성도 아니고 자연성, 인연성이 아닌 것도 아님을 표현한 것으로 『楞嚴經』에서 四科가 虛妄하여 자연도 인연도 아님을 밝힌 내용과 합치한다. 이렇게 중생이 반연하는 모든 것이 다 虛妄하여 실체가 없음을 알 때, 비로소 生滅의 윤회를 끊고 佛性을 얻는 三摩地에 들어갈 수 있는 것이다.

---

8) 용수의 『중론』 첫장 (觀因緣品) 참조

7. 七大가 본래 如來藏 妙眞如性

金波 東勳

1. 서 언

『楞嚴經』의 부처님 말씀 중 본문에서 검토할 내용은 如來께서 四科가 모두 如來藏임을 밝히시고 난 후에 다시 이어서 七大가 본래 如來藏임을 밝히시는 부분이다. 넓게 봤을 때 四科의 五陰, 六入, 十二處, 十八界가 모두 일체의 중생세계를 포괄하는 범주이고 七大 역시 마찬가지이다. 그런데 如來께서는 그 모든 범주에 대해서 일일이 본래 如來藏임을 밝히시고 계시다. 아난은 四科가 모두 如來藏임을 밝히시는 如來의 말씀을 듣고 아직까지도 미혹된 점이 있어 如來께 의문을 제기한다. 이런 의문에 대해 如來께서 다시 七大가 如來藏임을 설명하시면서 아난의 의혹된 점을 풀어주신다. 아난은 이 법문을 다 듣고 見性함을 얻게 된다.

2. 如來藏과 七大의 개념

1) 如來藏이란 무엇인가

如來藏의 原語는 Tath gata-garbha인데, tath gata는 如來, garbha는 胎兒·母胎의 의미이다. 如來藏이라는 말이 처음으로 언급된 經은 『如來藏經』이다. 여기서는 如來藏이 중생에 대한 설명어로서 사용되는데, '중생은 如來의 태아'라는 의미이다. 즉 중생은 비록 迷妄에 빠져 생멸의 윤회에서 벗어나지 못하고 있지만 본래 그 안에 如來가 될 胎兒를 품고 있어 如來의 소질이 잠재되어 있다는 것이다. 如來藏은 迷妄과 깨달음이 둘이 아니며(迷悟不二), 自性淸淨心은 중생 마음의 본래 성품이 청정한 것이며 번뇌는 일종의 우발적인 것으로 청정한 마음을 더럽히는 것에 지나지 않는다는 사상이 主를 이루는 것이다. 이러한 사상과 개념은 원시경전 이래로 설해져 如來藏 사상에 주요 근간으로 자리하고 있다. 여기서 더 나아가 如來藏 사상을 지금과 같이 풍성하게 확대시킨 발단은 『華嚴經』의 如來出現品으로 볼 수 있다. 如來出現品에서는 眞如의 遍在性을 설하여 如來藏의 범위가 중생에게 국한되지 않고 一切萬物 諸世界로 확대된다. 이후 如來藏 사상은 中觀

학파의 空사상과 唯識학파의 알라야식의 개념에 영향을 주고 받으면서 발전하여 『大乘起信論』에서 집약된다.

『楞嚴經』에서도 如來藏 사상은 眞空의 측면과 妙有의 측면을 모두 여실히 드러내고 있다. 五陰, 六入, 十二處, 十八界, 七大 등 現象界에 존재하는 일체의 有爲法이 모두 因緣, 和合 아님을 밝히는 부분은 如來藏의 眞空의 측면을 밝히는 空如來藏이다. 또한 富樓那章에서는 眞空의 體를 가진 如來藏에서 세계를 忽生하게 만드는 妙有의 힘이 있음을 밝혀 不空如來藏을 드러내고 있다.

2) 七大란 무엇인가

『正脈疏』에서는 七大를 "圓彰七大卽性周徧"으로 표현하였다. 七大를 원만하게 밝혀서 七大 그 자체가 性에 卽함을 깨달아야 된다는 것이다. 周徧이란 '常住周徧妙明不動'이라는 말을 줄여서 표현한 것이다. 곧 七大는 常住하고 周徧하며 妙明不動한 如來藏性에 卽한 것이다.

七大는 사실 내용적으로 五陰과 다르지 않다. 六入이나 十二處, 十八界가 七大인데 말만 달리했을 뿐이다. 七大는 바로 地, 水, 火, 風, 空, 見, 識이다. 그 중 地, 水, 火, 風이 五陰의 色에 해당된다. 물질계에서는 제일 크다고 해서 大字를 써서, 地大, 水大, 火大, 風大라고 했고, 그보다 더한 것이 空大이다. 地, 水, 火, 風 四大에 空大를 더해서 五大인데 그것들이 전부 다 色, 受, 想, 行, 識인 五陰 가운데 色陰에 해당된다. 色이 곧 물질계인 것이다.

그 다음에 見大와 識大인 이것은 五陰의 受, 想, 行, 識에 해당한다. 見大라고 하는 것은 見聞覺知이다. 見聞覺知가 바로 視覺, 聽覺, 嗅覺, 味覺, 觸覺, 知覺이다. 見大, 識大는 완전히 마음에 관한 것이다. 즉 물질이 아니라 정신세계이다. 때문에 識大는 第六識, 第七識, 第八識에 모두 해당한다고 볼 수 있다. 四科, 즉 五蘊, 六根, 六塵, 六識, 十八界가 중생의 마음과 識의 작용에 중심을 두고 중생계를 분류한 것이라면, 七大는 물질계의 재료에정신계를 포괄한 데에 중심을 두고 중생계의 구성요소를 분류한 것이라 볼 수 있다.

3. 經文의 내용

◇ 아난의 의혹

"世尊이시여! 如來께서 和合하는 인연을 항상 말씀하실 적에 '一切 世間의 가지가지 변화하는 것이 다 四大和合으로 인하여 發明된다'고 하시더니, 어찌하여 如來께서 인연과 자연을 둘 다 배척하십니까? 제가 지금 그 뜻의 소이를 알지 못하겠사오니 바라옵건대 불쌍히 보셔서 중생에게 中道인 了義이고 戱論 아닌 法을 開示하여 주옵소서."[9)]

經에서 七大가 如來藏임을 밝히기에 앞서 四科가 모두 如

9) 覺性『楞嚴經正解』上, 玄音社, p.695. "世尊 如來常說 和合因緣 一切 世間 種種變化 皆因四大 和合發明 云何如來 因緣自然 二俱排擯 我 今不知 斯義所屬 惟垂哀愍 開示衆生 中道了義 無戱論法"

來藏이어서 인연과 자연 및 모든 화합을 떠났다고 설하였다. 이를 듣고 아난이 예전에 부처님이 하신 말씀과 부합하지 않는다고 의심을 하는 것이다. 즉 예전에 부처님이 설하시기를 一切世間의 화합하고 변화하는 인연은 모두 四大의 화합에 의해 이루어진다고 하였는데 지금에 와서 인연과 자연을 모두 떠났다고 하니, 아난이 보기에 말의 앞뒤가 맞지 않는 것이다.

四大란 七大 중 地, 水, 火, 風 등 가장 물질적인 요소를 일컫는 말이다. 중생계의 물질적인 모든 변화상은 물질을 대표하는 이 네 가지 요소가 서로 작용하고 화합하는 인연으로 이루어진 것이다. 그러나 그 變化相 자체의 본질에는 常住不滅의 如來藏性이 숨겨져 있는데, 아난은 四大의 변화에 집착하여 如來의 말씀에 모순을 느끼고 있는 것이다.

◇ 如來의 법문

아난아! 네가 말한 바와 같아서 '四大로 和合하여 世間의 가지가지 변화를 發明한다' 하니, 아난아! 만일 저 大의 性이 그 자체가 和合이 아니라면 곧 모든 大와 더불어 섞여서 어울리지 못하는 것이 마치 허공이 모든 빛깔과 어울리지 않는 것과 같으리라. 만약 和合으로 되었다고 하면 변화하는 것과 같아서 처음과 종말이 서로 이루며, 生과 滅이 相續하여 나고 죽고 또 죽고 나며 나고 나고 죽고 죽어서 旋火輪과 같아서 쉬지 않는다. 아난아! 비유컨대 물이 얼음이 되었다가 얼음이 다시 물이 되는 것과 같다.[10)]

四大, 나아가 七大의 변화상은 因緣法을 따르되 그 本性은 인연을 떠나고 화합을 떠난 본래 淸淨湛然한 것이다. 만약 四大의 本性이 화합으로 이루어진 것이라면 모든 것이 변화하고 그 변화에 중단함이 없어 영원한 生滅의 輪廻에서 벗어날 길이 없다. 經에서 七大 如來藏을 밝힌 부분은 四大로 대표되는 물질계의 변화상에서 本性의 常住不滅함을 드러내는 것이다. 부처님은 이 문제에 대해서 四大가 인연 및 화합이 아니고 바로 如來藏임을 논파하고, 덧붙여 空大, 見大, 識大까지 논파하여 衆生界의 물질적, 정식적 제요소가 모두 如來藏임을 다시 한 번 확인시킨다. 이런 맥락에서 七大가 如來藏임을 확인하는 것은 七大가 모두 和合 및 因緣을 떠났음을 확인하는 과정으로 經에서는 七大가 모두 인연과 화합을 떠났음을 밝힘으로써 七大가 곧 如來藏性임을 확인하고 있다.

1) 地大가 본래 如來藏

네가 地大의 성질을 보아라. 거친 것은 大地이고 미세한 것은 微塵이다. 鄰虛塵[11]에 이르러서는 저 極微인 色邊際相을 七分으로 쪼개어 된 것이니, 鄰虛塵을 다시 쪼개면 참으로 空性이다.[12]

---

10) 覺性『楞嚴經正解』上, 玄音社, p.702. "阿難 如汝所言 四大和合 發明世間 種種變化 阿難 若彼大性 體非和合 則不能與 諸大雜和 猶如虛空 不和諸色 若和合者 同於變化 始終相成 生滅相續 生死死生 生生死死 如旋火輪 未有休息. 阿難 如水成冰 冰還成水"

11) 鄰虛塵(鄰虛塵)은 미입자를 쪼개고 쪼개서 다시 쪼개면 空이 될 정도의 최소의 미입자를 말한다.

12) 覺性『楞嚴經正解』上, 玄音社, p.704. "汝觀地性 麤爲大地 細爲微塵

地大란 흙의 성질을 가진 물질적 제요소들을 대표하는 것이다. 지금 地大의 如來藏性을 확인하기 위해 흙(地大)을 쪼개고 쪼개서 더 이상 쪼갤 수 없는 최소한의 입자라고 말할 수 있는 鄰虛塵까지 쪼개는 것을 가정한 후, 이 鄰虛塵과 허공을 비교하여 地大가 和合 아님을 밝히는 것이다.

최소한으로 쪼개진 鄰虛塵은 곧 미입자의 성질보다는 空性을 드러내게 된다. 이는 곧 흙으로 대표되는 물질적인 것들이 모두 허공의 성질에서 비롯되었음을 증명하는 것이다. 그렇다면 응당 허공이 色相을 낸 것이라고 말할 수 있다. 아난이 四大의 和合을 말하는데 그렇다면 얼마의 허공이 和合하여 鄰虛塵(즉, 최초의 色과 相)을 낸 것이며, 또 鄰虛塵을 얼마나 쪼개야 다시 허공이 되는 것인가를 물으신다.

> 네가 지금 묻기를 '和合을 말미암아 世間의 모든 變化相을 출생했다'고 하였으니, 네가 또 보아라. 하나의 鄰虛塵은 얼마의 허공을 和合하여 되었느냐? 응당 鄰虛塵이 和合하여 鄰虛塵이 되지는 않았으리라. 또 鄰虛塵이 쪼개져서 허공이 되었다면 얼마의 色相을 쪼개 모아서 허공이 되었느냐? 만약 色相에 和合할 때에는 色相과 和合하였기에 허공이 아닐 것이고, 만약 그 허공에 和合할 때에는 허공에 和合하였기에 色相이 아닐 것이다. 色相인 물질은 오히려 분석할 수가 있으나 허공이야 어찌 和合하겠느냐?[13)]

至鄰虛塵 析彼極微 色邊際相 七分析成 更析鄰虛 卽實空性"

13) 覺性 『楞嚴經正解』上, 玄音社, p.705. "汝今問言 由和合故 出生世間 諸變化相 汝且觀此 一鄰虛塵 用幾虛空 和合而有 不應鄰虛 合成鄰虛

허공이 和合하여 鄰虛塵을 이루었다고 할 때, 허공이 얼마나 和合을 하여야 최소한이나마 色相을 내는 鄰虛塵을 이룰 수 있는가를 묻는 것이다. 그러나 허공은 말 자체로 無이고 空性이다. 無에서 有가 창조되었다고 해야 되는데 그것을 단순히 和合의 개념으로 설명하자면 넘을 수 없는 境界를 넘는다고 우기는 것과 마찬가지인 것이다. 그렇다고 鄰虛塵에서 鄰虛塵이 나왔다고 말한다면 이미 그 鄰虛塵은 最小粒子라는 정체성을 상실하게 되므로 성립하지 못한다.

鄰虛塵을 쪼개서 허공이 되었다고 할 때, 鄰虛塵이 얼마나 쪼개져서 허공에 和合(혹은 非和合)해야 無의 성질인 허공으로 돌아갈 수 있겠는가를 물었다. 鄰虛塵을 아무리 다시 쪼갠다 하여도 鄰虛塵의 본질은 色相이다. 그런데 허공의 성질은 色相을 떠난 것이다. 결국 鄰虛塵이 쪼개져 허공이 되었다는 말은 鄰虛塵의 色相이 허공과 和合하였다는 말인데, 이 역시 色相과 空의 境界가 명백하여 和合으로는 설명할 수 없는 것이다. 그러므로 地大가 성립한 이치는 和合이 아니고 본래 밝고 묘한 如來藏性이 法界에 두루한 것인데, 중생의 攀緣하는 마음에 따라 相이 맺히고 色이 나타났음을 깨달아야 한다.

2) 火大가 본래 如來藏

又鄰虛塵 析入空者 用幾色相 合成虛空 若色合時 合色非空 若空合時 合空非色 色猶可析 空云何合”

火大란 물질계를 구성하는 요소 중 熱의 성질을 대표한다. 불이나, 기체, 빛 등의 것들이 모두 이에 해당하는 것으로 볼 수 있다. 이러한 것들은 모두 열의 작용에 관련된 것인데, 일정하게 고정된 형상을 갖지 않고 流動하며 자체로서 존재하기 보다는 매개로서의 성질을 갖으며 세계가 운동하는 원리를 제공한다. 때문에 『楞嚴經』에서는 이를 '火性無我'라 하고 水大에 앞서 언급하고 있다.

아난아! 만일 이 불의 성질이 和合으로 생긴 것이라면 저 사람이 손에 이 火鏡을 들고 태양에서 불을 구하나니, 이 불은 火鏡에서 나온 것이냐, 쑥에서 나온 것이냐, 태양에서 왔느냐? 아난아! 불이 만약 태양에서 왔다면 스스로 능히 너의 손에 있는 쑥을 저절로 능히 태워야 할 것이며, 온 곳의 숲과 나무가 모두 응당 불타야 할 것이다. 만일 불이 火鏡에서 나왔다면 저절로 火鏡에서 나와서 쑥을 태우거늘 火鏡은 어찌 녹지 않느냐? 너의 손이 火鏡을 잡고 있을 때 오히려 뜨거운 기운도 없거니, 어찌 녹을 리가 있겠느냐? 불이 만약 쑥에서 나왔다면 어찌 태양과 火鏡의 光明이 서로가 닿은 뒤에야 불이 나느냐? 너는 또 자세히 관찰하라. 火鏡은 손에 쥐었고 태양은 하늘에서 왔고 쑥은 본래 땅에서 생겼으니 불이 어느 곳에서부터 여기에까지 거쳐 왔느냐? 태양과 火鏡은 서로 거리가 멀어서 和合이 아니며, 응당 火光이 어디에 붙은 데도 없이 저절로 있는 것은 아니다.[14)]

---

14) 覺性『楞嚴經正解』上, 玄音社, p.720. “阿難 若此火性 因和合有 彼手執鏡 於日求火 此火爲從 鏡中而出 爲從艾出 爲於日來 阿難 若日來者 自能燒汝 手中之艾 來處林木 皆應受焚 若鏡中出 自能於鏡 出然於艾 鏡何不鎔 紆汝手執 尙無熱相 云何融泮 若生於艾 何藉日鏡 光

火大의 和合 아님을 밝히기 위해서 火鏡으로 쑥을 태우는 예를 들었다. 火鏡으로 쑥을 태울 경우 쑥과 태양과 그리고 火鏡이 서로 어울려서 불을 만들어낸다. 火大가 和合으로 생긴 것이라면 이럴 경우 이 불이 태양에서 난 것인지, 쑥에서 나온 것인지, 아니면 火鏡에서 나온 것인지를 묻는 것이다. 만약 불이 태양과 화합한 것이라면 쑥만 태울 것이 아니라 火鏡과 다른 초목까지도 모두 태워야 한다. 또 쑥과 화합한 것이라면 태양이 없을 경우 쑥이 타지 못하는 것을 설명할 수 없다. 火鏡의 경우 역시 火鏡만 있어도 불이 생길 수 없다. 불이 태양이나 火鏡이나 쑥과 화합하여 생긴 것도 아니요(因緣性 아님), 태양이나 火鏡이나 쑥 없이 저절로 나온 것도 아니다(自然性 아님). 그러므로 火大를 和合의 작용으로 보는 것은 허망하다.

3) 水大가 본래 如來藏

아난아, 물의 성질은 不定하여 흐르고 쉬는 것이 일정함이 없으니 室羅筏城에 迦毗羅仙과 斫迦羅仙과 鉢頭摩, 訶薩多 등 모든 幻師들이 太陰精을 구하여 幻藥에 사용하려고 여러 幻師들이 白月의 밤중에 方諸를 가지고 달 가운데 물을 받나니 이 물은 구슬 가운데서 나온 것이냐, 허공에서 저절로 있느냐, 달에서 나왔느냐?[15]

明相接 然後火生 汝又諦觀 鏡因手執 日從天來 艾本地生 火從何方 遊歷於此 日鏡相遠 非和非合 不應火光 無從自有"

15) 覺性『楞嚴經正解』上, 玄音社, p.723. "阿難 水性不定 流息無恆 如室

水大는 물의 성질을 가진 諸要素를 대표한다. 물의 성질은 끊임없이 흐르려 하고 그 형체와 머무름에 일정함이 없는 것이다. 水大가 和合 아님을 밝히기 위하여 幻師들이 幻藥을 만들기 위해 白月이 뜬 밤중에 方諸와 구슬을 담은 소반 안에 물을 받는 예를 들었다.

이 물이 和合에 의해 생긴 것이라면 달에서 나온 것인지, 구슬에서 나온 것인지, 아니면 허공에서 나온 것인지를 묻는다. 달에서 나온 것이라면 달의 정기가 구슬에 닿기까지 경과하는 모든 초목도 역시 물이 생겨야 하는데 구슬에만 물이 맺히는 이유를 설명할 수 없다. 구슬 자체에서 나온 것이라면, 白月이 아니라도 항상 구슬에서 물이 나와야 하는데 그렇지가 않다. 허공에서 나온 것이라면 허공이 둘러싼 모든 산하대지가 모두 물로 뒤덮여서 陸海空이 따로 존재할 이유가 없게 된다. 그러므로 水大의 본질은 和合이 아니고 청정하고 본연하고 法界에 周徧한 如來藏性이다. 중생은 이 如來藏性을 모르고 반연하는 마음으로 和合이라는 허망한 分別을 낸다. 如來藏性이 중생의 이 허망한 마음을따르고 所知의 量을 따르나니 한 곳에서 구슬을 잡으면 한 곳에 물이 나오고 온 법계에서 구슬을 잡으면 온 法界에 물이 나오는 것이다.

4) 風大가 본래 如來藏

羅城 迦毗羅仙 斫迦羅仙 及鉢頭摩 訶薩多等 諸大幻師 求太陰精 用和幻藥 是諸師等 於白月晝 手執方諸 承月中水 此水爲復 從珠中出 空中自有 爲從月來"

> 아난아, 바람의 성질이 형체가 없어서 움직이고 고요함이 일정하지 아니하다. 네가 가사를 펄럭하여 대중에게 들어갈 적에 대가사의 옷자락이 펄럭거리어 옆 사람에게 미치면 곧 微風이 저 사람의 얼굴을 스친다. 이 바람은 가사자락에서 나왔느냐, 허공에서 나왔느냐, 저 사람의 얼굴에서 나왔느냐?[16]

風大는 바람의 성질을 대표한다. 바람의 성질은 形體가 없이 움직이고 고요함이 일정하지 않다. 風大가 和合이 아닌 如來藏임을 밝히기 위해서 아난이 袈裟를 펄럭일 때 이는 바람이 옆 사람의 얼굴을 스치는 경우를 예로 들었다. 이 바람은 가사자락에서 나온 것도 아니고 허공에서 나온 것도 아니고 옆 사람의 얼굴에서 나온 것도 아니다. 만약 가사자락에서 나온 것이라면 가사자락이 곧 바람의 성질을 가졌으므로 아난이 바람을 입은 셈이 되어, 가사자락이 홀연히 아난의 몸을 떠나야 한다. 허공에서 나온 것이라면 항상한 성질을 지닌 허공에 따라 바람도 항상 불어야 하는데 옷을 움직이지 않을 때에는 바람이 생기지 않는다. 또 바람이 없을 때에는 허공도 없어야 하는데 허공이란 生滅의 개념의 것이 아니어서 없어졌다고 말할 수도 없고 없어졌다고 해도 그때는 이미 허공이라 할 수 없다. 또 옆 사람의 얼굴에서 나왔다고 한다면 가사자락을 움직이고 나서야 비로소 얼굴에서 바람이 생기는 이치를 설명할 수 있다. 이렇듯 바람과 허공, 가사자락, 얼굴의

16) 覺性『楞嚴經正解』上, 玄音社, p.729. "阿難 風性無體 動靜不常 汝常整衣 入於大衆 僧伽黎角 動及傍人 則有微風 拂彼人面 此風爲復 出袈裟角 發於虛空 生彼人面"

성질이 서로 달라서 서로 和合함이 없지만, 또 바람의 성질이 까닭 없이 생긴 것도 아니다(非和合도 아님). 이를 통해 風大가 和合이 아니며 如來藏의 묘한 성품이 청정하고 본연하여 중생의 妄想에 따라 나타나는 이치를 깨달아야 한다.

5) 空大가 본래 如來藏

空大는 허공을 말하는 것이다. 형체도 없고 그 자체에 특정한 성질도 없는 것이 바로 허공의 성질이다. 허공을 인식하고 딱히 성질을 규정할 수 있는 것은 오직 色, 즉 형상 있는 물질과의 대비를 통한 결과(因色發現)이다. 만약 허공만 존재한다면 허공조차도 인식할 방법이 없다. 허공이 和合 아님을 밝히기 위해서 우물을 팔 때 땅에서 흙을 파냄으로써 구덩이에 허공이 생기는 경우를 들었다. 이 허공은 흙을 파내는 것으로 인해서 생긴 것도 아니고(因緣性 아님), 또 허공이 저절로 생긴 것도 아니다(自然性 아님). 만약 허공이 저절로 생긴 것이라 한다면 흙을 파기 전에는 그 공간에 흙이 있어 허공의 무애한 성질을 나타내지 못하는 것을 설명하지 못한다. 만약 흙이 원인이 되어 허공이 생긴 것이라면 흙이 먼저 나오고 허공이 그 다음에 들어간다는 말이 되 버린다. 그러나 허공은 따로이 出入의 성질이 없는 것이므로 흙에 인한다 할 수 없다. 또 흙을 파내는 행위로 인하여 허공이 생겼다고 한다면 파는 행위를 할 때 허공만 생겨야 하는데, 파는 행위를 통해서 흙이 나오는 결과를 파는 행위와 허공의 因果로 설명할 길이 없게 된다. 파는 일과 허공은 참되거나 虛한 것이 서로 작용하는 것이 아니어서 和合이 아니며, 또한 허공이 까닭 없이 저절로 나온 것도 아니다(非和合도 아님).

여기까지 해서 地, 水, 火, 風에 空까지 해서 세계의 물질적 요소를 나타내는 5大의 如來藏性을 밝혔다. 이어서 見大와 識大까지 如來藏性을 밝혀 정신적 요소를 포함한 一切萬物의 法이 如來藏性임을 밝히고 있다.

6) 見大가 본래 如來藏

> 아난아, 見覺이 아는 것이 없어서 물질과 허공을 因하여 있다. 네가 지금 기타의 숲에 있을 적에 아침은 밝고 저녁은 어두우며 설령 밤중이라도 白月에는 빛나고 黑月에는 어두운데, 그 밝고 어두운 따위를 見을 인하여 분석한다. 이 見은 明과 暗의 相과 太虛空과 더불어 一體냐, 一體가 아니냐? 혹 같기도 하고 같지 않기도 하며, 혹 다르기도 하고 다르지 않기도 하느냐?[17)]

見大는 六根을 대표하는 것이다. 즉, 眼, 耳, 鼻, 舌, 身, 意의 六根을 통해 外物을 인식하는 것 자체를 여기서 보는 것의 見으로 대표하여 그 허망함을 드러내는 것으로 볼 수 있다. 때문에 見大 자체는 아는 것이 없고(見覺無知), 五大로 대표되는 물질과 허공에 인하여 外物을 인식할 뿐이다.

---

17) 覺性『楞嚴經正解』上, 玄音社, p.753. "阿難 見覺無知 因色空有 如汝今者 在祇陀林 朝明夕昏 設居中宵 白月則光 黑月便暗 則明暗等 因見分析 此見爲復 與明暗相 幷太虛空 爲同一體 爲非一體 或同非同 或異非異"

見大의 경우는 見과 明暗 및 虛空의 관계를 들어 설명하고 있다. 外物을 볼 때 그 밝고 어두움을 見이 분석하니 이 見을 이루는 것이 明暗의 相과 虛空 등과 和合하여 이루어지는지를 확인하는 것이다. 구체적으로는 見이 明暗, 虛空과 一體도 아니고 非一體도 아니고, 同도 아니고 異도 아님을 밝혀 見大가 如來藏임을 밝히고 있다.

만약 見이 밝은 것과 어두운 것과 허공과 一體라고 한다면, 밝은 것과 和合하면 어두운 것을 볼 수 없으니 성립하지 못하고, 어두운 것과 和合하면 밝은 것을 보지 못하게 되어 성립하지 못한다. 또 만약 見이 밝은 것과 어두운 것과 허공과 一體가 아니라고 한다면, 明, 暗, 虛空과 따로 분리해서 見源을 분석할 수 있어야 한다. 그러나 明, 暗, 虛空의 色相을 떠나면 見은 마치 거북의 털과 토끼의 뿔과 같이 그 자체로서는 의미가 없는 것이 된다.

또한 明과 暗이 서로 배치되므로 이 兩者와 見이 같음을 이룰 수 없으며(非同), 明, 暗, 虛空 셋을 떠나면 見 자체가 없으므로 다르다고도 할 수 없다(非異). 허공과 見大가 모두 나누어지는 것이 아니므로 같지 않다고도 할 수 없으며(非非同), 어두운 것을 보고 밝을 것을 보아도 見의 성질에는 변함이 없으므로(明暗에 관계없이 그 성질이 고유하므로) 다르지 않다고도 할 수 없다(非非異). 밝은 것은 태양으로 돌려보내고, 어두운 것은 그믐달에 돌려보내고, 통하는 것은 허공에 돌려보내고, 막힌 것은 대지에 돌려보낼 수 있으나 見은 돌려보낼 수 없는 것이다.

이러한 점들을 살펴볼 때 見大는 和合도 아니고 또 非和

合도 아니다. 見과 마찬가지로 聽覺, 嗅覺, 味覺, 觸覺, 覺知(意)가 모두 和合, 非和合을 떠나서 法界에 두루하여 원만한 如來藏이다.

7) 識大가 본래 如來藏

아난아, 識性이 근원이 없어서 여섯 가지 根塵을 인하여 허망하게 나온다. 네가 지금에 이 會中의 聖衆을 두루 볼 적에 눈으로써 차근차근 둘러보나니, 그 눈은 둘러보되 다만 거울과 같아서 따로 분석함이 없거든, 너의 識이 이 가운데서 次第로 지목하기를 이것은 문수보살, 이것은 부루나존자, 이것은 목건련, 이것은 사리불이라고 하나니, 이 識의 了知가 見에서 나왔느냐? 相에서 나왔느냐? 虛空에서 나왔느냐? 아무 까닭이 없이 돌연히 나왔느냐?[18)]

識大는 六識을 말하는 것이다. 識性은 六根과 六塵에 인하여 나오는 것이므로 客塵의 허망한 작용에 불과하다. 識大가 허망하여 和合, 非和合을 떠난 것임은 見識의 眼根, 色塵과의 관계를 통해서 밝히고 있다. 아난이 문수보살, 부루나존자, 목건련, 사리불을 각기 식별하는 경우, 이러한 識의 요지는 見(眼根)에서 나온 것도 아니고 相(色塵)에서 나온 것도 아니

18) 覺性『楞嚴經正解』上, 玄音社, p.767. "阿難 識性無源 因於六種 根塵妄出 汝今徧觀 此會聖衆 用目循歷 其目周視 但如鏡中 無別分析 汝識於中 次第標指 此是文殊 此富樓那 此目犍蓮 此須菩提 此舍利弗 此識了知 爲生於見 爲生於相 爲生虛空 爲無所因 突然而出"

고, 허공에서 나온 것도 아니고, 까닭 없이 홀연히 나온 것도 아니다.

만약 見에서 나왔다면 見 자체에는 明, 暗, 色, 空 등의 色塵의 요소가 없으므로 보는 것 자체가 없다. 만약 物相에서 나온 것이라면 物相이 있어도 見이 없으면 인식할 수가 없게 되니 物相에 대해서 識을 발할 수가 없게 된다. 만약 허공에서 왔다고 한다면 見도 아니고 色도 아니어서 見과 色塵 모두를 안립시키지 못하게 된다. 만약 識이 까닭 없이 홀연히 나온 것이라면 대낮에도 明月을 보고 밤에도 태양을 보는 식으로 識이 자의적으로 작용해야 하는데 그렇지 못하다. 識은 움직이고 見은 맑아서 서로 和合이 아니고 한편 識이 까닭 없이 저절로 나온 것도 아니다.

> 만일 이 識心이 본래 별다른 所從來가 없을진대 마땅히 알라. 了別하는 見聞覺知가 원만하고 湛然하여 그 性이 所從來가 없다. 겸하여 저 虛空과 地, 水, 火, 風 (空, 見)을 모두 다 七大라고 하나니, 性이 참되고 圓融하여 모두 다 如來藏이라 본래 生滅이 없다.19)

所從來란 근원, 출처를 말한다. 識大가 이와 같이 色과 見, 허공 어디에서도 그 소종래를 찾을 수 없는 것은 識大의 性이 원만하고 담연하여 화합함이 없기 때문이다. 이와 같이 地, 水, 火, 風, 空, 見, 識의 七大가 모두 性이 眞이고 원융

19) 覺性 『楞嚴經正解』上, 玄音社, p.775. "若此識心 本無所從 當知了別 見聞覺知 圓滿湛然 性非從所 兼彼虛空 地水火風 均名七大 性眞圓融 皆如來藏 本無生滅"

하여 常住妙明하고 不動周圓한 如來藏이다.

4. 七大가 본래 如來藏임을 밝힌 요의

1) 色界의 허망함을 밝혀 如來藏으로

『楞嚴經』에서 四科의 如來藏性을 밝힌데 이어 七大가 如來藏임을 밝힌 의의는 일체 만물의 물질적 요소에 중심을 두어서 如來藏性을 밝히는 것이다. 七大는 그 구성이 地, 水, 火, 風, 空까지 五大가 물질계를 나타내고 나머지 見大와 識大가 인간의 心意識과 직접적 관련을 맺는 부분이다. 그러니까 七大 중 다섯 가지가 六塵을 나타내고, 見大가 六根, 識大가 六識을 각각 나타내는 것으로 이는 色塵의 구성과 변화에 초점을 맞춘 개념인 것이다. 앞서의 四科 如來藏性 설법부분이 인간의 心意識 작용을 중심으로 如來藏임을 밝힌 것이라면, 七大 如來藏性 설법부분은 물질계 제반 요소를 중심으로 如來藏임을 밝힌 것이다. 이런 방식으로 초점을 달리해서 다시 설법하고 또 설법하여서 대중에게 如來藏性을 명확한 깨달음을 주고자 하는 것이다.

2) 不空 如來藏에 대한 암시

네가 원래 알지 못하는구나! 如來藏 가운데 性이 色인 眞空과 性이 空인 眞色이 청정하고 본연하여 法界에 두루하여 중생의 마음을 따르고 所知의 量에 응하여 業에 따라서 나타나는데 세간 사람들은 아는 것이 없어서 인연과 자연성이라고 의혹하나니, 모두가 다 識心의 分別과 計度이다. 다만 말만 있을 뿐이고 전혀 진실한 도리는 없다.[20]

『楞嚴經』에서는 七大의 如來藏性을 밝힐 때 그 말미에 모두 이와 같이 결론을 맺고 있다. 다른 것은 '性色眞空 性空眞色'의 부분이 각각의 장에 따라 性火眞空 性空眞火, 性水眞空 性空眞水, 性風眞空 性空眞風, 性覺眞空 性空眞覺, 性見眞空 性空眞見, 性識明知 覺明眞識 등으로 표현되고 있다. 性色眞空 性空眞色에서 色과 空은 말 그대로 물질과 허공을 의미하는 것이다. 性과 眞 두자는 바로 如來藏 妙眞如性을 말하는 것이다. 如來藏은 두 가지 성품을 지닌다. 즉 眞空의 측면과 妙有의 측면이다. 眞空은 그 자체 청정하고 본연하고 순수한 眞如의 성품을 말하는 것이고, 妙有는 그 眞空의 성품에서 一切世間의 有爲法이 모두 표출됨을 말한다. 如來藏의 妙有의 성능에 의해 표출된 器世間의 一切法은 모두 인연에 따라 허망하게 生滅하는 것이고, 그 근원을 따지고 들어가면 眞空의 성품을 깨닫게 된다. 이러한 妙有의 힘이 바로 不空 如來藏性이다. 七大 如來藏 설법에서 이를 드러냄으로써 뒤이어 나오는 富樓那章에서 세계와 중생의 忽生 및 相續을 밝히는 부분은 이와 연결되는 것이다.

부루나장에서는 세계와 중생의 忽生의 원인으로서, 性覺이

---

20) 覺性 『楞嚴經正解』上, 玄音社, p.777 "汝元不知 如來藏中 性色眞空 性空眞色 淸淨本然 周偏法界 隨衆生心 應所知量 循業發現 世間無知 惑爲因緣 及自然性 皆是識心 分別計度 但有言說 都無實義"

반드시 밝은데 허망하게 밝힐 覺이 되어 여기서 能明과 所明이 생기고 이로 인해 허공이 생겨나고, 허공과 覺이 허망하게 작용하여 물질계와 허망한 의식이 형성되었음을 들고 있다. 性色塵空 性空眞色에서 空은 色相의 형성이 妙明한 如來藏性과 空의 허망한 작용에 의해 나타났음을 말하고 있는 것이다.

마지막의 識에 대해서는 空을 포함한 色塵의 모든 것이 마음의 허망한 識에서 비롯된 것이므로 따로이 性識明知 覺明眞識으로 말한 것이다. 如來藏 妙眞如性에 의해서 생긴 삼라만상인 色塵과 虛空界가 모두 물질이지만 물질은 허망한 識의 작용에서 건설된 것이기 때문에 一切가 唯心造이다. 物心不二, 물질과 마음이 둘이 아닌 것이다. 이러한 허망한 識과 물질은 因緣法에 따라 생멸하는 것이지만 그 근원을 따져보면 和合이라고 할 수 있는 것이 하나도 없다. 그럼에도 불구하고 서로가 圓融하고 周徧할 수 있는 것은 그 本性이 모두 如來藏 妙眞如性이기 때문이다. 이 如來藏 妙眞如性을 깨닫게 되면 '一卽一切 多卽一'로 개체 개체가 전체에 두루하고 통하고 전체가 개체에 두루 통함을 알 수 있고 物我同體, 自他同體의 거대한 흐름을 깨닫는 것이 된다.

5. 결어

이상으로 七大가 如來藏 설법에 대해 검토해 보았다. 七大如來藏 부분은 부처님이 '一切世間의 변화는 모두 四大和合

으로 인하여 發明된다'고 한 말씀에 대해서 아난이 그 和合 아님을 의심함으로써 시작되었고, 그 내면의 의미는 물질계를 중심으로 다시 如來藏에 대한 大衆의 깨달음을 돕는 것이다. 『楞嚴經』의 내용상 七大 如來藏 說法은 부루나장의 세계와 중생의 忽生과 相續으로 이어지는 부분으로 七大 如來藏 說法을 통해 그 不空如來藏의 성질을 암시하고 있다. 그러나 經의 전체적인 구성으로 볼 때 여기까지가 空如來藏의 의미를 설파하는 것으로 보아야 한다. 처음 七番破心으로 妄想을 타파하고, 다시 見性을 통하여 眞心을 드러냈다. 이어서 顚倒妄見을 통하여 器世間의 和合相이 모두 허망한 인연에 반연하는 妄見임을 밝히고 四科 七大 如來藏에서 삼라만상과 중생계가 모두 如來藏임을 밝혔다. 이로써 아난을 위시한 대중이 大悟하여 몸과 마음이 모두 周徧無礙함을 깨닫고 기쁨을 감추지 못하게 된다.

글의 末尾에 楞嚴經 講義를 마치는 所感의 말을 몇 자 덧붙이고자 합니다. 38년 전 海印講院(現 海印僧伽大學)에서 개인적으로는 師兄任이시기도 한 韓國佛敎의 大講伯이신 覺性 큰 스님으로부터 받은 名講義에 매료되어서 본인도 海印講院에서 講師의 願力을 세웠으나 당시 큰 스님의 사표로 인하여 아쉽게도 그 꿈을 접어야 했던 기억이 있습니다. 이번 기회에 傳講院에서 큰 스님의 名講義를 다시 들을 수 있는 因緣을 가지면서 38년 전의 講師의 꿈을 다시 이룰 수 있어서 감개가 무량합니다.

큰 스님께 큰 절 올려 감사드리면서 法体康寧하시어 더

많은 눈 뜬 제자들을 위하여 가르침을 베푸시길 바라옵니다.

아울러 이 큰 인연을 맺게 해준 법경스님, 용하스님, 海印講院 15회 同期인 화암스님, 그리고 傳講院에서 같이 修學한 道伴스님들께 깊은 감사를 드리면서 앞으로 보다 큰 法緣이 되기를 기원드립니다.

8. 세계 忽生과 相續의 원인에 대하여

無賓(仁願) 靜眼

1. 序 言

『楞嚴經』은 여러 부처님 經典과 비교하였을 때 구조적으로 상당히 잘 짜여진 經典이다. 전반적으로 三學, 즉 戒, 定, 慧에 대해서 균형있게 설법을 전개하였으며, 頓悟漸修의 입장을 대표하는 경전으로도 유명하다. 奢摩他 법문을 설하는 『楞嚴經』 전반부에서 아난의 어리석은 행위를 계기로 妄想을 파하고 眞如를 밝히는 설법이 진행되었다. 앞에서 부처님은 일곱 번 아난의 참마음이 아니라고 七番破心하였고, 또 열 번 見性을 밝혔으며, 別業妄見, 同分妄見인 두 가지 顚倒된 妄見은 허망한 것이며, 인연도 아니고 자연도 아니고 和合도 아니고 非和合도 아니기 때문에, 因緣, 自然, 和合, 非和合을 모두 떠나야 된다고 說法하셨다. 이어서 五陰, 六入, 十二處, 十八界, 七大가 전부 다 허망해서 본래 인연도 아니고 자연도 아니고 如來藏 妙眞如性이라고 하셨다. 여기까지가 『楞嚴經』에서 破妄顯眞周에 해당하고 뒤이어 나오는 富樓那와의 대화 부분이 無生無碍周에 해당한다.

富樓那는 부처님께 世界와 衆生의 존재 그리고 業果와 妄想에 대해 재차 묻는다. 세계의 생성 및 相續, 七大가 圓融하는 이유, 그리고 妄想이 생기게 된 원인에 대한 질문이다. 본 小考에서는 그 중 經에서 衆生界의 生成과 相續에 대한 부분을 고찰하고 이것이 모두 妄見에서 비롯됐음을 확인해 보기로 한다.

2. 富樓那의 의혹

『楞嚴經』에서 富樓那章에 앞서서 四科七大가 모두 如來藏 妙眞如性임을 밝혔다. 四科七大와 일체만물과 중생의 의식작용이 모두 허망한 因緣法에 기대어 나타난 것이지만 그 본래의 성품은 因緣도 自然도 和合도 아니고 원만하고 담연한 것이 바로 如來藏 妙眞如性이다. 이러한 설법을 듣고 富樓那는 부처님께 질문을 한다.

> 世尊이시여! 만일 世間의 온갖 六根, 六塵, 五陰과 十二處, 十八界 등이 다 이 如來藏이어서 淸淨하고 本然하다면, 어찌하여 山河大地와 모든 有爲相이 忽生하며, 次第로 遷流하여 마쳤

다가 다시 시작합니까?[1)]

山河大地는 세계를 가리키고 有爲相은 衆生과 業果이다. 부처님이 앞서 四科 七大가 모두 如來藏 妙眞如性이며 청정하고 본연하여 法界에 周遍한다고 설법을 하셨다. 富樓那는 이에 세간의 一切萬物의 성품이 본래 如來藏 妙眞如性이라면 그 자체로서 완벽하고 달리 생길 것도 없을 텐데 왜 갑자기 허망한 온갖 산하대지와 중생, 그리고 業果가 생겨났는지 의문을 갖게 된 것이다. 忽生이란 까닭 없이 생겨났다는 말이다.

富樓那의 질문을 세분하면 두 가지로 나뉜다. 첫째가 산하대지와 중생과 業果가 忽生하게 된 이유이고 둘째가 산하대지와 중생과 業果가 생성된 이후 다시 사라지지 않고 相續하는 이유이다. '云何忽生 山河大地 諸有爲相'이 忽生에 대한 부분이고, '次第遷流 終而復始'가 相續에 대한 부분이다.[2)] 이에 대해 부처님이 소승 및 대승을 막론하고 모든 아라한들까지 모두 一乘의 寂滅場地인 참 阿練若의 正修行處를 얻게할 최고의 勝義, 즉 一眞法界[3)]의 道理를 宣說함을 밝히시고 그

---

1) 覺性 『楞嚴經正解』上, 玄音社, p.811. "世尊하 若復世間一切根塵陰處界等이 皆如來藏이라 淸淨本然인댄 云何忽生山河大地와 諸有爲相이며 次第遷流하야 終而復始닛고"

2) 『戒環解』는 忽生에 초점을 맞춰서 해석하였고, 『正脈疏』는 '次第遷流 終而復始'를 相續에 대한 질문으로 보았다.

3) 『瑜伽論』이나 『成唯識論』에서는 勝義를 世間勝義, 道理勝義, 證得勝義, 勝義勝義 네 가지로 집약하였다. 世間勝義는 五陰 十八界의 도리이고, 道理勝義는 苦集滅道 四諦의 도리이다. 證得勝義는 二空眞如의 도리이고 勝義勝義는 一眞法界의 도리이다. 승의 중의 참 승의성은

이유를 밝히신다.

3. 世界, 衆生, 業果가 忽生하는 이유

① 本覺의 두 가지 성능

富樓那야! 네가 말한대로 '청정하고 본연하다면 어찌하여 산하대지가 갑자기 생겼습니까?'라고 하니, 너희들이 부처님께서 '性覺이 妙明하고 本覺이 明妙하다'고 말씀하신 것을 항상 못 들었느냐?4)

妄心이 眞心을 의지하여 일어났음을 밝히려 한다면 우선적으로 一眞法界가 그 근원임을 수립하고 이로써 미혹과 깨달음의 근본으로 삼아야만 한다. 따라서 부처님은 첫 머리로 性覺과 本覺을 말하였다. 性覺이 妙明하고 本覺이 明妙하는 말은 기본적으로 둘 다 眞如, 즉 '無始菩提涅槃元淸淨體'를 설명하는 것으로 眞如의 묘하고 밝은 본연의 성품을 말하는 것이다. 그런데 이것을 性覺妙明이라 말하고 本覺明妙라고 다시 말하는 이유는 眞如의 두 가지 성능을 나타내고자 함이다.

『正脈疏』에서는 이를 寂과 照를 각각 나타낸 것이라 하였

바로 勝義勝義를 뜻함이다.

4) 覺性 『楞嚴經正解』上, 玄音社, p.826. "富樓那야 如汝所言하야 淸淨本然인댄 云河忽生山河大地오 하니 汝常不聞如來가 宣說호대 性覺이 妙明하고 本覺이 明妙아"

다. 性覺妙明 本覺明妙에서 妙는 寂이고 明은 照에 배대하였다. 寂과 照 둘 다 眞如를 나타낸 것이나 각각의 의미가 다르다. 寂은 體가 되고 照는 用이 된다. 즉, 寂은 眞如의 순수한 空性을 말한 것이고, 照는 眞如에서 一心이 작용하여 萬法을 형성하는 작용을 말한다.

覺性스님은 妙, 明 두 가지를 不變 隨緣으로 설명한다. 즉 眞如는 不變 隨緣한다고 말할 수 있다고 했다. 법성게에서 '眞性甚深極微妙하야 不守自性隨緣性이라' 하였다. 즉 眞性은 매우 깊고 지극히 미묘하여 自性을 지키지 않고 因緣을 따라 이룬다는 뜻이다. 本覺이 明妙이고 또는 性覺이 妙明한 것을 寂, 照로 봐도 되고 不變 隨緣으로 봐도 되고 또는 眞空 妙有로 봐도 된다. 중요한 점은 본래의 眞如의 자리가 두 가지 성능을 가졌기 때문에 보리의 밝과 열반의 고요함이 있게 마련이다.

不變은 淸淨本然한 것이고, 산하대지가 갑자기 생긴 것은 '隨緣成就一切事法'으로서 隨緣한 것이다. 不變만 있는 것이 아니라 不變하면서도 隨緣하는 능력을 가졌기 때문에 淸淨本然하면서도 산하대지와 같은 세계가 생기게 된다는 것이다. 眞如는 변치 않으면서도 인연을 따르고 인연을 따르면서도 변치 않는다.

② 본래 밝은 本覺에서 허망하게 밝힘이 생김

네가 覺이라 明이라고 칭한 것은 '성품이 본래 밝은 자리'를 칭하여 覺이라고 말하느냐, '覺이 본래 밝지 아니한 것'을 밝힐

覺이 된다고 말하느냐?[5)]

부처님의 이 질문은 마치 아난에게 七番破心하기 위해 넌지시 물은 것처럼, 富樓那를 떠보는 것이다. 明은 眞明과 妄明이 있다. 그 妄明이 유독 大迷(無明)의 本體가 된다. 그냥 본래의 覺은 眞明이 되나 밝힐 覺이라 함은 벌써 妄明에 떨어진 것이니 아난에게 "마음이 어디에 있느냐?"고 물으신 것처럼 富樓那에게도 그를 물으시어 평소에 오인하고 있는 그것으로써 斥破하시려는 것이다. 이에 대한 富樓那의 대답은 다음과 같다.

만일 이 밝히지 않은 것을 覺이라고 한다면 곧 밝은 바가 없겠나이다.[6)]

富樓那의 대답은 이미 어둠을 전제로 하는 밝음을 의미하고 있다. 벌써 밝히려고 하는 그 자체가 곧 無明이 처음 나타난 것이다. 眞覺이란 본래 밝히거나 밝은 바(所明)가 없으니 밝히려고 하는 그것은 妄覺이다. 元明이 비추어서 밝히는 그 相과 그런 所明이 벌써 생기게 된「元明이 照生所」것이다. 그때부터 본래 밝은 자리가 없어지기 시작한다. 所가 성립됨에 본래의 비추는 성질(本明性)이 없어져 버린 것이다.

---

5) 覺性 『楞嚴經正解』上, 玄音社, p.836. "汝稱覺明은 爲復性明을 稱名爲覺가 爲覺不明을 稱爲明覺가"

6) 覺性 『楞嚴經正解』上, 玄音社, p.837. "若此不明을 名爲覺者인댄 則無所明이니다"

③ 能所의 生成

만일 밝히는 바가 없으면 곧 밝은 覺이 없을 것이나 밝히는 바가 있으면 覺은 아니고 밝은 바가 없으면 밝은 것(明覺)이 아니며, 밝은 것이 없으면 또 覺의 맑고 밝은 性이 아니다. 性覺은 반드시 밝은데 허망하게 밝힐 覺이 되었다.[7)]

性覺에는 반드시 본래 참으로 밝은 것이 갖추어져 있는데, 妄加明하려는 그것이 無明으로 잘못 되어서 허망하게 밝힐 覺이 된 것이라는 말이다. 그래서 富樓那처럼 '밝혀야 된다'는 것이다. 결국 富樓那가 밝혀야 된다고 하는 것은 忘爲明覺인 妄明이다.

『起信論』의 입장에서 보면 性覺必明은 覺義인 覺의 眞理이고 妄爲明覺은 不覺義인 不覺의 眞理이다. 阿梨耶識에는 覺과 不覺이 있는데 阿梨耶識의 覺의 진리를 처음의 性覺, 本覺으로 설명하고 不覺에 가서는 業相, 轉相, 現相, 智相, 相續, 執取, 計名으로 설명한다. 根本不覺에는 두 가지 功能이 있다. 그 첫째가 眞覺의 本體를 숨기는 힘이고 둘째가 萬有를 能生케 하는 힘이다. 根本不覺이 바로 無明자리이다. 이 無明자리에 의해서 산하대지가 忽生한 것이다. 청정본연한 본래의 자리에서 한 생각이 迷해서 根本不覺이 되었는데 그 根本不覺에 의해 본연의 眞如의 성품은 가리워지고 숨겨지게 된다. 동시에 이 허망한 不覺, 곧 無明에 의해서 宇宙萬有가

---

7) 覺性 『楞嚴經正解』上, 玄音社, p.841. "若無所明인댄 則無明覺이어니와 有所면 非覺이요 無所면 非明이요 無明이면 又非覺湛明性이니라. 性覺이 必明이어늘 妄爲明覺이니라"

능히 발생하게 되는 것이다.

> 覺은 밝힐 바가 아니거늘 能明으로 인하여 所明을 세웠나니 所明이 이미 허망하게 세워지면 너의 허망한 能力이 생기게 되어[8)]

覺이란 밝힐 바(所明)가 아닌데 이 妄能으로 밝히려는 能明이 된다. 능히 밝히는 無明으로 인해서 所明을 세우게 되었다. 그러니 허망한 所明이 이미 허망하게 성립되면 허망한 능력이 생긴다.

『起信論』의 입장에서 보면 "覺非所明이어늘 因明立所하니"가 三細 중에 業相이고 "所槪妄立이면 生汝妄能하야"까지는 轉相에 해당한다. 『起信論』에서는 阿梨耶識에 業相, 轉相, 現相인 三細가 있다고 했다. 阿梨耶識 자체가 不覺 無明과 本覺이 혼합된 것인데, 첫째는 業相이고 두 번째는 轉相이고 세 번째는 現相이다. 그 다음으로 智相, 相續相, 執取相, 計名字相, 造業相, 受報相의 六麤가 있어 전체를 말하면 九相次第이라고 한다.

元明은 참으로 밝은(眞明) 本覺자리이고 所明은 妄明이다. 眞明은 本覺이고, 허망한 밝음(妄明)이 바로 無明이다. 『起信論』에서 "阿梨耶識에 不覺과 本覺이 있다"고 했는데 여기서 말하는 元明은 本覺이자 性覺의 자리이다. 원래 밝은 자리니까 밝히려고 하는 그 힘을 가해서 밝히려고 하는 것조차 없

---

8) 覺性 『楞嚴經正解』上, 玄音社, p.847. "覺非所明이어늘 因明立所하니 所旣妄立이면 生汝妄能하야"

는 본래 순수한이성으로서 照生所하기 이전의 본래 밝은 자리이다.

④ 同異發明

> 같고 다른 것이 없는 가운데 치연히 다른 것을 이루며, 저 다른 바를 달리해서 다름을 인하여 같음을 세우고, 같음과 다름으로 發明해서 이로 인하여 다시 같음도 없고 다름도 없는 것을 형성한다.[9)]

同異의 生成을 말했다. 같고 다른 것이 없다는 것은 能所가 없다는 말이다. 業相은 원래가 能과 所가 없는데 業相에서 轉相, 現相으로 벌어지는 동안 能所가 생긴다. 轉相은 벌써 能이 되고 現相은 所가 된다. 業相은 無同異, 즉 同異가 없는 자리이다. 陰陽이 벌어지기 전의 太極과 같은 자리인 것이다. 여기서 能所가 생김으로서 같고 다름의 구별이 생긴 것이다. '다르다'는 말 자체가 '같다'는 말을 내포하고 있다. 본래는 다름도 없고 마찬가지로 같음도 없이 자체그대로 곧 본연이다. 同異가 서로 인연하여 서로를 生成한다. 同이 異를 낳고 異가 다시 同을 낳는다. 그리고 또 다시 同異가 同도 아니고 異도 아님(無同無異)를 낳는다. 하나가 둘을 낳고 둘이 다시 하나와 둘도 아닌 셋을 낳게 되어 점점 요란해지는 것이다.

---

9) 覺性 『楞嚴經正解』上, 玄音社, p.850. "無同異中에 熾然成異하며 異彼所異하야 因異立同하고 同異發明하야 因此復立無同無異하니라"

⑤ 勞久發塵 起爲世界

이와 같이 搖亂하여 相待하여 피로가 생기고 그 피로가 오래되어서 塵을 발하여 自相이 혼탁하나니 이로 말미암아 塵勞와 煩惱를 이끌어 일으킨다.[10]

同異의 작용이 점점 搖亂하여 지속되고 이것이 集積되어 무언가를 새로이 형성하는 것이다. 九相次第로 배대하자면 勞久는 相續相이고 發塵은 執取相이며 自相渾濁은 計名字相이다. 無明 不覺이 뿌리가 되어 業相, 轉相, 現相의 삼세가 이루어지고 그 다음에 六麤인 智相, 相續相, 執取相, 計名字相, 造業相, 受報相의 여섯 가지로 뻗어가는 것이다. '勞久發塵' 이 네 자에 세계의 실질적인 온갖 有爲相이 발생하는 씨앗이 담겨져 있다. '勞'는 곧 운동성이요, '久'는 시간이다. '發塵'은 勞와 久를 통하여 생긴 세계의 有爲相을 대표한다.

일어나서 世界가 되고 고요해서 虛空이 되었나니, 虛空은 동일한 것이고 世界는 다 다르다. 그 同異 없는 것이 참 有爲法이다.[11]

能所와 同異의 작용이 생성, 진행되어서 결국 세계가 이루

10) 覺性 『楞嚴經正解』上, 玄音社, p.853. "如是擾亂하야 相待生勞하고 勞久發塵하야 自相渾濁일새 由是引起塵勞煩惱라"

11) 覺性 『楞嚴經正解』上, 玄音社, p.858. "起爲世界하고 靜成虛空하나니 虛空은 爲同이요 世界는 爲異라 彼無同異가 眞有爲法이니라"

어졌다. 이 세계를 크게 볼 때 同의 성질로 虛空을 이루고 異의 성질로 一切萬物을 이루어 有爲法을 형성하였다. 허망한 妄想이 요동하는 측면에선 세계의 모습이 되고, 고요히 가라앉은 측면은 허공을 이룬다. 허공은 同의 모습이고 세계는 異의 모습이다. 그렇다면 同異가 없는 眞如平等法性 가운데서 치연하게 同異를 이룬 상태가 진실로 生滅有爲法인 것이다. 이렇게 해서 세계 忽生의 연원을 밝혔다.

4. 世界, 衆生, 業果가 相續하는 인연

다음은 세계, 중생, 업과가 相續하는 인연을 살펴보자. 앞서 세계의 忽生 부분은 本覺에 최초 허망이 작용하여 能所와 同異가 작용하여 有爲法이 지배하는 界를 이룬 연원을 설명한 것이다. 여기서는 有爲法의 世界가 忽生한 이후 現象界와, 衆生, 그리고 중생의 業果가 구체적으로 생성되는 연원을 밝히고 그것이 홀연히 사라지지 않고 相續함을 밝히는 것이다.

1) 世界가 相續하는 인연

세계의 바탕이 忽生한 이후 구체적인 物質界의 양상이 형성된다.

> 覺의 밝음과 虛空의 어두운 것이 서로 상대해서 요동함이 생기나니 그러므로 風輪이 있어서 세계를 執持한다.[12]

---

12) 覺性 『楞嚴經正解』上, 玄音社, p.861. "覺明空昧가 相待成搖일새 故

요동함과 風輪은 곧 風大를 말하는 것이다. 허공은 움직이는 성질, 즉 動이 없었다. 그러나 覺과 虛空이 상대하면서 요동함이 생기게 되었다. 요동함 속에서 전후가 생기고 중심이 생기게 된다. 이로써 세계에 질서가 형성되기 시작한다. 本覺에서 不覺이 나오고 不覺에서 허공이 나온 후 서로 상대하여 물질계를 하나씩 형성하는 것이다.

『楞嚴經』에서는 이를 覺과 虛空의 허망한 相對를 시작으로 해서 風, 金, 火, 水, 土, 木 등이 서로 상대하여 생성됨을 밝혔다. 여기서 거론한 空, 風, 金, 火, 水, 土, 木 등은 물질계를 이루는 성질의 재료를 상징하는 것들이니, 곧 地, 水, 火, 風, 空의 五大와 다름 아니다. 생성된 이 물질들이 서로 다시 얽히고 작용하여 서로 원인과 결과를 허망하게 지어 일체 만물이 생성하고 또한 그러한 인연으로 세계가 相續된다.

2) 衆生이 相續하는 인연

이 부분은 구체적으로 心意識이 작용하는 중생의 生成 및 相續을 밝힌 것이다.

> 부루나야, 明의 妄은 다른 것이 아니라 覺明이 허물이 된 것이니, 所妄이 이미 성립됨에 밝은 이치가 그를 벗어나지 못하나니, 그러한 인연 때문에 듣는 것이 소리를 벗어나지 못하며 보는 것이 빛깔을 초월하지 못하여 色, 聲, 香, 味, 觸, 法 여섯

有風輪이 執持世界하며"

가지 覺의 허망이 성취하나니, 그로 말미암아 見聞覺知를 분개하여 같은 業들은 서로 얽히고 合과 離는 成形을하고 變化를 하느니라.[13)]

覺明은 本覺의 妄明이다. 本覺은 밝은 자체이므로 따로이 밝거나 밝힐 바의 것이 아닌데 이를 밝히려고 함으로써 能所가 성립되어 버렸다. 能所는 밝히고자 함(能明), 밝힐 바(所明)의 분별이 개입되는 것이므로 境界가 형성된다. 이런 이치로 본래 하나도 아니고 여섯도 아닌 覺이 色, 聲, 香, 味, 觸, 法의 여섯 가지로 나뉘게 되고 서로 경계를 만들어 통하지 않게 된다. 또 이렇게 나눠진 六塵은 서로 허망한 인연을 이루며 合離하여 형성하고 또 변화한다. 이를 따라서 認識 主管으로서 見聞覺知하는 허망한 六根이 일어나고, 그 六根은 반드시 六塵을 마주하면서 迷惑을 일으켜 業을 짓게 된다.

밝은 것을 보아 色이 발하고 밝게 보고는 생각을 이루나니, 見이 다르면 미워지고 생각이 같으면 사랑하며 사랑을 흘러 넣어서 씨가 되며 想을 받아들여 胎가 되고 交遘하여 生命을 유발하여 同業을 빨아당긴다.[14)]

---

13) 覺性 『楞嚴經正解』上, 玄音社, p.874. "復次富樓那야 明妄은 非他라 覺明이 爲咎니 所妄이 旣立에 明理가 不踰일새 以是因緣으로 聽不出聲하며 見不超色하야 色香味觸六妄이 成就하나니 由是分開見覺聞知하야 同業은 相纏하고 合離는 成化하나니라"

14) 覺性 『楞嚴經正解』上, 玄音社, p.881. "見明色發하고 明見想成하나니 異見은 成憎하고 同想은 成愛라 流愛爲種하며 納想爲胎하야 交遘發生하야 吸引同業일세"

見의 同異에 따라 好惡의 감정이 발동하고 이에 따라 애착이 생긴다. 그리하여 아버지·어머니·자기 이 셋이 서로가 서로를 의존하면서 동일한 업을 지은 자는 혹은 서로를 상상하고 혹은 탐애하면서 서로가 얽히고 설킨다. 이로 인하여 胎生과 卵生 이 두 종류의 중생이 있게 되었다.

또 父母를 의지하지 않고 단지 자신의 業만을 가지고 혹은 濕氣에 합하여 형체를 이루기도 하고, 혹은 분리하고 변역하면서 變化하기도 한다. 이것이 濕生과 化生이 생기는 이유이다.

『唯識論』에서는 이 문제를 淫慾으로 탐애하기 때문에 卵生과 胎生이 일어나고, 냄새와 맛을 탐애하기 때문에 濕生이 태어나고, 그의 욕구대로 따르므로 化生이 일어나게 되어 이것이 四生六趣가 일어나는 원인이 된다고 하였다.

胎, 卵, 濕, 化는 각기 응하는 바에 따라서 卵生은 생각(想)으로 태어나고, 胎生은 情을 인하여 있게 되고, 濕生은 합하여 감응하고 化生은 떠남(離)으로써 응하게 된다. 情, 想, 合, 離는 다시 서로 교차하고 변역함으로 서로 업을 형성하고 그 업에 따라 胎, 卵, 濕, 化의 輪廻를 거듭하게 되므로 중생이 끊이지 않고 相續되는 것이다.

3) 業果가 相續하는 인연

업과의 生成과 相續은 殺, 盜, 淫의 세 가지 근본에서 비롯된다. 淫은 곧 欲貪으로 생각과 애욕이 함께 맺혀 同業을 빨아 당기고 부모와 자손을 끊임없이 생산한다. 貪慾이 지나쳐 힘의 우열에 따라 서로 먹고 먹힘을 당하니 이것이 殺貪이다. 10生의 무리가 생사를 되풀이하면서 서로 잡아먹고 잡아먹혀 서로 惡業을 쌓아가니 이것이 盜貪이다. 이렇듯 서로 애착하고 죽이고, 훔침으로 서로에게 業의 因緣關係를 형성하여 서로 얽혀 백천 겁을 지나도록 벗어나지 못하게 되니 이것이 業果의 生成과 相續이다.

5. 顚倒가 妄見으로 相續되고 始覺으로 끝남

1) 妄見으로 顚倒相續이 지속됨

> 富樓那야, 이와 같은 세 가지 顚倒인 相續은 모두 이 覺明의 분명하게 아는 性이 了發相으로 인하여 妄見으로부터 생겼나니, 산하대지와 온갖 有爲相이 차례로 遷流하되 이 虛妄으로 인하여 끝났다가 다시 시작하느니라.[15)]

처음엔 세계가 있는 듯 하여 그로 인해 중생이 있게 되었고, 중생이 있음으로 해서 업과가 있게 되었으며, 끝내는 업과가 단절하지 않음 때문에 중생이 상속하였고, 중생이 단절하지 않음 때문에 다시 세계가 상속하게 되었다. 그러나 이는 실체적인 모습은 아니고 모두가 본가체상에서 애써 허망

---

15) 覺性 『楞嚴經正解』上, 玄音社, p.897. "富樓那아 如是三種顚倒가 相續은 皆是覺明의 明了知性이 因了發相하야 從妄見生이니 山河大地와 諸有爲相이 次第遷流호대 因此虛妄하야 終而復始하나니라"

하게 알고 밝히려는 妄想 때문에 그 허물이 일어났을 뿐이다.

相續의 원인이 覺明의 분명하게 아는 성품(明了知性)이 了發하여 이에 따라 妄見이 생긴데 있다고 하였다. 覺明은 本覺과 無明이 혼합된 자리, 즉 아뢰야식(제8식)이다. 本覺은 본래 能所를 초월한 자리인데, 覺明은 이미 能所에 속하는 것이다. 明了知性은 不覺과 無明의 眞妄이 화합된 아뢰야식의 작용이다. 了發相이라고 한 것은 能見과 所見이 생기는 것이다. 이를 起信論에 배대하자면 業相(明了知性)이 轉相(了)하여 能見을 일으키고 다시 現相(發相)하여 所見을 일으킨다는 것이다. 그 결과 我執과 法執의 妄見이 작용하여 세 가지 顚倒된 現相이 생기고 셋 顚倒가 다시 서로 얽히고 遷流하여 相續된다.

2) 始覺을 이루면 顚倒가 다시 생기지 않음

그러나 이러한 顚倒相이 妄見이며 一切의 相이 妙眞如性임을 깨닫고 三摩地에 들어 菩提涅槃을 이루면 이러한 顚倒는 다시 생기지 않는다. 富樓那는 이러한 진리를 깨닫지 못하고 부처님께 묻기를, "만일 妙覺의 본래 묘한 覺明이 如來의 마음과 똑같아서 더한 것도 없고 줄어진 것도 없는데도 무단히 산하대지와 온갖 有爲相이 忽生하였다면, 마찬가지로 妙空明覺을 얻으신 如來도 언젠가 산하대지와 有爲의 習漏가 다시 생기지 않겠나이까?"16)라고 하였다.

---

16) 覺性 『楞嚴經正解』上, 玄音社, p.899. "若此妙覺의 本妙覺明이 與如

이에 대해 부처님은 네 가지의 예를 들어 깨달음을 이루면 다시는 전도된 有爲相이 반복되지를 않음을 설파하셨다.

① 南과 北의 방위를 迷한 사람이 방위를 제대로 깨달으면 다시는 迷를 내어 방위를 헷갈리지 않고,

② 한번 눈병이 났던 사람이 눈병을 제거하여 허공꽃을 보지 않게 된 경우를 들어 如來가 妙覺明空을 얻으면 다시 허망하게 산하대지와 유위법을 낳지 않음을 밝혔다.

③ 이는 또한 마치 제련하여 純金이 되면 다시 불순물이 섞인 광석이 되지 않는 것과 같다.

④ 이는 불탄 나무가 다시 나무가 되지 않음과 같은 이치다.

覺性 스님은 여기서 부처님이 든 네 가지 비유를 兩分하여 방위의 비유와 허공 꽃의 비유는 菩提를 설명한 것이며, 순금의 비유와 불탄 나무의 비유는 涅槃을 설명한 것으로 보았다.[17] 보리는 佛性의 智, 動, 用의 측면을 말하고 열반은 이에 상응하여 佛性의 理, 靜, 體의 측면을 말한다.

富樓那가 이와 같은 의혹을 제기하게 된 원인은 깨달음의 입장에서 本覺과 始覺에 차이가 있음을 모르기 때문이다. 『起信論』에서는 本覺과 始覺의 의미에 대해서 "本覺의 의미란 始覺의 의미에 대해서 말한 것이니 始覺이 곧 本覺과 같기 때문이다. 始覺의 의미란 本覺에 의지하기 때문에 不覺이 있고 不覺에 의지하기 때문에 始覺이 있다고도 말한다"[18]고 하

來心으로 不增不減이어늘 無狀히 忽生山河大地와 諸有爲相인댄 如來가 今得妙空明覺하시니 山河大地와 有爲와 習漏가 何當復生이닛고"

17) 覺性 『楞嚴經正解』上, 玄音社, p.907 참조

18) 覺性 『大乘起信論(講解)』, 玄音社, p.145 참조

였다. 이 말은 本覺과 始覺은 기본적으로 둘 다 허상을 초월한 본래의 청정순수의 眞如 자리임에는 같은 것이지만, 始覺이란 本覺에 의지한 不覺이 있고 난후에 얻어지는 眞如이므로 不覺에 대한 覺이 있다는 말이다. 즉 始覺은 本覺도 깨닫고 不覺도 깨달은 것이므로 다시는 不覺의 미혹함이 없는 것이다.

6. 결 어

이상과 같이 본래 청정하고 眞空인 本覺의 자리에서 세계와 중생의 一切 有爲相이 형성되고 상속되는 연유를 살펴보았다. 본래의 밝은 覺을 허망하게 밝힘으로써 能所의 無明이 생기고, 이에 따라 分別이 생기고 허망한 능력이 생겼다. 분별은 同異를 낳으니 同異가 서로 發明하여 요란해지고 疲勞가 생겨 이로 인해 塵勞와 煩惱가 쌓인 허망한 세계가 생기게 되었다. 風輪이 세계를 執持하여 세계가 相續되고, 중생이 同業을 끌어당겨 胎卵濕化의 輪廻를 거듭하며 殺, 盜, 淫의 業을 서로 주고 받으니 이로써 世界, 衆生, 業의 顚倒가 遷流하며 끝남이 없다. 이러한 顚倒된 현상은 모두 허망한 妄見으로 생긴 것이니, 이를 깨닫고 보리와 열반을 얻으면 다시는 이러한 顚倒된 遷流가 반복되지 않는다.

9. 『楞嚴經』에서의 空不空 如來藏 개념

淳圓 梵喆

1. 서 론

衆生의 世界는 온갖 모순과 충돌로 가득차 있다. 불은 나무를 태우고, 나무는 물을 빨아들임으로써 生長하며, 물은 불을 잠재운다. 衆生은 자그마한 이익을 놓고 서로 대립하고 경쟁하여 서로를 죽임으로써 자신의 생존을 보장하는 이치를 배우려 한다. 일체의 만물의 작용이 따지고 보면 서로 自他를 분별하여 배격하는 것이라 할 수 있다. 그럼에도 불구하고 세상은 균형을 잃지 않고 서로 어우러져 유지되고 있는 이유는 무엇인가?

『楞嚴經』에서는 이에 대한 해답을 부루나의 질문과 그에 대한 부처님의 가르침을 통해서 제시하고 있다. 부루나는 四大가 각각 그 성질이 다름에도 불구하고 허공안에 잠재하여 원만히 世界를 구성하는 원인이 무엇인가를 묻는다. 본 논문에서는 그 내용을 살펴보고 뒤이어 나오는 空不空 如來藏에 대한 내용을 검토하여 세계원융의 내면에 담겨진 如來藏의 空하면서도 妙有한 이치를 살펴보도록 한다.

2. 부루나의 五大 圓融에 대한 의혹

부루나는 世界와 衆生의 忽生과 相續의 원인을 묻고, 이어서 다음과 같이 질문을 한 바 있다.

> "또 여래께서 말씀하시기를 '地, 水, 火, 風이 本性이 원융하여, 法界에 두루하며 담연하고 常住한다'고 하셨습니다. 세존이시여! 만일 땅의 성질이 두루하다면 어떻게 물을 용납하며, 물의 성질이 두루하다면 불이 곧 생기지 못할 것이니, 다시 어떻게 '물과 불 두 가지 성질이 함께 虛空에 두루하여 서로 능멸하지 아니한다'고 밝히셨습니까? 세존이시여! 땅의 성질은 막혀 장애되고 허공의 성질은 텅 비어 통하는데 어떻게 둘이 함께 法界에 두루합니까?"[1)]

---

1) 覺性『楞嚴經正解』上, 玄音社, p.814. "又如來說 地水火風本性圓融 周徧法界湛然常住 世尊 若地性徧云何容水 水性周徧火則不生 復云何明水火二性 俱徧虛空不相陵滅 世尊 地性障礙空性虛通 云何二俱周徧法界"

經에서 앞서 七大가 如來藏임을 밝힐 때, 부처님이 七大가 '淸淨本然해서 圓滿湛然하고 妙覺湛然해서 衆生心을 따르고 衆生의 分別, 所知量을 따라서 온 法界에 두루 나타난다'고 말씀하셨다. 이는 각각의 七大가 모두 인연도 화합도 아닌 본래 如來藏임을 밝히는 내용이다. 이 말을 듣고 부루나는 그렇다면 世界의 물질을 구성하는 地, 水, 火, 風 그리고 虛空이 각자 그 本性이 두루하다면, 각각의 성질이 달라 서로 상극이 되는데 어떻게 世界에서 서로 배척하지 않고 어우러져 존재할 수 있는가를 묻는 것이다. 부처님은 如來藏의 空性과 不空性을 들어 부루나가 질문한 五大의 圓融에 대한 의혹을 풀어준다.

1) 五大의 相이 허망함을 밝힘

부처님은 부루나의 질문에 대해 먼저 如來藏을 虛空에 비유해서 七大가 서로 능멸하지 않는 이치를 설명하셨다.

> "부루나야, 네가 묻기를 '地, 水, 火, 風의 本性이 원융(圓融)하여 法界에 주편(周徧)하다면 물과 불이 서로 능멸하지 않는가?' 의심하며, 또 '虛空과 大地가 다 法界에 두루하다면 응당 서로 용납하지 못하리라'고 하거니와, 비유컨대 虛空 자체가 여러 가지 모양은 아니나 여러 가지 모양이 虛空에서 발휘하는 것을 막지 아니한 것과 같다."[2]

---

2) 覺性 『楞嚴經正解』上, 玄音社, p.909. "富樓那又汝問言 地水火風本性

虛空 자체는 빈 것이고 특정한 모양을 갖춘 바가 없으나, 虛空에 갖가지 物相의 여러 가지 모양이 나타나지 않는 것이 없다. 마찬가지로 如來藏은 자체가 본연하고 담연한 것이라 因緣法으로 나타낼 수 없는 體이지만, 그 안에서 七大의 모든 것이 존재하지 못하는 것이 없는 것이다. 이는 부루나가 七大의 相에 집착하였기 때문에 이해를 하지 못하는 것이다. 如來藏의 本性은 無相한데 世間의 相을 들어 如來藏의 담연(湛然)함을 이해하려고 하는 것이다.

그러나 相은 원래 허망해서 명확하게 지적할 수 없는 것이다. 예를 들어 虛空 중에 태양이 떴을 경우 그 相의 根源을 虛空이나 태양을 가지고는 따질 수가 없다. 왜냐하면 해가 떴을 때의 밝음은 태양으로 인한 것도 아니고 태양을 둘러싼 虛空으로 인한 것도 아니다. 밝음이 태양으로 인한 것이라면 태양이 뜨면 온 세계가 다 햇빛이어야 하는데 둥근 해가 별도로 보이므로 이는 해가 햇빛의 根源이 아니라는 증거다. 밝음은 四方에 만연한 점을 따져서 밝음이 虛空으로 인한 것이라고 한다면 虛空이 스스로 항상 밝아야 하는데 밤중이나 해가 구름에 가리워졌을 때는 그 밝음이 사라지거나 미약해진다. 이는 虛空 역시 밝음의 根源이 아니라는 증거다. 如來藏의 本性을 이와 같은 相에 기대어 알려고 하는 것은 마치 空花에서 열매가 맺히기를 기다리는 것처럼 허망한 것이다. 그러므로 五大의 相에 의지하여 능멸함을 따지는 것 역시 허

圓融周徧法界 疑水火性不相陵滅 又徵虛空及諸大地 俱徧法界不合相容 富樓那譬如虛空體非群相 而不拒彼諸相發揮”

망하다.

2) 五大의 本性은 眞如임을 밝힘

如來藏의 本性은 참되어서 오직 묘각명심(妙覺明心) 뿐이다. 이것은 地, 水, 火, 風, 空 그 어느 것도 아니어서 相이 아니다. 五大의 相은 衆生의 허망한 마음이 일으키는 허망한 相일 뿐이다. 그 마음에 따라 虛空을 發明하면 虛空이 나타나고 地, 水, 火, 風으로 發明함하면 따라 그에 응하여 發現한다. 經에서는 이를 해가 각각의 사람에게 따라가는 것으로 보이는 착각을 일으키는 비유를 들어 설명하고 있다.

> "부루나야! 하나의 물 가운데 해의 그림자가 나타나거든, 두 사람이 물 속의 해를 함께 보고 東西로 제각기 가면 물속의 해가 두 사람을 따라가서 하나는 동쪽으로 가고 하나는 서쪽으로 가서 애초부터 적실(的實)한 표준이 없다. 응당 말하기를 '이 해가 하나인데 어찌하여 각각 가느냐, 각각 가는 해가 둘인데 어찌하여 하나로 나타났더냐?'하고 따질 것이 아니다. 이렇게 따짐은 완연히 허망해서 근거를 찾을 수가 없다."[3]

여기서 해는 眞如를 물은 世界를 해의 그림자는 世界에 나타나는 五大의 허망한 相을 비유한 것이다. 두 사람이 각각 동서의 반대 방향으로 걸어가면서 물속의 해의 영상을 볼

---

3) 覺性『楞嚴經正解』上, 玄音社, p.920. "富樓那如一水中現於日影 兩人同觀水中之日東西各行 則各有日隨二人去 一東一西先無準的 不應難言此日是一 云何各行各日旣雙云何現一 宛轉虛妄無可憑據"

때, 해는 하나인데 물속의 영상은 각각의 사람을 따라가는 것처럼 보인다. 만약에 물속의 해의 그림자가 虛空에 뜬 하나의 해로 인하여 나타난 것임을 알고 있다면, 해의 그림자가 왜 각각 다른 방향으로 가는가 하고 의혹을 품거나, 혹은 해의 그림자가 두 사람을 각각 따라가므로 해가 두 개일 것인데 왜 하나로 나타나는가 하는 식으로 의혹을 품지 않을 것이다. 이것은 모두 본래 하나도 아니고 둘도 아닌 眞如의 本性을 알지 못하고 물에 비쳐진 해의 허망한 相을 보고 이치를 따지려 하는데서 비롯되는 것이다.

결국, 부루나가 五大가 서로 배격하지 않고 원융할 수 있는 이유를 묻는 것은 마치 각자 다른 방향으로 걸어가는 사람을 따라가는 해 그림자를 보는 것과 같이, 如來藏의 本性을 알지 못하고 허망한 相에 집착하였기 때문이다.

3) 배진합각(背塵合覺)으로 本性을 찾음

이와 같이 衆生은 五大로 구성된 세계의 그 물질성에 집착하여 如來藏의 妙眞如性을 알지 못하며, 그 물질성이 모두 衆生의 妄想임을 깨닫지 못한다. 如來藏의 眞理를 모르고 물질의 相에 의존해 세계를 바라보면 세계는 본래 원융한데 그것이 모두 다르게 존재하고, 배격하고, 생멸하고, 인연하는 것으로 보인다.

"부루나야! 네가 色과 空으로써 如來藏에서 相傾相奪을 하므로 如來藏이 그에따라 色과 空이 되어서 法界에 두루한다. 그러므로 그 가운데 바람은 움직이고 虛空은 맑고 태양은 밝고 구름은 어둡나니, 衆生이 迷悶하여 覺을 등지고 塵에 합하기 때문에 塵勞를 발하여 世間相이 있느니라."[4)]

이는 衆生의 '背覺合塵'을 말하는 것이다. 여기서 覺이란 本覺, 즉 如來藏 妙眞如性을 가리킨다. 塵에 합한다는 것은 六塵에 반연(攀緣)하는 그로 인하여 地, 水, 火, 風, 空과 아울러 見, 識의 七大의 虛相을 본다. 이로써 부루나의 능멸한다는 五大에 대한 의혹이 풀린다. 본래 五大의 작용이 모두가 본래 覺에서 비롯됐으나 衆生의 妄見이 발동하여 나타난 虛相인바, 바로 그 虛相에 의존하여 世界를 봄으로써 煩惱妄想 같은 塵勞가 나오는 것이다.

그러므로 이러한 衆生의 迷惑을 벗어나려면 六塵에 攀緣하는 마음을 벗어나서 塵을 없애고 覺을 밝힘으로써 眞如의 妙覺明心을 개발하게 된다.

"나는 妙明인 不滅不生으로써 如來藏에 합하므로 如來藏이 오직 妙覺明 뿐이어서 法界를 원만하게 비추나니, 그러므로 그 가운데서 하나가 無量이 되고 無量이 하나가 되며, 작은 가운데 큰 것을 나타내고 큰 것 가운데서 작은 것을 나타내며, 도량에서 움직이지 않고 十方界에 두루하며 몸이 十方界의 無盡虛空을 포함하며, 하나의 털끝에서 寶王刹海를 나타내며 조그

---

4) 覺性 『楞嚴經正解』上, 玄音社, p.927. "富樓那汝以色空 相傾相奪於如來藏 而如來藏隨爲色空周徧法界 是故於中風動空澄 日明雲暗衆生迷悶 背覺合塵故發塵勞有世間相"

마한 먼지 속에 앉아서 大法輪을 굴리나니, 塵을 없애고 覺에 합하므로 眞如의 妙覺明性을 개발하느니라."[5]

如來藏性은 청정한 因緣을 따라서 하나의 妙覺明體를 이루어 法界를 원만하게 觀照할 뿐이다. 그 가운데선 하나의 보편한 마음과 한량없는 差別世界가 서로 장애가 없고, 작고 큼이 서로가 용납한다. 때문에 하나로 나타나도 如來藏性이고 한량없는 差別로 나타남도 如來藏性이며, 작게 나타남도 如來藏性이고, 크게 나타남도 如來藏性이며, 보리도량도 如來藏性이며, 世界도 如來藏性이며, 몸의 모습도 如來藏性이며, 虛空도 如來藏性이며, 털끝도 如來藏性이며, 寶王刹도 如來藏性이며, 微塵도 如來藏性이며, 法輪을 굴림도 如來藏性일 뿐이다. 하나로 나타난다 해서 그 하나가 작지도 않고, 한량없는 差別로 나타난다 해도 그 差別이 많은 것도 아니다. 微塵속에 앉는다 해도 狹小하질 않고 十方世界에 두루한다 해도 시방이 廣大하지도 않다.

이는 무엇 때문인가. 이 모두는 如來는 微塵이 실제의 微塵이 아님을 깨달아 消滅이 없는 데서 消滅을 설명하고 微塵과 本覺이 하나의 이치임을 깨달아 합할 곳 없는데서 합함을 이야기 하여 自性眞如를 일으키기 때문이다. 그 때문에 하나·많음·작음·큼으로부터 내지는 身心·世界·寶王刹·微塵에 이르기까지 그 모두는 나의 妙覺明性의 모습 아님이 없

5) 覺性 『楞嚴經正解』上, 玄音社, p.933. "我以妙明不滅不生合如來藏 而如來藏惟妙覺明圓照法界 是故於中一爲無量無量爲一 小中現大大中現小 不動道場徧十方界身含十方無塵虛空 於一毛瑞現寶王刹 坐微塵裏轉大法輪 滅塵合覺故發眞如妙覺明性"

다. 전체의 差別相이 바로 如來藏性의 發現이다. 그 때문에 圓融無礙 할 수 있는 것이다.

3. 空不空 如來藏에 대하여

1) 如來藏의 空, 不空性에 대한 淵源

如來藏 思想은 大乘佛敎의 중심사상 중의 하나이다. 大乘佛敎는 용수를 기준으로 中觀思想과 唯識思想으로 양분할 수 있다. 中觀思想은 존재의 空性을 밝히는 것을 주요 사상으로 하는데 대표적인 경전들을 보면『金剛般若波羅蜜多經』,『般若心經』,『維摩詰所說經』,『妙法蓮華經』,『大方廣佛華嚴經』 등이 여기에 해당한다. 唯識思想은 中觀思想을 극복하는 과정에서 발전한 사상으로 空에 대한 관념에 執着할 위험이 있는 中觀思想의 惡取空을 警戒하고 아뢰야식으로 대표되는 分別心과 眞心의 상호작용에 주목하여 佛性에 이르는 방편을 제시하고 있다. 唯識思想을 대표하는 경전으로『涅槃經』,『勝鬘經』,『如來藏經』,『不增不減經』,『寶性論』,『解深密經』,『阿毘達磨經』 등이 있다. 如來藏 思想은 양자와의 관계에 있어서 교량적 위치를 점하고 있다. 般若의 空 사상과 唯識의 아뢰야식의 개념 모두에 관련이 있기 때문이다.

如來藏 사상은 특히 唯識思想과 연계하여 많은 부분을 공유하면서 상호 발전을 이뤄왔다. 이를 여러 경전에서 如來藏 思想을 확인할 수 있는데, 특히『如來藏經』,『不增不減經』,『

勝鬘經』은 如來藏 三部經이라 하여 如來藏 思想의 주요 내용을 확인할 수 있는 대표적인 경전이다.

『如來藏經』은 아홉 가지 비유를 통해 '一切衆生은 如來藏' 임을 최초로 설한 경전으로 알려져 있다. 『不增不減經』에서는 如來藏의 성격 및 煩惱와의 관계를 조직적, 논리적으로 설파하였다. '一法界'에 대한 바른 知見을 강조하여 一法界가 衆生界 그 자체이며, 그것을 벗어나 따로 涅槃界, 즉 如來와 法身의 世界가 따로 있는 것이 아님을 밝히고 있다. 즉 衆生界가 곧 如來藏이며, 如來藏이 곧 法身인 것이다.

如來藏의 空性과 不空性의 두 측면을 모두 상세하게 밝힌 經은 『勝鬘經』이다. 『勝鬘經』은 如來藏을 生死 등 有爲法의 의지처가 되는 동시에 그 자체는 生死를 겪지 않는 常住不變한 것으로 규정하였다. 如來藏의 지혜는 첫째 모든 煩惱로부터 구별되는 청정한 지혜 또는 法身 그 자체인 空如來藏이 있고, 둘째로 무한하고 不可思議한 佛法 또는 法身의 공덕으로부터 결코 분리될 수 없는 不空如來藏[6]이 있음을 명시하였다. 이러한 空如來藏性과 不空如來藏性은 통합되어, 常住不變함과 有爲法을 생성시키는 힘을 동시에 지닌 一心의 體와 用을 모두 드러낸 空不空如來藏으로 귀결한다.

『楞嚴經』에서 역시 空不空 如來藏의 思想을 담고 있다. 經의 처음에 七處破心으로 世界를 보는 마음이 妄想임을 지적하고, 뒤이어 見性을 통하여 眞心을 드러내고, 이어서 四科七大가 모두 허망한 因緣, 和合을 떠난 如來藏임을 밝힘으로써 如來藏의 空性을 나타내고 있다. 뒤이어 世界가 忽生 및

6) 『勝鬘經』, (大正藏 12, 221c16) 참조

相續함이 모두 眞如의 자리에서 비롯됨을 밝혀 不空如來藏을 설하고, 최종적으로 五大가 圓融하는 이유를 밝혀 空不空如來藏을 드러내고 있다.

2) 『楞嚴經』에 나타나는 如來藏의 空性과 不空性

『楞嚴經』에서는 전체 10권중 제1권에서 제4권에 걸쳐 如來藏性을 설하고 있는데 이 부분의 말미에 부처님이 如來藏의 空不空성을 드러내어 명시한 부분을 검토해 보자.

> ① 如來藏의 본래 묘하고 둥근 마음은 마음도 아니고 空도 아니며, 地, 水, 風, 火도 아니며, 眼, 耳, 鼻, 舌, 身, 意도 아니며, 色, 聲, 香, 味, 觸, 法도 아니며 眼識界도 아니고 意識界도 아니다. 明도 無明도 아니고 明과 無明이 다함도 아니며 마찬가지로 늙음도 아니고 죽음도 아니고 늙어 죽음이 다함도 아니며 苦도 아니고 集도 아니며 滅도 아니고 道도 아니며 智도 아니고 得도 아니다. 단나(檀那)도 아니고 시라(尸羅)도 아니며 비리야(毗梨耶)도 아니고 찬제(羼提)도 아니며 선나(禪那)도 아니며 반자야(般剌若)[7]도 아니고 바라밀다(波羅蜜多)도 아니며 이와 같이 내지 달달아갈도 아니며 아라하삼야삼보[8]도 아니며 大涅槃도 아니며 常도 아니고 樂도 아니며 我도 아니고 淨도

---

7) 단나(檀那)는 普施이고 시라(尸羅)는 持戒, 비리야(毗梨耶)는 精進, 찬제(羼提)는 忍辱이고 선나(禪那)는 禪定이다.

8) 달달아갈(怛闥阿竭)은 如來라는 뜻이고, 아라하(阿羅訶)는 應供, 또는 不生의 뜻이다. 삼야삼보(三耶三菩)는 正遍知, 즉 바르고 두루 아는 것을 의미한다. 이는 모두 如來十號에 해당하는 것으로 如來의 이름이자 여래의 性品을 나타낸다.

아니다.[9)]

② 이 世間과 出世間이 모두 아니므로 곧 如來藏의 원래 밝은 마음 묘한 자리는 곧 마음이고 곧 虛空이고 곧 地, 水, 火, 風이고 곧 眼, 耳, 鼻, 舌, 身, 意이며 곧 色, 聲, 香, 味, 觸, 法이며 곧 眼識界이며 그와 같이 내지 意識界이며, 곧 明과 無明이고 明과 無明이 다한 것이며 이와 같이 내지 곧 늙음이며 곧 죽음이며 곧 늙고 죽음이 다한 것이며, 곧 苦이며 곧 集이며 곧 滅이며 곧 道이며, 곧 智이며 곧 得이며 곧 檀那며 곧 尸羅며 곧 毗梨耶며 곧 羼提며 곧 禪那며 곧 般剌耶며 곧 波羅蜜多며 이와 같이 내지 곧 다달아갈이며 곧 아라하삼야삼보리이며 곧 大涅槃이며 곧 常이며 곧 樂이며 곧 我이며 곧 淨이다.[10)]

①은 如來藏의 空性을 말한 것이다. 『般若心經』에서 말한 空道理를 말한 것이다. 如來藏의 空性은 如來藏의 體를 밝히는 것이다. 그 體는 不變이며 寂滅이다. 비록 煩惱에 가려지

9) 覺性 『楞嚴經正解』上, 玄音社, p.938. "而如來藏本妙圓心 非心非空 非地非水非風非火 非眼非耳鼻舌身意 非色非聲香味觸法 非眼識界如是乃至非意識界 非明無明 明無明盡 如是乃至非老非死 非老死盡 非苦非集非滅非道 非智非得 非檀那 非尸羅 非毗梨耶 非羼提 非禪那 非般剌若 非波羅蜜多 如是乃至非怛闥阿竭 非阿羅訶三耶三菩 非大涅槃非常非樂非我非淨"

10) 覺性 『楞嚴經正解』上, 玄音社, p.945. "以是俱非世出世故 卽如來藏元明心妙 卽心卽空 卽地卽水卽風卽火 卽眼卽耳鼻舌身意 卽色卽聲香味觸法 卽眼識界如是乃至卽意識界 卽明無明 明無明盡 如是乃至卽老卽死 卽老死盡 卽苦卽集卽滅卽道 卽智卽得 卽檀那 卽尸羅 卽毗梨耶 卽羼提 卽禪那 卽般剌若 卽波羅蜜多 如是乃至卽怛闥阿竭 卽阿羅訶三耶三菩 卽大涅槃 卽常卽樂卽我卽淨"

고 숨겨져 있으나, 그 煩惱는 客塵이라 본질을 따지고 보면 결코 和合하는 것이 아니다. 如來藏은 모든 和合을 떠나서 七大도 아니고, 六根, 六塵, 六識, 十八界도 아니고, 生滅의 모든 것을 다 떠난 것이다. 또한 如來藏은 苦集滅道도 아니고 12因緣도 아니고 6바라밀도 아니고 聲聞, 緣覺도 아니며 大涅槃이라고 할 그것도 아니다. 무엇이라고 규정하면 因緣이고 和合하는 것이니 이미 본연한 그 성품을 잃어버리게 되는 것이다. 그러나 衆生이 허망한 妄見에 의해 因緣을 보고, 自然을 보고, 和合을 보니까 五陰에 가려진 如來藏을 알지 못한다. 和合의 허망함을 깨닫고 모든 것을 떠나서, 심지어 부처도 떠나야 만이 如來藏의 空寂한 體를 얻을 수 있는 것이다.

②는 如來藏의 不空性을 말한다. 여기에서는 如來藏性 그 자체는 변하지 않는 상태에서 生滅의 因緣을 따르는 妙用을 나타낸 것이다. 如來藏 자체는 비록 변치 않으나 妙用은 生滅의 因緣을 따른다. 그러므로 衆生의 마음을 따라 그들이 아는 범주만큼 호응하면서 業을 따라 현실로 발현한다. 그 때문에 世間·出世間 一切諸法이 그 現相 및 差別相을 관찰하면 원래 妄想의 모습이지만 그 本性을 관찰하면 본래 진실한 如來藏性이다. 如來藏性은 원래 스스로 밝고 迷惑과 깨달음이 없이 본래 스스로 오묘하여, 煩惱의 모습도 아니며, 그렇다고 청정의 모습에 소속하지도 않는다.

본래의 如來藏의 성품이 空한 것이지만, 一切法은 如來의 智慧德相을 自相으로 하고 있으므로 一切가 如來藏이 아닌 것도 아니어서 나타내지 못하는 법이 없다. 世間 出世間의

一切는 如來藏에서 나온 것이며, 一切 萬物에 如來藏性이 깃들어 있다. 和合을 떠난 如來藏은 體가 空하기 때문에 또한 모든 것이 如來藏 아닌 것이 없음을 말하고 있는 것이다.

그렇다면 본래의 常住不滅하고 자체로 밝은 如來藏의 體에서 어떻게 허망하게 和合하고 攀緣하는 世間, 出世間의 一切가 나타나게 된 것일까? 經에서는 如來藏이 不空한 이치를 부루나장의 世界의 忽生 부분에서 자세히 밝히고 있다. 본래의 청정담연하고 明妙한 眞如의 자리에서 허망하게 밝힐 覺이 생기고 이로써 能과 所가 생겼다. 能은 造業力이고 所는 그에 緣하여 만들어지는 것이니, 能所에 의해서 虛空과 客塵이 생겨 世界를 형성한다. 世界를 형성하는 모든 것은 眞如의 자리에서 비롯된 것이므로 如來藏 아닌 것이 없는 것이다.

3) 空不空 如來藏 - 空과 不空의 圓融

> 이렇게 모두가 곧 世間法과 出世間法이므로 곧 如來藏의 묘하고 밝은 마음의 根源은 卽을 떠나고 非를 떠났으며 또한 이 卽이고 非卽이다.[11]

이 經文은 如來藏의 空性과 不空性을 卽과 非로써 空不空性으로 圓融하는 것이다. 空如來藏은 眞空을 말하는 것으로 一切法이 모두 '아님(非)'이라 했다. 不空如來藏은 妙有의 도

11) 覺性『楞嚴經正解』上, 玄音社, p.947. "以是俱卽世出世故 卽如來藏妙明心元 離卽離非 是卽非卽"

리로서 一切法에 모두 卽한 것이다. '離卽離非 是卽非卽'을 앞서 空如來藏과 不空如來藏을 밝힌 부분에 응해 해석하자면 如來藏은 '一切法에 卽한 것도 아니고 一切法에 卽하지 않은 것도 아니며, 또한 一切法에 卽한 것이며 一切法에 卽한 것도 아니다'라는 뜻이다. 離卽離非나 是卽非卽이나 같은 말인데 부정의 부정을 통하여서 양자의 관계를 雙으로 통합하고 있다. 眞空과 妙有는 서로 다른 둘을 가리킴이 아니요 본래의 眞如一心의 두 가지 성품을 밝히기 위한 개념일 뿐이다.

如來藏性은 이미 일체사물에 있지 않지만 또 일체사물과 相卽 關係를 이룬다. 내지는 相卽과 相卽 아닌 이 둘을 동시에 떠났다. 그러므로 相卽과 相卽 아님이 동시에 雙으로 끊긴다. 이 때문에 如來藏性은 妙明眞心인 本原자리가 될 수 있다.

相卽을 떠나지도 않았고, 또 相卽 아님을 떠나지도 않았으므로 "相卽이면서 바로 相卽이 아니다"라고 말하였다. 이는 긍정과 부정을 圓融하게 雙으로 觀照하는 의미 때문이다. 이처럼 雙으로 고요하고 雙으로 觀照하기 때문에 긍정과 부정이 동시이면서 동시에 斷絶한 空不空如來藏이라고 한다. 이는 여실하게 空한 자리에서 여실하게 空이 아닌 의미를 밝힌 것이다.

雲門宗이나 臨濟宗의 祖師禪門에서는 이를 '차조동시(遮照同時)'라는 말로 표현하였다. 遮는 非에 해당하고 照는 卽에 해당한다. 空不空如來藏의 도리에서는 遮와 照가 同時인 것이다. 그러니까 긍정과 부정을 한 몫에 하는 것이 雙遮雙照이다. 雙遮란 것은 있다, 없다, 좋다, 나쁘다 하는 모두를 다 떠나는 것이다. 雙照란 것은 반대로 있고, 없고, 좋고, 나쁘고 모든 것을 긍정하는 것이다. 곧 離卽離非는 雙遮가 되고, 是卽非卽은 雙照의 도리이다.

결국 모든 것을 다 초월했지만 一切法에 그대로 떠나지 않고 一切法 그대로가 如來藏이다. 如來藏은 그 자체가 신성해서 모든 것과 和合하지 않고 상대가 끊어진 절대의 차원에서는 雙遮라고 하며, 또한 如來藏은 一切法이 그대로 如來藏이기에 떠나지 않고 卽하기도 했으니 雙照이다. 그러나 如來藏은 둘이 아니므로 空不空如來藏을 따로이 말해 一切法을 떠나기도 하고 동시에 一切法에 卽하기도 한 一如眞心을 밝히는 것이다.

이러한 如來藏의 묘한 이치는 世間의 三界 衆生과 出世間의 성문(聲聞), 연각(緣覺)의 所知心으로는 측량할 수 없는 경지이다. 오직 禪定을 닦아 六結을 풀고 寂滅에 들어 얻어지는 如來의 佛知見을 통해서만 그 묘한 이치를 알 수 있고, 世間 및 出世間의 衆生의 所見으로 이를 알고자 하면 塵勞가 먼저 일어날 뿐이다. 空不空의 如來藏性을 알면 世間의 萬物이 서로 부딪혀서 밀어내지 않고 圓融하는 이치도 자연히 풀리게 된다.

4. 結 論

지금까지 부루나의 五大圓融에 대한 의혹과 如來藏의 空, 不空, 空不空性을 모두 살펴봤다. 世界를 구성하는 地, 水,

火, 風, 空의 五大가 각각의 성질이 다름에도 불구하고 서로 배격해서 사라지지 않고 圓融하여 유지되는 것은 실상 衆生이 相에 執着하여 妄想을 일으킨 결과일 뿐이다. 六塵에 攀緣하는 相을 떠나서 如來의 마음을 얻으면 물과 불이 서로 능멸하는 것도 없고, 서로 어울리는 것도 없고, 물과 불도 없고, 생멸하는 모든 것이 없는 것이다. 그러나 이러한 一切의 幻妄의 相 또한 모두 如來藏 妙眞如性에서 나온 것들로 그 하나하나에 眞如의 자리가 아닌 것이 없다.

經에서는 '迷의 원인은 迷 자체가 원인이 되어 스스로 있으니 迷가 원인이 없는 줄을 깨닫게 되면 허망함은 의지할 바가 없다'[12]고 하였다. 衆生은 生滅心에 의지하는 소견에서 벗어나 世間의 一切가 허망하되 또한 모두 如來의 마음임을 알고 작은 돌에서도 부처를 보아야 할 것이다.

12) 覺性 『楞嚴經正解』上, 玄音社, p.963. "如是迷因 因迷自有 識迷無因 妄無所依"

10. 아난의 因緣, 自然의 疑惑에 대한 小考

濟安 龍河

1. 序 論

『楞嚴經』의 서사적 형식은 아난이 摩登伽族 여인의 유혹에 빠졌던 것을 계기로, 부처님과 대화를 통해 生死煩惱의 迷惑에서 벗어나 菩提 涅槃에 이르는 方便을 구하는 것이다. 부처님은 처음에 奢摩他 法門을 통하여 아난을 虛妄한 生滅心에서 벗어나 궁극적으로 無生无礙의 如來藏 妙眞如性을 깨닫게 인도하신다. 그러나 아난은 번번이 妄心에서 비롯된 疑

惑에 걸려 부처님에게 끊임없이 질문을 던지며 가르침을 구한다. 이러한 과정 중에서 아난은 특히 인연 및 자연에 대한 의혹을 푸는데 한계를 느끼고 있다. 眞如는 因緣性도 아니고 自然의 개념으로는 다가설 수 없는 體이며, 森羅萬象의 모든 것이 因緣이다, 自然이다 함은 虛妄한 妄想에 지나지 않는다는 說法의 내용은 아난이 좀처럼 가늠하기 어려운 부분인 것이다.

때문에 아난은 여러 차례 반복적으로 부처님께 因緣, 自然에 부분에 대해서 질문을 하였으며 그때마다 부처님은 재차 아난에게 설명을 해주셨다.

覺性스님 『楞嚴經正解』를 보면 '둘째, 아난의 二次 因緣, 自然의 疑惑을 풀어주다'[1]라고 小題를 달고 있지만, 내용을 검토해 보면 그 이상으로 반복적으로 아난이 질문을 한 것을 확인할 수 있다. 여기서 부처님이 '아난의 二次 因緣, 自然의 疑惑'을 풀어줌으로써 奢摩他 法門을 종결하는 부분을 아난의 一次 因緣, 自然에 대한 의혹, 그리고 기타 經의 다른 부분에서 나타나는 因緣 및 自然에 대한 의혹과 비교 검토하고 因緣 및 自然에 대한 근본적 문제를 고찰하고자 한다.

2. 아난의 두 차례에 걸친 自然, 因緣에 대한 疑惑

1) 아난의 첫 번째 문제 제기

"世尊이시여, 진실로 法王께서 말씀하신 바와 같아서 覺과 緣이 十方世界에 두루하여 湛然하고 常住하여 그 自性이 生滅

---

1) 覺性『楞嚴經正解』上, p.973 참조

이 아니라면, 선범지 사비가라[2]가 말한 바 冥諦와 및 投灰 등 모든 外道들이 말한 '眞我가 시방에 두루해 있다'고 한 것과 어떤 차별이 있습니까? 세존께서 또한 능가산에서 大慧 등 菩薩들을 위하시어 그 뜻을 설명하시되 '저 外道들이 항상 自然을 말하거니와 내가 말한 因緣은 저의 境界가 아니라'고 하셨나이다. 제가 지금 이것을 보건대 覺性이 自然하여 生도 아니고 滅도 아니며 一切 虛妄顚倒를 멀리 떠났기에 因緣과 저 自然이 아닌 것 같사오니 어떻게 開示하여야만 여러 가지 삿된 所見에 빠지지 않고 진실한 마음, 妙覺明의 성품을 얻겠나이까?"[3]

『楞嚴經』에서 부처님은 아난에게 妄想 아닌 眞心을 깨우치기 위해서 見性을 들어 眞心이 客塵과 같이 떠돌지 않고 常住하는 것이며, 不生不滅의 要諦임을 밝혔다. 더 나아가 이 見性은 我라는 存在에 갇혀있는 것이 아닌 世界에 두루하며, 거기에는 是와 非를 떠나으며 見과 見緣이 허공꽃과 같아 本來 있는 바가 아니라고 설파하였다. 이러한 說法의 내용을 듣고 아난은 見性 즉 眞如가 因緣性을 떠난 것임을 짐작하게 되었으나, 因緣性이 아니라고 한다면 그 반대 개념으로서 自

---

2) 선범지 사비가라(先梵志 娑毗迦羅)는 마등가가 섬겼던 梵志(外道)인 사비가라를 말한다.

3) 覺性 『楞嚴經正解』上, 玄音社, p.430. "世尊 誠如法王所說 覺緣 偏十方界 湛然常住 性非生滅 與先梵志娑毗迦羅 所談冥諦 及投灰等 諸外道種 說有眞我 偏滿十方 有何差別 世尊 亦曾於楞伽山 爲大慧等 敷演斯義 彼外道等 常說自然 我說因緣 非彼境界 我今觀此 覺性自然 非生非滅 遠離一切虛妄顚倒 似非因緣 與彼自然 云何開示 不入群邪 獲眞實心妙覺明性

然性이 아닐까 하는 疑惑을 갖게 된 것이다.

2) 아난의 두 번째 문제 제기

"세존께서 현재 말씀하시기를 '殺, 盜, 淫 등 三緣이 끊어지므로 三因이 생기지 아니하여 곧 너의 마음 속에 연야달다[4]의 미친 性品이 저절로 쉬게 될 것이다. 쉬기만 하면 곧 菩提라. 사람으로부터 얻는 것이 아니다' 하셨으니, 이것은 因緣인 것이 분명하옵거늘 어찌하여 여래께서 因緣을 단번에 버리셨습니까? 저도 因緣으로 말미암아 마음을 깨닫게 되었습니다.

세존이시여, 이 이치는 어찌 홀로 저희들 나이 젊은 有學聲聞 뿐이겠습니까? 지금 會中에 대목건련, 사리불, 수보리 등도 본시 노범지[5]로부터 부처님의 因緣을 듣고 發心하여 깨달아 無漏를 얻어 이루게 되었나이다. 지금 말씀이 '菩提는 因緣으로 얻는 것이 아니라'고 하시니 곧 왕사성의 구사리 등이 말한 自然이 가장 첫째 가는 眞理(第一義)가 되겠나이다."[6]

---

4) 연야달다는 사위국 실라벌성 사람으로 용모가 빼어난 사람이었다. 새벽에 문득 거울로 자기 얼굴을 비추어 보다가 거울 속에는 자기 얼굴이 보이는데 정작 자기 자신의 얼굴은 보이지 않는다고 생각하게 되어 미쳐버렸다. 즉, 거울의 얼굴을 자신의 것으로 여기지 않고 자신의 머리는 사라졌다는 망상에 빠지게 된 것이다.

5) 노범지(老梵志)란 長老인 外道를 말하는 것으로 여기서는 목건련이나 사리불 등이 과거 外道에 빠졌을 때의 因緣說法을 들려준 마승비구를 말한다. 마승비구는 '모든 法이 因緣으로부터 생기고 또한 因緣으로부터 사라진다. 우리 부처님 대사문께서 항상 이와 같은 말씀을 하신다'라고 하여 목건련, 사리불 등에게 부처님의 因緣에 대한 법문을 알려주었다.

6) 覺性 『楞嚴經正解』上, 玄音社, p.973. "世尊 現說殺盜婬等三緣 斷故三因 不生 心中 達多 狂性 自歇 歇卽菩리提 不從人得 斯則因緣 皎然明白 云何如來 頓棄因緣 我從因緣 心得開悟 世尊 此義 何獨我等

아난이 질문을 하기에 앞서 經에서는 世界와 衆生의 忽生, 相續, 및 世界의 圓融에 대하여 說法하였다. 그리고 나서 부루나가 재차 衆生이 妄想에 빠지는 原因이 어디에 있는가를 묻자, 부처님은 妄想에 原因이 없으며 오직 世界, 衆生, 業 세가지의 相續을 따르지 않고 그 三緣을 끊으면 妄想이 일어나지 않게 됨을 설하셨다. 이 말씀을 듣고 아난은 因緣과 自然에 대한 그 두 번째 疑惑을 나타내게 된 것이다.

3. 經에서 나타나는 自然과 因緣의 개념

아난의 첫 번째와 두 번째에서 공통으로 나타나는 것은 아난이 眞性을 생각할 때 自然과 因緣의 범주에서 벗어나지 못하고 있다는 점이다. 때문에 아난은 因緣이 아니면 自然, 혹은 自然이 아니라면 因緣이라고 단정을 짓고 있는 것이다. 아난이 왜 이렇게 두 개념 사이에서 벗어나지 못하는가를 알기위해 먼저 經에서 나타난 自然과 因緣의 개념을 정립할 필요가 있다.

1) 因緣의 개념

佛敎에서는 衆生界를 지배하는 원리로써 因緣을 들고 있다. 因緣이란 단순히 말하자면 關係를 말한다. 因은 어떤 現

年少有學聲聞 今此會中 大目犍連 及舍利弗 須菩리提等 從老梵志 聞佛因緣 發心開悟 得成無漏 今說菩리堤 不從因緣 則王舍城 拘舍梨等所說自然 成第一義

象이 일어날 때 主가 되는 原因, 根本, 種子의 의미이고 緣은 現象이 일어날 때 條件을 형성하며 因과 관련하여 從이 된다. 예를 들어 거름을 곡식에 뿌려주면 거름은 緣이고 곡식은 因이 되는 것이다.

因緣을 달리 緣起라고도 하는데, 佛敎에서 緣起의 일반적인 정의로서는 보통 다음과 같은 하나의 경구를 들 수 있다.

> "이것이 있으면 저것이 있고, 이것이 일어나면 저것이 일어난다. 이것이 없으면 저것이 없고, 이것이 소멸하면 저것이 소멸한다."[7)]

어떤 것을 緣하여 일어난다고 하는 것은 다른 것과 서로 관계하여 存在한다는 것으로 그 自體 독자적으로 存在하는 것이 아니며 常住不變은 더욱 아니라는 것이다. 모든 存在는 그것을 형성시키는 原因과 條件에 의해서만 그리고 相互關係에 의해서만 존재하기도 하고 소멸하기도 한다는 것이다. 결국 緣起說이란 存在의 關係性을 말하는 것이며 衆生界 諸現象의 第一法則으로 제시됨에 因緣과 다를 바가 없다.

2) 自然의 개념

經에서 아난이 疑惑을 제기하는 自然이라는 것은 因緣에 상대되는 개념이다. 自然은 自體가 天然적으로 本來 그러하

---

7) 『中阿含經』86 (大正藏 1. 562 c) "若有此卽有彼 若生此卽生彼 若無此卽無彼 若滅此卽滅彼 "

여 因緣조건을 빌리지 않는다는 의미이다. 外道들은 안으로 根身과 밖으로 器世間, 이 모든 法들은 本來적으로 일어난 原因이 없이 천연적으로 그러하므로 現世에서 修行할 일도 그에 따른 깨달음의 결과도 없다고 헤아린다. 그러므로 그들은 肉身 가운데는 本來적으로 진실한 主宰者가 있어 모든 世界에 항상 태어나 十方世界에 두루 충만하므로 이 眞我는 常住不滅이라고 잘못 헤아리고 執着한다.

아난의 첫 번째 의혹에서 거론한 '眞我가 시방에 두루해 있다'는 사비가라, 投灰 등 外道의 주장이 바로 이에 해당하는 예이다. 이러한 外道의 주장을 經에서는 권10에서 50陰魔 중 行陰을 멸하는 과정 중 나타나는 魔障으로 警戒하고 있는데[8], 즉 그들은 第八識에 含藏된 本覺의 자리가 世界의 因果關係를 일으키는 根源임을 모르고 오히려 本覺을 배제한 第八識을 자기의 眞性으로 잘못 알고 我에 執着하게 된 것이다. 이를 警戒하기 위하여 부처님은 因緣說法을 펴시어 그들의 잘못된 執着을 論破하였던 것이다.

4. 疑惑에 대한 해답

8) 覺性 『楞嚴經正解』下, 玄音社, p.1013 "이 사람이 묘하고 밝은 마음이 시방세계에 두루함을 보고는 담연한 것으로써 究竟의 神我라 하고, 그로부터 計度하되 我가 시방에 두루하여 맑고 밝아서 요동하지 않거든, 一切 衆生이 나의 마음속에서 스스로 생기고 스스로 죽나니, 곧 나의 心性은 恒常함이라 하고, 저 生滅하는 것은 참으로 無常한 性이라 하느니라." (是人 觀妙明心 徧十方界 湛然 以爲究竟神我 從是則計我徧十方 凝明不動 一切衆生 於我心中 自生自死 則我心性 名之爲常 彼生滅者 眞無常性)

1) 첫 번째 疑惑에서 空如來藏性을 드러내 보이심

첫 번째 疑惑에서 아난은 見性에 대하여 世間의 因緣法則이나 自然을 들어 이해하려고 하였다. 그러나 見性은 因緣性을 떠난 것이며, 外道의 自然說에 따르는 것은 더더욱 아니다. 아난의 이러한 迷妄을 깨치기 위해 부처님은 우선 첫 번째 疑惑에 대하여 見性이 因緣도 自然도 아님을 설파하셨다.

> "아난아, 만일 반드시 自然이라고 한다면 저절로 응당 모름지기 밝고 밝아서 自然의 體가 있어야 할 것이다. 네가 우선 이것을 보아라. 이 妙明見 가운데 어떤 것으로 自를 삼겠느냐? 이 見이 다시 밝은 것으로써 자기 自體라고 하겠느냐? 어두운 것으로써 자기 自體라고 하겠느냐? 虛空으로써 자기 自體라고 하겠느냐? 막힌 것으로써 자기 自體라고 하겠느냐?"[9)]

見性을 나타내는 眞如의 성품이 만약 自然이라고 할 경우에는 응당 그 自然의 體가 있어야 할 것이다. 그러나 만약 어떤 특정의 것을 自然의 體로 삼는다면 바로 모순에 빠져버린다. 自然이라면 因果 없이 스스로 존재해야 할 것인데, 因果를 排除한 自然이란 존립 자체가 불가능한 것이다. 일반적으로 말하는 自然은 반드시 本來적으로 그러한 自體가 있어 常住不變해야만 自然이라 말할 수 있다. 가령 常住不變하지

---

9) 覺性 『楞嚴經正解』上, 玄音社, p.442. "阿難 若必自然 自須甄明 有自然體 汝且觀此 妙明見中 以何爲自 此見 爲復以明 爲自 以暗爲自 以空爲自 以塞爲自"

않고 生滅의 因緣을 따라서 遷流 變化한다면 그것은 自然이 아니다.

예를 들어 밝은 것을 보는 性品을 自然적인 實體라고 한다면 밝은 것을 볼 때 그것이 本來 스스로 天然적인 實體가 되어 그것은 일정한 모습을 지니므로 따로 옮겨가지 않아야 한다. 그렇다면 이 지각하는 성품은 반드시 밝은 것만 볼 수 있을 뿐 어둠은 보지 못해야 한다. 또한 虛空을 마음의 自體라고 한다면 空間의 막힘은 보지 못해야만 한다. 이로써 알 수 있는 것은 보는 성품이 因緣을 따라서 各處에 장애됨 없이 나타나므로 外道의 自然으로는 一切相을 설명할 수 없다는 것이다.

부처님이 見性이 自然性이 아님을 說破하시자 아난은 그렇다면 因緣일 것이라고 생각한다. 그러나 부처님은 見性이 因緣性 마저도 떠난 것임을 여지없이 說破하신다.

> "아난아, 만약 見性이 밝은 것을 인해서 있다면 응당 어두운 것을 보지 못할 것이고, 만약 어두운 것을 인해서 見性이 있게 된 것이라면 응당 밝은 것을 보지 못할 것이며, 이와 같이 내지 虛空을 因하거나 막힌 것을 因한 것도 밝은 것을 因한 것이나 어두운 것을 因한 것과 똑같다."10)

만약 見性이 밝은 것을 原因으로 삼게 되면(因), 단지 밝은 것을 보는 것에 국한될 뿐이지 어두운 것을 볼 수 없게 된

---

10) 覺性『楞嚴經正解』上, 玄音社, p.445. "阿難 若因明有 應不見暗 如因暗有 應不見明 如是乃至因空因塞 同於明暗"

다. 왜냐하면 見性은 보는 것 자체이므로 어느 한 가지 대상에 因緣함에 있어서 보는 것 자체가 存立한다면 그 밖의 것을 볼 수 없게 되기 때문이다. 같은 이치로 見性이 밝은 것을 條件으로 삼게 되더라도(緣), 어두운 것을 볼 수 없게 되므로 보는 것 自體에 대한 설명이 될 수 없다.

이 첫 번째 疑惑에서 드러나는 아난의 眞心에 대한 깨달음의 문제는 아난의 인식이 因緣性과 自然性의 限界를 벗어나지 못하고 있다는 점이다. 眞心은 因緣과 自然을 모두 떠난 것이지만 아직 아난은 그 思考가 生滅心에서 벗어나지 못하고 있기 때문에 因緣性의 限界를 벗어난 本覺의 實體를 상상할 수가 없는 것이다. 아난을 위시한 大衆들의 이러한 限界를 깨뜨리기 위해 經에서는 見性을 통해 眞心의 實體를 설하는 것이다. 때문에 이 아난의 첫 번째 疑惑에 대해서 부처님은 眞心의 空如來藏性을 설파하여 因緣과 自然을 모두 물리치신 것이다.

2) 두 번째 疑惑에서 修行의 원리를 보이심

妄想의 原因은 因緣도 自然도 아님

그렇다면 이미 첫 번째 疑惑에 대하여 眞如의 성품이 自然과 因緣이 모두 아님을 밝혔는데, 아난이 오로지 아둔하여 재차 自然과 因緣에 대한 질문을 한 것일까? 두 번째 疑惑을 제기한 맥락과 내용을 살펴보면 아난이 自然과 因緣에 대해 다른 각도에서 질문을 한 것임을 확인할 수 있다.

아난이 두 번째 自然 및 因緣에 대한 疑惑을 제기하기에 앞서 부처님은 부루나의 妄想의 原因에 대한 답으로써 妄想은 原因이 없으며 단지 世界, 衆生, 業의 세가지 相續의 緣을 끊음으로써 妄想이 사라진다고 하셨다. 이것은 眞如의 如來藏性을 확인한 뒤, 佛性을 얻기 위해 因緣에 의존하는 妄想에서 벗어나는 방법을 제시한 부분이다. 이를 듣고 아난은 대목건련, 사리불, 수보리 등의 제자들도 因緣의 이치를 듣고서 發心을 하였듯이 因緣이 문제라면 因緣에서 그 문제를 풀어야 할 것이라고 생각하는 것이다. 그러나 부처님은 因緣을 끊으라고 하시고, 스스로도 因緣을 버리셨다. 여기서 아난은 妄想을 벗어나서 菩提를 얻는 방법에 대해 疑惑을 갖는 것이다. 世間의 모든 것이 다 因緣의 이치인데 因緣을 통하여 菩提를 얻지 않고서 어떻게 이 妄想에서 벗어날 수 있다는 말인가? 만약에 因緣을 통해 妄想을 제거하는 것이 아니라면 '쉬기만 하면 곧 菩提라. 사람으로부터 얻는 것이 아니다'라고 했듯이 自然에 따라 저절로 이 妄想이 제거되는 것이 아닌가 하는 疑惑을 갖게 된 것이다.

이와 같이 첫 번째 疑惑에서는 妄想에 의해 감춰진 眞如의 空한 성품을 드러낸 것이라면, 두 번째 疑惑에서는 眞如의 성품을 감추는 妄想을 제거하는 방법에 대한 논의가 전개되는 것이다. 즉, 妄想을 제거하기 위해 수보리 등과 같이 因緣을 통하여 修行을 하는 것인가, 아니면 쉬기만 하면 저절로 되니 저 왕사성의 구사리가 주장하듯이 일부러 修行하지 않아도 팔만 겁 뒤엔 自然히 第一義諦를 성취할 수 있는 것인가를 묻는 것이다.

이러한 妄想을 제거하는 방법에 있어서도 부처님은 因緣과

自然이 둘다 아님을 說破하셨다. 만약 연야달다의 머리가 本來 自然한 것이라면 무엇이든 스스로 自然 아닌 것이 없는데, 달리 미칠 까닭이 없다. 만약 연야달다가 미친 것이 自然이라면 평소에는 미치지 않았다가 갑자기 미치게 된 것을 설명할 수가 없다. 만약 因緣 때문에 미쳤다고 한다면 미친 恐怖가 虛妄하게 나왔을 뿐 本來의 머리를 遺失하지 않은 점에서는 변화가 없는데 이에 因緣을 말하는 것은 타당하지 않다. 즉 因緣에 의해 미치게 된 것이라면 머리가 遺失되는 因緣으로 인해 미쳐야 할 것인데, 머리는 그대로인 채 정신만 미치게 된 것은 因緣으로 설명할 수 없다는 것이다.

菩提를 얻는 것은 因緣도 生滅心도 아님

이와 같이 自然과 因緣 그 어느 것으로도 妄想의 原因을 설명할 수 없기 때문에 부처님은 妄想에 原因이 없다고 하신 것이다.

> "만일 本來의 머리를 깨닫게 되어 자신이 미쳐서 도망간 줄 알면 因緣이다 自然이다 하는 말이 다 실없는 말이 되나니, 그러므로 나는 말하기를 '三緣이 끊어지므로 곧 菩提心이라'고 하느니라."[11)]

自然과 因緣을 따지는 것 自體가 妄想에서 비롯된 것이다. 만약 本來의 머리를 깨닫게 되면, 즉 眞如의 상주불멸하고

---

11) 覺性 『楞嚴經正解』上, 玄音社, p.980. "若悟本頭 識知狂走 因緣自然 俱爲虛論 是故 我言三緣 斷故 卽菩리堤心"

自體가 圓明한 성품을 깨닫게 되면 이러한 因緣과 自然을 말하는 것이 다 虛妄하게 되는 것이다. 狂氣와 같은 妄想의 내용이 因緣이라면 妄想을 제거하는 방법은 因緣을 끊음으로써 妄想을 잠재우는 것이다. 妄想의 내용이 사라졌을 때 미친 恐怖는 저절로 사라지게 되니 이를 부처님이 '쉬기만 하면 곧 菩提'라고 표현하신 것이다.

> "菩提의 마음이 생기고 生滅의 마음이 사라진다면 이것은 다만 生滅일 뿐이다. 滅과 生이 함께 없어진 功用이 없는 道에 만약 自然이 있다고 하면 그것은 自然의 마음이 생기고 生滅의 마음이 사라짐이니 이것도 또한 生滅이다.
>
> 生滅이 없는 것을 自然이라고 말한다면 마치 世間에서 모든 것이 섞여서 일체가 된 것을 和合性이라 말하고 和合이 아닌 것을 本然性이라고 말함과 같나니 本然이라, 本然이 아니라, 和合이라, 和合이 아니라 하는 和合과 本然을 함께 떠나며, 떠나고 합하는 것까지도 함께 다 아니 떠남이어야 이것을 비로소 戱論이 없는 法이라고 말한다."[12]

'이것이 있으면 저것이 있고, 이것이 일어나면 저것이 일어난다. 이것이 없으면 저것이 없고, 이것이 消滅하면 저것이 消滅한다'는 것이 因緣의 이치라고 했다. 마찬가지로 만약 因緣을 끊지 않고서 菩提心이 생기고 生滅心이 멸했다고 한다

12) 覺性 『楞嚴經正解』上, 玄音社, p.980. "菩堤心生 生滅心滅 此但生滅 滅生俱盡 無功用道 若有自然 如是則明 自然心生 生滅心滅 此亦生滅 無生滅者 名爲自然 猶如世間 諸相雜和 成一體者 名和合性 非和合者 稱本然性 本然非然 和合非合 合然俱離 離合俱非 此句方名 無戱論法"

면 이 역시 因緣性의 일환일 뿐 진정하게 菩提를 얻은 것이 아니다. 진정한 菩提를 얻기 위해서는 因緣, 自然, 和合하는 모든 것, 심지어 菩提와 佛性에 대한 觀念 모두를 다 버려야 하는 것이다.

5. 經 全般에 걸친 아난의 因緣에 대한 執着

『楞嚴經』에서 언급되는 自然이란 眞如의 體를 이해하지 못한 아난이 因緣의 對替 개념으로서 제시된 것이다. 世界의 本質을 설명하기 위하여 外道들이 주장한 自然說은 위에서 본 바와 같이 결국 因緣 혹은 緣起에 의해 論破된다. 그렇다면 결국 깨달음에 있어서 障碍가 되는 것은 因緣으로 귀결된다.

經을 통해서 아난은 因緣에 대하여 집요하게 부처님께 질문을 하고 있다.

"제가 비록 부처님의 그와 같이 妙한 音聲을 듣고 묘명한 마음이 원래 원만하여 상주하는 심지임을 깨달았으나, 제가 부처님께 현재 說法하시는 소리를 깨닫는 것도 현재 緣心으로써 한 것이며 진실로 보고 우러름도 한갓 이 마음을 얻어서 한 것이라 감히 그를 本源의 心地라고 인정하지 못하옵니다."[13)]

(十番顯見 중 그 다섯 번째 '見性은 돌려보내거나 去來가 없음'에서)

---

13) 覺性 『楞嚴經正解』上, 玄音社, p.329. "我雖承佛如是妙音 悟妙明心 元所圓滿 常住心地 而我悟佛 現說法音 現以緣心 允所瞻仰 徒獲此心 未敢認爲 本元心地"

"世尊이시여, 반드시 묘한 覺의 성품이 因도 아니고 緣도 아니라면 世尊께서 어찌하여 항상 비구들에게 말씀하시기를 '見性이 네 가지 因緣을 갖추어야 하니, 이른바 허공을 因하고 밝은 것을 因하고 마음을 因하고 눈을 因한다'고 하셨습니다. 그 뜻은 어떠한 것입니까?"14)

(十番顯見 중 그 열 번째 '見性은 妄見을 떠나 見精의 自相도 아님'에서)

"世尊이시여! 如來께서 和合하는 因緣을 항상 말씀하실 적에 '一切 世間의 가지가지 변화하는 것이 다 四大和合으로 인하여 發明된다'고 하시더니, 어찌하여 如來께서 因緣과 自然을 둘 다 배척하십니까?"15)

(七大가 如來藏 妙眞如性임을 밝히는 부분에서)

위 사례들에서 보는 바와 같이 眞性을 깨닫는 데 있어 因緣에 대한 인식이 끊임없이 아난을 괴롭히고 있다. 이는 世間의 第一法則인 因緣性과 眞如의 實相 사이의 境界를 넘어서지 못하는 아난이 자꾸 世間의 因緣에 기대어 眞如를 보려하기 때문이다.

『楞嚴經』에서는 顚倒된 衆生과 常住不滅한 眞如의 관계를 다음과 같이 압축하여 설명한 바 있다.

---

14) 覺性『楞嚴經正解』上, 玄音社, p.452. "世尊 必妙覺性 非因非緣 世尊云何常與比丘宣說 見性具四種緣 所謂因空因明因心因眼 是義云何"

15) 覺性『楞嚴經正解』上, 玄音社, p.695. "世尊 如來常說 和合因緣 一切世間 種種變化 皆因四大 和合發明 云何如來 因緣自然 二俱排擯"

"一切 衆生이 비롯이 없는 때로부터 오면서 가지가지로 顚倒하여 業의 種子가 저절로 惡叉 무더기 같으며, 모든 수행하는 사람이 無上菩提를 이루지 못하고 유달리 聲聞과 緣覺을 이루며 및 外道와 모든 하늘 魔王의 眷屬이 되는 것은 모두가 두 가지 根本을 알지 못하고 착란하게 닦아 익힘을 말미암음이니. (생략) 아난아, 첫째는 비롯이 없는 生死의 根本이니 네가 지금에 모든 衆生과 더불어 攀緣하는 마음을 써서 自性으로 여기는 것이다. 두 번째는 비롯이 없는 菩提涅槃의 元淸淨體이니 곧 네가 지금에 識精元明이 능히 여러 가지 因緣을 내거든 그 因緣에서 遺失한 것이다."[16]

攀緣이란 속된 因緣에 끌려서 다람쥐가 쳇바퀴 돌 듯 거기서 벗어나지 못하는 것이다. 본래의 常住不滅한 菩提涅槃의 자리에서 虛妄하게 생겨나는 순간부터(그것이 언제부터일지는 알 수 없지만) 衆生은 生死의 因緣에서 쳇바퀴 돌 듯 벗어나지 못하고 이를 自性이자 眞理로 착각하게 되는 것이다. 때문에 두 번째 根本인 비롯 없는 菩提涅槃의 元淸淨體, 즉 眞如는 世間의 因緣의 원리 속에 遺失되었다고 하는 것이다. 『楞嚴經』의 내용은 衆生과 佛性의 이 두 가지 根本을 깨달을 것을 설하는 것으로 압축된다. 깨달음을 얻는 것은 곧 경험적, 정신적으로 모두 因緣을 떠나는 것이다.

---

16) 覺性 ,『楞嚴經正解』上, 玄音社, p.192. "一切衆生 從無始來 種種顚倒 業種 自然如惡叉聚 諸修行人 不能得成無上菩提 乃至別成聲聞緣覺 及成外道 諸天魔王 及魔眷屬 皆由不知二種根本 錯亂修習 (생략) 阿難 一者 無始生死根本 則汝今者 與諸衆生 用攀緣心 爲自性者 二者 無始菩提涅槃元淸淨體 則汝今者 識精元明 能生諸緣 緣所遺者"

그러나 이것은 生死의 소용돌이 가운데에 있는 衆生으로서는 지극히 어려운 일이다. 때문에 아난은 經을 통해서 집요하게 반복적으로 因緣에 대하여 질문을 던지고 그때마다 부처님은 재차 다시 설명을 해 주시는 것이다.

6. 結 論

『楞嚴經』의 奢摩他 法門 부분에서 아난은 두 차례에 걸쳐 因緣 및 自然에 대한 疑惑을 제기하였다. 첫 번째 疑惑은 아난이 眞如의 實體를 제대로 깨닫지 못한 상태에서 제기된 것이므로, 부처님은 見性으로 나타나는 眞如의 성품이 因緣性도 自然性도 아닌 湛然하고 두루한 如來藏 妙眞如性임을 밝히셨다. 두 번째 疑惑은 本覺과 無明이 모두 如來藏임을 설하신 이후 本覺을 가리우는 妄想의 원인과 망상제거에 있어서 역시 因緣도 自然도 모두 아님을 밝히셨다.

因緣과 自然에 대한 疑惑은 근본적으로 眞如의 性品을 온전히 깨닫지 못한데서 비롯된다. 現象界의 一切法은 모두 因緣의 法則에 따라 형성된다.

外道의 自然說 또한 이 因緣 法則에 의해 論破될 수 있는 것이기 때문에 初期經典에서는 주로 因緣 혹은 緣起를 말하여 外道의 自然說을 반박한 것이다. 결국 깨달음에 있어서 문제되는 것은 因緣 그 하나로 압축된다. 衆生은 無始이래로 生滅心에 의지하여 모든 것을 攀緣하기 때문에 思想적으로나 經驗적으로나 因緣을 떠난 本質에 다가갈 수 없다. 때문에 부처님은 菩提를 얻기 위해서 因緣을 끊으라고 하신 것이다.

이것은『楞嚴經』에서 설하는 修行의 根幹이 된다. 三摩提 法門의 시작에 언급되는 二決定義는 因緣을 끊음으로써 初發心의 因地를 佛性의 果地에 符合하는 大原理를 나타낸 것이다.

글을 마치면서 소감을 간단하게 피력하고자 한다. 현대 한국불교계에 있어 불교경전 연구의 대강백이시고 아울러 儒敎, 道敎, 漢學 등 東洋哲學 전반에 대하여 깊은 학식과 지혜를 얻으신 圓照 覺性 큰스님을 모시고『楞嚴經』을 공부하게 된 인연은 참으로 각별하다.

필자는 일찍이 海印寺 講堂에서부터 覺性 스님의 가르침을 받아왔다. 특히『楞嚴經』 공부에 있어서는 1977년 백양사 講堂에서 처음으로 覺性 스님의 가르침을 받았고, 다시 1979년 通度寺 講堂에서 覺性 스님께 수학하였다. 세월이 흘러 2005년에 교육원 불교전문강당에서 다시『楞嚴經』을 가지고 覺性 스님의 가르침을 받을 인연을 맞았고, 2009년에도 이렇게 좋은 道伴 스님들과 함께 覺性 스님의 가르침을 받게 되니 필자에게 있어서 覺性 스님과『楞嚴經』 공부의 因緣은 질기고도 묘하다고 할 수 있다. 수차례에 걸쳐『楞嚴經』을 공부하였음에도 불구하고 그때마다 공부의 부족함을 느껴왔는데 이제야 비로소 그 진리에 대해 조금이나마 깨달음을 얻게 되었다. 모두 필자의 어리석음에 기인한 것이겠지만 그럼에도 불구하고 큰스님의 가르침을 통해 佛法의 진리를 廓徹大悟할 길이 열렸으니 그 기쁨은 말로 표현할 길이 없다. 이 글을 빌어 이렇게 필자에게 경전 강의를 해주신 圓照 覺性 큰스님께 다시 한 번 머리 숙여 감사드리는 바이다.

11. 二決定義와 六根修行

弘潤 松默

Ⅰ. 들어가는 말

『楞嚴經』은 '棄濁染 發妙明'을 大義로 하는 經이다. 즉 客塵煩惱에 물들어 思量分別하는 마음을 버리고 妙明한 如來藏妙眞如性을 깨달아 證得하기를 권하는 經典이다. 『楞嚴經』正宗分에서 破妄顯眞周와 無生無礙周는 妄心을 가려내고 常住眞心을 밝히며, 다시 妄心과 常住眞心이 본래 非一非異한

如來藏임을 밝혀 四部大衆을 깨달음에 이르게 한다.

깨달음이 궁극적으로 佛性에 이르려면, 修行을 통해 生滅心을 완전히 버리는 과정이 필요하다. 이는 大宅을 얻었으나 아직 문을 찾지 못하여 안으로 들어가지 못한 상태와 같으니 마땅히 올바로 문을 찾아 들어가는 方便이 필요하다. 이를 위하여 부처님이 三摩提 法門을 하시니 그 중 가장 먼저 언급하신 것이 '發覺初心의 二決定義'이다. 修行을 시작할 때 두 가지 決定義를 명확히 함으로써 疲倦을 내지 않고 佛知見에 올바로 들어갈 수 있다. 二決定義는 三摩提 修行에 있어서 나침반과 같은 필수 根幹이 되는 지침이다. 이를 각심하지 않고서는 올바른 修行과 그 결과를 얻을 수 없다.

부처님이 설하신 두 가지 決定義는 다음과 같다. 첫째, 因地의 發心이 果地의 覺과 같아야 한다. 因地가 果地와 일치하려면 幻妄한 生滅心을 버려야 한다. 이를 위해 五濁을 설명하셨다. 둘째, 煩惱의 根本과 그 發業潤生의 원인을 깨달아야 한다.煩惱의 根本과 그 發業潤生함이 六識, 六根에 기인함을 깨닫고 바로 그 六根을 통해 煩惱를 풀 것을 설하셨다. 본문에서 三摩提 修行의 근간이 되는 二決定義와 修行의 方便으로써 제시되는 六根修行에 대해 고찰하고자 한다.

Ⅱ. 初發心의 두가지 決定義

1. 因地의 發心이 果地의 覺과 같을 것

"아난아! 第一義는 너희들이 만약 聲聞을 버리고 菩薩乘을 닦아서 佛知見에 들어가고자 하면, 마땅히 因地의 發心이 果地의 覺과 같은가, 다른가를 잘 살펴보아야 한다. 만약 因地에서 生滅의 마음으로써 본래 닦는 원인을 삼아서 佛乘의 不生不滅을 구하려고 하면 그것은 옳지 못하다."1)

'因地'란 처음에 닦을 때의 마음을 말한다. '果地覺'이라고 하는 것은 成佛할 때의 마음이다. 즉 첫 출발할 때의 發心한 원인이 차후에 成佛할 때의 깨달음과 같은지를 살펴보아야 한다는 것이다. 이는 곧 처음 發心한 원인이 목표한 佛知見의 마음과 일치해야 그 올바른 결과를 얻을 수 있음을 강조한 것이다. 그런데 衆生의 마음은 妄想에 사로잡혀 있기 때문에 因地와 果地가 일치하지 않는다. 生滅의 妄想에 사로잡힌 마음으로 修行을 하면 그 결과 역시 生滅心에서 벗어날 수 없다. 이는 마치 모래를 삶아서 아름다운 밥을 만들려는 것과 같이 처음부터 잘못된 것이다. 앞에서 生滅心이 虛妄한 五大(客塵)에 의지하여 攀緣하는 妄想임을 확인하였다. 이러

---

1) 覺性『楞嚴經正解』上, 玄音社, p.996. "阿難 第一義者 汝等若欲 捐捨 聲聞 修菩提乘 入佛知見 應當審觀 因地發心 與果地覺 爲同爲異 阿難 若於因地 以生滅心 爲本修因 而求佛乘 不生不滅 無有是處"

한 生滅心으로 佛性의 果地를 구하려고 하여도 얻을 수 없고 그저 生滅心의 虛妄한 바다에서 헤어나지 못할 뿐이다. 奢摩他 법문을 통하여 生滅心의 정체를 알았으니 生滅心을 단박에 끊고 佛性의 정체를 놓치지 말아야 한다.

因地와 果地를 일치시키기 위해서는 生滅의 마음을 버리고 不生滅의 마음을 세워야 한다. 여기서 주지해야 할 점은 佛性을 얻기 위한 修行의 과정은 無에서 有를 만들어 가는 것이 아니라 본래 지니고 있는 佛性을 되찾는 과정이라는 점이다. 본래 담연하고 순수한 佛性이 本覺이라면 修行을 통해 얻어지는 佛性은 始覺이다. 因地와 果地를 일치시킴은 奢摩他의 깨달음을 통해 正覺을 세워 始覺을 구하는 것이다. 生滅心은 正覺을 감추는 妄想에 불과한 것이므로 그 妄想의 정체를 알고 깨뜨려야 할 대상이다. 그렇다면 生滅의 마음은 어디에서 비롯되었는가? 『楞嚴經』에서는 生滅心이 생기는 이유를 五濁을 들어 구체적으로 설명하고 있다.

五 濁

『楞嚴經』에서의 五濁은 『法華經』,「阿彌陀經」「文殊問經」『華嚴經』 등의 여타의 經典에서 언급되는 五濁과 다른 개념이다. 다른 經典에서 언급되는 五濁은 末法의 시대에 나타나는 다섯 가지 混濁한 현상을 말하는 것이고 『楞嚴經』에서 언급되는 五濁은 애초에 순수한 如來藏 妙眞如性이 청정함을 잃게 되는 과정을 설명한 것이다. 變滅하는 四大로 이루어진 몸이 見聞覺知하여 混濁함을 만들고 본래 맑고 원만한 妙覺

明心이어서 분별이 없던 本性자리가 四大의 얽힘으로 인하여 生滅心을 일으킨다.

"너의 몸 가운데 단단한 모양은 땅이고 축축한 것은 물이며 따뜻한 것은 불이며 동요함은 바람이다. 이 네 가지가 얽힘으로 말미암아 너의 湛圓한 妙覺明心을 분리시켜서 보는 것도 되고 듣는 것도 되면 느끼는 것도 되고 살피는 것도 되어서 처음부터 나중까지 다섯 겹으로 쌓이고 쌓여서 混濁하느니라. 어떤 것을 濁이라 하느냐? 아난아! 비유컨대 맑은 물은 본래 청결하고 저 먼지, 흙과 재, 모래 따위는 본질이 留礙한 것이어서, 두 가지 성질이 서로 같지 아니하다. 어떤 世間의 사람이 저 塵土를 가져다가 깨끗한 물에 넣으면 흙은 留礙함을 잃어버리고 물은 청결함이 없어져서 그 모양이 흐려지니 그것을 濁이 된다고 말한 것처럼 너의 五濁이 쌓인 것도 또한 그와 같느니라."[2)]

身中四大, 몸 가운데 四大인 內四大를 말씀하신 것이다. 본래 청정한 마음은 圓湛한 妙覺明心이다. 이는 본래 混濁함이 없고 나누어지지 않은 本然한 妙眞如性이다. 覺은 마음의 體로서 원만하고 나누어지지 않은 채로 본래 서로 融合하여 묘하므로 妙覺이다. 본래의 淸淨心은 맑아서 混濁하지 않으므로 환하게 비추는 밝음이 갖추어져 있으므로 明心이다. 그

---

2) 覺性 『楞嚴經正解』上, 玄音社, p.1001. "則汝身中 堅相爲地 潤濕爲水 煖觸爲火 動搖爲風 由此四纏 分汝湛圓 妙覺明心 爲視爲聽 爲覺爲察 從始入終 五疊渾濁 云何爲濁 阿難 譬如淸水 淸潔本然 卽彼塵土 灰沙之倫 本質留礙 二體法爾 性不相循 有世間人 取彼土塵 投於淨水 土失留礙 水亡淸潔 容貌汨然 名之爲濁 汝濁五種 亦復如是"

런데 몸이 四大의 虛妄한 組織에 의해 이루어지고 四大가 서로 얽힘에 의해서 본래의 如來藏 妙眞如性이 분리되고 見聞覺知의 分別心이 생겼다. 이로써 妙覺明心은 四大의 작용에 의해 가려지고 四大의 작용에 지배받는 分別心이 마음을 지배하고 變滅하는 四大의 성질에 따라 生滅心을 가지게 되었다. 이는 마치 청정한 물에 진흙이 섞여 물이 混濁해진 것과 같은데 처음부터 끝까지 다섯 겹으로 쌓이고 쌓여서 五濁을 이룬다.

第一重[3] 劫濁

"아난아! 네가 虛空이 十方界에 두루함을 봄에 虛空과 見이 구분되지 아니하여 虛空은 형체가 없고 見은 覺이 없어서 서로 組織하여 虛妄이 이루어졌으니 이것을 第一重인 劫濁이 된다고 말한다."[4]

劫은 時間을 의미한다. 劫濁이라 함은 본연한 常住眞心 性精明體에서 최초로 混濁함에 의해 有爲法이 형성되기 시작함을 의미하는 것이다. 본래 담연하여 無形 無覺한 상태에서 空과 見이 虛妄하게 組織하게 되었다. 이 부분은 앞서 『楞嚴經』의 부루나장에서 世界가 忽生하는 이유를 설명할 때 '性覺은 반드시 밝은데 虛妄하게 밝힐 覺이 되었다'[5]고 한 내용

3) 五濁을 설명할 때 重이라 표현한 것은 다섯가지 混濁함이 겹으로 쌓임을 나타낸 것이다.

4) 覺性 『楞嚴經正解』上, 玄音社, p.1005. "阿難 汝見虛空 偏十方界 空見不分 有空無體 有見無覺 相織妄成 是第一重 名爲劫濁"

과 합치된다. 본래 밝은 性覺에 虛妄하게 밝히는 覺이 생기므로서 同과 不同의 분별이 있는 世界가 忽生했듯이 본래 형상없는 空과 본래 覺이 없는 見이 서로 虛妄하게 組織하여 混濁함이 생겼다.[6] 이것이 混濁한 世界의 형성의 첫 번째 작용이니 劫濁이라 하는 것이다. 즉 無爲大道에서 한번 有爲法으로 변할 적이 劫濁이다.

第二重 見濁

"너의 몸은 현재 四大를 뭉쳐서 그 自體가 되었는데 見聞覺知에 막혀서 留礙케 하고 水, 火, 風, 土가 돌아서 覺知하게 하여 서로 組織하여 虛妄이 이루어졌으니, 그것이 第二重인 見濁이 된다고 말한다."[7]

五濁은 分別心과 生滅心의 원인을 밝히는 내용이다. 劫濁은 본질적으로 生滅心을 일으키는 世界의 바탕을 말하는 것으로 볼 수 있고, 見濁 이후의 내용들은 分別心을 일으키는

---

5) 覺性스님『楞嚴經正解』上, 玄音社,, p.844 참조. "性覺必明 妄爲明覺"

6)『戒環解』에서는 이 과정을 다음과 같이 설명하였다. "覺은 空色이 아닌데 一念의 不覺함으로 말미암아 虛妄하게 虛空의 相을 보게 되고 이로 인하여 편파적인 迷함을 발하게 된다. 그러므로 空과 見을 구분하지 된다. 구분하지 못하기 때문에 虛空에 體가 없어 見이 섞이게 되고, 見에 覺이 없어 虛空에 섞이게 되니 이것이 無明이 처음 생기는 混茫한 모습이다. 그러므로 第一重이라 하는 것이다.." 『戒環解』권 8(卍續藏經17, p.765)

7) 覺性스님『楞嚴經正解』上, 玄音社, p.1009. "汝身現摶 四大爲體 見聞覺知 壅令留礙 水火風土 旋令覺知 相織妄成 是第二重 名爲見濁"

妄想의 근거인 衆生의 몸에서의 混濁함을 설명하는 것으로 볼 수 있다. 見聞覺知는 視聽覺察과 같은 말이다. 視覺, 聽覺, 嗅覺, 味覺, 觸覺, 知覺을 見聞覺知라고 했다. 본래 담원한 妙覺明心이 四大의 結縛에 의해 見聞覺知하는 根의 間隔이 이루어졌다. 이로 인하여 衆生이 我見을 일으키는데, 我見은 모든 見의 主가 되어 六十二見이 모두 여기에 통합되므로 見濁이 된다.[8)]

五濁을 五陰에 배대하면 劫濁은 色陰이고 見濁은 受陰이다. 위에 50陰魔에서는 色陰이 녹아지면 劫濁을 超越하고 受陰이 녹아지면 見濁을 超越한다고 설명했다. 五陰이 바로 五濁이다. 陰은 어두웠다, 혹은 가려졌다는 뜻이고 濁은 흐리멍텅하게 混濁했다는 뜻인데 둘 다 清淨本然의 본래 깨끗한 자리를 흐리게 한 의미에서 비슷하다.

第三重 煩惱濁

"또 너의 心中에 기억하고 인식하고 외우고 익혀서 性은 知見을 發하고 모양은 六塵을 나타내나니 六塵을 떠나서는 相이 없고 覺을 떠나서는 六塵의 自性이 없어서 서로 組織하여 虛妄이 이루어졌으니 이것은 第三重인 煩惱濁이라고 말한다."[9)]

性發知見, 性은 知見을 發한다는 것은 能取六想을 가리키는 것이다. 능히 취하는 여섯 가지 생각인 視覺, 聽覺, 嗅覺,

---

8) 『正脈疏』권4(卍續藏經18, p.549) 참조

9) 覺性 『楞嚴經正解』上, 玄音社, p.1011. "又汝心中 憶識誦習 性發知見 容現六塵 離塵無相 離覺無性 相織妄成 是第三重 名煩惱濁"

味覺, 觸覺, 知覺 작용이고, 容現六塵, 그 모양은 六塵을 나타낸다는 것은 취할 바 六塵의 相이니 色, 聲, 香, 味, 觸, 法인 六塵이다. 能, 所의 개념으로 볼 때 想은 能이 되고 六塵은 所가 된다. 能所가 생김에 따라 主觀과 客觀의 分別이 생긴다. 分別心은 좋고 싫은 마음의 작용을 일으키고 이는 곧 苦와 集을 낳는다. 見濁에 의해 마음이 見聞覺知하면서 留礙됨으로 六塵에 의해 지배를 받는 것이다. 그러니까 六塵을 떠나서는 그 知覺의 自相이 없다는 뜻이니 六塵을 떠나서는 分別할 수 없다. 또 覺을 떠나서는 性이 없다. 覺이란 知見이니 虛妄한 妄覺인 六想을 떠나서는 性이 없다는 것이다. 性이 없다는 말은 六塵을 인식하는 그 인식의 自體性이 없다는 것이다. 이로 말미암아 성품의 內分에서 六知根을 발하고, 모습의 外分에서 六塵境을 나타내어 根과 境이 번거롭게 얽혀서 圓湛性을 괴롭게 하는 것이 煩惱濁이다.[10)]

第四重 衆生濁

"또 네가 아침 저녁으로 生滅함이 멈추지 아니하여 知見은 항상 世間에 머물고자 하며(知見欲留) 業運은 매양 국토에 항상 옮겨가려 하여(業運常遷) 서로 組織해서 虛妄이 이루어졌으니 이것이 第四重인 衆生濁이라고 말한다."[11)]

『正脈疏』에서는 知見欲留는 '生從順習'이고 業運常遷은

10) 『戒環解』권8(卍續藏經17, p.765) 참조

11) 覺性 『楞嚴經正解』上, 玄音社, p.1013. "又汝朝夕 生滅不停 知見每欲留於世間 業運每常 遷於國土 相識妄成 是第四重 名衆生濁"

'死從變流'라고 표현했다. 그 의미는 살아서는 習慣을 따라가고 죽어서는 오히려 변해버린다는 것이다. 衆生濁이란 마음이 자꾸 朝夕으로 일분일초를 가만히 있지 않고 마음이 생겼다 사라졌다 하여 生滅을 여러 번 한 다음에 또 生滅하는 것이다.

煩惱濁에 의해 六塵에 지배받는 知見은 늘 世間에 머물고자 하는 마음을 갖게 하며 業運은 四大로 구성된 山河國土의 환경에 따라 變滅하며 趣向에 따라 다른 生을 받는다. 본래의 담원한 성품 가운데는 生死가 없지만 劫濁, 見濁, 煩惱濁에 器界와 身心이 함께 갖추어졌다. 그러므로 器界에 옮겨다니며 身心을 維持, 相續하는 곳에 드디어 無邊生死가 생기게 되었다. 이로 인하여 七趣에 流轉하여 一切衆生의 모습으로 변하고 바뀌므로 衆生濁이다.[12]

第五重 命濁

"너희들의 보고 듣는 것이 원래 다른 성질이 없거늘 여러가지 진(衆塵)이 막혀서 무단히 다른 것이 생겼나니 六根의 性가운데에는 서로 알되 작용 가운데에는 서로가 등져서 同과 異가 표준을 잃어서 서로 組織하여 虛妄이 이루어졌나니 이것이 第五重인 命濁이라고 말한다."[13]

---

12) 『正脈疏』권4(卍續藏經18, p.549) 참조

13) 覺性 『楞嚴經正解』上, 玄音社, p.1014. "汝等見聞 元無異性 衆塵隔越 無狀異生 性中相知 用中相背 同異失準 相織妄成 是第五重 名爲命濁"

『正脈疏』에서는 "命濁이란 六根이 맺혀서 命根이 그 가운데 依託하여 體와 用이 다 自在하지 못한 것"[14]이라고 하였다. 理一分殊라는 말이 있다. 즉 眞理는 하나인데 나뉘어져서 달라지는 것이다. '원래 다른 性이 없다'는 말은 바로 理一을 말한 것이다. 衆塵이란 六塵을 말하는 것으로 六塵이 서로 막혀서 서로 差別이 생기고 통하지 않게 되었다. 이때 그 性은 同이고 相은 異가 된다. 또 性은 體가 되고 相은 用이다. 體用 관계가 서로 다르다. 性으로 보면 理一이고 相으로 보면 分殊가 되며, 또 性相과 理事나 같다. 性이 바로 理이고 性이 바로 體이며, 相이 바로 事가 되고 用이 되는 것이다.

이 말에 대하여 覺性스님은 '六根이 맺혀 있으면 生命이 그 가운데 있으므로 六根과 六塵이 어울리면 生命이 存在하고, 六根과 六塵이 分散하여 四大, 五蘊으로 분리되면 목숨도 떠나 버리므로 命濁이다. 『起信論疏』에 命根은 六根을 전부 다 총괄한다고 하였는데, 命根은 生命을 말하는 것으로 生命이 끊어지면 六根은 아무 소용이 없다. 그러므로 命根을 命濁으로 보고 命濁은 識陰에 해당된다고 하였다. 이것은 第八識으로 生命을 유지시키는 작용'으로 보았다.

見聞覺知하는 작용은 본래 맑고 원만한 하나의 마음을 根本으로 하므로 다른 성품이 없다. 그런데 六塵으로 인하여 圓融한 體가 서로 막히고 어겨서 물질을 보고 소리를 듣게 되는 등의 다른 작용이 생긴 것이다. 곧 四大가 六根을 이루고 六根의 見聞覺知로 인하여 격리하여 相通하지 못하게 된 것이 命濁이다. 성품에서 본다면 동일한 眞常이므로 서로 알

14) 『正脈疏』 권4(卍續藏經18, p.550) 참조

지만, 用에서 본다면 生滅을 일으키므로 서로 등지니 眞常과 生滅, 同異와 和合이 恒常하는 기준을 잃게 되는 것이 命濁이 虛妄하게 짜인 모습이다.

이상과 같이 生滅心을 낳은 五濁에 대해서 검토하였다. 『正脈疏』는 五濁의 과정을 다음과 같이 정리하였다.

> 妙覺明心은 오직 하나의 湛圓함 뿐이다. 오히려 안과 밖이 없는데 어찌 모든 濁이 있겠는가? 晦昧해서 虛空이 된 후로부터 밖으로는 五大인 器界의 混濁한 바를 입어서 劫濁이 되었고, 내적으로는 四大身相의 混濁한 바를 입어서 見濁이 되고, 또 다시 안으로 六塵을 攀緣하는 影像의 混濁함을 입어서 煩惱濁이 되었다. 이로 말미암아 끊어지고 이어지는 몸과 마음과 遷流하는 국토에서 다시 生死의 混濁함을 입어서 衆生濁이 되었다. 이 四相을 보면 곧 內外가 다 하나의 混濁함 뿐이어서 완전히 湛의 의미를 잃어버렸다. 또 이로 말미암아 六塵이 맺히고 막히며 六根이 다시는 融通하지 못하여 命濁이 되었다. 이 一相을 보건대 온전히 圓의 의미를 또 잃어버렸다. 그러므로 湛圓을 다시 되찾으려고 하면 모름지기 五濁을 밝히는 방법을 구해야 한다.15)

衆生은 五濁에 의해서 妙覺明心의 湛圓함을 잃고 生滅心의 妄想에 사로잡혔다. 결국 生滅心을 없애기 위해서는 이러한 五濁을 명확히 認知하고 제거해야 한다. 『楞嚴經』에서는 五濁에서 벗어나는 방법을 탁한 물을 정화시키는 비유를 들

15) 『正脈疏』권4(卍續藏經17, p.550. 참조

어 암시하고 있다. 먼저 修行을 통하여 진흙을 가라앉히듯 客塵煩惱를 굴복시킨다. 이후 그릇에 가라앉은 진흙을 완전히 제거하는 과정을 거침으로서 根本無明을 완전히 끊고 涅槃의 청정한 妙德에 합할 수 있게 된다. 因地의 마음을 이와 같이 맑게 하여 修行해야 果地의 修證도 원만해져서 涅槃의 妙德을 얻을 수 있다. 『楞嚴經』에서 五濁을 맑히는데 적합한 修行法으로 제시되는 것이 圓通根을 통한 修行法이다.

2. 煩惱의 根本과 發業潤生의 원인을 깨달을 것

二決定義의 두 번째는 煩惱의 根本을 살피는 것이다. 위에서 修行이 初心에 生滅心을 없애고 不生滅心으로 修行하게 하기 위하여 五濁을 설명함으로써 有爲法이 생기게 된 차제를 말하였다. 이제 有爲法의 虛妄함을 알았으므로 修行에 있어서 有爲法이 방해하는 구체적 根源을 알아야 한다. 그 根源을 파악함으로써 修行의 방법도 導出된다.

"第二義는 너희들이 반드시 菩提心을 발하여 菩薩乘에 큰 용맹을 내어서 결정적으로 모든 有爲相을 다 버리려면, 마땅히 煩惱의 根本을 잘 살펴야 할 것이니 이것이 비롯 없음으로부터 옴으로 業을 발하며 潤生을 하되(發業潤生) 어느 것이 짓고 어느 것이 받는가를 잘 살펴보라. 아난아! 네가 菩提를 닦으나 만약 煩惱의 根本을 살펴보지 못하면 虛妄한 六根과 六塵이 어디가 顚倒한 곳임을 알지 못할 것이니 그곳도 알지 못하고서 어떻게 煩惱를 항복해서 如來의 지위를 취할 수 있겠느냐?"[16)]

有爲相은 有爲法이다. 앞서 五濁에 의해 生滅心으로 因地가 果地와 일치하지 않음을 경계하였다. 修行에 있어 衆生의 마음이 生滅心에 사로잡히는 것은 결국 煩惱의 문제로 집약된다. 發業潤生이라고 하는 것은 바로 煩惱를 일으키는 것이다. 無始이래로 業을 발하여 익혀서 나게 한다. 그것은 煩惱를 가리킨 것이고 '어느 것이 짓고 어느 것이 받는가'를 살피라고 했는데 그것은 根本을 표현한 것이다. 煩惱는 識과 관련이 되니 六根, 六識, 六塵의 관계가 문제가 된다. 부처님은 六根과 六識의 顚倒함에 煩惱의 根本이 있음을 설하고 계시다.

"곧 너의 現前에 눈, 귀, 코, 혀, 몸과 마음인 여섯이 도적이 되고 중매가 되어 집안의 보물을 겁취하나니, 이로 말미암아 비롯이 없는 衆生世界가 纏縛이 생기므로 器世間에서 능히 초월하지 못한다."[17)]

『楞嚴經』에서는 妄의 根源을 六根으로 보고 있다. 眼, 耳, 鼻, 舌, 身, 意의 여섯 가지 몸과 마음이 도적이 되어 佛性을

16) 覺性『楞嚴經正解』上, 玄音社, p.1023. "第二義者 汝等必欲 發菩提心 於菩薩乘 生大勇猛 決定棄捐 諸有爲相 應當審詳 煩惱根本 此無始來 發業潤生 誰作誰受 阿難 汝修菩提 若不審觀 煩惱根本 則不能知 虛妄根塵 何處顚倒 處尙不知 云何降伏 取如來位"

17) 覺性『楞嚴經正解』上, 玄音社, p.1028. "則汝現前 眼耳鼻舌 及汝身心 六爲賊媒 自劫家寶 由此無始 衆生世界 生纏縛故 於器世間 不能超越"

훔치고, 이로 말미암아 衆生世界에 얽히기 때문에 三界의 器世間에서 벗어나지 못한다고 말하고 있다. 煩惱는 六識의 작용으로 생기니 生死는 苦의 결과이며 六識은 生死의 根本이되고 六根은 六識의 根本이다. 여기서의 識은 分別識이자 生滅心이며, 根은 自體로는 分別함이 없는 不生滅心이다.

> 見覺은 아는 것이 없고 물질과 虛空을 因하여 있다[18]...하나의 見根인 見이 法界에 두루한 것처럼 聽覺, 嗅覺, 味覺, 觸覺과 覺觸과 覺知의 묘한 덕이 밝아서 法界에 두루하여, 十虛에 圓滿하나니 어찌 方所가 따로 있겠느냐.?[19]

위의 말씀은 『楞嚴經』에서 부처님이 見大가 如來藏性임을 설하신 부분이다. 見大는 六根을 대표하여 眼根을 내세운 것으로 볼 수 있다. 見大는 그 자체로는 앎이 없고 오직 六塵에 인하여 그 相을 받아들일 뿐 이다. 그런데 이렇게 받아들여진 六塵의 相을 識이 작용함으로써 虛妄한 分別을 일으키게 되고 이것이 곧 煩惱의 원인이 되는 것이다. 이런 면에서 六根과 六塵의 顚倒라 하는 것은 엄밀히 말하자면 六識과 六塵의 顚倒이다. 그러나 여기서 식은 六塵과 六根의 작용의 결과이므로 그 원인을 따질 때 六塵에 대한 識의 작용의 통로가 되는 六根을 도적이자 중매자로 보는 것이다. 그래서 識을 배척하고 根을 사용하여 圓通을 구하라고 하는 것이다. 根 자체에는 識의 작용이 없음으로 根을 깊이 觀하여 因緣에 따라 虛

18) 覺性 『楞嚴經正解』上, 玄音社, p.753. "見覺無知 因色空有"

19) 覺性 『楞嚴經正解』上, 玄音社, p.765. "如一見根 見周法界 聽齅嘗觸覺觸覺知 妙德瑩然 徧周法界 圓滿十虛 寧有方所"

妄하게 生滅하는 識과 塵으로부터 분리시키고 本然의 性을 찾음으로서 煩惱를 다스리고 圓通에 이를 수 있는 것이다.

Ⅲ. 六根을 택하여 圓通에 들어감

1. 六根의 功德을 따짐

二決定義를 통하여 因地와 果地를 일치시키고 發業潤生의 根源을 살필 것을 강조하였다. 그리고 發業潤生의 문제를 六根이 妄想을 일으키는 도적이자 중매자임에 초점을 맞췄다. 發業潤生의 원인을 六根에 집약한 이유는 修行의 方便으로서의 통로를 고려할 때 衆生이 見聞覺知 하는 妄想을 媒體로서 六根이 작용하지만 自性은 無知이기 때문이다. 이는 逆으로 六根을 통한 圓通의 길을 열어준다. 이 六根의 면모를 살펴보면 衆生世界를 기준하여 볼 때 많은 功德을 지니고 있되, 그 功德의 數에 차이가 있음을 알 수 있다.

> "아난아! 어떤 것을 衆生世界라 하느냐? 世는 漂流함이고 界는 方位를 말함이니 네가 지금 마땅히 알라. 東, 西, 南, 北과 동남, 서남, 동북, 서북과 상, 하는 界가 되고 過去와 未來와 現在는 世가 되나니 方位는 열이 있고 流數는 셋이 있다. 一切衆生이 虛妄을 組織하여 서로 이루어서 몸 가운데 貿遷하여 世界가 相涉하느니라. 이 界의 性이 비록 十方이지만 決定된 方向을 밝힐 수 있는 것은 世間에서 다만 東, 西, 南, 北만 지목

한다. 위와 아래는 위치가 없고 중간은 정해진 방위가 없다. 四方의 숫자가 반드시 분명하여 三世와 더불어 서로 交涉하되 3, 4와 4, 3이 완전히 12가 되고 흘러 변해 세 번 쌓여서 일십, 백, 천이다. 始와 終을 총괄하면 六根의 안에 각각 功德이 1200이 있다."[20]

世界가 相涉한다는 말은 世와 界가 組織이 되어서 서로 떠나지 못하는 것이다. 지금 무엇 때문에 世界를 설명하는가? 그것은 根結과 관련이 있다. 六根의 結縛도 하나의 世界 속에 작은 世界에 속한다. 衆生世界란 바로 六根에 結縛되어 業을 짓는 主體인 衆生의 一身을 말한다. 衆生世界로 볼 때 肉體가 空間이 되고, 태어나서 지나온 세월이 時間이 된다. 衆生世界 곧 六根의 입장에서도 方位와 時間이 나누어지는데 각 根에 따라 그 功德의 범위가 차이가 있다. 여기서 功德數量을 밝히는 이유는 圓通을 얻으려면 功德의 數量이 많은 것을 선택해서 닦아야만 된다는 것을 말씀하시기 위해서다. 功德數量의 優劣을 정해볼 때 耳根, 舌根, 意根이 가장 우월하다. 귀는 十方에 遺失함이 없고, 혀는 世間과 出世間의 지혜를 다 나타낼 수 있어 그 이치에 다함이 없다. 意根은 一切世間法과 出世間法을 묵묵히 포용하여 聖人의 法과 凡夫의

20) 覺性 『楞嚴經正解』上, 玄音社, p.1031. "我難 云何名爲 衆生世界 世爲遷流 界爲方位 汝今當知 東西南北 東南西南 東北西北 上下爲界 過去未來 現在爲世 方位有十 流數有三 一切衆生 織妄相成 身中貿遷 世界相涉 而此界性 設雖十方 定位可明 世間只目 東西南北 上下無位 中無定方 四數必明 與世相涉 三四四三 宛轉十二 流變三疊 一十百千 總括始終 六根之中 各各功德 有千二百"

法을 포용하지 못함이 없다. 生死의 根源을 돌이켜 不生滅에 이르려 한다면 見聞覺知 하는 여섯 가지 受用根을 하나 하나 따져 深, 淺, 合, 離, 圓通·不圓通의 難易. 優劣을 따져 보아야 한다. 修行을 할 때 깊고(深) 넓게(離) 觀하는 것이 가능한 根일수록 좋은 것이다. 六根 중에서 離, 深, 圓通 세 가지를 완전히 갖춘 것은 귀 밖에 없다. 가령 舌根과 意根은 離, 深은 되나 圓通이 아니고 오직 耳根만이 離, 深, 圓通을 모두 갖추었다.

2. 一門으로 들어가면 六根이 풀어짐

그렇다면 六根의 도적을 물리칠 방법은 무엇인가? 먼저 六根의 合離, 深淺 등을 따져 修行者의 根器에 맞는 根을 하나 선택할 것을 제시하고 있다.

> "시방의 여래께서 18界에 대해서 낱낱이 修行하시어 모두 위없는 菩提를 원만함을 얻으셨으니, 그 중간에 優와 劣이 없지마는 너는 下劣하여 그 가운데서 自在한 지혜를 원만하게 얻지 못하나니 그러므로 내가 宣揚하여 너로 하여금 다만 一門으로 깊이 들어가게 한 것이니 하나의 門으로 들어가서 虛妄이 없어지면 저 여섯 가지 아는 六根이 일시에 청정하리라."[21]

하나의 根을 선택하여 圓通하여도 六根이 모두 풀림을 밝

21) 覺性『楞嚴經正解』上, 玄音社, p.1053. "十方如來 於十八界 一一修行 皆得圓滿 無上菩提 於其中間 亦無優劣 但汝下劣 未能於中 圓自在慧 故我宣揚 令汝但於 一門深入 入一無妄 彼六知根 一時淸淨"

히고 있다. 왜 그러한가? 六根은 원래 하나도 아니고 여섯도 아니기 때문이다. 비롯이 없는 때로부터 顚倒하고 潤滯하므로 圓湛에서 一이라 六이라 하는 것이 생긴 것이다. 본래 담연하고 원만한 眞如의 性이 六根과 六塵, 六識으로 나눠지게 된 것은 모두가 본래의 明妙한 覺에 虛妄하게 밝히려고 하는 明覺이 작용하여 能所가 發生하고 이에 따라 分別이 일어났기 때문이다. 이에 대해서 衆生이 相續하는 因緣을 설하는 부분에서 이미 밝힌 바 있다.

"明의 妄은 다른 것이 아니라 覺明이 허물이 된 것이니, 所妄이 이미 성립됨에 밝은 이치가 그를 벗어나지 못하나니, 그러한 因緣 때문에 듣는 것이 소리를 벗어나지 못하며 보는 것이 빛깔을 초월하지 못하여, 色, 聲, 香, 味, 觸, 法 여섯 가지 覺의 虛妄이 성취하나니, 그로 말미암아 見聞覺知를 분개하여 같은 業들은 서로 얽히고 合과 離는 형성을 하고 변화를 하느니라."[22]

때문에 하나의 根을 선택하여 分別識을 모두 끊어버리면 本然의 圓湛한 성품에 이를 수 있다. 이는 마치 虛空을 여러 그릇에 놓아두면 그릇에 담긴 虛空은 그릇에 따라 모양이 다른 듯이 보이지만, 본래 虛空 자체는 그릇의 모양과 數에 상관없이 두루한 것과 같다. 一門으로 들어가 分別識을 끊는 과정은 動, 靜, 根, 覺, 空, 滅의 六結을 차례로 풀어서 人空,

---

22) 覺性 『楞嚴經正解』上, 玄音社, p.874. "明妄非他 覺明爲咎 所妄旣立 明理不踰 以是因緣 聽不出聲 見不超聲 色香味觸 六妄成就 由是分開 見覺聞知 同業相纏 合離成化"

法空, 俱空을 모두 초월하는 것이다. 經에서는 이를 위한 최고의 圓通法으로서 觀世音菩薩의 耳根圓通을 제시하고 있다. 이는 본문의 논제를 벗어나는 주제이므로 이에 대한 설명은 생략하기로 한다.

Ⅳ. 마치는 말

지금까지 三摩提 修行에 있어서 了義가 되는 二決定義와 거기서 도출된 修行法으로서의 六根 修行의 면모를 살펴봤다. 二決定義의 첫 번째는 因地와 果地가 같은지 살피는 것이다. 이는 本覺을 세워 始覺을 얻음이니 이것이 三摩提 修行의 大原則이다. 그러나 衆生이 因地와 果地를 일치시키기 어려운 이유는 衆生은 生滅心에 의지하기 때문이다. 二決定義의 두 번째는 煩惱의 根本을 살피는 것이다. 이는 첫 번째 決定義인 因地와 果地의 일치라는 大義를 견지하기 위한 실천적 方便을 제시하는 것이다. 修行의 처음에서 끝까지 因地가 果地의 뜻을 떠나지 않게 하려면 煩惱의 根源을 알아내고 근본적으로 煩惱를 끊어 버림으로서 因地를 더럽히는 때, 즉 五濁을 모두 제거해야 한다. 成佛이라는 果位를 얻으려는 修行者에게 있어 결국 煩惱의 根本은 六根의 문제로 귀결되고, 六根의 妄想을 해결해야 한다. 結者解之의 이치로 六根을 圓通으로 삼아 그 根源으로 거슬러 올라가 妄想을 없애야 하는데 가장 根器가 낮은 衆生들에게는 六根 중 가장 功德을 많이 지닌 耳根을 통한 圓通修行이 제시되고 있다.

12. 六解一亡의 圓通法 고찰

日熏 眞煥

1. 序 文

『楞嚴經』은 三摩提의 방편으로서 圓通根을 통한 수행을 제시하고 있다. 圓通根 수행은 六根이 바로 번뇌의 원인이자 동시에 깨달음의 통로(解結同體)인 까닭이다. 부처님이 三摩提法門에서 가장 먼저 설법한 初發心의 二決定義의 내용으로 볼 때, 五濁에 의한 生滅心이 중생의 번뇌를 필연적으로 야기한다. 중생의 번뇌는 구체적으로 六根과 六塵의 顚倒로 인하여 발생함을 깨닫고, 마치 맺힌 매듭을 그 매듭의 중심에서 풀어야 하듯이 번뇌의 원인인 六根을 통해서 번뇌를 벗어나야 佛性에 이를 수 있다. 본문에서 번뇌의 원인이자 圓通의 통로로서의 六根의 작용과, 번뇌의 해결과정인 六解一亡을 고찰하고자 한다.

2. 수행의 방편으로서의 圓通根

1) 六根이 煩惱의 根本

너희들이 결정코 보리심을 내어 여래의 묘한 三摩提에 疲倦을 내지 아니하려거든, 깨닫는 初心의 두 가지 결정한 뜻을 먼저 밝혀야 한다. 어떤 것이 初心의 두 가지 뜻의 결정이냐? 아난아, 第一義는 너희들이 만약 聲聞을 버리고 菩薩乘을 닦아서 佛知見에 들어가고자 한다면 마땅히 因地의 發心이 果地의 覺과 같은가, 다른가를 잘 살펴보아야 한다...第二義는 너희들이 반드시 보리심을 발하여 菩薩乘에 큰 용맹을 내어서 결정적으로 모든 有爲相을 다 버리려면, 마땅히 번뇌의 근본을 잘 살펴야 할 것이니 이것이 비롯 없음으로부터 옴으로 업을 발하며 潤生을 하되 어느 것이 짓고 어느 것이 받는가를 잘 살펴보라.[1]

1) 覺性 『楞嚴經正解』上, 玄音社, p.993. "汝等決定發菩提心 於佛如來妙三摩提不生疲倦 應當先明發覺初心 二決定義. 云何初心二決定義 阿難第一義者 汝等若欲捐捨聲聞 修菩薩乘入佛知見 應當審觀因地發心 與果地覺爲同爲異...第二義者 汝等必欲發菩提心 於菩薩乘生大勇猛 決定棄捐諸有爲相 應當審詳煩惱根本 此無始來發業潤生誰作誰受"

부처님은 三魔提 法門을 시작하면서 初心의 두 가지 결정적인 뜻을 얻을 것을 강조하셨다. 이것이 그 첫 번째가 因地와 果地가 같은지 살필 것이고 두 번째가 煩惱의 根本을 잘 살필 것이다. 중생의 因地가 佛知見의 果地에 일치하기 힘든 원인으로 중생의 生滅心을 들고 번뇌의 근본이 發業潤生하는 원인으로 六根과 六識의 顚倒를 들었다. 無明이 業을 발하고 愛取가 生을 더하게 하며 六識이 이를 짓고 八識은 이를 받아들이니, 숨어서는 번뇌의 근본이 되고 드러나면 허망한 根塵이 된다. 이 점을 알아야만 번뇌를 항복시킬 수 있고, 항복시켜야만 如來의 常住果를 취할 수 있는 것이다.[2] 이렇게 識이 번뇌를 유발하는 과정에서 중계자 역할을 하는 것이 六根인 것이다.

> 아난아, 네가 보리를 닦으나 만약 번뇌의 근본을 살펴보지 못하면 허망한 六根과 六塵이 어디가 顚倒한 곳임을 알지 못할 것이니 그곳도 알지 못하고서 어떻게 번뇌를 항복해서 如來의 지위를 취할 수 있겠느냐?...곧 너의 現前에 눈, 귀, 코, 혀, 몸과 마음인 여섯이 도적이 되고 중매가 되어 집안의 보물을 겁취하나니, 이로 말미암아 비롯이 없는 중생세계가 纏縛이 생기므로 器世間을 능히 초월하지 못한다.[3]

---

2) 『戒環解』권8(卍續藏經17, p.766) 참조

3) 覺性 『楞嚴經正解』上, 玄音社, p.1026. "阿難 汝修菩提 若不審觀煩惱根本 則不能知虛妄根塵何處顚倒 處尙不知云何降伏取如來位...則汝現前眼耳鼻舌及與身心 六爲賊媒自劫家寶 由此無始衆生世界生纏縛故於器世間不能超越"

번뇌의 근본은 외부의 六塵을 識이 歪曲을 하기 때문이다. 識이 왜곡을 하는 원인은 근본적으로 몸이 變滅하는 사대로 이루어졌고, 외부를 인식하는 六根 또한 四大로 이루어진 몸의 일부이기 때문이다. 生滅性을 지닌 六根을 통해 보고, 듣고, 맡고, 맛보고 느끼고 생각하므로 六塵을 떠나서는 相도 없고 覺도 없다. 그런데 기실 六塵 역시 외부의 대상이라 할 수 없는 본래의 담연한 如來藏이다. 본래는 識도 없고 根도 없고 塵도 없는 것이다. 그러나 중생세계에서는 識이 허망함을 일으키고, 이 허망한 식이 일어남에 있어 根이 매파 역할을 하는 것이다. 이로 말미암아 중생세계가 기세간의 범위를 벗어나지 못하는 것이다.

2) 六根이 圓通의 열쇠

六根이 번뇌의 근본임을 정확히 알면 오히려 六根을 통하여 圓通에 이를 수 있다. 이는 마치 매듭을 풀기 위해서는 맺힌 데를 찾아내고 그 매듭의 중심에서 해결을 해야만 되는 것과 같은 이치다. 生死 愛慾의 흐름을 거슬러서 흐르는 뿌리를 돌이켜 궁구하여 不生滅에 이르려 한다면, 이러한 여섯 가지 受用根이 어느 것은 合이고 어느 것은 떠나고(離)어느 것은 깊고(深) 어느 것은 옅으며(淺) 어느 것은 圓通이 되고 어느 것은 圓通이 되지 아니하는가를 살펴 알아야 한다. 만약 여기에서 圓通한 根을 깨달아서 비롯이 없는 허망으로 조직된 業의 흐름을 거슬러 圓通함을 따르면 원만하지 못한 根

보다 一劫의 갑절이나 더 빨리 이룰 수 있다.

시방 如來와 같이 根機가 殊勝한 경우에는 六根, 六識, 六塵 등 18界에 대하여 낱낱이 수행하였기 때문에 어느 것을 택하여 수행에 들어가도 막힘이 없다. 그러나 下劣한 중생의 경우에는 六根 중에 하나를 선택해서 깊이 수행함으로써 圓通에 이를 수 있다. 圓通에 이르면 허망이 없어지고 六根이 일시에 청정해지고 담원해진다.

3. 六根이 갈라진 연유

1) 非一非六

六根은 근원으로 돌아가면 원래 非一非六으로 하나도 아니고 여섯도 아니다. 六根이 만약 하나라고 한다면 六根이 色, 聲, 香, 味, 觸, 法에 각각 따로이 대응하는 것을 설명할 수 없다. 즉, 귀로는 볼 수가 없고, 눈은 듣지 못하며, 코로는 감정을 느끼지 못하듯이 서로 互用하지 않는 것이다. 그렇다면 六根은 완전히 분리된 여섯인가? 귀로 들은 바에 대하여 입으로 들은 바의 의미를 묻고, 몸으로 일어서서 공경을 표한다. 눈으로 음식을 보고나서 그 냄새를 맡고자 하고, 코로 그 음식의 향기로운 냄새를 확인하고 입으로 맛을 본다. 六根이 완전히 분리되었다면 귀로 들은 바에 대해서 나머지 五根은 알지 못하고 들은 바에 따라 나머지 五根이 작용할 일도 없는 것이다. 이러한 점은 六根이 본래 서로 통하는 것임을 뜻하는 것이니 또한 六根이 여섯도 아닌 것이다.

> 그러므로 응당 알아라. 하나가 아니라 마침내 여섯이고 또 여섯도 아니라 마침내 또 하나이니 결국 너의 根은 원래가 하나도 아니고 원래가 여섯도 아니니라.[4)]

非一終六 非六終一 終不元一元六이라 했다. 六根이 하나로 귀결되는 것도 아니고 하나가 六根으로 귀결된 것도 아니다. 하나도 아니고 여섯도 아니다. 六根이 각각 구별되어 따로 분리된 것으로 보이나, 실질적으로는 서로 호용하여 반응한다. 그러므로 여섯이 아니다. 그러나 六根을 하나로 귀결한다면 小乘의 최하위인 수다원과에 머무른 것과 마찬가지로 그 지혜가 보잘 것 없는 것이다. 六根이 하나도 아닌 이유를 경에서는 허공을 그릇에 담는 것에 비유하였다.

> 마치 太虛空을 여러 그릇에 놓아두면 그릇 모양이 다름을 따라서 다른 허공이라고 말할 수 있고 그릇을 제거하고 허공을 보면 허공이 하나라고 말을 하거니와 저 太虛空이야 어찌 너에게 같기도 하고 같지 않기도 하겠느냐? 하물며 어찌 하나다, 혹은 하나가 아니다라고 말을 하겠느냐? 곧 너의 아는 여섯 가지 受用根도 그와 같다.[5)]

---

4) 覺性 『楞嚴經正解』上, 玄音社, p.1061. "是故應知 非一終六非六終一 終不汝根元一元六"

5) 覺性 『楞嚴經正解』上, 玄音社, p.1064. "如太虛空參合群器 由器形異名之異空 除器觀空說空爲一 彼太虛空云何爲汝 成同不同何況更名是一非一 則汝了知六受用根亦復如是"

담연한 허공에 각기 다른 모양의 그릇들을 놓고 그 안에 담긴 허공에 대해 말하기를 '하나가 아니다, 각기 다른 모양이다'라고 말한다면 그것은 허공이 아닌 그릇의 성질을 말하는 것이지 허공 자체의 성품을 말하는 것이 아니다. 六根의 경우도 이와 같아서 六根의 근원은 허공과 같이 담연한 것이라 특정한 모양이나 수량의 구별이 없다. 그러나 무시이래로부터 圓湛한 성품에서 전도된 六根의 구별에 집착하여 이것을 하나다 혹은 여섯이다 말하니 이것은 모두 虛想이다. 하나라는 집착도 역시 六根의 구별을 전제로 하는 것일 뿐이다. 만일 그릇을 모두 제거하면 허공뿐이어서 거기서 여섯도 하나도 의미가 없어지는 것과 같이 六根에 감춰진 청정하고 담연한 본성에 이르면 하나마저도 사라지는 것이다.

2) 六塵의 十二相을 인하여 六根이 형성됨

經에서는 본연하고 圓湛한 眞空의 자리에서 여섯의 구별이 생긴 이유는 六塵의 明暗, 動靜, 通塞, 恬變, 離合, 生滅의 12相에 각각 분별하여 부응함으로써 이에 따라 眼, 耳, 鼻, 舌, 身, 意의 六根이 형성되었기 때문임을 밝히고 있다.

> 明과 暗 등 두 가지가 서로 나타남을 말미암아 妙圓 가운데에서 湛에 붙어 見을 발하여 見精이 色을 비추며 色塵을 결성해서 眼根이 되었나니 眼根의 근원은 淸淨四大라 하고 인하여 眼體라 말하며 포도송이와 같은 浮根四塵이며 流逸하여 色塵에 달아나느니라.[6)]

六根 중에 眼根이 생기게 된 연유를 설명한 것이다. 明은 色塵의 드러남이고 暗은 色塵이 감춰짐이다. 이 明과 暗의 어울림에 의해서 眞如의 묘원하고 원담한 성품에서 허망한 見이 이루어지고 이에 부합하여 眼根이 형성된다. 見의 본래의 성품이 담긴 淸淨四大와 見의 眼根의 體, 즉 眼球를 형성하는 浮根四塵이 결합하여 眼根을 이룬다. 浮根四塵인 眼球는 비록 眼根의 體는 갖추었으나 아직 眼識이 흐르지 않으니, 마치 거울 속의 물체와 같이 따로 아는 바가 없으니 이를 浮塵根이라고도 한다. 淸淨四大는 비록 四大에 속하나 그 相이 가장 미세하여 聖人의 눈이나 天眼으로야 비로소 볼 수 있고 범부는 볼 수 없으니, 이를 勝義根이라고 한다. 결국 浮塵根은 塵에 결합하고 勝義根은 識에 결합하니, 곧 根이 顚倒의 주범이고 중매자가 되는 것이다.

마찬가지의 이치로 動과 靜[7]을 인하여 耳根을 형성하고, 通과 塞[8]을 인하여 鼻根을 형성하고, 恬과 變[9]을 인하여 舌根을 형성하며, 離와 合을 인하여 身根이 형성되고, 生과 滅을 통하여 意根이 형성된다. 이것은 각각 본래의 순수한 眞

---

6) 覺性『楞嚴經正解』上, 玄音社, p.1067. "由明暗等二種相形 於妙圓中粘湛發見 見精映色結色成根 根元目爲淸淨四大 因名眼體如葡萄朶 浮根四塵流逸奔色"

7) 動은 소리의 진동함이고 靜은 소리가 걷힌 고요함이다.

8) 通은 향기가 통하는 것이고 塞은 향기가 막혀 냄새를 맡을 수 없음이다.

9) 恬은 평온하고 고요하다는 뜻으로음식물이 혀에 대이지 않아서 맛의 요소가 발하지 않는 것이고 變은 恬의 상태에서 변화가 일어나 짜고, 달고, 매운 등의 맛이 발하는 것이다.

如의 성품에 허망한 識을 일으켜 六塵의 12相에 부합하고 그에 따라 六根의 結縛이 생겨 결국 서로의 구별이 있는 것이다.

4. 12相을 떠나 本性에 이름

1) 六根이 12相을 떠나면 純覺을 얻음

六根은 원래 밝은 眞如의 覺明을 알지 못하고 밝히려고 하는 생각을 일으켜 허망하게 대상을 세우니 이것이 곧 無明의 시작이다. 따라서 眞如의 圓湛性을 잃고 識이 이루어지고 塵을 취하니, 곧 明暗 등의 妄塵이 湛明한 眞性을 障碍하여 根을 이루는 근본이 되어 六根이 맺어진 것이다.

따라서 明暗을 여의면 보는 자체가 없고, 動靜을 여의면 듣는 성질이 없다. 또 通塞이 없으면 냄새 맡는 성질이 생기지 않고, 恬變이 없으면 맛보는 작용도 나오지 않는다. 合離를 여의면 感觸의 작용도 없고, 生滅이 없으면 분별해 아는 작용이 의지할 곳이 없다. 이와 같이 12相을 모두 여의면 前塵이 일으킨 知見을 말미암지 않게 되므로, 本覺의 밝은 성품이 根에 종속되는 것이 아니라 根을 통해 本覺의 밝은 성품이 드러나게 된다. 그러므로 六根이 서로 互用을 하게 되고 그 분별의 벽이 무너지게 된다. 아나율타가 눈이 없어도 밝게 보았고, 발란타용[10]은 귀가 없어도 들을 수 있고, 교범발제[11]는 혀가 다른데도 맛을 아는 것은 客塵의 攀緣性을 떠

10) 발란타용(跋難陀龍)은 아뇩달지라는 雪山에 있는 연못에 사는 용

남으로 根이 서로 互用하게 된 결과이다.

12相을 떠난 根이 호용을 얻어 모든 根의 분별마저 원만하게 뽑아버리면 안으로 覺明이 발하여 浮塵과 器世間의 모든 변화상이 끓는 물에 얼음이 녹듯이 사라져 無上覺을 이루게 된다. 太虛空을 담아둔 모든 그릇들을 모두 제거함으로써 애초에 하나도 없고 둘도 없는 太空의 자체만 남게 되는 것이 바로 이런 이치인 것이다.

그런데 부처님의 이러한 가르침에 대해서 아난은 하나의 의혹을 제기한다. 마음이 前塵을 여의면 如來의 本心도 의지하여 얻을 바가 없어지리라는 斷滅의 의혹이다.

2) 12相을 떠남은 斷滅 아닌 妄想의 消滅

世尊이시여, 부처님께서 말씀하시기를 '因地의 覺의 마음으로 常住를 구하고자 하면, 반드시 果位의 명목과 서로 부합해야 한다'고 하셨나이다...만일 보고 듣는 것이 明, 暗, 動, 靜, 通, 塞 등을 떠나게 되면, 畢竟에 그 자체가 없는 것이 마치 생각하는 마음이 前塵을 떠나면 본래 없는 것과 같사오니 이 필경에 斷滅함을 가지고서 어떻게 닦는 원인을 삼아서 여래의 七常住果[12]를 얻겠나이까? 世尊이시여! 만약 밝은 것과 어두운 것

11) 교범발제(驕梵鉢提)는 부처님의 제자로 소처럼 되새김질하는 우시病이 있어서 혀의 기능이 일반인과 같지 않다.

12) 成佛할 때 얻어지는 七果로 菩提, 涅槃, 眞如, 佛性, 菴摩羅識, 空如來識, 大圓鏡智를 말한다. 보리는 깨달음(覺), 열반은 寂滅, 진여는 不虛妄, 불성은 覺性, 암마라식은 제8식을 전환하여 無垢識이 된 제9 白淨識, 공여래장은 眞空, 대원경지는 平等普照를 뜻한다. 七果로 나누었지만 모두 始覺 時에 얻어지는 究竟의 담원하고 청정한 본연의

> 을 떠나게 되면 보는 見이 필경에 공허함이 마치 前塵이 없으면 생각의 自性이 없음과 같겠나이다. 이리저리 순환하여 추구해 보아도 본래 저의 마음과 저의 마음 心所가 없사오니 무엇을 가지로 因을 삼아서 無上覺을 구할 수 있겠나이까?[13]

'因地의 覺의 마음으로 常住果를 구하고자 하면, 반드시 果位의 명목과 서로 부합해야 한다'는 말은 初發心의 二決定義 중 첫 번째인 '初發心의 因地와 佛知見의 果地가 일치할 것'을 말하는 것이다. 斷滅이란 연결이 끊어져서 사라지는 것이다. 아난의 생각으로는 12相을 여의게 되면 마음이 六塵과 연결이 끊어져 버린다. 그런데 마음이 작용하는 것은 六塵을 내용으로 하여 감정과 상념을 내는 것인데 六塵과 연결이 끊어져버리면 마음에는 나타낼 바가 하나도 없어, 마음 자체가 없는 것과 같다는 것이다. 아난의 의혹은 이렇게 마음이 공해져서 아무 것도 남은 것이 없게 되면 심지어 如來의 七常住果를 얻기 위해 因을 삼을 것도 없게 되니 결국엔 涅槃도 이룰 수 없으리라고 보는 것이다. 아난이 보기에 마음과 六塵이 끊어지면 斷滅이고, 이 斷滅로 因을 삼으니 일곱 가지 常住의 果를 얻을 수 없다는 것이다.

부처님이 말씀하신 바는 12相을 떠남으로써 감춰져 있는 眞如의 본성이 나타나게되고 그리고 나서야 비로소 이 妙眞如性을 初發心으로 삼아 成佛의 果地에 합치할 수 있게 된다

體를 말하는 것이니, 사실 모두 같은 말이다.

13) 覺性『楞嚴經正解』上, 玄音社, p.1100. "世尊如佛說言 因地覺心欲求常住 要與果位名目相應...若此見聽離於明暗動靜通塞 畢竟無體猶如念心 離於前塵本無所有 云何將此畢竟斷滅 以爲修因欲獲如來七常住果"

는 의미다. 그런데 아난은 이것을 거꾸로 보아 12相이 떠남은 斷滅이기 때문에 初發心으로써 如來藏의 因地를 세울 수 없다고 보고 있다. 이는 부처님의 설법을 아난이 들어서 알기는 했으나, 그에 완전한 깨달음을 얻지 못하고 오히려 六塵에 반연하는 마음으로써 다시 부처님의 설법을 받아들이기 때문이다.

부처님은 종을 칠 때의 聞性을 말해서 어리석은 아난을 일깨운다. 종을 여러 차례 울리게 하시고 아난에게 '듣는가', 혹은 '소리가 나는가'를 반복해서 물으신다. 이는 아난에게 聲塵인 소리와 듣는 본연의 性(聞性)을 혼동하지 말 것을 주지시키는 것이다.

> 아난아, 소리가 사라지고 메아리까지 없을 때 너는 들음이 없다고 말하니, 만약 참으로 소리를 듣는 것이 없다면, 듣는 性이 아주 없어져서 고목과 같을 것인데, 종을 다시 치는 것을 네가 어떻게 아느냐? 소리 있는 것을 알고 소리 없는 것을 아는 것은, 소리가 스스로 있었다 없었다 함이언정, 저 聞性이 어찌 너에게 있었다 없었다 하겠느냐? 들음이 참으로 없다면 그 없음을 무엇이 아는 것이냐? 그러니까 아난아! 聞性 중에서 소리가 스스로 났다 없어졌다 함이언정 너의 聞性이 소리가 생긴다 해서 있거나 소리가 사라진다 해서 없는 것은 아니다. 네가 顚倒하여 소리를 미혹하여 듣는 것으로 여기니, 혼미하여 恒常한 것을 斷滅이라고 본 것이 어찌 괴이하다 하겠느냐? 動, 靜, 閉, 塞, 開, 通을 떠나서 따로 듣는 自性이 없다고 말하지 말라.[14)]

---

14) 覺性 『楞嚴經正解』上, 玄音社, p.1111. "阿難 聲銷無響汝說無聞 若實

종소리가 나고 안 나는 것은 바로 動과 靜이다. 그런데 소리가 나지 않을 때 듣지 않는다고 하는 것은 잘못이다. 소리가 나지 않음 또한 聞性을 통하여 '소리가 나지 않음을 듣는 것'이다. 비록 動과 靜을 여의더라도 듣는 자체의 性, 즉 聞性은 사라지지 않는 것이므로 이를 斷滅이라서 마음에 남는 것이 아무것도 없다고 하는 것은 옳지 않은 것이다.

5. 六解一亡

1) 生死와 菩提가 모두 六根

12相을 여윔으로써 六根을 푼다는 것은 客塵의 12相을 떠남으로써 妄識을 잠재우고 본래의 담연한 性을 얻어 六根의 구별을 없애는 것이다. 모든 중생이 무시이래로 빛깔과 소리 등의 六塵에 반연하여 妄識을 일으켜 본래의 性淨妙常을 깨닫지 못하고 生滅만을 따르게 되었다. 만일 生滅을 버리고 眞性을 얻으면, 본래의 밝은 마음자리가 앞에 나타나서, 六根뿐 아니라 六塵, 六識의 마음이 일시에 소멸하게 된다. 마음자리에 나타나는 바의 塵과 識이 모두 오염된 妄想일 뿐이니, 根을 밝히면 두 가지를 모두 떠나 眞如의 성품을 얻을

無聞聞性已滅同於枯木　鐘聲更擊汝云何知　知有知無自是聲塵惑無惑有豈彼聞性爲汝有無　聞實云無誰知無者　是故阿難　聲於聞中自有生滅　非爲汝聞聲生聲滅　令汝聞性爲有爲無　汝尙顚倒惑聲爲聞　何怪昏迷以常爲斷　終不應言離諸動靜閉塞開通　說聞無性"

수 있다. 그렇다면 이 六根의 결박은 어떻게 풀어야 하는가. 수건의 매듭을 풀 때 맺힌 곳을 알아야 하는 것과 마찬가지로 六根의 결박도 맺힌 곳을 알아야 풀 수 있다.

> 俱生無明이 너로 하여금 生死에 輪轉하게 하는 그 맺힌 根을 알고자 한다면 오직 너의 六根이고 다른 것이 없으며, 또 無上菩提가 너로 하여금 安樂, 解脫, 寂靜, 妙常을 속히 얻게 함을 알고자 한다면 역시 너의 六根이고 다른 것이 없다.15)

번뇌를 만들어 生死에 輪迴하게 하는 것도 六根이고, 번뇌를 풀어 涅槃을 얻게 하는 것도 六根이다. 六根의 결박은 生死輪迴이고 解結은 安樂妙常이다. 중생은 六根을 자신으로 보고 六塵은 境界로 보아 自他를 구분하고, 境界에 알음알이를 일으켜 六識이 일어난다. 六塵을 인하여 六根이 생기므로 根과 塵이 같은 근원이고 속박과 해탈이 둘이 아니기 때문이며 識의 성품은 허망하여 空花과 같기 때문이다.

2) 매듭으로 비유를 들어 六解一亡을 설명하다

六根을 풀 때는 12相을 모두 한꺼번에 여의는 것, 즉 六根을 한꺼번에 모두 해체시킬 필요는 없다. 왜냐하면 앞서 기술했듯이 본연의 妙眞如性을 얻으면 六根의 분별이 이미 의미가 없어져 여섯도 하나도 남지 않기 때문이다. 그런데 아

---

15) 覺性 『楞嚴經正解』上, 玄音社, p.1134. "汝欲識知俱生無明 使汝輪轉生死結根 惟汝六根更無他物 汝復欲知無上菩提 令汝速證安樂解脫寂靜妙常 亦汝六根更非他物"

난은 아직 六根을 푸는 순서와 이치를 깨닫지 못하므로 부처님께 다시 질문을 한다.

> 제가 지금에 부처님의 無遮大悲로 性이 청정하고 미묘하고 항상한 眞實法句를 들었으나, 아직도 여섯이 풀리면 하나까지도 없어진다는 매듭 푸는 순서를 모르고 있사오니, 바라옵건대 큰 자비로써 이 법회에 모인 사람과 및 장래의 중생들을 불쌍히 여기시어 法音을 베풀어 미세한 마음의 때를 깨끗이 세척해 주옵소서.[16)]

아난의 마음에는 아직까지 여섯이 풀리면 하나까지도 없어진다고 하는 매듭을 푸는, 즉 六根의 맺힌 것이 있는 번뇌를 푸는 차례를 알지 못했다. 이에 대해 부처님은 수건에 여섯 매듭을 차례로 맺어서 그 이치를 설하신다. 수건에 하나의 매듭을 만들어도 매듭이고 여섯 개의 매듭을 맺어도 매듭이다. 이것은 根이 비록 여섯 개로 나뉘었지만, 모두 수건이라는 眞如의 성품에서 맺어진 것에 차이가 없음을 밝히는 것이다. 그런데 이 여섯 매듭은 그 맺어진 순서와 위치에 따라서 첫 번째, 두 번째... 여섯 번째의 매듭이라는 구별이 있다. 이는 비록 六根이 본래의 원인을 따져보면 모두 妙眞如性에서 비롯되어 차이가 없지만 六根이 생겨 구별이 있고 다름이 생겼다는 것이다. 이것을 또한 같은 것이라고 말할 수만도 없는 것이다.

---

16) 覺性 『楞嚴經正解』上, 玄音社, p.1169. "我今聞佛無遮大悲 性淨妙常 眞實法句 心猶未達六解一亡舒結倫次 惟垂大慈再愍斯會及與將來 施以法音洗滌沈垢"

부처님이 아난에게 이르시기를 "아난아, 네가 이것(여섯 매듭)을 혐오하여 여섯 매듭이 성립되지 아니하고, 하나가 되기를 원한다면 다시 어떻게 해야 하느냐?"

아난이 말하기를 "世尊이시여, 이 매듭들이 그냥 있으면 是非가 칼날 같이 어지럽게 생겨서,벌떼같이 일어나서 그 가운데 이 매듭은 저 매듭이 아니고 저 매듭은 이 매듭이 아닌 것이 저절로 생길 수 있거니와, 여래께서 지금 만일 모두 다 풀어서 매듭이 생기지 않게 하오면 곧 이것저것이 없어져서 하나라 할 것도 없거늘 여섯이 어떻게 성립되겠습니까?"[17]

이것은 非一非六의 이치를 매듭의 비유로써 확인시키는 것이다. 여섯 매듭을 모두 풀어버리면 수건에는 하나의 매듭도 남지 않고 수건 자체만 남을 뿐이므로 根이 하나다 여섯이다 할 것도 없고 오로지 수건만이 남게 된다. 六根도 이와 마찬가지로 그 결박이 모두 풀리면 하나까지 없어지고(六解一亡) 圓湛한 眞如가 드러난다.

3) 매듭으로 六結을 푸는 법을 설명하다

매듭이 맺힌 것은 그 매듭의 중심에서 풀어야 한다. 이와 마찬가지로 六根의 매듭은 六根의 중심에서 풀어야 한다. 六根의 중심은 번뇌가 맺힌 곳으로 그곳에는 중생의 生死도 있

---

17) 覺性『楞嚴經正解』上, 玄音社, p.1177. "佛告阿難 汝必嫌此六結不成(一) 願樂一成復云何得, 阿難言 此結若存是非鋒起於中自生 此結非彼彼結非此 如來今日 若總解除結若不生 則無彼此尙不名一 六云何成"

고 동시에 열반의 空도 있다. 매듭의 중심은 곧 中道의 결심이다. 根으로 말을 하자면 수행자가 一根을 선택하여 識精과 色塵의 중심에서 매개 역할을 하는 根에서 妄을 버리고 眞을 찾아 根의 허망함을 풀어버리는 것이다. 經에서는 一根을 선택하여 三摩提에 들 때 그 生滅의 결박을 푸는 것에 대해서 역시 매듭을 예로 들어 설명을 하였다.

> 여섯 根結을 풀어 제거함도 역시 그와 같나니 이 根을 처음 풀게 되면 먼저 人空을 얻고, 空의 性이 원만하게 밝아지면 法解脫을 이루나니 法을 해탈한 다음에 俱空까지 나지 아니하면, 이를 일러서 '보살이 三摩地로부터 無生法忍을 얻었다' 하느니라.[18]

여기서 말하는 여섯 매듭은 앞서 말한 여섯 가지 根을 비유한 것이 아니라, 하나의 根을 선택하여 三摩地에 들고자 할 때, 生滅心을 소멸하는 여섯 단계의 과정을 말하는 것이다. 『正脈疏』에서는 生滅心에 六結이 있다고 말하였다.

> 生滅 二字에 動, 靜, 根, 覺, 空, 滅의 六結이 전부 들어가니 麤細가 같지 않으나 모두 生滅心이다. 처음에 動結을 풀어서 멸하면 靜結이 생긴다. 다음에 塵(動結과 靜結)을 풀어서 멸하면 根結이 나온다. 이치로는 비록 無生이나 멸할 것이 있고 남은 것이 있으니 生滅이 완연하다. 아래도 이와 같으니 셋째는

18) 覺性 『楞嚴經正解』上, 玄音社, p.1197. "六根解除亦復如是 此根初解 先得人空 空性圓明成法解脫 解脫法已俱空不生 是名菩薩從三摩地 得無生認"

根結을 풀어서 멸하면 覺結이 생기고, 넷째는 覺結을 풀어서 멸하면 空結이 생긴다. 다섯째는 空結을 풀어서 멸하면 滅結이 생긴다. 여기에 이르러 만약 최후의 滅相에 머무르면 곧 滅相에 덮힌 바가 되어서 항상 俱空에 처하게 된다. 이 한 가지 미세한 장애에 떨어지기 때문에 第六의 滅結이라고 한다.[19]

앞서 經의 내용은 人空, 法空(法解脫), 俱空의 세 가지를 들어 말하였는데, 이것은 위의 動, 靜, 根, 覺, 空, 滅의 六結과 동일하다. 즉, 動結, 靜結, 根結을 풀면 人空을 얻고, 覺結과 空結을 풀면 法空을 얻은 것이며, 滅結까지 풀면 俱空을 얻는 것이다.

이와 같이 根으로 들어가 맺힌 바를 풀고 圓通을 하려면 動結에서 시작하여 차례로 풀어 滅結에까지 이르러야 한다. 滅結까지 풀고 三空을 증득하면 無生法忍의 해탈을 얻게 된다.

6. 맺는말

六根을 통해 煩惱의 근본을 푸는 방법에 대해서 고찰해 보았다. 중생이 보리를 얻기 위해서는 번뇌의 근본을 풀어야 하는데 이 번뇌는 六根이 六塵과 허망하게 결합하여 顚倒를 일으킴으로 인한 것이다. 때문에 맺힌 중심에서 그 매듭을 풀 듯이 六根의 전도의 원인을 알고 六根을 통해 번뇌의 근본을 멸한다. 六根은 본래 非一非六이라 그 구별함이 허망한

19) 『正脈疏』 권6(卍續藏經18, p.639) 참조

것으로 六根을 풀면 眞如의 성품을 얻을 수 있다. 이를 위해서는 六塵의 12相을 여의어야 하니 이는 12相으로 대표되는 客塵을 여읨으로써 眞如의 本性을 드러내고 이로써 因地를 세우는 것이다.

六根을 풀 때는 하나의 根을 선택하되 三摩地에 들 때 이 根을 관하여 動, 靜, 根, 覺, 空, 滅의 六結을 풀어 無生法忍을 얻는다. 經에서는 이어서 성인들의 25가지 圓通法을 제시하고 그 중 大衆의 根機에 가장 적절한 방법으로 觀世音菩薩의 耳根圓通을 선택한다. 觀世音菩薩의 耳根圓通에서 一根으로 들어가 六結을 풀어 俱空을 증득하는 과정을 비교적 자세하게 보여주고 있다. 끝으로 經에서 부처님이 六解一亡의 이치를 나타내신 게송[20]을 실어서 자비로운 부처님의 위없는 가르침을 되새기며 글을 마칠까 한다.

眞性에는 有爲가 空했거늘 인연으로 생기기에 幻과 같다.

함도 없고 생김과 사라짐도 없어서 진실치 못함이 허공꽃 같느니라.

허망을 말해서 진실을 밝힌다면 허망과 진실이 둘 다 허망이다.

眞도 아니고 非眞도 아니거니 어찌 見과 所見이겠느냐?

중간에 진실성이 없나니 그러므로 교로(交蘆)와 같느니라.

맺히고 푸는 그 근본이 같으며 聖人과 凡夫가 두 길이 없다.

너는 交中의 性을 살펴보라. 空과 有가 모두 아니다.

20) 覺性 『楞嚴經正解』上, 玄音社, p.1146

米晦하면 곧 無明이고 發明하면 곧 解脫이니라.

매듭을 푸는 데는 차례를 인하여 여섯이 풀리면 하나까지도 없어지나니

根에서 圓通을 선택하면 流에 들어가 正覺을 이루리라.

아타나의 미세한 識은 習氣가 흐름을 이루나니

眞과 非眞에 迷할까 염려하여 내 항상 開演을 하지 않았노라.

자기 마음에서 자기 마음을 취하면 幻 아닌 것이 幻法을 이루거니와,

취하지 않으면 非幻도 없다.

非幻도 아예 생기지 않는데 幻의 法이 어떻게 성립되겠느냐?

이것을 이름하여 妙蓮花라고 하고 金剛王寶覺이라고도 하며

幻과 같은 三摩提라 하나니 彈指頃에 無學을 초월하리라.

이 비교할 수 없는 法[21]은 시방의 바가범[22]께서 한 길로 열반에 이르는 문이다.

---

21) 阿毘達磨를 풀어쓴 말로 最上乘의 진리를 말한다.

22) 바가범은 「부처님」을 범어로 칭하는 말이다.

13. 25圓通 修行法에 대하여

瑞庵 珍山

Ⅰ. 서 언

三摩提 法門은 如來藏의 眞空의 이치를 깨달은 후, 佛知見을 얻기 위한 修行의 方便을 나타내는 것이다. 비록 奢摩他 法門을 통해서 衆生의 마음이 妄想에 빠져있음을 알고 眞心의 면모와 世界의 如來藏性을 깨달았지만, 衆生은 아직 生滅하는 因緣의 業報를 벗어날 수는 없다. 오직 修行을 통하여 마음을 깨끗이 가라앉히고 寂滅의 果를 얻어야 비로소 億劫

의 輪廻에서 벗어나 淸淨湛然한 佛性을 얻을 수 있는 것이다. 經에서는 三摩提 法門을 통하여 衆生이 올바른 因地를 세워서 올바른 修行을 하도록 啓導하기 위하여 세심한 가르침을 설하고 있다. 25圓通 修行法의 소개는 바로 衆生에게 聖賢들이 이미 경험한 修行의 方便을 소개함으로써 원만한 修行의 좌표를 제시하려는 것이다.

Ⅱ. 25圓通을 밝히는 계기

三摩提 法門을 시작하면서 부처님은 아난과 대중에게 因地와 果地가 같은가를 항상 살피고, 煩惱가 發業潤生하는 근본을 알아내어 그 煩惱를 끊을 것을 강조하셨다. 이것이 初發心의 두 가지 決定義로, 修行의 전 과정을 관통하는 중요한 요지이다. 煩惱를 끊기 위해서 根과 塵의 顚倒함을 깨닫고 根을 택하여 六結을 풀 것을 설하셨다. 그러나 아난은 이치는 알았으되 그 구체적 방도를 잘 알지 못하므로 佛性이라는 큰집에 들어가는 문을 어떻게 열어야 하는지를 가늠하지 못한다.

"저희들이 오늘 몸과 마음이 밝아서 걸림이 없는 것을 시원스럽게 얻었습니다. 비록 一과 六이 없어지는 이치를 알았사오나 아직도 圓通의 근본을 알지 못했나이다. 世尊이시여! 저희들이 표류하고 영락(飄零)하여 여러 劫 동안 고아 같은 신세가 되었사오니, 무슨 마음, 무슨 생각으로 부처님의 天倫에 참여하겠나이까? 마치 젖을 잃은 아이가 문득 慈母를 만난 것 같나이다. 이 기회를 인하여 道를 이루게 되면 얻어 들은 바 비밀한 말씀이 본래 깨달음과 같으련마는 곧 듣지 못한 것과 차별이 없었사오니, 바라옵건대 크신 자비로 저에게 秘嚴한 法音을 일러주시어 如來의 最後 開示를 성취하여 주옵소서."[1)]

아난의 요청에 답하여 부처님은 이미 無漏를 다한 菩薩과 阿羅漢들에게 그들이 三摩地에 들어간 방법을 각각 말하게 함으로써 25가지 圓通法이 소개되는 것이다. 여기서 圓通法이 25가지로 소개되는 이유는 圓通의 素材가 될 수 있는 제 요소들을 모두 언급하기 위해 六塵, 六根, 六識, 七大에 각각 해당하는 聖賢들의 圓通法을 모두 들었기 때문이다.

Ⅲ. 25圓通 간개

1. 육진圓通

1) 교진나 등 五比丘[2)]의 聲塵圓通

1) 覺性 <楞嚴經正解>上, 玄音社, p.1200. "我等今日 身心皎然 快得無礙 雖復悟知 一六亡義 然猶未達 圓通本根 世尊 我輩飄零 積劫孤露 何心何慮 預佛天倫 如失乳兒 忽遇慈母 若復因此 際會道成 所得密言 還同本悟 則與未聞 無有差別 惟垂大悲 惠我秘嚴 成就如來 最後開示"

교진나(憍陳那) 등 五比丘는 부처님이 正覺을 얻으신 후 鹿野園에서 최초로 說法을 들은 제자들이다. 이때 부처님이 五비구에게 四諦의 說法을 하심에 그 묘한 소리가 치밀하고 원만하여 교진나가 아라한과를 얻게 되었으니, 교진나는 音聲을 통해 圓通을 얻었다고 한다. 때문에 교진나에게는 音聲이 圓通의 第一이다.

2) 우파니사타[3]의 色塵圓通

우파니사타(優波尼沙陀)란 여러 經典에도 자주 언급되듯이 본래 극히 미세한 數를 의미한다. 부처님이 그에게 不淨觀의 方便을 알려주어 '더러운 모양을 관찰하라' 권하셨다. 우파니사타는 不淨觀을 통해 色性을 깨닫고 더러운 것에서부터 白骨과 微塵이 空에 돌아가서 空과 色이 둘 다 없어지는 無學의 道를 이루었다. <般若心經>에서 말하는 바 '色卽是空 空卽是色'의 道를 깨달았다는 의미다. 때문에 우파니사타에게는 色의 原因을 觀하는 것이 圓通의 第一이다.

3) 香嚴童子의 香塵圓通

香嚴童子는 부처님이 '모든 有爲相을 자세히 관찰하라'고 권하신 것을 듣고 명상을 하다가 향을 태우는 향기를 맡으면서 깨달음을 얻었다. 향기가 '나무도 아니고 허공도 아니며

---

2) 五比丘는 釋迦如來의 父系 및 母系의 一家로 알려져 있다. 알비(阿鞞 = 馬勝), 발데(拔提 = 小賢), 구리(拘利 = 摩訶男)의 3인이 父系에 속하고, 아야다(阿若多 = 解本際), 십력가섭(十力迦葉 = 飮光)의 2인이 母系에 속한다. 이 중 아야다가 바로 교진나이다.

3) 우파니사타는 塵性이라 飜譯된다.

煙氣도 아니고 불도 아니며, 또한 가도 분명함이 없고 와도 따르는 바가 없음'을 보고 分別心을 소멸하여 無漏의 道를 얻었다. 이에 부처님이 童子에게 香嚴의 이름을 부여하시니, 香嚴童子에게는 香氣를 통한 修行이 圓通의 第一이다.

4) 藥王, 藥上과 五百梵天[4)]의 味塵圓通

藥王과 藥上 형제는 본래 의원으로 약을 연구하기 위해 草, 木, 金, 石 등 십만팔천 가지의 맛을 보았다. 이를 통하여 맛의 성품이 빈 것도 아니고 있는 것도 아니며 몸과 마음에 卽한 것도 아니고 몸과 마음을 떠난 것도 아님을 알고 味塵圓通을 해서 如來藏 妙眞如性을 깨달았다. 때문에 藥王 藥上 두 法王子에게는 맛의 原因을 觀함이 圓通의 第一이다.

5) 발타바라 등 十六人의 觸塵圓通

발타바라(跋陀婆羅)는 妙觸이라는 뜻이다. 발타바라는 威音王佛[5)]에게 歸依하고 出家하였는데, 목욕을 하면서 문득 물의 원인이 먼지와 때를 씻는 것도 아니고 또한 몸을 씻는 것도 아니며 根(身根)과 塵(觸塵, 즉 水)의 中間도걸림 없이 편안(安然)하여 있는 바가 없는 것을 깨달음을 얻었다. 이후 다시 부처님께 出家하여 宿習을 마저 떨치고 無學을 얻게 되었다. 때문에 발타바라에게는 觸塵의 원인을 觀함이 圓通의 第一이다.

---

4) 五百梵天은 藥王, 藥上 형제와 같이 수행한 제자들을 말한다.

5) <法華經>에서는 威音王佛이 가장 먼저 出世하신 부처님이라 하였다.

6) 마하가섭, 紫金光의 法塵圓通

마하가섭(摩訶迦葉)과 자금광[6]은 부부로서 둘 다 부처님께 귀의하여 출가하였다. 부처님 10대 제자 중 頭陀行第一인 마하가섭은 世間의 六塵이 變壞함에 대하여 그 뜻을 관찰하고 오직 空寂으로써 滅盡定을 닦아서 세상의 有爲法이 虛妄함을 깨달았다. 때문에 몸과 마음이 百千劫을 지내어도 마치 손가락을 한 번 튕기는 순간과 다름이 없는 경지에 이르렀다. 마하가섭은 空法으로써 아라한을 얻었으니 法因을 窮究함이 圓通의 第一이다.

2. 六根圓通

1) 아나율타의 眼根圓通

아나율타(阿那律陀)는 공부를 게을리하고 잠자기만 좋아하다가 부처님의 꾸짖음을 들었다. 아나율타는 곧 자책하고 발심하여 7일 동안 잠을 자지 않고 修行하다가 그만 눈이 멀고 말았다. 이에 부처님이 아나율타에게 樂見照明金剛三昧를 敎示하셨다. 樂見이란 보는 것을 돌이켜 色塵境界를 잊어버리는 것이고 照明은 본래 밝은 마음자리를 개발하는 것이다. 金剛三昧는 금강과 같이 견고하여 파괴할 수 없는 선정이다.

---

6) 마하가섭은 몸에 빛이 난다고 해서 飮光이라고도 한다. 자금광 역시 몸에 빛이 난다는 의미이니, 이는 마하가섭이 전생에 일월등 부처님이 멸도하신 후에 자광금으로 불신을 도금한 인연으로 세세생생에 몸에 항상 자금광취가 나는 인연으로 붙여진 이름이다.

이와 같이 아나율타는 시력을 잃었으나 부처님의 敎示로 인해 오히려 眼根을 통해 見性을 얻는 더 빠른 지름길을 찾을 수 있었다. 때문에 아나율타에게는 眼根을 통한 圓通이 第一이다.

2) 觀世音菩薩의 耳根圓通[7)]

觀世音菩薩은 前生에 觀世音 부처님에게 '聞, 思, 修로부터 三摩地에 들어가라'는 가르침을 받고 耳根을 통해 소리에 연연하지 않고 聞性을 觀하는 修行을 통하여 깨달음을 얻었다. 처음에 聞性으로 들어가 動, 靜, 根, 覺, 空, 滅의 結을 차례로 풀어 마침내 寂滅을 이루었다. 때문에 觀世音菩薩에게는 耳門에서 圓照하는 三昧로 緣心이 자재롭고 流入流하는 相에 들어감을 인하여 三摩地를 얻어 菩提를 성취하는 耳根圓通이 第一이다.

3) 주리반특가의 鼻根圓通

주리반특가(周梨槃特迦)는 기억력이 좋지 못하여 부처님이 가르침을 주어도 금방 잊어버려서 修行에 어려움을 겪었다.[8)] 이에 부처님이 주리반특가에게 安居하여 날숨과 들숨을 잘

---

7) 經에서는 본래 24圓通을 소개하고 최후에 觀世音菩薩의 耳根圓通을 따로 자세히 소개하였다. 耳根圓通이 최고의 수승한 圓通法이기 때문이다. 그러나 여기서는 글의 성격상 觀世音菩薩의 耳根圓通을 六根圓通에서 일괄적으로 간단히 소개하기로 한것이다.

8) 주리반특가는 어머니가 여행하다가 길에서 낳았다고 해서 小路, 혹은 繼道라는 뜻으로 지어진 이름이다. 그는 前生에 大法師였는데 누가 佛法을 물으면 인색하게 답을 잘 해주지 않고, 남을 가르치기를 좋아하지 않아서 우둔한 果報를 받았다고 한다.

調服할 것을 권하셨다. 주리반특가는 이를 따라 修行을 하면서 숨쉬는 것을 관찰하여 生, 住, 異, 滅인 모든 行이 찰나임을 미세하게 다 살폈다. 그 결과 마음이 크게 열리어 大無礙와 無漏를 얻고 아라한이 되니 부처님이 無學을 이루었다고 印可하셨다. 때문에 주리반특가에게는 鼻根을 통해 숨쉬는 것을 돌이켜 空을 따름이 圓通의 第一이다.

4) 교범발제의 舌根圓通

교범발제(憍梵鉢提)라는 이름은 소가 되새김질하는 것을 의미하는데 교범발제는 과거에 老僧을 조롱한 業이 있어 평소 소가 되새김질 하듯이 우물거리는 병이 있었다. 부처님이 교범발제에게 一味清淨心地法門을 가르쳐 주었다. 一味清淨心地法門은 念珠를 헤아리면서 念佛하는 것인데, 念佛할 때 모든 雜緣을 쉬고 情念을 통일하게 한다. 평소 쉼 없이 우물거리는 병이 있으므로 마치 우물거리듯 쉼 없이 念佛 修行을 하게 부처님이 배려하신 것인데, 교범발제는 이를 통하여 妄心을 없애고 三摩地에 들어갔다.[9] 또 맛을 아는 것이 根의 體도 아니고 물의 맛도 아닌 것을 관찰하여, 곧 世間의 모든 漏를 초월하게 되고 六塵 境界가 다 녹아 法眼이 청정해졌다. 이에 아라한이 되어 부처님이 無學의 道에 올랐다고 印

---

9) 一味清淨心地法門에 대한 해석은 <戒環解>나 耘虛스님, 覺性스님 모두 위와 같이 해석하였다. 筆者의 소견으로는 뒤이어 맛보는 것의 如來藏性을 깨달았다는 맥락으로 볼 때 一味清淨心地法門을 하나의 음식(一味)을 평소 되씹으며 味를 觀하여 舌根의 如來藏性을 깨닫게 하는 法門으로 볼 수도 있겠다. 한편 끊임없이 念佛을 하는 것도 또한 혀를 이용하는 것이니 舌根圓通의 일환으로 볼수 있다.

可하셨다. 교범발제에게는 舌根을 통하여 맛을 아는 것을 돌이킨 것이 圓通의 第一이다.

5) 필능가바차의 身根圓通

필능가바차(畢陵迦婆蹉)라는 이름은 餘習을 의미한다. 필능가바차가 前生에 많은 종을 부리던 양반이어서 거들럭 거리던 習氣慢習가 남아있어서 이렇게 이름지어진 것이다. 필능가바차는 부처님의 法門을 생각하며 길을 걷다가 독한 가시에 발을 찔리고 극심한 통증을 느꼈다. 이때 생각하기를 '아는 것이 있기 때문에 이 큰 고통을 알며, 비록 아픈 통증을 느끼는 것을 알고 있으나 覺의 청정한 마음에는 아픈 것도 아픈 것을 느끼는 것도 없음'을 깨닫게 되었다. 또한 '이와 같이 하나의 몸에 어찌 두 가지 앎이 있겠는가'하는 話頭를 잡고 禪定에 이르니, 문득 몸과 마음이 텅 비어지고 삼칠일 동안에 모든 漏가 다하여 아라한을 이루고 부처님께 印可를 받았다. 필능가바차에게는 身根圓通이 第一이다.

6) 수보리의 意根圓通

수보리(須菩提) 尊者는 부처님 10대 제자의 한분인데 날 때부터 空의 道理를 깨달았다고 하여 수보리, 즉 空生이라고 한다. 수보리는 억겁의 生을 모두 기억하고 있는데, 처음 어머니 태중에 있을 때부터 곧 空寂함을 이미 알았다. 이에 十方世界가 공해지고 衆生들까지도 空性을 證得케 하였다. 부처님이 性覺 眞空을 발명해 주심에 空의 性이 둥글고 밝아서 아라한을 이루고, 如來의 寶明空海에 단번에 들어가 佛知見

을 얻었다. 이에 부처님이 無學을 이루었다고 印可를 하여 性空을 解脫함에는 無上이 되었다. 수보리가 證得한 바로는 모든 相이 非相에 들어가고 非와 所非가 다하여 法을 돌이켜서 無에 돌아가는 것이 圓通의 第一이다.

3. 六識圓通

1) 사리불의 眼識圓通

사리불(舍利佛)은 부처님 10대 제자 중의 智慧第一이다. 일찍부터 心見이 청정하여 世間과 出世間의 變化相을 한번 보면 곧 통달하여 장애가 없었다. 가섭과 형제를 만나 因緣에 대한 부처님의 法을 전해 듣고 마음이 끝이 없음을 깨닫게 되었다. 그후 사리불은 다시 부처님께 출가하여 見覺이 밝고 뚜렷하여 크게 두려움이 없는 것을 얻어서 아라한이 되고 부처님의 長子로 인정받았다. 見覺과 心見은 眼識과 관련된 것이므로 사리불 존자에게는 心見이 지극하여 광명을 발한 知見이 圓通함의 第一이다.

2) 보현보살의 耳識圓通

"보현(普賢)"이란 行이 두루하지 아니함이 없는 것이 普이며, 위를 돕고 아래를 이롭게 하는 것이 賢이라는 의미이다.[10] 보현보살은 마음으로 들어서(用心聞) 衆生의 知見을 分別한다. 衆生이 普賢行을 發明하면 어느 세계에라도 보현보

10) <戒環解>권10(卍續藏經17) p.784 참조

살이 찾아가 그를 옹호하고 위안하여 普賢行을 성취하게 한다. 마음으로 듣는 것(心聞)은 耳識을 말하는 것이니 보현보살에게는 心聞이 發明하여 分別함이 自在한 것이 圓通의 第一이다.

3) 손타라난타의 鼻識圓通

손타라난타(孫陀羅難陀)는 부처님의 친동생이다. 손타라난타는 비록 戒律을 갖추었으나 三摩地에 들 때에는 마음이 항상 散動하여 無漏를 얻지 못했다. 이에 부처님이 코끝이 희어짐을 관(觀鼻端白)하라고 하셔 이에 따라 修行을 하였다. 삼칠일이 지나자 코 안에 出入하는 기운이 煙氣와 같음을 보았고, 몸과 마음이 안으로 밝아서 세계를 圓洞하여 두루 텅비고 청정함이 마치 유리와 같아지고, 연기모양이 점점 없어지고 코의 숨이 희어지면서 마음이 열리고 漏가 다하여 모든 出入息이 광명으로 化하여 시방세계를 비추고 아라한을 이뤘다. 손타라난타에게는 비식을 통한 圓通이 第一이다.

4) 부루나의 舌識圓通

부루나(富樓那) 尊者는 부처님의 10대 제자로 說法第一이다. 부루나는 辯才가 걸림이 없어서 苦空을 宣說하되 實相을 깊이 통달하여, 부처님의 비밀한 法門을 大衆에게 미묘하게 開示하는데 두려움과 걸림이 없었다. 부처님이 부루나에게 大辯才가 있음을 아시고 音聲의 法輪으로써 부루나를 가르쳐 발양케 하였다. 이후 부처님 곁에서 法輪을 굴리며 獅子吼를 인하여 아라한을 이루고 부처님으로부터 說法함이 最上이라는 印可를 받았다. 부루나에게는 法音으로써 魔怨을 항복 받아서 모든 漏를 소멸하는 것이 圓通의 第一이다.

5) 우파리의 身識圓通

우파리(優波離)는 漢譯하면 近執으로 부처님을 친근히 하고 계율을 집지한다는 뜻이다. 우파리는 부처님을 따라 城을 떠나 출가하여 부처님이 6년간 苦行을 하시는 것을 친히 보았으며, 부처님이 여러 마군을 항복받고 모든 外道를 제어하시며 世間의 탐욕과 온갖 漏를 解脫하시는 것을 친히 보았으며, 또 부처님의 敎誡를 받들었다. 이에 三千威儀와 8만 가지 미세한 性業과 遮業이 모두 다 청정해지고 몸과 마음이 寂滅하여 아라한이 되고 戒를 가지고 修身함에 있어 大衆의 綱紀가 되었다. 우파리에게는 먼저 몸을 잘 단속하여 몸이 자재함을 얻고, 이후로 마음을 단속하여 마음이 통달을 얻은 후에 몸과 마음이 모두 通利한 것이 圓通의 第一이다.

6) 대목건련의 意識圓通

대목건련(大目犍蓮) 尊者는 부처님의 10대 제자로 神通第一이다. 사리불의 절친한 道伴으로 사리불과 마찬가지로 먼저 가섭파 3형제에게 如來의 因緣法을 듣게 되었는데, 단번에 發心해서 大通達을 얻었다. 대목건련은 시방세계에 다녀도 걸림이 없으며, 神通이 發明하여 으뜸이 되어 아라한을 이루었다. 이에 시방의 모든 부처님께서 그의 神力의 圓明하고 청정하고 자재하여 두려움 없음을 찬탄하셨다. 대목건련은 意識을 돌이켜 담연함에 돌아가서 마음광명이 發宣하는 것이 마치 탁한 물을 오래도록 맑히면 청정하게 되찾는 것과 같으므로 意識이 圓通의 第一이다.

4. 七大圓通

1) 오추슬마의 火大圓通

오추슬마(烏芻瑟摩)는 '火頭'라는 뜻으로 金剛力士를 말한다. 오추슬마는 오랜 劫 이전부터 性에 대한 탐욕이 많았다. 이에 空王 부처님이 그에게 淫慾을 警戒하고 百骸와 四肢의 차고 더운 기운을 두루 관찰할 것을 가르치셨다. 그 말을 따라 오추슬마는 修行을 하여 心身의 빛이 안으로 엉겨서 淫心을 변화시키고 지혜의 불을 만들게 되어 아라한을 이루었다. 오추슬마에게는 몸과 마음의 暖觸(火氣)를 觀함으로써 無漏를 얻고 깨달음에 이르는 火大圓通이 第一이다.

2) 持地菩薩의 地大圓通

지지보살은 석가모니 부처님이 成道하였을 때 魔王의 무리 앞에서 부처님의 成道를 증명한 菩薩이다[11]. 지지보살은 地神天으로 오래 전부터 땅을 관장하면 菩薩行을 행해왔다. 이

---

11) <阿含經>을 보면 釋迦牟尼佛의 成道를 증명한 일화가 잘 알려져 있다. 釋迦牟尼佛이 成道한 후 魔王의 무리가 그 증거를 요구하였다. 이 때 釋迦牟尼佛이 오른손을 大地에 대었더니 地神이 땅속에서 나와서 '내가 증인이다'라고 하였다. 이때의 지신이 바로 지지보살을 말하는 것으로 佛教에 수용된 뒤 부처님에게 說法을 부탁하고 부처님의 말씀을 따르는 神으로 자리잡았다.

를 기특하게 본 비사부(毗舍浮) 부처님이 그에게 '心地를 평탄히 하면 온 세계의 땅이 모두 평탄해진다'고 法語를 주셨다. 이에 지지보살이 깨달음을 얻어 몸의 微塵이 세계를 만든 온갖 微塵과 평등하여 차별이 없음을 보았으며, 微塵의 自性이 서로 저촉되지 않아 法의 성품에 生滅이 없는 無生法忍을 얻어 아라한이 되었다. 이후 석가모니 부처님이 成道하셨을 때 가장 먼저 증명함으로써 부처님의 제자가 되었다. 몸과 세계를 이루는 微塵이 모두 地大에 해당하니 지지보살에게는 微塵을 觀하여 如來藏임을 깨닫는 것이 第一의 圓通이다.

3) 月光童子의 水大圓通

월광동자는 오래 전에 水天 부처님이 그에게 '몸의 물이 신진대사하고 순환하는 성질을 관찰하여 身水가 세계 밖의 浮幢王刹인 모든 香水海와 더불어 평등하여 차별이 없는 것을 보라'는 말씀을 듣고 이를 따라 修行을 하여 아라한을 이루었다. 그러나 아직 완전한 眞空을 얻지 못하여 비록 물의 이치를 통달하여 몸을 물화시키는데 자유롭되, 물을 解體하지 못한 상태여서 修行 중 童僧이 던진 기와장에 몸이 아픔을 느꼈다. 이후 童僧에게 修行 중 물속에서 기왓장을 꺼내게 하면서 문득 몸마저 없음을 깨닫고 眞空을 얻었다. 月光童子에게는 물의 流通하는 성질을 觀하는 水大圓通이 第一이다.

4) 유리광 法王子의 風大圓通

유리광(琉璃光) 法王子는 오랜 겁전에 오신 無量聲 부처님에게 '世界와 衆生의 몸이 모두 虛妄한 因緣의 風力으로 動轉한 것임을 관찰하라'는 말씀을 듣고 이에 따라 修行을 하였다. 이에 유리광 법왕자는 세계와 몸과 마음의 움직임과 멈춤(動止)의 변화상을 관찰하여 動性이 虛妄한 것임을 깨달았다. 이후 부처님을 만나서 無生法忍을 얻고 法王子가 되었다. 유리광 법왕자에게는 風力이 의지한 바 없음을 관찰하여 菩提心을 깨닫는 風大圓通이 第一이다.

5) 虛空藏菩薩의 空大圓通

허공장보살은 定光 부처님으로부터 無變한 몸을 얻은 후 四大寶珠[12]를 통하여 시방의 衆生 및 如來의 世界를 모두 비추어 虛空을 化成하였다. 또 內照를 통하여 마음에 大圓鏡을 나타내어 온 시방의 虛空을 비추게 되고, 虛空과 몸이 하나가 되는 大通을 얻었다. 이는 虛空의 둘이 아님을 관하여 四大와 妄想의 生滅이 虛妄하고 佛國土가 본래 따로 있지 않음을 깨달은 것이다. 때문에 虛空藏 보살에게는 虛空의 無變함을 觀하는 空大圓通이 第一이다.

6) 彌勒菩薩의 識大圓通

미륵보살은 唯識을 관찰하여 一切唯心의 이치를 깨닫고 다음 세계의 부처님으로 化現하실 분이다. 본래 미륵보살은 명예를 쫓는 마음이 컸으나, 日月燈明 부처님이 '唯心識定을

---

12) 네 가지 지혜의 구슬로 <正脈疏>에 의하면 人空智, 法空智, 俱空智, 眞空智이다.

修習하여 三摩地에 들라'고 하시는 말씀을 따라 마음을 닦아 虛妄한 명예심을 소멸시켰다. 이후 세상에 출현한 然燈佛을 뵙고 묘원한 識心三昧를 이루어 如來國土의 청정함, 더러움, 有, 無 등 모든 것이 마음의 변화에서 나타난 것임을 깨달았다. 미륵보살에게는 시방이 모두 唯識임을 觀하여 識心이 둥글고 밝아서 圓成實에 들어가고 依他起性과 遍計所執性[13]을 멀리 떠나 無生忍을 얻는 識大圓通이 第一이다.

7) 大勢至菩薩의 根大圓通

대세지보살은 念佛三昧를 통하여 三摩地를 얻었다. 일찍이 열둘의 무량광 부처님과 최후 超日月光 부처님의 전신인 無量光 부처님이 대세지보살에게 念佛三昧를 가르치셨다. 念佛三昧는 두 사람이 서로 간절히 생각하면 서로 만남에 어긋남이 없는 이치와 같다. 부처님이 어머니가 아들을 생각하듯 간절히 衆生을 그리는 것에 화답하여, 衆生이 부처님을 간절히 그리면 저절로 부처님을 만나게 되어 구경에 成佛하게 된다. 念佛을 통하여 항상 부처님을 간절히 생각하되 六根을 모두 포섭하여 一心으로 행하면 三摩地를 얻게 된다. 이러한 이치를 깨달아 대세지보살은 念佛하는 마음으로 因地를 세워 無生法認에 들어갔으며, 뿐만 아니라 시방에 念佛하는 이들을 모두 포섭하여 淨土에 돌아가게 하였다. 때문에 대세지보살에게는 六根을 포섭하여 一心으로 念佛三昧에 들어가는 根

---

13) 원성실성, 의타기성, 변계소집성은 唯識法相宗에서 말하는 三性이다. 원성실성이 本覺의 자리이고 의타기성과 변계소집성은 不覺에 해당한다. 覺性스님 <楞嚴經正解>上, 玄音社, p.1337 참조

大圓通이 第一이 된다.

Ⅳ. 25圓通법을 소개한 의미

이상으로 25분의 聖賢들의 圓通法을 살펴봤다. 비록 聖賢들이 각자 택한 圓通法은 25가지로 다르지만 이들은 모두 無漏의 아라한과 보살의 경지를 이루었다. 그런데 經에서는 이미 六根의 功德과 그 이치를 설함으로써 六根을 택한 圓通法을 제시한 바 있다. 이미 六根을 통한 圓通法을 제시하고서 다시 六塵, 六根, 六識, 七大를 이용한 圓通法을 또 드는 이유는 무엇인가? 굳이 25가지를 들지 않고 六根을 통한 圓通修行法을 소개하거나, 더 나아가 觀世音菩薩의 耳根圓通만 자세하게 소개하여도 大衆에게 최고의 方便을 제시하기에 충분한 것이다. 그 의의를 몇가지 검토하자면 다음과 같다.

1) 如來藏性의 재확인이다(普遍性)

奢摩他 法門을 통하여 설파했듯이, 세계의 森羅萬象은 모두 覺明의 無漏인 妙心이 見聞覺知하는 妄見에 의해 虛妄하게 화합하고 生滅하는 것이다. 이러한 虛妄한 和合相을 깨닫고 모든 것을 떠나 觀照하면 그 자리에서 如來藏 妙眞如性을 깨달을 수 있다. 經에서는 諸緣法이 모두 如來藏인 이치를 설명하기 위해서 五陰, 六入, 十二處, 十八界의 四科와 地, 水, 火, 風, 空, 見, 識의 七大가 모두 如來藏임을 설한 바 있다. 여기서 25가지 圓通法을 六塵, 六根, 六識, 七大에 대

치하여 소개하는 것은 세계의 如來藏性을 다시 한번 확인시켜 주는 것으로 볼 수 있다. 모든 것이 如來藏으로 본래의 청정한 本覺의 자리에서 표출된 것이므로 어느 곳에서 무엇을 가지고도 그 如來藏性을 깨달을 수 있는 것이다. 이런 이유로 25 聖賢들은 비록 經에서 제시한 六根만을 통한 修行이나 觀世音菩薩의 耳根圓通을 方便으로 삼지 않고서도 無漏를 이룬 것이다.

2) 衆生의 특수한 경험의 가능성을 열어둔다(特殊性)

如來藏性을 알면 25가지 方便 중 어떤 것을 선택하여도 원리상으로는 삼마지에 들어가는 것이 가능하다는 것을 알 수 있다. 25가지 圓通의 내용을 보면 25성현이 각자의 특수한 경험상의 因緣에 따라 當該의 圓通法을 선택한 것임을 확인할 수 있다. 衆生은 비록 聖賢에 비교하여 低劣한 根器를 지니고 있으나, 衆生의 마음에도 本覺의 자리가 숨어 있는 한, 方便의 優劣을 떠나서 如來가 될 수 있는 길이 수만 갈래로 열려 있는 것이다. 마치 필능가바차가 길을 걷다가 가시에 찔리는 순간 깨달음을 얻은 것과 마찬가지로 衆生의 경우에도 각자의 특수한 경험 속에서 어느 순간 깨달음의 문 앞에 당도하게 될 가능성이 항상 잠재하는 것이다. 대세지보살의 念佛修行의 경우를 들자면, 비록 文殊菩薩에게 최고의 圓通으로 간택되지는 못했을지라도, 衆生의 根器로 볼 때 적합한 方便이라 말할 수 있다. 經에서 오직 耳根圓通을 선택해야만 衆生이 佛性을 얻는 것이고 衆生이 念佛修行을 택할 경우에는 三摩地에 들지 못한다고 말하는 것이 아니다.

아난이 六根을 통한 修行의 이치를 듣고서도 다시 三摩提의 방도를 물었는데 부처님이 바로 觀世音菩薩에게만 耳根圓通의 修行 方便을 말하게 하지 않고 25가지 圓通을 모두 말하기게 한 이유가 바로 여기 있는 것이다.

3) 가장 殊勝한 圓通法을 가림(特殊에서 普遍으로)

"그대가 지금 이 25人의 無學인 여러 大菩薩과 阿羅漢들을 보라. 각각 최초에 道를 이룬 方便을 말하여 모두가 '진실한 圓通을 닦아 익혔다'고 하니, 저들의 修行은 참으로 優劣과 前後의 차별이 없다. 그러나 내가 지금 아난으로 하여금 깨닫게 하려면 25행에서 어느 것이 그의 根器에 해당하며, 또 내가 滅度한 후에 이 세계의 衆生들이 菩薩乘에 들어가 無上의 道를 이루려면, 어떠한 方便의 門이 쉽게 성취하겠느냐?"[14)]

비록 四科七大가 모두 如來藏이고 一切世間의 諸現象에 모두 佛性이 두루하지만 衆生이 佛性을 얻고자 할 때 모든 方便이 동일한 수준으로 주어지는 것은 아니다. 25 聖賢의 圓通은 聖賢의 根器가 衆生의 根器보다 뛰어나고, 한편으로 대부분 부처님의 願力의 도움을 받아 이룬 것이다. 그러므로 특히 부처님이 涅槃하신 이후의 末法世界의 衆生을 위한 方便을 고려하자면 衆生의 根器를 기준으로 하여 25圓通 중

14) 覺性 <楞嚴經正解>下, 玄音社, p.133. "汝今觀此二十五無學諸大菩薩及大阿羅漢 各說最初成道方便皆言修習眞實圓通 彼等修行實無優劣前後差別 我今欲令阿難開悟二十五行誰當其根 兼我滅後此界衆生入菩薩乘求無上道 何方便門得易成就"

衆生에게 가장 적합한 方便을 가려야 한다. 이것은 衆生 개개인의 특수성을 고려할 사항이 아니다. 衆生 전체의 根器를 고려할 때 보편적으로 殊勝한 方便의 해답으로써는 각자의 圓通을 비교하여 그 優劣을 가릴 수 밖에 없는 것이다. 이런 이유로 부처님은 25圓通에 대해 優劣과 前後의 차별이 없다고 전제하시면서도 文殊菩薩에게 그 중 大衆에게 권할 圓通法의 揀擇을 명하신 것이다.

Ⅴ. 결어

아난은 煩惱와 菩提의 근원이 六根임을 알았고 또 그러한 六根의 結縛을 푸는 방법을 이치로는 알았으나, 깨달음으로 들어가는 구체적인 방법과 양상에 대해서는 가늠하지 못하여 다시 부처님께 圓通의 근본을 물었다. 부처님은 菩薩과 大阿羅漢인 제자들에게 각자 깨달음을 얻은 方便을 말하도록 하여 다양한 修行의 방법을 제시함으로써 根器가 다른 修行者들이 圓通의 방도를 이해하는데 도움을 준 것이다. 비록 25圓通 중에 衆生의 根器에 맞춰 간택된 방법은 觀世音菩薩의 耳根圓通 하나이지만, 우리의 根身과 器世間의 萬法이 오직 十八界와 七大로 이루어지고 모든 것이 如來藏性임을 안다면, 根身器界의 어떠한 상황에서라도 도리어 그 상황을 修行의 方便으로 삼아 흔들림 없는 圓通을 얻는데 걸림이 없어야 할 것이다.

14. 觀世音菩薩의 耳根圓通

明照 弘宗

1. 들어가는 말

奢摩他를 통하여 眞如의 성품이 자리함을 깨달았다면 生住異滅의 妄想을 끊고 寂滅에 이르기 위한 禪定을 닦아야 한다. 수행은 단순히 심신을 닦고 정신을 집중한다는 행위를 뜻하는 것이 아니다. 특히 궁극의 佛性을 목적으로 할 경우에는 그 목적에 따라 여러 방편이 제시되고 그 중 正道와 邪道가 엄격히 가려진다. 비록 어떤 수행이 수행자에게 수승하고 적합한 수행으로 여겨질지라도 만약 그 수행법이 佛性을 얻고자 하는 목적에 합치하는 방편이 아니라면 그 수행법은 수행자에게 있어 오히려 惡이 될 수 있다. 따라서 수행에 있어도 그 목적과 난이에 따라 적합성을 따져 가장 수승한 방편을 가려내는 과정이 요구된다.

『楞嚴經』에서는 佛性을 얻기 위한 최적의 수행법을 가려내기 위하여 25位 聖人의 圓通法을 각각 제시하고 그 중 根器가 낮은 末法의 중생들에게 가장 적합한 방편으로 觀世音菩薩의 耳根圓通을 권하고 있다. 먼저 觀世音菩薩을 제외한 24位의 聖人들의 圓通法을 먼저 제시하고 제6권에서 觀世音菩薩의 耳根圓通을 각별히 자세하게 제시하였다. 이를 통해 아난은 애초에 부처님께 질문한 佛知見을 얻기 위한 구체적인 수행의 방안을 구체적으로 확인할 수 있게 된 것이다.

觀世音菩薩은 耳根圓通法에 대해 觀世音 부처님의 가르침에 따라 聞, 思, 修를 통해 六結을 풀어 궁극의 寂滅에 드는 과정을 밝히고 있으며, 또한 圓通을 통해 얻어지는 果用에 대해서도 소상히 밝히고 있다.

2. 觀世音菩薩의 聞, 思, 修

"世尊이시여! 기억해보니 제가 옛날 무수한 恒河 모래수와 같은 많은 劫의 그때에 부처님이 세상에 출현하시니 그 부처님 이름도 觀世音이시라, 제가 저 부처님께 보리심을 발했사오니, 그 부처님께서 저를 가르치시기를 '聞, 思, 修로부터 三摩地에 들어가라'고 하셨나이다."[1)]

1) 覺性『楞嚴經正解』下, 玄音社, p.14. "世尊憶念 我昔無數恆河沙劫於時

觀世音菩薩이 耳根圓通을 통하여 得道를 하였다는 것은 그 명칭의 의미를 통해서 드러난다. 觀世音의 觀은 理致를 통달하였다는 의미고, 世音이란 세상의 소리를 뜻한다. 즉 觀世音의 의미는 세상의 소리를 觀한다, 혹은 세상의 소리를 통해 이치를 깨달았다는 것이다. 觀世音菩薩은 前生에 觀世音 부처님으로부터 가르침을 받았다고 하였다. 여기서 스승과 제자의 이름이 觀世音으로 같은 것은 '因果가 서로 부합하고 古今이 一道임을 밝힌 것'[2]이며, 한편으로 앞서 부처님이 말씀하신 修行의 근간으로서의 二決定義 중, '因地의 發心과 果地의 佛知見이 같음'을 확인시키고 있는 것이다.

觀世音 부처님이 觀世音菩薩에게 가르치신 聞, 思, 修는 일반적으로 '三慧'라고 한다. 智慧는 어떤 학문이나 진리를 듣지 않고서는 알 도리가 없으니까 들어야 되고, 또 듣고 나서 깊이 思索을 해야 된다. 그렇게 생각한 다음에는 修行을 한다. 그러나 本經에서 말한 聞, 思, 修 三慧는 일반적인 해석과는 좀 다르다.

聞慧란 것은 耳根을 통해 드러나는 聞性이다. 『楞嚴經』의 해석으로 본다면 聞慧가 따로 있는 것이 아니라 우리 귀로 듣는 마음자리가 바로 聞慧이다. 그것은 如如한 理知에 해당된다.

思慧는 不墮空有, 空과 有에 떨어지지 않기 위해 一味反聞

有佛出現於世名觀世音　我於彼佛發菩提心　彼佛教我從聞思修入三摩地"

2) 『戒環解』권11(卍續藏經17, p.791) 참조

하는 것이다. 空과 有에 연연하지 않고 하나의 자세로 일관함이 바로 一味다. 『正脈疏』를 보면 '小乘들은 我空眞如를 터득해서 空道理에 자리잡고, 凡夫와 外道들은 지금 현실 속에 있는 것에 자리 잡아서 모든 相이 있다. 즉 나도 있고 我相, 人相, 衆生相, 壽者相 등이 모두 다 있는 것으로 마음이 거기에 자리 잡아서 벗어나지 못 한다'고 했다. 圓通을 하려면 '不墮空有 一味反聞 外脫聲塵 內冥智理'해야 한다.

修慧라고 하는 것은 공부가 더 깊어지는 것이다. 修慧는 바로 '達於萬行하야 與此禪觀으로 不相違背하야 咳唾掉背가 無不定時라'. 즉 만행을 통달하여 이 禪觀(反聞工夫)과 서로 어긋나거나 違背되지 아니하여 기침을 하거나 침을 뱉거나 눕거나 앉거나 언제든지 定이 아닐 때가 없게 되는 경우이다. 聞慧, 思慧는 禪을 익히는 공부, 즉 反聞工夫를 착실하게 잘 하는 것이고, 修慧는 六道萬行을 달성하는 것이다.[3)]

3. 六結을 푸는 圓通의 因行

經의 앞부분에서 六解一亡을 통해 六根을 푸는 데 순서가 있음을 밝혔다. 動, 靜, 聞, 覺, 空, 滅의 結이 그것이다. 이를 통해 순차적으로 얻어지는 것이 我空, 法空, 俱空의 三空이다.

---

3) 『戒環解』에서는 聞思修를 圓通修行에 따라 차례로 얻어지는 것으로 보았다. 먼저 '初於聞中 入流亡所' 所入旣寂 動靜二相了然不生에서 聞慧를 얻고, '여기 戒環解에서 三慧를 初於聞中이하등등의 '聞所聞盡.盡聞不住에서 思慧를 얻은 다음 '覺所覺空 空覺極圓 空所空滅'에서 修慧를 얻는다고 하였다.

(1) 動塵의 結을 벗어남

初於聞中 入流亡所

"처음 듣는 가운데 流(法流:聞性)에 들어가 所(소리)를 잊어버리고,"[4]

'듣는 가운데'라고 한 것은 肉耳도 耳識도 아닌 바로 듣는 그것이니 聞中이 바로 聞性 그 자리이다. 눈을 통해서는 보고 귀를 통해서는 들으니까 聞中이 바로 듣는 如來藏性이다. 소리를 듣는 마음의 성품을 말하는 것으로 바로 修行해 들어가야 할 聞이다.

初於聞中은 修行을 시작할 때 귀에 들리는 소리를 따라 분별을 내지 않고 바로 自性을 觀하여,즉 返聞해 비춰야 할 대상이며, 공부해서 들어가야 할 境界를 말한다. '流에 들어간다(入流)'는 말은 부루나장에 나온 背塵合覺을 뜻한다. 부처님은 背塵合覺을 하고 衆生은 잘못되어서 背覺合塵을 하므로 迷妄에서 벗어나지 못한다. 衆生은 보는 바, 듣는 바의 것들에 자꾸 끌려서 本覺을 등지고 六塵에 합한다. 諸佛은 그와 반대로 六塵 境界를 등지고 覺에 합한다. 그것이 바로 入流이다. 즉 入流는 合覺을 말한다.

流라고 하는 것은 法流라고도 하고 流注라고도 한다. 첫째, 法流로서 곧 聞性을 말한다. 둘째, 注의 뜻이 있는데 밖으로 소리를 따라가는 外注를 出流라 하고, 소리를 돌이켜 성품을

4) 覺性『楞嚴經正解』下, 玄音社, p.20.

返照하여 內注하는 것을 入流라고 한다. 『金剛經』의 "須陀洹(수다원)은 名爲入流로대"의 入流와 같다. 法流란 本覺이다. 여기서는 智와 理가 바로 法流이다. 본래의 청정한 佛性에 들어간다는 뜻이다. 流에 들어가는 것은 벌써 始覺, 즉 '처음에 깨닫는 그 法流'이다. 反聞工夫를 통해서 如來藏에 들어가는 것이다.

亡所는 所가 없어지는 것이다. 亡은 無자와 같은 의미고 所는 聲塵이다. 즉 聲塵이 없어진다는 말이다. 듣는 것에도 能聞이 있고 所聞이 있는데 能聞은 듣는 聞性이고 所聞은 바로 소리이다. 能所로 볼 때 聞性은 能이고 聲塵은 所이다. 經에서 앞서 煩惱의 근본은 六根이라 하였고 六根의 結縛은 六塵으로 인한 것이므로 六塵을 여의어야 한다. 法流에 들어가는 것은 覺에 합하는 것이고 亡所는 塵을 등지는 것이다(背塵合覺).

정리하면 初於聞中 入流亡所는 소리를 들을 때 밖에서 들리는 一切의 聲塵을 따라가지 않고 안으로 소리를 듣는 自性을 觀하여 마음 밖의 여러 가지 境界와 소리의 대상들을 초월하는 것이다. 즉 初於聞中은 비추어야 할 境界로서 修行의 대상이고, 入流亡所는 返聞聞性의 修行에 들어간 것이다.

(2) 動과 靜의 結을 벗어남

所入既寂 動靜二相 了然不生

"所(소리)와 들어감이 이미 고요해짐에 動과 靜 두 가지 모양이 완연히 나지를 아니하며,"[5)]

두 번째 가서는 動과 靜을 떠난다(脫動靜). 靜結까지 벗어났음을 의미한다.

所와 入은 亡所와 入流를 말한다. 入流亡所에서는 動結을 떠났는데, 여기서는 靜結까지 다 떠난다. 움직이는 소리(動)와 고요한 소리(靜)를 떠났다는 것은 바로 動, 靜 두 가지를 모두 초월한 것이다.

耳根이 벗어나야 할 塵은 動과 靜이다. 亡所는 오직 움직임을 잊은 것이며 이미 空해졌다는 것은 動結을 제거하고 靜結까지 벗어난 것이다. 靜結마저 끊고, 즉 고요함에 더욱 精進을 가하여 고요함까지도 잊어버려야 動靜二相이 나지 않는다.[6)]

所緣의 聲相을 따르지 않으므로 寂然하여 일어남이 없다. 일어나면 곧 움직임이 되는데 이미 動靜을 잊었으니 고요함도 또한 생기지 않는다. 動靜의 境界는 耳根이 취하는 바다. 지금 性品(듣는 성품)이 없음을 觀하나 본래는 필경에 얻을 바가 없으므로 了然不生이라 하였다. 곧 취할 바의 相이 없는 것이다. 이를 두고 『圓覺經』에 이르대 '마땅히 一切 幻化의 虛妄한 境界를 멀리 여읜 것'이라고 하였다.

(3) 聞根의 結을 벗어남(我空)

---

5) 覺性 『楞嚴經正解』下, 玄音社, p.23.

6) 『正脈疏』권6(卍續藏經18, p..636) 참조

如是漸增 聞所聞盡
"이와 같이 점점 增進하여 聞과 所聞이 다하여지고,"[7]

聞所聞의 聞은 能聞이고 所聞은 聞塵인 소리이다.

『正脈疏』에서는 聞所聞의 聞은 能聞하는 聞機(듣는 기관)가 되고 所는 所聞인 聞性으로 보았다. 공부가 점점 더 들어가면 聞性을 返聞하니까 聞性은 所聞이 된다. 그래서 能所가 끊어진 것이다. 듣는 능력도 듣는 소리도 모두 없어졌다는 말이다.

이 정도 되면 我空眞如를 터득한 것이니 아라한의 境地가 된다. 처음에는 소리가 나는 것을 벗어나고, 다음 소리가 그치는 靜을 벗어나고, 세 번째 와서는 듣는 것까지 벗어났다. 그러면 못 듣는 귀머거리처럼 그렇게 되는 것이 아니라 듣는다는 相을 초월한 것이다. 앞에서는 聲塵이 없어진 것이고, 여기서는 耳根의 속박에서 벗어나는 경우를 말한다. 이미 聲塵에서 벗어나면 그것을 상대하는 耳根이 필요하지 않게 된다는 것이다.

『楞嚴經』 8권에 보면 '塵旣不緣하면 根無所偶하여 反流全一하여 六用이 不行이라'[8]는 말이 나오는데 그 문구가 '聞所聞이 盡'에 해당된다. 六塵 境界가 이미 攀緣이 안되면 根도 짝할 바가 없다. 그래서 反流全一한다. 反流라고 하는 것은 返照自性과 같은 것이다. 즉 돌이켜 들어간다는 것이다. 入流

---

7) 覺性『楞嚴經正解』下, 玄音社, p.25.

8) 覺性『楞嚴經正解』下, 玄音社, p.535 참조

와 같다. 경의 권4에서 六根의 視聽覺의 본래 자리는 하나인데 그 하나의 마음자리인 如來藏에서 보기도 하고 듣기도 하고 말하기도 하고 맛도 보는 등 六根으로 갈리게 됨을 설한 바 있다. 그래서 여섯 가지 작용이 행하지 않는 것, 六識의 작용이 완전히 끊어지는 것이다. 그와 같은 경우를 바로 '聞所聞이 盡'이라고 하는 것이다. 根은 六根이나 性은 一性(如來藏性)이다.

이미 塵相이 다하였으므로 밖으로 대할 바가 없어서 根도 또한 존재하지 않는다. 능히 듣는 聞機와 들을 바 聞性이 함께 없어졌기 때문에 聞과 所聞이 다하였다고 한 것이니, 티끌을 이미 攀緣하지 않으면 根도 짝할 바가 없어서 흐르는 것을 돌이키고, 오로지 한 가지니 여섯 가지 작용이 행하지 않는다.[9]

(4) 覺의 結을 벗어남

盡聞不住 覺所覺空

"聞이 다함에도 머물러 있지 아니하여 覺과 所覺이 空하였으며,"[10]

네 번째 覺觀을 벗어난다. 여기 이하는 法解脫, 즉 法空에 해당된다. 앞의 聞結까지벗어난 것은 我空이고, 이 네 번째는

9) 『正脈疏』권6(卍續藏經18, p.637) 참조

10) 覺性 『楞嚴經正解』下, 玄音社, p.27.

法空(法解脫)으로서 脫覺觀, 즉 覺結을 벗어난다. 앞의 듣는 聞根과 들을 바 소리인 動靜을 벗어나면 湛一無邊한 境界가 앞에 나타나는데, 그것이 바로 覺과 所覺이다. 覺이라고 하는 것은 智가 되고, 所覺이라고 하는 것은 理가 된다. 바로 如如智와 如如理이다.

覺은 能覺이다. 我空의 眞理를 터득해서 깨달았으니까 깨달은 그 主體가 能覺이고 깨달을 客體가 所覺이다. 이 境地에 도달하여서는 根과 境, 즉 聞根과 들을 바의 소리 따위, 六塵 境界인 境을 관찰하여서 두 가지를 다 멀리 벗어나고 湛一無邊한 境界가 나타난다. 그 境界를 覺과 所覺으로 표현한 것이니 그 境界까지도 空해야 한다. 이것이 바로 覺觀을 벗어났다는 뜻이다. 여기서 覺所覺이 空함은 그 覺觀까지 벗어났다는 뜻이며, 곧 覺結이 풀린 것이다. 즉 깨달았다고 하는 것에 대한 맺힌 것이 풀린 것이다. 그래서 法執을 초월한 것이다. 앞에서의 動結, 靜結, 聞結을 초월한 상태는 我執을 벗어난 我空에 해당되고 네 번째 覺結과 다섯 번째 空結을 푸는 단계가 法空에 해당한다.

聞은 위에서 말한 能聞과 所聞을 통틀어 말한 것이다. 所覺은 根과 塵이 다하여 고요해진 境界이며 覺은 그것을 비추는 지혜이다. 聞이 다한 것에 머무르면 지혜와 境界가 항상 상대하게 되고 能所가 서로 존재하여 殊勝한 공부에 나아가는데 장애가 된다. 듣는 性은 없어졌지만 아직 覺의 性은 남아있다. 즉, 들어 분별하는 境界는 사라졌으나 무언가를 覺하려는 境界는 아직 벗어나지 못한 상태인 것이다. 그러나 고요하고 맑은 境界와 지혜에 만족하여 이것을 참된 지혜라고 여기고 깨달음을 얻었다고 생각하면 지혜에 애착을 내게 되니, 法執分別 곧 所知障이 생기게 된다.

(5) 空의 結을 벗어남(法空)

空覺極圓 空所空滅
"空한 覺이 지극히 원만하여 空과 所空이 없어지며,"[11)]

'空覺'의 空은 형용사로 해석되니, 空覺은 '空한 覺'이다. 耘虛스님은 空覺을 '空하였다는 覺'으로 번역을 하였는데, 이는 空한 覺이 지극히 원만하여 空과 所空이 없어진다는 의미이다. 또한 '空과 所空'을 보면, 空은 거듭되어, 二重의 空, 즉 重空의 智가 된다. 여기서 重空의 의미를 더 살펴보면, 重空은 '거듭 空'이라는 뜻이다. 空한 것도 또 空했다는 뜻과, 能空과 所空이 전부 다 없어진다는 뜻이다. 또한 앞의 我空, 그 다음에 法空이기 때문에 重空이라고 할 수도 있다. 이제 '所空'으로 넘어가면, 所空은 智의 境界를 말한다. 所空이 없어지면 空結을 떠나게 된다.

앞의 覺과 所覺이 空하였다는 것은 覺觀을 벗어서 覺結을 떠나고 覺結을 푸는 것으로 볼 수 있다. 그 다음에 '空所空이 滅'이라고 하는 것은 脫重空, 바로 空에 대해 맺힌 것을 푸는 것이다. 이 과정에 이르러서야 法解脫을 이루는 것(法空)이다. 앞의 覺을 초월함에 있어서의 覺은 如來藏 聞性을

11) 覺性 『楞嚴經正解』下, 玄音社, p.29.

깨달았다는 '覺'을 뜻한다. 滅結까지 풀어야 俱空不生이다.

정리해 보면, 空覺은 能覺과 所覺이 空해진 것으로 重空의 지혜를 가리킨다. 所空은 空해진 覺과 所覺이며, 空은 空해진 覺과 所覺을 비추어 보는 지혜이므로 重空의 지혜라고 하였다. 이 能空과 所空까지 멸해야 生滅을 끊을 수 있다.

(6) 滅의 結을 벗어남(俱空)

生滅旣滅 寂滅現前

"生과 滅이 이미 없어짐에 寂滅이 앞에 나타나더이다."[12)]

'生滅'에 대해 먼저 살펴보자. 『正脈疏』에 의하면 '生滅 두 자에 動, 靜, 根, 覺, 空, 滅 등 여섯 가지 結을 온전히 거두니 麤細가 같지 않으나 모두 生滅心'[13)]이라 하였다. 이는 비록 각 단계에 있어 거침과 미세함의 차이는 있으나 앞 단계를 멸하고 새로운 단계가 나타나고, 다시 이를 멸하는 과정을 거치는데 이것이 바로 六結을 풀어나가는 단계다. 滅은 멸했다는 생각에 머무는 것이므로 滅結도 또한 풀어야 한다.

生滅의 滅과 旣滅의 滅은 의미가 다르다. 旣滅의 滅은 第六結이 없어지는 滅이고 生滅의 滅은 앞의 것이 없어지면 뒤의 것이 생기고 뒤의 것이 또 없어지면 또 그 다음 뒤의 것이 생기는 과정에 있어서의 滅을 전부 다 통칭해서 말한 것이다. 마음 속의 生住異滅이 전부 다 生滅이다.

---

12) 覺性『楞嚴經正解』下, 玄音社, p.31.

13)『正脈疏』권6(卍續藏經18, p..639)

『起信論』에 執取, 計名을 떠나고 智相, 相續을 떠나고 그 다음에 現相, 轉相도 떠나고 業相까지 떠나고 業相보다 더 나아가 根本 無明不覺까지 떠나야 된다는 것이다. 滅結이 바로 根本不覺의 자리이다. 『涅槃經』의 '生滅이 滅已에 寂滅이 爲樂이라'는 말과 같다. '寂滅'이 바로 俱空의 자리이다. 我空, 法空, 俱空의 無生法忍을 얻은 그 俱空不生이다.

空結을 떠난 후 滅結에 가서 주저앉는 것이 아니라 그것마저 떠나는 것이다. 生滅旣滅, 즉 寂滅의 단계에 이르러 비로소 六結을 모두 멸하고 圓通을 얻고 무한한 妙用을 나타낸다. 寂滅이란 본래 不動한 자리를 寂이라 하고 본래 생기는 것이 없는 그 자리를 滅이라 한다. '寂滅'에서 '寂'이라는 의미는 흔히 '動'에 대립되는 개념으로 여겨진다. 하지만 '寂'은 動에 대한 寂이 아니다. 無始이래로 '寂'은 본래 스스로 不動의 寂이며, 滅은 生을 상대한 滅이 아니라 無始이래로부터 본래 無生의 滅이다. 이 寂滅이야말로 本覺의 理體이며 如來藏性이며 眞如實際니 청정하고 본연하여 法界에 두루한다. 즉 寂滅이 바로 無生法인이요 涅槃의 자리, 本覺의 妙明이 드러나는 자리인 것이다. 楞嚴經 권4에서 말한 '만약 六根의 결박을 풀게 되면 끓는 물에 얼음 녹듯이 산하대지가 단박에 無上知覺으로 변한다'는 이치가 바로 이것이다.

『戒環解』의 경우 『圓覺經』의 修行次第와 배대하여 설명하고 있는데 '入流亡所 등은 이미 幻妄의 境界를 멀리 여읜 것이요, 如是漸增 등은 마음이 幻과 같다은 것도 또한 다시 멀리 여읜 것이다. 覺所覺空은 이미 幻과 같은 것을 멀리 떠났다는 것조차도 다시 遠離한 것이다. 空所空滅은 遠離幻 떠나는 것을 또한 다시 멀리 떠난 것이다. 生滅旣滅은 마치 거울을 닦으면 때가 다하고 밝음이 드러나는 것과 같다. 이러한 경지에 이르러야 圓通의 體가 지극해진다.'[14]고 하였다.

여기서 觀世音菩薩이 말씀하시는 주요 골자는 어디에 있겠는가? 공부에 처음 들어갈 때의 주요골자는 뭐겠는가? "生滅이 旣滅에 寂滅이 現前이라"고 한 것은 결과를 말한 것이고, 공부를 시작할 때는 入流亡所인데 그 入流亡所를 하기 전 가장 처음이 "從聞思修 入三摩地" 여덟 자 뿐이다. 그것이 주요 골자이다. 生滅旣滅 寂滅現前이라는 것은 三摩地의 완전한 단계이며 因地와 果地의 완전한 일치이다.

4. 耳根圓通의 果用

觀世音菩薩이 耳根圓通의 修行을 통하여 無生法인을 證得하자 根境이 圓融하여졌다. 따라서 世間과 出世間의 法에 境界와 장애가 없고 十方法界의 圓明함을 통달하였으므로 그 果用이 두 가지 殊勝한 境界를 얻게 되었다.

(1) 二殊勝

"홀연히 世間과 出世間을 초월하여 시방이 둥글고 밝아져서 두 가지 殊勝함을 얻었으니, 첫째는 위로 시방 부처님의 本妙

14) 『戒環解』권11(卍續藏經17, p.791) 참조

覺心에 합하여 부처님 如來와 더불어 慈力이 동일하고, 두 번째는 아래로 시방의 一切 六道衆生에 합하여 모든 衆生과 더불어 悲仰이 동일하옵니다."[15]

두 가지 殊勝한 힘인 上求菩提와 下化衆生, 즉 上求, 下化에 대해서 慈, 悲의 큰 힘을 얻었다는 뜻이다. 이를 구체적으로 말한 것이 三十二應身과 十思無畏力, 四不思議德이다. 즉 위로는 諸佛의 마음과 같이 衆生을 가엽게 여기므로 慈心을 베풀어서 衆生의 根器에 따라 원하는 바를 성취시키기 위하여 三十二應身을 나타내고, 아래로는 衆生의 마음에 합하여 그 슬픔과 원하는 바를 알기 때문에 十四無畏力과 四不思義德을 베풀어 濟度하는 힘을 갖추게 되었다.

(2) 三十二應身

"世尊이시여! 제가 觀音如來께 供養올리옵고, 그 如來께서 저에게 幻과 같은 聞熏聞修金剛三昧를 일러주심을 입사와, 부처님 如來와 더불어 慈力이 동일하기 때문에 저의 몸이 32應身을 이루어서 모든 국토에 들어가게 하였나이다."[16]

---

15) 覺性 『楞嚴經正解』下, 玄音社, p.50. "忽然超越世出世間 十方圓明獲二殊勝 一者上合十方諸佛本妙覺心 與佛如來同一慈力 二者下合十方一切六道衆生 與諸衆生同一悲仰"

16) 覺性 『楞嚴經正解』下, 玄音社, p.53 "世尊由我供養觀音如來 蒙彼如來授我如幻聞熏聞修金剛三昧 與佛如來同慈力故 令我身成三十二應入諸國土"

三十二應身은 부처님과 동일한 慈力으로 衆生의 根器에 따라 32가지로 달리 몸을 나타내어 衆生을 濟度하는 것이다.[17)]

1) **부처(菩薩)의 몸** : 菩薩이 三摩地에 들어 無漏의 道를 닦아서 殊勝한 견해가 나타나 원만해지면 觀世音菩薩이 이에 응하여 佛身을 나타내고 說法하여 菩薩이 解脫하게 한다.
2) **獨覺의 몸** : 아직 無漏의 道를 證得하지 못한 有學들이 寂靜하고 妙明하여 殊勝한 妙理가 나타나 원만해지면 觀世音菩薩이 獨覺의 몸을 나타내어 說法하여 수행자가 解脫하게 한다. 獨覺은 부처님이 없는 세상에 나와서 혼자서 道를 깨닫는 이를 말한다. 緣覺과 더불어 壁支佛에 해당한다.
3) **緣覺의 몸** : 有學이 12因緣을 끊어서 因緣을 끊은 殊勝하고 묘한 마음이 나타나 원만해지면 觀世音菩薩이 緣覺의 몸을 나타내어 說法하여 解脫하게 한다. 無明에서부터 生老死까지 煩惱를 일으키는 12因緣을 끊어버리면 殊勝한 緣覺勝을 얻을 수 있다.
4) **聲聞의 몸** : 有學들이 四諦의 空함을 얻고 寂滅에 들어 殊勝한 성품이 나타나 원만해지면 觀世音菩薩이 이에 응하여 聲聞의 몸을 나타내어 說法하여 解脫하게 한다. 여기서 聲聞은 나한들을 가리킨다.
5) **梵天王의 몸** : 衆生들이 마음을 밝게 깨닫고자 하여 欲塵

17) 『戒環解』에서는 四聖六凡으로 분류하였고, 『正脈疏』에서는 應希求心(聖乘, 雜趣)과 應厭求心(八部衆)으로 분류하였다.

을 범하지 않고 몸이 청정하고자 할 때 觀世音菩薩이 梵王의 몸을 나타내어 說法하여 解脫하게 한다. 梵天은 欲界를 초월하고 色界에 머물고 있는 모든 天人들로 그들의 왕이 곧 梵天王이다.

6) **帝釋의 몸** : 衆生들이 天主가 되어서 모든 하늘을 統領하고자 하면 觀世音菩薩이 帝釋의 몸을 나타내어 說法하여 성취케 한다. 帝釋天은 도리천(忉利天)의 天主로서 33天을 통솔한다.

7) **自在天의 몸** : 衆生들이 몸이 自在하여 시방에 遊行하고자 하면 觀世音菩薩이 自在天의 몸을 나타내어 說法하여 성취케 한다. 自在天은 欲界의 꼭대기 하늘인 他化自在天으로 欲界 최고의 王이다.

8) **大自在天의 몸** : 衆生들이 몸이 自在하여 허공을 날아다니고자 하면 그 앞에 大自在天身을 나타내어 說法하여 성취케 한다. 色界의 頂上으로 마헤수라천왕이 大自在天이다.

9) **하늘 대장군의 몸** : 衆生들이 귀신을 통솔하여 여러 국토를 구호하기를 좋아하면 하늘 대장군(天大將軍)의 몸을 나타내어 說法하여 성취케 한다. 大將軍은 四天王의 부하이다.

10) **四天王의 몸** : 衆生들이 이 세계를 통솔하여 衆生을 보호하기를 좋아하면 四天王 몸을 나타내어 說法하여 성취케 한다. 四天王은 帝釋天王의 부하이다.

11) **四天王 太子의 몸** : 衆生들이 天宮에 나서 귀신을 부리기를 좋아하면 四天王 太子의 몸을 나타내어 說法하여 성

취케 한다.

12) **人王의 몸** : 衆生이 人王이 되기를 좋아하면 人王의 몸을 나타내어 說法하여 성취케 한다.

13) **長者의 몸** : 衆生들이 族姓의 主가 되어서 世間이 추대하고 양보하기를 좋아하면 長者의 몸을 나타내어 說法하여 성취케 한다.

14) **居士의 몸** : 衆生들이 名言을 말하여 청정하게 살기를 좋아하면 거사의 몸을 나타내어 說法하여 성취케 한다.

15) **宰官의 몸** : 衆生들이 국토를 다스려서 나라와 고을을 관할하기를 좋아하면 宰官의 몸을 나타내어 說法하여 성취케 한다.

16) **바라문의 몸** : 衆生들이 數術을 좋아하여 술수로 잘 껴잡아 보호하여 위생적으로 살려 하면 바라문(婆羅門)의 몸을 나타내어 說法하여 성취케 한다.

17) **比丘의 몸** : 남자가 배우기를 좋아하여 출가하여 모든 戒律을 가지려 하면 비구의 몸을 나타내어 說法하여 성취케 한다.

18) **比丘尼의 몸** : 여자가 배우기를 좋아하고 출가하여 모든 禁戒를 가지려 하면 비구니의 몸을 나타내어 說法하여 성취케 한다.

19) **우바새[18]의 몸** : 남자가 五戒를 지키기를 좋아하면 우바새의 몸을 나타내어 說法하여 성취케 한다.

20) **우바이의 몸** : 여자가 五戒를 지키며 살려하면 우바이의 몸을 나타내어 說法하여 성취케 한다.

---

18) 우바새(優婆塞)는 청신사이고 우바이(優婆夷)는 청신녀이다.

21) **世俗 婦人의 몸** : 여자가 內政으로 立身하여 집과 나라를 다스리려고 하면 女主의 몸과 國夫人과 命婦, 大家[19]의 몸을 나타내어 說法하여 성취케 한다.

22) **童男의 몸** : 衆生이 男根을 더럽히지 않으려 하면 童男의 몸을 나타내어 說法하여 성취케 한다.

23) **童女의 몸** : 처녀가 처신을 잘하고 侵暴을 당하지 않으려 하면 童女의 몸을 나타내어 說法하여 성취케 한다.

24) **하늘의 몸** : 天人들이 하늘의 무리에서 벗어나기를 좋아하면 하늘의 몸을 나타내어 說法하여 성취케 한다.

25) **龍의 몸** : 용들이 그 용의 무리에서 벗어나려 하면 용의 몸을 나타내어 說法하여 성취케 한다.

26) **야차의 몸** : 야차(藥叉)들이 그 무리에서 벗어나려 하면 야차의 몸을 나타내어 說法하여 성취케 한다.

27) **건달바[20]의 몸** : 건달바가 그 무리에서 벗어나려 하면 건달바의 몸을 나타내어 說法하여 성취케 한다.

28) **아수라[21]의 몸** : 아수라가 그 무리에서 벗어나려 하면 아수라의 몸을 나타내어 그를 위해 說法하여 성취케 한다.

---

19) 女主는 여자 임금이며, 命婦는 정경부인에 해당한다. 大家는 耘虛스님의 해석에 따르면 大姑와 같은 것으로 여자로서 재주와 인품과 지식이 뛰어나서 여러 사람을 지도할 수 있는 존재를 말한다.

20) 건달바(乾闥婆)는 좋은 냄새나 香을 찾아다닌다고 하여 香陰, 食香, 嗅香 또는 尋香行이라고 번역한다. 帝釋天王의 권속의 神으로 음악을 연주하는 樂神이기도 하다.

21) 아수라(阿修羅)는 非天이라고도 불리우며 태, 란, 습, 화에 따라 네 가지 종류로 화현한다.

29) **긴나라[22]의 몸** : 긴나라가 그 무리에서 벗어나려 하면 긴나라의 몸을 나타내어 說法하여 성취케 한다.

30) **마호라가[23]의 몸** : 마호라가가 그 무리에서 벗어나려 하면 마호라가의 몸을 나타내어 說法하여 성취케 한다.

31) **사람의 몸** : 衆生들이 사람을 좋아하고 수양을 쌓으려고 하면 사람의 몸을 나타내어 說法하여 성취케 한다.

32) **非人의 몸** : 사람이 아닌 형상이 있는 衆生, 형상이 없는 衆生, 생각이 있는 衆生, 생각이 없는 衆生들이 그 무리에서 벗어나려고 하면 그 몸을 나타내어 說法하여 성취케 한다.

(3) 十四無畏力

"世尊이시여! 제가 또 聞熏 聞修의 金剛三昧인 作爲함이 없는 묘한 힘으로써 十方三世 六道의 모든 衆生과 悲仰이 동일하므로, 모든 衆生으로 하여금 저의 몸과 마음에서 14가지 두려움이 없는 功德을 얻게 하나이다."[24]

聞熏 聞修 金剛三昧의 無作妙力, 즉 듣는 것으로 薰習을 하고 듣는 것으로 닦은 金剛三昧의 作爲가 없는 그 힘을 가

---

22) 긴나라(緊那羅)는 帝釋天王의 부하로서 역시 음악을 주관하는 음악신이다.

23) 마호라가(摩呼羅伽)는 용이 되지 못한 이무기와 같은 존재이다. 大腹行, 地龍, 大蟒이라고 번역한다.

24) 覺性 『楞嚴經正解』下, 玄音社, p.92. "世尊我復以此聞熏聞修金剛三昧無作妙力 與諸十方三世六道一切衆生同悲仰故 令諸衆生於我身心獲十四種無畏功德"

지고 十方三世 六道의 모든 衆生과 더불어 悲仰이 같기 때문에 모든 衆生으로 하여금 觀世音菩薩 자신의 몸과 마음에서 14가지 두려움 없는 功德을 얻게 한다는 것이다. 悲仰이란 衆生이 부처님의 자비한 힘을 얻기 위하여서 우러러 사모하고 부처님께 귀의하여 부처님의 가피력을 받으려고 하는 마음들이다.

1) **苦惱無畏** : 觀世音菩薩이 소리를 관찰하는 것이 아니라, 그 관찰하는 것을 觀함으로서 解脫을 얻었기에 이 방법을 통해 시방의 고뇌하는 衆生들로 하여금 解脫을 얻게 한다.
2) **火燒無畏** : 知見을 돌이켜 회복하였으므로 衆生이 설령 불 속에 들어가더라도 불이 능히 태우지 못하게 한다.
3) **水溺無畏** : 觀聽을 돌이켜 圓通을 얻었으므로 衆生이 큰 물에 빠져도 해를 당하지 않게 한다.
4) **鬼害無畏** : 妄想을 단멸하여 마음에 殺害함이 없기에 衆生이 귀신의 나라에 들어가도 귀신이 害할 수 없다.
5) **刀兵無畏** : 듣는 것을 훈습하여 本覺의 들음을 이루어서 六根을 녹이고 회복하여 소리를 듣는 것과 같기 때문에, 衆生이 피해를 당하게 되도 칼이 부서지며 병기가 마치 물이나 빛을 베듯이 그 性이 요동함이 없다.
6) **鬼見無畏** : 듣는 것으로 훈습하는 精明의 밝음이 法界에 두루하여 모든 幽暗의 性은 온전하지 못하게 되었으므로, 衆生에게 야차, 나찰, 구반다귀, 비사차, 부단나 등의 귀신이 접근하여 위협하려 하여도 보이지 않아 어찌할 수

없다.

7) **枷鎖無畏**：音聲이 원만히 소멸함에 따라 六塵의 虛妄을 모두 떠났으므로, 衆生을 금계(禁繫)와 가쇄(枷鎖)와 같은 구속에서 벗어나게 한다.

8) **盜賊無畏**：소리를 없애고 원만히 들어서 인자한 힘을 얻었으므로, 衆生들이 험악한 길을 지나가도 도적이 해를 입히지 못하게 한다.

9) **貪毒無畏**：聞性을 훈습하여 塵을 떠나서 물질이 겁탈하지 못하므로, 衆生이 貪慾에 빠지지 않게 한다.

10) **瞋毒無畏**：純音을 얻고 微塵을 없애 根과 境이 원융하여 能對와 所相對가 없으므로, 분한 마음이나 원한 등의 一切의 진에(瞋恚)를 떠나게 한다.

11) **痴毒無畏**：六塵을 소멸하여 法界와 몸과 마음이 모두 환하고 투명해져 모든 것에 밝게 되어, 衆生을 의혹의 어둠에서 벗어나게 하고 영원히 어리석음에 빠지지 않게 한다.

12) **求男無畏**：觀世音菩薩이 여러 부처님께 공양하고 그 옆에서 法王子가 되었기에, 法界에서 아들을 낳기를 구하는 자가 있으면 복덕과 지혜가 충만한 아들을 탄생하게 한다.

13) **求女無畏**：大圓鏡 空如來藏을 세워 부처님의 秘密法門을 잘 받아 순종하였기에, 法界에서 딸을 낳기를 구하는 자가 있으면 복덕과 유순함을 지녀서 사랑과 존경을 받는 딸을 탄생하게 한다.

14) **持名無畏**：衆生이보살의 명호를 受持하는 것이 각각 달

라서 그 방편과 지혜에도 차이가 있을 수 있다. 그러나 圓通을 통하여 信心이 法界에 두루한 觀世音菩薩의 名號를 수지하게 되면, 여러 法王子를 각각 수지한 衆生의 복덕이 모두 같아지고 차별이 없게 된다.

(4) 思不思議德

觀世音菩薩은 聞性을 통하여 無上道를 證得하였기 때문에 네 가지의 不思議한 無作妙德을 얻게 되었다.

1) 몸을 갖가지로 나타내어 衆生을 구호함

묘하고 묘한 聞心을 얻음으로써 見聞覺知의 분별을 벗어나 원융하고 청정한 寶覺을 이루었으므로 自在自由하여 여러 가지 용모를 나타내어 無邊秘密한 神呪를 말한다. 하나의 머리에서 8만4천 삭가라의 머리까지 나타내며, 두 개의 팔에서 8만4천 모다라의 팔을 나타내기도 하며, 두 눈에서 시작하여 8만4천 淸淨寶目을 나타내는 등 몸의 변화에 걸림이 없다. 이를 통해 慈悲와 威嚴과 定慧로 衆生을 구호하여 大自在를 얻게 한다.

三十二應身은 感應을 구하는 衆生들이 훈습하는 단계에 응하여 化現하여 교화하는 것이지만, 四不思議德은 신비하고 불가사의한 묘용을 나타내어 衆生을 濟度하는 것이다.

2) 衆生에게 無畏를 베풂

觀世音菩薩이 묘하게 갖가지 형체를 나타내고 각자지 呪文

을 외워서, 모든 衆生의 두려움을 없애준다. 그러므로 시방의 微塵數와 같이 많은 國土에서 모두 觀世音菩薩을 無畏를 베푸는 이라고 이름한다.

3) 衆生들이 간탐을 버리고 관세음 菩薩에게 哀求함

觀世音菩薩이 본래 묘한 圓通의 청정근본을 수습하였으므로 모든 세계의 衆生들로 하여금 몸의 보배를 버리고 觀世音菩薩에게 哀愍하게 여겨주기를 구하게 한다.

4) 衆生의 소원을 성취시킴

觀世音菩薩이 佛心으로 究竟을 證得하고 갖가지 보배로 시방부처님께 공양한 功德이 法界의 六道衆生에까지 미치게 한다. 이로써 아내를 구하는 이는 아내를 얻고, 아들을 구하는 이는 아들을 얻고, 삼매를 구하는 이는 삼매를 얻고, 장수를 구하는 이는 장수를 얻고, 大涅槃을 구하는 이는 大涅槃을 이루게 하는 등 衆生의 간절한 소원을 모두 성취하게 한다.

5. 결 어

지금까지 觀世音菩薩의 耳根圓通의 因行과 修行을 통하여 證得된 果用을 살펴보았다. 觀世音菩薩은 觀世音부처님의 聞, 思, 修 三慧의 가르침을 따라 耳根圓通 修行을 하였다. 처음에 聞性을 觀하여 소리의 動, 靜을 떠나고, 能聞과 所聞을 소멸하여 我空을 이루고, 能覺과 所覺을 소멸하여 空을 이루고, 다음에 能空과 所空마저 떠나 法空을 이루고, 生滅을 완전히 떠나 寂滅의 俱空을 이루었다. 이런 식으로 聞根에 들어가 六結을 모두 풀게 되니 二殊勝義, 三十二應身, 十四無畏力, 四不思議 德의 殊勝한 과용을 갖추게 되어 佛界와 衆生界를 아울러 합하지 않은 것이 없게 되고, 慈悲로 衆生을 救濟하게 되었다. 耳根圓通은 菩薩 및 아라한의 25가지 圓通法 중에 文殊菩薩에게 末法大衆의 根器에 가장 적합한 圓通修行法으로 揀擇이 되었다.

한국의 불교현황을 살펴볼 때 『楞嚴經』에서 이와 같이 耳根圓通의 수행법에 대해서 그 수승함을 강조하고 있음에도 耳根圓通 수행법은 여타의 수행법에 비해 비교적 덜 조명되고 있는 실정이다. 經에서는 과거의 부처님으로부터 문수보살을 포함한 현세의 여러 보살들에 이르기까지 널리 이용된 수용법이라 하였다.

이러한 점들을 고려할 때 耳根圓通에 대한 보다 깊은 연구와 경험의 축적이 한국불교의 발전과 衆生濟度를 위한 숙제로 남겨지고 있다.

15. 文殊菩薩의 게송 -文殊에게 圓通의 揀擇을 명령하시다

弘照 法梅

1. 글을 시작하면서

『楞嚴經』에서 文殊菩薩은 法을 선택하는 主役이다. 經에서 法에 대한 판가름을 할 때에는 항상 文殊菩薩이 등장하여 智慧第一 尊者로서의 역할을 수행하고 있다. 經에서 文殊菩薩의 역할이 특히 두드러지는 부분이 바로 聖賢들의 여러 圓通法 중에서 衆生들의 根機에 맞춰 優劣을 가리는 부분이다.

『楞嚴經』 제4권에서 아난이 三摩提 수행에 대한 가르침을 구함에 부처님이 二決定義를 통하여 因地와 果地를 통일하고 그러기 위해 生滅心과 번뇌를 없앨 것을 설하셨다. 이후 25圓通을 소개하여 각 聖人들의 원통수행의 양상을 대중들에게 선보이셨다. 25명의 聖人들은 六塵, 六根, 六識, 그리고 七大의 제요소들을 각각 원통으로 삼아 三摩地에 든 과정을 간략히 소개하였다. 부처님은 25 聖人의 원통법을 다 들으신 후 文殊菩薩로 하여금 각각의 원통을 평가하고 그 중 대중들의 根機에 맞는 원통법을 고르게 하셨다. 이에 文殊菩薩은 게송으로 답하여 아난과 대중에게 觀世音菩薩의 耳根圓通을 통해 三摩地에 들것을 권하고 있다.

본문에서는 25원통의 간택자로서 文殊菩薩이 선택된 의의를 먼저 살펴보고, 25원통을 평가하는 게송의 내용을 文殊菩薩이 부처님께 고하는 부분과 아난과 대중에게 고하는 부분으로 나눠서 검토한다.

2. 文殊菩薩에게 간택을 맡긴 이유

『楞嚴經』에서 文殊菩薩은 會中에 모인 1250 弟子와 여러 菩薩들의 上首로서 나타난다. 經의 初入을 보면 “항하 모래수와 같은 보살들이 이 도량에 모였으니 문수사리보살이 가장 우두머리가 되었다”[1]고 명시하고 있다. 실제로 『楞嚴經』에서 文殊菩薩의 위상은 아난을 포함한 有學인 二乘은 물론 四部大衆 사이에서 그 활동과 역할이 중대하다. 마등가로부터 아난을 구하러 간 이도 文殊菩薩이고, ‘이 經을 무엇이라

1) 覺性『楞嚴經正解』上, 玄音社, p.78 참조

이름하오며, 저와 중생들이 어떻게 봉행하오리까?'하고 여쭈어 『楞嚴經』의 經名을 받아낸 이도 역시 文殊菩薩이다. 이 밖에도 見性이 是非가 아님을 설하는 부분에서도 文殊菩薩은 대중의 의혹을 풀어주기 위해서 나서서 是非의 문제를 드러내는 역할을 한다. 『楞嚴經』에서 아난 다음으로 부루나 존자가 세계의 忽生, 相續 및 圓融을 설법하는 부분에서 8회에 걸쳐서 부처님과 대화를 나누고 있지만, 그 역할의 비중을 볼 때 文殊菩薩 만큼 중요한 역할을 맡고 있지 않다. 25원통을 소개할 때에도 菩薩과 阿羅漢들에게 원통법을 소개시키고 있지만 오히려 文殊菩薩에게는 菩薩과 阿羅漢들이 소개한 원통법을 평가하는 임무를 맡기고 있다. 이렇게 文殊菩薩에게 중요한 배역을 설정하는 이유는 무엇인가?

文殊菩薩은 大乘佛敎에서 최고의 지혜를 상징하는 菩薩이다. 文殊菩薩은 『般若經』을 편찬하여 般若智慧의 權化로 불렸다. 『圓覺經』에도 보면 文殊菩薩은 제일 처음에 나온다. 12菩薩이 묻는 가운데 文殊菩薩은 無明에 대한 根本無明, 無始無明이 어떤 것인지를 물었고, 文殊菩薩 다음에 普賢菩薩이 묻는 순서로 文殊菩薩이 菩薩의 上首임을 드러내고 있다. 한편 『華嚴經』에서는 비로자나불(毘盧遮那佛)의 협시보살(脇侍菩薩)로서 普賢菩薩과 더불어 三尊佛의 일원이 되어 있다. 그리하여 普賢菩薩이 세상 속에 뛰어들어 실천적 구도자의 모습을 띠고 활동할 때, 文殊菩薩은 사람들의 지혜의 좌표가 되기도 하였다. 즉, 文殊菩薩은 般若智慧의 권화이자, 菩薩行의 좌표인 것이다.

大乘佛敎에서는 小乘인 二乘, 즉 聲聞과 緣覺의 타성에서 벗어나서 菩薩乘에로 나아가고 다시 一乘, 즉 成佛로 지향하는 것을 목표로 하고 있다. 그러므로 『楞嚴經』에서도 중심에 大乘智慧를 상징하는 文殊菩薩을 놓고 1250여 명의 四部大衆을 장중하게 등장시켜 大乘의 보살적 실천의지를 文殊菩薩을 통해 상징적으로 나타낸 것이다.[2] 이런 면을 검토해 볼 때 文殊菩薩이 25원통을 평가하는 것은 文殊菩薩의 평가로 간택된 원통법이 바로 아난과 대중에게 一切衆生의 成佛이라는 大乘의 최종목표를 얻기 위한 최고의 방편임을 확인시키려는 의도가 있는 것임을 짐작할 수 있다.

3. 게송으로 원통을 간택함

먼저 부처님이 성인들의 25가지 원통을 다 듣고 난후 文殊菩薩에게 간택을 지시하는 부분을 살펴보자.

> "그대가 지금 이 25인의 無學인 여러 大菩薩과 阿羅漢들을 보라. 각각 최초에 道를 이룬 방편을 말하여 모두가 '진실한 원통을 닦아 익혔다'고 하니, 저들의 수행은 참으로 優劣과 前後의 차별이 없다. 그러나 내가 지금 아난으로 하여금 깨닫게 하려면 25行에서 어느 것이 그의 根機에 해당하며, 또 내가 滅度한 후에 이 세계의 중생들이 菩薩乘에 들어가 無上의 道를 구하려면, 어떠한 방편의 門이 쉽게 성취하겠느냐?"[3]

---

2) 김진렬 『楞嚴經 硏究入門』, 운주사, p.225 참조

3) 覺性 『楞嚴經正解』下, 玄音社, p.133. "汝今觀此二十五無學諸大菩薩及大阿羅漢 各說最初成道方便皆言修習眞實圓通 彼等修行實無優劣前後

여기서 중요한 부분은 첫째로 방편을 펼 때 대중의 根機에 맞도록 실행해야 된다는 것이다. 각기 다른 根機를 가진 대중에게 동일한 방편을 제시하는 것은 합당하지 않다. 다음으로 世尊은, 중생들이 道를 깨치려고 할 때 世尊이 열반 후에도 無上의 道를 깨치는데 어려움이 없을 것임을 강조한 것이다.

이러한 부처님의 요청에 응해 文殊菩薩은 게송으로 답을 하고 있다. 게송의 내용을 크게 나누어 보면 첫 번째 수행을 통해 본래의 근본으로 돌아가는 이치를 말한 부분, 두 번째 25원통의 적합성을 따지는 부분, 세 번째 耳根圓通의 간택을 말하는 부분 등 세 부분으로 구성된다. 그 구체적인 내용을 살펴보도록 하자.

1) 수행을 통해 근본으로 돌아감을 천명

覺海의 性이 맑고 둥글며 둥글고 맑은 覺이 원래 묘하거늘,

원래 밝은 것이 비추어서 所를 내니 所가 성립됨에 비추는 성능 없어지네.[4)]

이 부분은 본래의 圓明에서 최초의 虛妄으로 能所가 생김

差別 我今欲令阿難開悟二十五行誰當其根 兼我滅後此界衆生入菩薩乘求無上道 何方便門得易成就"

4) 覺性『楞嚴經正解』下, 玄音社, p.136. "覺海性澄圓 圓澄覺元妙 元明照生所 所立照性亡"

을 말하고 있다. 이에 대해 자세한 내용은 부루나장 세계 忽生과 相續 분에서 이미 밝힌 바이다.

覺海란 本覺의 자체란 뜻이다. '澄圓(맑고 둥근)'은 寂照라는 뜻이다. 이때 寂은 空寂이고 照는 靈知이다. 妙有는 바로 照가 되고 眞空은 寂이 된다. 眞空이 마음의 體라면 妙有는 마음의 用(本用)이다. 맑을 澄자는 여기서 湛然, 清淨과 같은 의미다.

元明, 즉 원래 밝은 자리가 바로 寂照의 성능을 가졌는데 그 寂照할 때의 照에서 所가 나왔다(照生所). 비추는 성능은 원래 밝은 자리인 元明인데 所가 성립되면서 그 元明이 없어지는 것이다. 앞에서 부루나장에서 世界忽生 분에서 '性覺이 必明이어늘 妄爲明覺이라 覺非所明이어늘 因明立所라'[5]는 사구게가 나왔다. 바로 이 부분을 말하는 것이다.

> 迷한 虛妄에서 虛空이 있게 되고 虛空에 의하여서 세계가 성립되었네.
>
> 생각이 가라앉아서 국토를 이루고 知覺作用이 이 중생이 되었나이다.[6]

迷한 虛妄은 無明이다. 無明으로 말미암아 虛空이 있다. 이를 이해하기 위해서 '色'의 의미를 살펴보자. 色은 '세계가 세워졌다'라고 할 때 그 세계를 말한다. 다시 말해서 色, 受, 想, 行, 識과 같은 五陰에서 色은 地, 水, 火, 風에 해당된다.

---

5) 覺性『楞嚴經정해』上, 玄音社, p.847 참조

6) 覺性『楞嚴經正解』下, 玄音社, p.143. "迷妄有虛空 依空立世界 相澄成國土 知覺乃衆生"

迷한 虛妄으로 인해 虛空이 생기고 이어서 地, 水, 火, 風 四大로 구성된 세계가 성립되었다. 이 부분에 대해 부루나장에서는 '起爲世界하고 靜成虛空이라'[7], 즉 (그 마음자리가) 일어나면 세계가 되고 고요하면 虛空이 된다고 했다. 虛空을 먼저 말한 것이 순서가 맞다. 文殊菩薩章에서는 생각이 가라앉아서(想澄) 국토가 형성된다고 했다.

여기 想澄의 澄은 청정하다는 뜻이 아니라 그쳐서 엉긴 것, 止 혹은 凝結의 뜻이다. 무언가를 걸러서 가라앉히면 밑에 찌꺼기가 있듯이 생각이 가라앉은 것은 국토를 이룬다. 知覺作用하는 것은 중생이다. 지각작용을 일으키는 有情物의 중생이 생겼음을 말하고 있는 것이다. 想澄成國土는 無情物, 知覺乃衆生은 有情物이 형성되는 것이다.

> 虛空이 大覺 안에서 생기는 것이 바다에 한 물거품 생긴 것 같나니
>
> 微塵 같이 수 없는 有漏國이 다 虛空에 의지하여서 생긴 바이네.[8]

虛空은 大覺이라는 바다의 한 물거품과 같다. 수없는 有漏國은 모두 虛空에 의지해 생긴 것이다. 大覺의 廣大無邊함에 견주면 衆生界의 초라함은 바다의 한 물거품과 같은 것이다. 有漏란 중생은 生滅이 있어서 興亡盛衰의 변화가 無常하고 생겼다 사라졌다 하는 것이다.

---

7) 覺性 『楞嚴經正解』上, 玄音社, p.857 참조

8) 覺性 『楞嚴經正解』下, 玄音社, p.146. "空生大覺中 如海一漚發 有漏微塵國 皆依空所生"

한 거품 사라지면 虛空 없거니 하물며 모든 三有이겠습니까?
근원에 돌아가면 性은 둘이 없으나 방편으로는 많은 門이 있나이다.
聖人의 마음에는 통하지 않는 것 없어 順과 逆이 다 방편이지마는,
初心이 三昧에 들어가는 데는 그 더디고 빠른 것이 같지를 않나이다.9)

三有란 欲界, 色界, 無色界인 三界이다. 本覺의 마음이 무단히 三界를 妄成함이 물에 얼음이 맺힌 것처럼 물질화되었으므로 有라고 칭한다. '漚滅하면 空本無어니 況復諸三有닛가'의 원리를 제대로 깊이 음미하여서 깨닫게 되면 虛空과 세계를 초월한다. 즉 法執을 떠나게 되는 것이다.

근원에 돌아가면 性은 둘이 없다는 말은 수행함에 어디에서 출발하던지 결국 본원의 如來藏性으로 귀결함을 말한다. 세계 중생이 본래의 眞性, 즉 一心에서 비롯된 것이고 세계와 중생 모두가 如來藏이다. 그러므로 근원의 性으로 돌아가는 방편은 하나가 아니라 수도 없이 많은 것이다.

때문에 聖人의 殊勝한 마음자리에서는 통하지 않는 것이 없다. 五蘊으로 들어가도 되고 七大, 六根, 六識으로 들어가도 되고 빛깔로 들어가도 되고 소리로 들어가도 된다. 聖人, 부처의 분상에서는 25방편이 다 통한다. 그래서 順과 逆이 모두 다 방편이다. 그러나 凡夫衆生이 初發心을 내어 三昧에

---

9) 覺性 『楞嚴經正解』下, 玄音社, p.147. "漚滅空本無 況復諸三有 歸元性無二 方便有多門 聖性無不通 順逆皆方便 初心入三昧 遲速不同倫"

들어가는 데는 모든 방편이 일률적으로 적합한 것이 아니다. 비록 一切가 如來藏이지만 대중의 낮은 근기로 볼 때는 順行하는 방편과 逆行하는 방편, 그리고 더디고 빠름의 차이가 있다. 그러므로 25원통 중에 그 順과 逆, 그리고 遲와 速을 따져 그 중에서 大衆의 根機에 적합한 방편을 살펴보아 선택해야 하는 것이다.

여기까지가 總論으로 말한 것이고 다음에는 25원통을 낱낱이 비판한다. 25원통 비판은 初心者를 기준하여 優劣을 따지는 것이다.

2) 25원통의 적합성을 따짐

(우파니사타의 色塵觀)

色想은 맺어서 塵이 되어서 精了라도 사무치지 못하거니,[10]
어찌 밝게 사무치지 못하고 이에 원통을 얻겠나이까?

精了란 '마음(心精)으로 안다'는 뜻이다. 色은 塵이라, 곧 妄想에 의해 맺혀서 장애가 된 것이며 또 色을 관찰하는 色想은 벌써 그것이 色을 가지고 관찰하기 때문에 맺혀서 하나의 色塵을 형성하게 된다. 때문에 精了로 아무리 꿰뚫어 보려 해도 능히 사무치지 못하여 원통에 이르기 어렵다.

---

10) 觀世音菩薩의 耳根圓通을 제외한 聖賢의 24원통을 따지고 선택하는 부분은 覺性 『楞嚴經正解』下, 玄音社, p.154부터 p.185까지 참조.

(교진나의 聲塵觀)
音聲은 여러 가지 말에 섞여서 다만 저 名句味 뿐이라
하나가 一切를 포함 못하나니, 어떻게 원통을 얻겠나이까?

명구미란 문구에 담긴 의미이다. 음성은 그저 하나의 대상에 대한 의미만을 담을 뿐이니, 하나가 일체를 포함할 수 없다.

(香嚴의 香塵觀)
香塵은 鼻根에 합해야 알고, 떠나면 원래 있는 것 아니어서
그 느끼는 바가 항상하지 않거니, 어떻게 원통을 얻을 수 있겠나이까?

香塵은 반드시 鼻根과 합해야 인식하는 것이다. 향냄새를 예로 들자면, 호흡을 할 때 出息의 경우에는 鼻根과 합하지 않아 향내를 맡을 수 없고, 또 향이 없을 때에는 아예 향내를 맡을 수 없다. 이런 이유로 그 느끼는 바가 항상하지 않으니, 사부대중의 원통법으로서 적합하지 않다.

(藥王의 味塵觀)
맛의 성품 본연한 것 아니고 맛볼 그때에만 있는 것이니
항상 있지 아니한 그 성품으로 어떻게 원통을 얻겠나이까?

味塵 역시, 맛볼 때에만 아는 것이라 恒常함이 결여된다. 때문에 대중의 원통법으로 적합하지 않다.

(발타바라의 觸塵觀)

觸塵은 부딪혀야 알게 되고 부딪힘 없으면 알 수 없어서
合과 離의 性이 일정하지 않거니, 어떻게 원통을 얻겠나이까?

觸塵 역시 접촉함이 없을 때는 알 수 없어 항상함이 부족하고 合과 離의 性이 일정하지 않아 대중의 원통법으로 부적합하다.

(대가섭의 法塵觀)

法이란 內塵이라 일컫는 것이니 塵에 의지하면 반드시 所가 있게 되며,
能과 所는 두루 건너감이 아니거니 어떻게 원통을 얻겠나이까?

法塵에 의지한다면 벌써 그 相이 있게 되고 能所가 생긴다. 이에 상대를 초월하지 못하여 내적인 마음(能)과 法塵(所)가 遍涉하지 못하므로 원통하기 어렵다.

(아나율타의 眼根)

見性은 비록 통연하여도 앞만 밝고 뒤는 보지를 못하여
四維에 一半이 빠졌나니 어떻게 원통을 얻겠나이까?

見性은 비록 툭 터져서 보지 못함이 없으나 眼根의 공덕을 볼 때 800공덕에 지나지 않는다. 前後左右(四維)에 일부가 빠져 보는 것에 한계가 있으니 원통이 어렵다.

(주리반특가의 鼻根)

鼻息은 出息과 入息에 통하나 現前에는 交氣(중간의 것)가 없어서

支離하여 鼻入에 交涉함 없거니 어찌 원통을 얻겠나이까?

交氣란 出息과 入息의 중간의 것을 말한다. 出息과 入息의 중간은 결함이 있어서支離(끊어짐)가 생기니 원통이 어렵다.

(교범발제의 舌根)

혀로 받아들이는 것은 無端이 아니어서 맛을 인하여 覺了를 내게 되고

맛이 없으면 覺了도 있지 않거니, 어떻게 원통을 얻겠나이까?

舌入이란 것은 혀로 음식 맛을 받아들여야 味覺의 느낌(覺了)를 내는 것이어서, 맛보는 것이 없으면 覺了도 없으니 원통이 어렵다.

(필릉가바차의 身根)

身根은 마치 所觸과 같아서 둘이 다 원만한 覺觀이 아니어서

涯量을 冥會할 수 없거니 어떻게 원통을 얻겠나이까?

身根은 觸識을 일으키는 몸인데 몸도 하나의 觸塵이라 할 수 있다. 결국 觸塵으로 觸塵을 覺觀하는 것이니, 이 점에서

한계를 벗어날 수 없어 원통이 어렵다.

(수보리의 意根)

아는 意根은 어지러운 생각이 섞였고 湛了함을 마침내 볼 수 없나니,

생각을 능히 벗어나지 못하는데 어떻게 원통을 얻겠나이까?

意根은 곧 제6식을 일으키는 감관이니 생각이 끊임없이 어지럽게 뒤섞여 이에 벗어나지 못한다. 결국 意根으로 湛了한 如來藏性을 보는 방편을 삼는 것은 대중에게 어려운 것이다.

(사리불의 眼識)

見은 세 가지로 섞였나니 근본을 따져보면 非相이라고 하며

그 자체가 애초부터 일정함이 없거니, 어떻게 원통을 얻을 수 있겠나이까?

보는 것은 眼根, 色塵의 작용으로 眼識을 내는 根, 塵, 識 세 가지의 화합이라 근본적으로 허망(非相)하다. 그 자체가 애초부터 일정함이 없으니 원통의 방편으로 삼기 어렵다.

(普賢의 耳識)

마음으로 듣는 것이 시방에 통한 것은 큰 因緣의 힘으로 생긴 것이라.

初心으론 능히 들어가지 못하거니 어떻게 원통을 얻겠나이까?

普賢菩薩이 마음으로 듣는 것이 시방세계에 두루 통하는 것은 크나큰 發心의 힘(大因力)에서 나오는 것이라, 어리석은 중생의 初心으로 이를 따라하는 것은 불가능하다.

(손타라난타의 鼻識)

코에 생각함 본래부터 權機(방편의 根機)로서 다만 마음을 붙잡아 머물게 함이라.

머문다면 마음에 머무는 바가 되거니, 어떻게 원통을 얻을 수 있겠나이까?

코에 마음을 두는 것(鼻想)은 원래 初學者들에게 散亂心을 가라앉히기 위한 방편(權機)일 뿐이다. 마음을 코에 머물게 하면 마음은 진정이 될지언정 無住를 얻을 수 없으니 원통으로 부적합하다.

(부루나의 舌識)

說法은 音聲과 文字를 희롱하며 먼저 이룬 자가 깨우치게 됨이라.

名과 句는 無漏가 아니온데 어떻게 원통을 얻겠나이까?

설법은 음성과 문자로 이루어졌으니 설식을 통한 원통은 음성과 문자에 대해 일찍이 깊이 깨우친 자(先成者)에게 가능한 방편이다. 또한 문자(名句) 자체가 無漏가 아니므로 그 이치를 나타냄에 한계가 있다. 그러므로 대중들에게 舌識의 원통도 어렵다.

(우파리의 身識)

戒를 가지고 범하는 일 몸만을 단속할 뿐, 몸 아니면 단속할 것도 없나니

원래 一切에 두루함이 아니거늘. 어떻게 원통을 얻겠나이까?

戒를 지키거나 범하는 것은 오직 一身에 국한된 것일 뿐이어서 몸을 떠나서는 단속할 바도 없는 것이다. 一身이 一切에 두루하지 못하므로 원통이 어렵다.

(목건련의 意識)

神通은 본래 宿因에서 얻어지고 法을 분별함과는 관계가 없으며,

생각하는 因緣은 물질을 못 떠났거니 어떻게 원통을 얻겠나이까?

목건련 존자의 神通함은 前生부터 닦은 인연(宿因)에서 얻어진 것이라 애초에 意識이 法을 분별함과는 관계가 없는 것이다. 意識 자체를 놓고 볼 때 생각하는 인연은 물질, 즉 客塵을 떠나지 못하니 사부대중에게 적합한 원통의 방편이 아니다.

(持地菩薩의 地大)

만약 땅의 성질로 관찰한다면 굳고 막혀서 통달한 것이 아니라.

有爲는 聖人의 성품이 아니온데 어떻게 원통을 얻겠나이까?

地大의 성질은 굳고 막힌 것이라 有爲性이 뚜렷하여 淸淨湛然한 如來藏性을 밝히기엔 적합하지 않다.

(月光童子의 水大)
만약 물의 성질로 관한다면 생각은 진실함이 아니고
如如는 覺觀이 아니온데 어떻게 원통을 얻겠나이까?

물의 성질을 관하는 것은 그 想念 자체가 허망하여 본래 진실한 것이 아니다. 眞如의 자리(如如)는 想念하는 觀(覺觀)으로 이르는 바가 아니므로 원통이 어렵다. 月光童子 역시 水大 圓通할 때 단번에 깨달음을 얻지 못하고 물과 몸의 분별로 인하여 원통에 어려움을 겪었다.

(오추슬마의 火大)
만약 불의 성질을 관찰하건대 있음 싫어함은 참 여읜 것이 아니며
初心者의 방편이 아니거니 어찌 원통을 얻겠나이까?

오추슬마의 방편은 淫慾을 벗어남을 갈구하는 인연에서 비롯한 것이다. 이는 참으로 떠난 것이 아니며 初發心의 因地와 果地의 합치가 아니다. 그러므로 寂滅의 단계에 이르기 어렵고, 대중에게 적합하지도 않다.

(琉璃光의 風大)
만약 바람의 성질로 관찰한다면 움직임, 고요함이 相對가 없지 않나니.

相對인 것은 無上覺이 아니온데 어떻게 원통을 얻겠나이까?

바람의 성질은 바람이 부는 것(動), 잠잠한 것(靜)이 서로 相對性에 의지한 것이다. 상대함은 無上覺이 아니어서 바람의 相對性을 통해 원통을 이루기는 어렵다.

(虛空藏의 空大)
虛空의 성질로 관찰한다면 昏鈍은 애초부터 覺이 아니요
覺이 없다면 보리와 다르거니 어떻게 원통을 얻겠나이까?

虛空의 성질을 觀할 경우를 보면, 虛空의 昏鈍함은 根本無明이라 본래 覺과 다른 것이다. 覺이 없으면 보리도 아니다. 이런 虛空을 관할 경우 根本無明에 매몰되어 覺을 깨닫기 어려우니 중생들의 원통으로서는 부적합하다.

(彌勒의 識大)
만약 識性으로 관찰한다면 觀하는 識은 常住가 아니요
마음을 두는 것이 허망이온데 어찌 원통을 얻겠나이까?

識性을 觀하는 것을 볼 때 이 觀하는 것 역시 識性이라 常住함이 없다. 常住하지 못하는 마음을 두는 것이 바로 허망이므로 원통에 順하지 못하다.

(大勢至의 根大)
모든 行은 無常한 것이요 생각하는 성질은 원래 生滅이며
원인, 결과가 다르게 얻어지는데 어떻게 원통을 얻겠나이까?

근본적으로 볼 때 念佛도 하나의 行이고, 부처님을 생각하는 것 역시 하나의 想念에 지나지 않는다. 行은 無常하고 念은 生滅心이니 佛性을 얻고자 할 때 因地와 果地가 어긋나 버린다. 그러므로 大勢至菩薩의 六根을 모두 포섭하여 행한 念佛心 역시 대중을 위한 第一의 원통법이 될 수 없다.

3) 觀世音菩薩의 耳根圓通

대중의 根機에 맞는 원통으로써 24가지 원통을 평가한 후 마지막으로 觀世音菩薩의 耳根圓通을 평가를 하였다. 여기서 文殊菩薩은 관세음菩薩이 耳根圓通으로 三摩提를 닦는 바가 殊勝한 이유를 圓眞實, 通眞實, 常眞實의 세 가지 진실을 들어 말하고 있다.

① 圓眞實

제가 지금 여래께 아뢰오니 觀音菩薩이 말한 것과 같습니다.
비유컨대 사람들이 고요히 있을 적에 시방에서 북을 함께 치거든
열 곳을 일시에 다 듣사오니 이것은 바로 圓眞實이옵니다.[11]

觀音菩薩이 말한 바와 같다는 말은 觀世音菩薩이 耳根圓通을 소개하고 마지막에 '부처님께서 원통을 물으시니 저는 耳

11) 覺性 『楞嚴經正解』下, 玄音社, p.190. "我今啓如來 如觀音所說 譬如人靜居 十方俱擊鼓 十處一時聞 此則圓眞實"

門에서 圓照하는 삼매로 緣心이 自在롭고 流相에 들어감을 인하여 三摩地를 얻어 보리를 성취하는 것이 가장 첫째가 되나이다'[12]라고 하여 耳根圓通을 원통의 제일로 꼽은 것이 옳다는 뜻이다.

圓眞實은 그 공덕이 원만함을 뜻하는 것이다. 사방에서 여러 개의 북을 쳐서 소리를 내어도 한쪽의 소리만 듣는 것이 아니라 前後左右, 또 上下, 중앙까지 十方의 소리를 모두 들을 수 있다. 눈의 경우를 예를 든다면, 前方을 향하고 있을 경우 뒤나, 위아래는 시야에 들지 않으니 그 공덕이 소리를 듣는 귀를 당하지 못하는 것이다. 耳門을 返照하여 원통을 얻고 그 妙力으로 緣을 따라 펼치는 교화의 힘을 얻었으니, 그러한 모든 것이 바로 시방으로 두루한 耳根의 원만한 眞體로 인한 것이다.

② 通眞實

눈은 障外色을 보지 못하고, 입으로도 코로도 그러하듯이
몸은 觸塵이 합해야 알며 心念은 紛紛하여서 두서 없지만,
귀는 담을 넘어서 소리를 듣고, 멀거나 가깝거나 모두 들어서
五根으론 같을 수 없는 바이니 이것은 바로 通眞實이옵니다.[13]

---

12) 覺性 『楞嚴經正解』下, 玄音社, p.121. "佛問圓通我從耳門圓照三昧緣心自在 因入流相得三摩地成就菩提斯爲第一"

13) 覺性 『楞嚴經正解』下, 玄音社, p.191. "目非觀障外 口鼻亦復然 身以合方知 心念紛無緖 隔垣聽音響 遐邇俱可聞 五根所不齊 是則通眞實"

六根의 다른 근들과 비교할 때, 耳根은 막힘이나 제한이 없다. 눈은 시야에 장애물이 있으면 그 너머의 相을 보지 못하고, 입은 혀에 물질을 접해야 비로소 그 맛을 느낄 수 있다. 코 역시 코를 막거나 물건을 봉하면 그 냄새를 맡을 수 없다. 몸은 접촉이 있어야 그 촉감을 알 수 있고, 心念은 정함이 없이 어지럽게 일어나서 종잡을 수 없다. 그러나 귀는 장애물이 있거나 거리에 따라 그 들음에 막힘이 없으니 이것이 耳根의 通眞實이다.

③ 常眞實

音聲은 성질이 움직이고 고요하여 듣는 중에 있기도 없기도 하여

소리가 없으면 듣는 것 없다고 하나 실로 듣는 性이 없는 것 아니옵니다.

소리가 없을 적에 (聞性은) 없어지지 않고 소리가 있을 적에도 생기지 않아서

生滅 두 가지를 원만히 떠났기에 이것은 바로 常眞實이옵니다.[14]

소리의 성질은 진동에 따라 소리가 생기고 움직임이 없으면 고요하여 소리가 없다. 그러나 소리가 있고 없고를 떠나서 그 소리를 듣는 性은 恒常하다. '소리가 없을 적에 없어지지 않고 소리가 있을 적에도 생기지 않는다'는 말은 聞性은 소리의 有無에 상관없이 항상하므로 소리가 생길 때 그에

14) 覺性 『楞嚴經正解』下, 玄音社, p.194. "音聲性動靜 聞中爲有無 無聲號無聞 非實聞無性 聲無旣無滅 聲有亦非生 生滅二圓離 是則常眞實"

따라서 聞性이 생기고 소리가 없을 때 그에 따라서 聞性이 사라지는 식으로 소리에 인연하는 것이 아닌 자체로서 항상한 성품임을 뜻한다. 이것은 聞性이 生滅의 이치를 떠났음을 의미하는 것이다. 動靜의 有無는 聲塵에 속하지만 耳根의 본 성품은 모든 차별을 떠나 항상하는 진실이 있으니 이것이 常眞實이다.

이 세 가지 진실은 오직 耳根 만이 두루 구비하고 있고 나머지 24가지 원통법에는 이 세 가지 진실을 두루 갖춘 것이 없다. 예를 들어 필릉가바차의 身根圓通은 몸의 觸을 통해 三摩地에 드는 것인데, 몸의 곳곳에 접촉을 일으키면 몸이 그것을 다 느낄 수 있어 圓眞實은 갖추었지만, 접촉하지 않으면 그 觸의 感을 얻을 수 없으니 通眞實이 결여되었다. 교범발제의 舌根圓通의 경우에도 입으로 念을 하거나 한 맛을 통해 三摩地에 드는 것인데, 입을 닫았을 때에는 소리를 내거나 맛을 볼 수 없으니 通眞實이 결여되었다.

아무리 꿈을 꾸고 있을 적에도 생각하지 않는다고 없지를 않나니,
覺과 觀이 思惟보다 뛰어나서 몸과 마음으론 미칠 수 없나이다.[15)]

---

15) 覺性 『楞嚴經正解』下, 玄音社, p.198. "縱令在夢想 不爲不思無 覺觀出思惟 身心不能及"

五根은 모두 意思를 의지하기 때문에 有無가 항상하지 않지만, 耳根은 꿈속에서도 능히 소리를 들을 수 있으니 이것은 생각을 하지 않아도 없는 것이 아니다. 覺은 聞性의 本體 즉, 本覺을 말하는 것이고, 觀은 聞性의 照用, 즉 소리를 듣는 성품 그 자체이다. 원만한 覺觀은 사유에서 벗어나게 하는 것이니 耳根이 나머지 五根 보다 殊勝한 또 하나의 이유가 여기에 있다.

결국 根機가 낮은 대중들을 고려할 때 가장 원만한 수행법은 세 가지 진실이 모두 갖추고 사유에서 벗어나기가 다른 五根에 비해 더 용이한 觀世音菩薩의 耳根圓通을 들 수밖에 없는 것이다. 중생들은 본래 듣는 것을 迷해 버리고 소리만을 따르고 流轉하는데, 소리를 떠나서 聞性을 관함으로써 生滅의 業果를 떠나게 된다.

4. 多聞의 아난에게 들을 것(聞性)을 권함

文殊菩薩은 25원통을 평가하고 그 중 觀世音菩薩의 耳根圓通을 가장 수승한 방편으로 간택하였다. 그 후 다시 아난과 대중에게 妄想에 빠짐을 경계하고 耳根圓通을 선택하여 수행할 것을 게송으로 말하고 있다. 이에 해당하는 내용의 전문을 게재하여 그 의미를 전체적으로 음미해보자.

> 아난아! 그대는 자세히 들으라. 내가 부처님의 威力을 받자와
>
> 金剛王의 幻術같고, 不可思議한 佛母이신 眞三昧를 말하리라.

그대는 微塵數처럼 많은 부처님의 一切 秘密의 法門을 많이 들었으나

欲漏를 먼저 제거하지 못했기에 多聞만 쌓아서 과오를 이루었네.

들음으로 부처님의 不法만을 갖고 어찌 듣는 性品을 듣지 않는가?

들음이란 자연으로 생기지 않고 소리를 인하여서 들음이라는 名字가 있나니

듣는 것을 돌이켜서 소리를 벗어나면 그 能脫을 무엇이라고 이름하려는가?

하나의 根이 근원에 돌아가면 六根이 모두 해탈을 이루리라.

보고 들음 헛된 눈병 같고 三界가 허공꽃과 같나니

듣는 것 되찾으면 눈병이 없어지고 六塵이 녹아지면 本覺이 청정하리라.

지극히 청정하고 빛나고 통하여 고요함과 비춤으로 허공을 삼켰나니

거기에서 세상을 관찰해보면 꿈속에 보던 일과 다름 없으리.

마등가도 오히려 꿈속의 일이니 누가 그대 몸을 붙들겠는가?

세상의 교묘한 요술쟁이가 요술로 남자와 여자를 만들었듯이

비록 모든 根 발동함이 있더라도 이 하나의 고동이 작동한 것이니

그 작동한 고동 멈추어 고요해지면 요술로 된 男과 女 온데간데 없으리.

六根도 또한 그와 같아서

원래 하나의 精明에 의지하여 나뉘어서 六和合을 이룬 것이니,

한 곳만 쉬어져서 회복한다면 여섯 작용이 다 이루어지지

못하게 되고,

塵의 더러운 때가 일시에 녹아져서 圓明하고 깨끗하고 묘하게 되리라.

塵이 남은 이는 아직도 有學이거니와 밝음이 지극하면 곧 如來이니라.

大衆이여, 아난이여! 여러분들의 顚倒하게 듣는 기관을 돌이키시오.

듣는 自性을 돌이켜 들으면 그 自性이 無上道를 이루오리니

그 원통이 진실로 그러합니다.

이것이 微塵같이 많은 부처님의 한 길로 涅槃 얻는 문이시니

과거의 모든 부처님께서 이 法門을 이미 이루셨으며,

현재의 모든 菩薩들도 제각기 이 圓明한 데 들어가며,

오는 세상에 수행하는 학인들도 마땅히 이 法門을 의지하리라.

나도 또한 이 法으로 證得했었고 觀世音菩薩만이 아니었느니라.[16)]

---

16) 覺性『楞嚴經正解』下, 玄音社, p.206~p230 中 經의 當該 내용. "阿難汝諦聽 我乘佛威力 宣說金剛王 如幻不思議 佛母眞三昧 汝聞微塵佛 一切秘密門 欲漏不先除 畜聞成過誤 將聞持佛佛 何不自聞聞 聞非自然生 因聲有名字 旋聞與聲脫 能脫欲誰名 一根旣返源 六根成解脫 見聞如幻翳 三界若空華 聞復翳根除 塵銷覺圓淨 淨極光通達 寂照含虛空 卻來觀世間 猶如夢中事 摩登伽在夢 誰能留汝形 如世巧幻師 幻作諸男女 雖見諸根動 要以一機抽 息機歸寂然 諸幻成無性 六根亦如是 元依一精明 分成六和合 一處成休復 六用皆不成 塵垢應念銷 成圓明淨妙 餘塵尙諸學 明極卽如來 大衆及阿難 旋汝倒聞機 反聞聞自性 性成無上道 圓通實如是 此是微塵佛 一路涅槃門 過去諸如來 斯門已成就 現在諸菩薩 今各入圓明 未來修學人 當依如是法 我亦從中證 非

아난은 주지하다시피 부처님 제자 중 多聞의 第一이다. 즉, 부처님의 설법을 듣고 기억하는 바가 가장 많은 제자이다. 이러한 아난에게 耳根圓通을 권하게 되는 상황은 역설적이다. 文殊菩薩은 多聞만 할 뿐 듣는 성품을 알지 못하여 많은 과오를 저지르는 아난을 질책하고 있다. 이와 같이 아난에게 聞性으로써 多聞의 오류를 질책하는 것은 『楞嚴經』이 奢摩他, 三摩提, 禪那의 法門으로 균형 있게 구성하면서도 그 중점을 三摩提 수행에 두고 있음을 명시하는 것이다. 아난은 비록 부처님의 설법을 가장 많이 들었지만, 攀緣하는 마음을 떠나지 못하였기에 부처님의 法마저 인연을 벗어나지 못한 것이 되고, 하나의 聲塵에 지나지 않게 되었다. 부처님의 설법을 듣는 것도 중요하지만 아난이 진정한 三摩地에 들려면 (부처님의 설법을 포함한) 소리를 들을 것이 아니라, 듣는 성품을 자체를 들어야 한다. 듣는 것을 돌이켜 소리를 벗어나면 소리라 이름할 바의 것도 모두 사라지고 六根의 분별도 모두 해탈을 이루는 것이다. 이러한 경지에 이르면 세간의 일이 모두 꿈과 같이 허망하여 남녀의 구별도 사라지고 아난이 마등가의 유혹에 빠지게 되는 일도 없는 것이다.

經에서 文殊菩薩은 마지막으로 다시 대중에게 聞性을 돌이킴으로써 三摩地에 들 것을 권유하고 있다. 또한 이 방편이 觀世音菩薩 뿐만 아니라 자신을 포함한 여러 菩薩과 부처님이 證得한 수행법임을 말하고 있다. 이로써 耳根圓通이 대중의 根機와 상관없이 가장 수승한 방편임을 천명하는 것이며,

---

惟觀世音"

대중들도 같은 길을 걸어 成佛을 할 수 있다는 확신을 주는 것이다.

5. 글을 마치면서

智慧第一이자 會中의 上首로서 文殊菩薩은 부처님의 요청에 따라 25位 聖賢의 원통법 중에 대중의 根機에 맞춰 가장 수승한 원통법을 간택하였다. 25원통은 順과 逆, 그리고 圓眞實, 通眞實, 常眞實을 기준으로 그 적합을 따져볼 때 觀世音菩薩의 耳根圓通이 대중에게 가장 적합한 방편으로 간택되었다. 觀世音菩薩의 耳根圓通은 返聞을 통하여 소리를 듣는 것이 아니라 듣는 성품 자체, 즉 聞性을 들음으로써 궁극의 果位인 寂滅에 이르는 방편이다. 이것은 바로 『楞嚴經』 전체의 大義로서 작용한다. 『楞嚴經』의 說法 동기인 多聞第一의 아난이 마등가의 淫術을 이겨내지 못하고 破戒의 위험에 빠졌을 때, 아난을 구출해낸 이가 文殊菩薩이며, 다시 아난의 문제에 대해 핵심을 들어 질책하는 것도 역시 文殊菩薩이다. 아난이 스스로 戒體를 지켜내지 못한 것은 多聞第一로서 비록 부처님의 法을 가장 많이 들었으되, 단지 부처님이 설법하는 聲塵과 耳識에만 집착하였기 때문이다. 결국 文殊菩薩의 게송 부분은 소리를 떠나서 듣는 성품 자체를 返聞할 때 根機가 낮은 대중도 자신에 내재된 佛性을 찾아 無上之覺의 果位를 얻을 수 있음을 文殊菩薩을 통해서 확증하는 내용이다.

주지하는 바와 같이 『楞嚴經』은 모든 經典 중에서도 第一玄義로 이 經을 의지하여 修行하면 부처님께서 證得하신 無諍三昧의 正覺을 이루리라는 것이 곳곳에 說示되어 있다. 이러한 經典에 대해 傳講院의 스승인 覺性 스님 및 여러 道伴들과 함께 진지하게 고찰하는 기회를 갖게 된 인연에 대해 감사의 마음을 표한다. 아울러 본 논문을 보신 모든 분들의 기탄없는 警策을 바라마지 않으면서 본 論文을 마치고자 한다.

16. 三摩提의 근간, 四種戒律에 대해서

清遠 玄淨

1. 서 언

修行이란 愛慾이나 物慾을 기초로 하는 일반적인 중생의 생활을 영위하면서 병행하는 것이 사실상 불가능한 일이다. 佛弟子가 되어 참답게 修行하려고 한다면 번뇌를 피하여 자유로운 몸이 되어 함께 부처님을 중심으로 모이고 또한 修道에 책려를 아끼지 않아야 한다. 이들이 모여서 僧伽를 이루게 되는데, 僧伽에서 각자의 出家者는 엄격한 수도생활을 하면서 한편으로 禪定에 의하여 지혜를 닦고 煩惱를 斷滅하여 成佛을 이루려고 하는 것이다.

이와 같이 成佛을 구하는 출가자들의 생활을 규정한 것이 바로 戒律이다. 『楞嚴經』에서는 佛道를 닦는데 있어 다른 어떤 경보다도 戒의 중요성을 강조하고 있다. 四種戒律로 나타나는 禁戒는 단순히 금욕과 절제의 의미를 넘어서서 如來의 三摩地에 이르기 위해 견고히 다져져야 할 초석인 것이다.

2. 아난이 末法의 道場安立에 대해서 묻다

『楞嚴經』에서 아난은 三摩地에 드는 최고의 방편으로써 耳根圓通에 대한 설법을 듣고 뒤이어 如來에게 末法의 道場의 건립에 대해서 질문을 올렸던 것이다.

"크게 자비로우신 世尊이시여! 저는 지금에 成佛하는 法門을 깨달아 이 가운데 修行함에 의혹이 없나이다. 항상 듣건대 如來께서 이와 같은 말씀하시기를 '자기는 濟度되지 못했으나 먼저 남을 濟度하려는 것은 보살의 發心이고, 자기의 깨달음이 이미 원만하여 능히 다른 사람을 깨우쳐 주는 것은 如來께서 세상에 應現함이라' 하였사오니, 제가 비록 濟度되지 못했으나 末劫의 一切衆生을 濟度하려 하나이다.

世尊이시여! 이 중생들이 부처님을 떠난 지 점점 멀어지면 邪師의 설법함이 恒河 모래수와 같으리니, 그때에 그 마음을 포섭하여 三摩地에 들어가게 하려면, 어떻게 그들로 하여금 道場을 安立해야 모든 마구니의 사고를 멀리하여 보리의 마음에 물러나는 것이 없겠나이까?"[1)]

---

1) 覺性스님 『楞嚴經正解』下, 玄音社, p.238. "大悲世尊 我今 已悟成佛法門 是中修行 得無疑惑 常聞如來 說如是言 自未得度 先度人者 菩薩發心 自覺 已圓 能覺他者 如來應世 我雖未度 願度末劫一切衆生 世

자신보다 중생의 깨달음을 우선시하는 것은 菩薩心이고, 자신이 먼저 成佛한 후에 중생을 교화하여서 해탈을 이루도록 하는 것은 如來의 應世이다. 아난은 먼저 자신의 成佛보다는 중생의 濟度를 우선시함으로 大乘의 진리를 깨달았음을 천명하고 있다. 때문에 아난은 부처님이 入寂하신 후의 末法세계의 중생들을 걱정한다. 末法의 세계에 外道의 유혹에 빠지지 않고 佛性을 얻기 위한 올바른 修行의 길을 견지할 道場을 안립할 방도를 묻는 것이다. 道場은 본래의 의미가 부처님이 成道한 자리이자 또한 부처님과 보살이 항상 머물러 佛道의 공부와 修行을 돕는 곳이다. 또한 『楞嚴經』에서 楞嚴呪를 지송하고 楞嚴法에 의하여 修行하는 장소가 바로 道場이다. 그러나 여기서는 넓은 의미로써 修行者 자신의 좌절과 미혹이나, 외부의 유혹에 빠지지 않고 끝까지 견지하게 하는 방도를 묻는 것으로 보아야 한다. 道場을 굳이 어떤 물리적인 장소에 국한할 것이 아니라 修行者 자체가 道場이 되어 그 안에 부처님과 보살의 마음을 항상 모셔두어야 하는 것이다. 때문에 부처님은 아난의 질문에 道場을 먼저 말하지 않고 戒律을 먼저 설하고 그 중요성을 말하고 있다.

3. 三學의 基幹으로서의 戒

"너는 항상 내가 비나야[2]에서 修行하는 데 필요한 세 가지

尊 此諸衆生 去佛漸遠 邪師說法 如恒河沙 欲攝其心 入三摩地 云何令其 安立道場 遠諸魔事 於菩提心 得無退屈"

決定義를 말한 것을 들었으니, 이른바 마음을 껴잡는 것을 戒라 하고 戒를 인하여 定이 생기고 定으로 인하여 慧를 발하나니 이것을 세 가지 無漏學이라 하느니라."

修行하는 데 필요한 세 가지 決定義는 戒, 定, 慧의 三學이다. 이를 三增上學 혹은 三勝學이라고도 한다. 戒는 악을 저지르지 않고 善을 닦는 戒律, 定은 心身을 고요히 하고 정신통일을 하여 마음이 산란하지 않게 하는 禪定, 慧는 번뇌를 파하고 진리를 證得하는 지혜를 가리킨다.

부처님은 먼저 戒와 定과 慧의 三學을 말하여 그 관계를 설정하고 있다. 제일 먼저 戒를 잘 옹립하여야 그 결과로 올바른 定이 생기고, 다시 올바른 定에 의하여 慧를 얻을 수 있음을 말하는 것이다. 이러한 관계를 비유하자면 戒가 바로 定慧라는 건물의 골격이 되는 것이다. 먼저 戒를 철저히 준수하지 않으면 定과 慧를 이룰 수 없다. 설령 定에 들어가게 되더라도 그것은 거짓 修行이 아닐 수 없다. 또 설령 어떤 慧라고 할 만한 것이 얻어졌음을 느끼게 되더라도 그것은 正慧가 아닌 邪慧인 것이며 비록 그렇게 얻어지는 慧가 탁월하다고 여겨질지라도 결코 건전한 三學의 결실이 되지 못하여 佛性이라는 궁극의 果位를 얻지 못하고 外道로 빠질 뿐이다.

『楞嚴經』의 내용으로 볼 때 戒의 의미는 生滅心을 떠나는 실천적 發心이다. 經에서 三摩提 法門을 시작할 때 부처님은 修行을 할 때 初發心으로 세워야 하는 두 가지 決定義를 말한 바 있다.

---

2) 비나야(毗奈耶)는 戒法을 말하는 律藏이다.

"아난아, 第一義는 너희들이 만약 聲聞을 버리고 菩薩乘을 닦아서 佛知見에 들어가고자 하면, 마땅히 因地의 發心이 果地의 覺과 같은가, 다른가를 잘 살펴보아야 한다. 만약 因地에서 生滅의 마음으로써 본래 닦는 원인을 삼아서 佛乘의 不生不滅을 구하려고 하면 그것은 옳지 못하다."[3)]

위 말씀은 두 가지 결정의 중 第一義를 말한 것이다. 不生不滅의 佛知見을 목표로 한다면 처음의 뜻도 生滅心이 아닌 不生不滅의 佛性을 세워야 한다는 것이다. 그런데 인연법에 따라 존재하는 세계에서 태어난 중생은 生滅心에서 벗어날 수가 없다. 만약에 佛知見을 이루고자하는 初發心을 낸 그 중생이 이미 生滅心을 떠났다면 이미 그는 成佛을 한 것이므로 따로이 修行의 절차를 밟을 필요가 없을 것이다.

그렇다면 戒는 因地를 果地와 일치시켜야 하되 현실적으로 이를 실현할 수 없는 중생이 실천적으로 生滅心을 떠나는 방편이 된다. 생활에서 가장 生滅心이 강하게 작용하는 행위와 마음을 철저히 배격함으로써 不生不滅을 아직 얻지는 못했으나 그 境地에 이를 준비를 하는 셈이다. 戒를 올바로 정립하지 못하였다는 것은 發心의 因地와 果地의 관계로 볼 때, 生滅心을 절대로 벗어나지 못하는 것이니 결코 成佛의 결과를 얻을 수 없다.

이런 관점으로 보면 戒에 대한 개념이 더욱 확대된다. 戒

---

3) 覺性스님 『楞嚴經正解』上, 玄音社, p.996. "阿難 第一義者 汝等若欲捐捨聲聞 修菩薩乘 入佛知見 應當審觀 因地發心 與果地覺 爲同爲異 阿難 若於因地 以生滅心 爲本修因 而求佛乘 不生不滅 無有是處"

가 因地를 실천적으로 세우는 것이라면, 또한 戒는 무엇을 행하지 말고 무엇을 반드시 준수해야할 행동의 지침에 그치는 것이 아니다. 戒는 실천을 통하여 因地를 견지함으로써 修行의 마지막 단계에 이르기까지 마음 속에서 因地를 果地와 연결하는 끈을 놓치지 않게 한다. 이것은 修行의 단계에서 여러 단계의 魔障이 찾아올 때 자신이 陰魔의 奸計와 外道의 유혹에 빠지지 않았는가를 점검하는 기준이 된다.

이러한 근거로 부처님은 아난의 말세 중생을 위한 道場의 건립에 대한 질문에 먼저 戒를 말하고, 三學에서 戒를 가장 중요시한 것이다. 부처님은 이어서 修行者가 지켜야할 戒로써 가장 중요한 네 가지 戒律을 설하고 있다. 부처님은 戒의 개념을 규정하기를 '마음을 껴잡는 것'이라고 했다. 四種戒律 통하여 드러나는 그 이유를 고찰해 보자.

4. 四種戒律

1) 婬欲을 끊음

戒律에 관한 다른 경전들을 보면 모두 먼저 殺生의 戒가 먼저 나오는데 『楞嚴經』에서는 淫慾의 戒가 먼저 나오는 것이 특징이다. 이는 『楞嚴經』 설법의 동기가 아난이 婬欲을 끊지 못하고 마등가의 淫術에 빠지게 된 것에서 비롯되기 때문이다. 『戒環解』에서는 '모든 經에 殺戒가 먼저 있는 것은 부처님이 교화를 시설함에 자비로써 근본을 삼기 때문이다. 이 經에서 婬戒를 머리에 둔 것은 진정한 修行에 있어 淫慾

을 여의는 것이 근본이 되기 때문이다. 대개 淫氣는 추악하고 탁하여 妙明을 물들이고 더럽히며 愛慾의 濕氣의 헛된 迷妄이 쉽게 精髓를 잃게 하기 때문에 생사를 계속하고, 眞相을 잃는 것이 이 보다 심한 것이 없기 때문에 제일의 戒로 삼아서 청정을 밝히는 가르침으로 삼은 것'[4]이라고 하였다.

> "만일 모든 세계에 六道衆生들이 그 마음이 음란하지 않으면 곧 그 生死가 계속 되풀이되는 것을 따르지 않으리라. 네가 삼매를 닦음은 본래 塵勞를 벗어나고자 함이거늘, 婬心을 제거하지 못하면 塵勞를 벗어나지 못하리라. 비록 지혜가 많아서 禪定이 앞에 나타나더라도 만일 婬欲을 끊지 못하면 반드시 마구니의 道에 떨어질 것이니, 上品은 魔王이 되고 中品은 魔의 백성이 되고 下品은 마녀가 되리라."[5]

婬欲을 生死輪廻의 원인으로 보아서 婬欲을 따르면 客塵에 攀緣하여 영원히 되풀이되는 생사의 윤회를 벗어나지 못하고, 婬欲을 벗어나면 그 윤회를 따르지 않을 것이라고 하였다.

婬欲에 대해서는 부루나장의 상속분에서 이미 밝힌 바 있다. 覺明의 허물은 色, 聲, 香, 味, 觸, 法의 여섯 가지 覺의 허망을 낳고, 이에 따라 同은 서로를 갈구하여 끌어당기고, 異는 서로를 미워하여 변화를 낳는다. 婬欲은 생사윤회 중 특히 生의 業報와 관련한 것이다. 남녀가 교합하고자 함은

---

4) 『戒環解』 권12(卍續藏經17, p.807) 참조

5) 覺性스님 『楞嚴經正解』下, 玄音社, p.245. "若諸世界 六道衆生 其心不婬 則不隨其生死相續 汝修三昧 本出塵勞 婬心不除 塵不可出 縱有多智 禪定現前 如不斷婬 必落魔道 上品魔王 中品魔民 下品魔女"

生의 본능이다. 교합하여 자식을 낳으려는 본능인데 이것 자체가 我의 執着이고 業報의 輪廻性이다. 이것은 너무나도 강력하여 생사윤회의 업보를 벗어나지 못하게 한다.

"부루나야, 생각과 愛慾이 함께 맺혀서 愛慾을 능히 떠나지 못하면 모든 세간에 부모와 자손들이 서로 생겨서 끊어지지 않나니, 이런 것들은 곧 欲貪이 근본이 된다."[6)]

부모의 胎中에 들어가서 몸을 받고, 또 몸이 인연이 다하면 도로 없어지고 또다시 몸을 받고 몸을 받게 되는 것이 전부 다 그 婬欲에 관계되기 때문에, 일체중생이 婬欲으로 인하여 각각 자기 목숨을 받게 된다는 것이다. 그러므로 婬欲을 끊지 않고서는 生滅을 잊은 三摩地에 들어설 수 없다.

"婬欲을 끊지 않고 禪定을 닦는 이는 모래와 돌을 쪄서 밥을 만들려는 것 같아서, 백천겁을 지나더라도 다만 뜨거운 모래일 것이니 왜냐 하면 이것은 밥이 될 근본이 아니고 모래와 돌로 이루어졌기 때문이다. 네가 婬欲하는 몸으로써 부처님의 妙果를 구하여 비록 묘하게 깨달음을 얻더라도 이것은 모두 婬欲의 근본이라. 근본이 婬이 되었기에 三道에 輪轉하여 반드시 벗어나지 못하리니, 如來의 涅槃을 어떻게 닦아 證得하겠느냐? 반드시 婬의 고동을 몸과 마음에 아주 끊어버리고 끊었다는 心性까지 또한 없어져야 부처님의 보리를 바랄 수 있으리라."[7)]

---

6) 覺性스님 『楞嚴經正解』上, 玄音社, p.891. "富樓那 想愛同結 愛不能離 則諸世間 父母子孫 相生不斷 是等則以 欲貪爲本"

7) 覺性스님 『楞嚴經正解』下, 玄音社, p.250. "若不斷婬 修禪定者 如蒸沙

婬欲이라는 모래로 佛性이라는 밥을 만들려는 것은 애초에 불가능한 일이다. 모래로 밥을 지으면 기껏해야 모래밥을 얻을 뿐이지, 먹음직하고 찰진 쌀밥을 얻을 수는 없는 것이다. 이 비유는 婬欲을 근간으로 하여 因地를 세웠을 때 그 결과로 佛性을 얻을 수 없음을 단적으로 보여주는 비유이다. 때문에 만약 婬欲을 버리지 못하고 修行에 들어간다면 궁극의 목표인 眞如의 자리에 이르지 못하고 중간에 마구니의 꾐에 빠져 邪道의 무리가 될 뿐이다.

2) 殺生을 끊음

婬欲이 중생의 生死輪廻 중 生의 업보와 관련함이 크다면 殺生은 死의 업보와 관련이 크다 할 수 있다. 殺生은 殺貪이 근본이 되어 저지르는 행위니 이 殺貪을 끊지 못하면 모든 世間의 중생이 힘의 강약을 따라 번갈아 서로 잡아먹는 業報가 생긴다.

사람이 염소를 잡아먹으면 염소는 죽어 사람이 되고 사람은 죽어 염소가 되는 식으로 10生의 무리가 서로 죽이고 죽으며, 나고 나면서, 서로 잡아먹되 惡業으로 함께 나서 미래제가 다하니 생사의 윤회에서 벗어나지 못하게 되는 것이다. 때문에 佛家에서는 고기를 먹지 못하게 하는 것이다. 그런데

石 欲其成飯 經百千劫 只名熱沙 何以故 此非飯本 沙石成故 汝以婬身 求佛妙果 縱得妙悟 皆是婬根 根本成婬 輪轉三途 必不能出 如來涅槃 何路修證 必使婬機 身心俱斷 斷性亦無 於佛菩提 斯可希冀"

부처님이 비구에게 고기를 먹는 것을 허락한 적이 있으니 이것이 바로 五淨肉이다.

> "아난아, 내가 비구로 하여금 五淨肉을 먹게 하였으나 이 고기는 모두 나의 神力으로 化生한 것이고 본래 생명이 없다. 너의 바라문 땅이 증습(蒸濕)이 많고 게다가 모래와 돌이 많아서 풀과 나물이 생장하지 않기 때문에, 나의 大悲와 神力으로 가피한 바라. 大慈悲를 인하여 이름을 빌려서 고기라 하는 것을 너희가 먹었거니와, 如來가 滅度한 후에 衆生의 고기를 먹는 것을 어찌 釋子라 하겠느냐?"[8)]

五淨肉은 不見, 不聞, 不疑, 自死, 鳥殘의 다섯가지를 말한다. 불가피한 상황으로 고기를 먹어야 할 경우 나를 위해서 죽이는 사실을 보지 않은 것(不見)이어야 하며, 나를 위하여 그 생명을 죽이는 소리를 듣지 않은 것(不聞)이어야 하며, 또 나를 위하여 고기를 잡았다는 의혹마저도 없어야(不疑) 한다. 또한 자기의 명이 다하여 죽은 畜生의 고기(自死)이거나 새나 동물이 먹다 남은 것(鳥殘)인 경우에 한해서만 부득이 고기를 먹는 것을 허용하였다. 이는 사실 부처님의 神力으로 변화한 것이어서 본래 命根이 없으므로 깨끗한 것(淨)이라 한다. 그러나 이것은 어디까지나 부득이한 상황 하의 방편일 뿐 원칙적으로 고기를 먹는 것은 殺生의 업보를 더하는 것이므로 허

8) 覺性스님 『楞嚴經正解』下, 玄音社, p.252. "阿難 我令比丘 食五淨肉 此肉 皆我神力化生 本無命根 汝바[婆]羅門 地多蒸濕 加以沙石 草菜不生 我以大悲神力所加 因大慈悲 假名爲肉 汝得其味 奈何如來滅度之後 食衆生肉 名爲釋子"

용이 되지 않는다. 설령 부득이한 경우라도 殺生을 하게 되면 生死의 업보에서 벗어날 수 없어 이 역시 모래로 밥을 짓는 것과 마찬가지의 결과를 낳을 뿐이다. 만약 진정한 자비와 진정한 해탈을 바란다면 다 끊어야 한다. 이를 『梵網經』에서 처음 말하였고 『涅槃經』에서 마지막으로 당부하시어 간절하게 금하였다.[9] 하물며 부처님이 滅度하신 末劫의 중생세계에서 五淨肉일지언정 고기를 먹고 생사의 업보를 벗어나기를 기대할 수 없는 것이다.

殺生을 끊지 않으면 반드시 귀신의 유혹에 빠지게 되어 佛道을 이룰 수가 없다. 게다가 이들이 스스로 '고기를 먹고도 보리의 도를 얻었다'고 말하며 중생들을 현혹하게 되니 겹으로 惡業을 짓게 되는 것이다. 殺生을 하지 말 것을 戒로 삼는 것은 또한 大乘의 보리심을 밝히는 것이다.

> "청정한 비구와 보살들이 길에 다닐 때 산 풀도 밟지를 않거늘 하물며 손으로 뽑아버리겠느냐? 어찌 大悲를 표방하면서 중생의 피와 살을 취하여 充食을 할 수 있겠느냐?"[10]

殺戒의 설법 내용에서 처음에는 生滅의 인연을 떠나는 대의로써 殺生을 말라 하신 후 다시 중생의 피와 살을 뜯어 먹는 짓을 하면 안 된다고 설하여 大悲를 표방하는 大乘의 마음을 드러내고 있다. 또한 비구들이 실, 솜, 명주, 비단을

9) 『戒環解』 권12(卍續藏經 17, p.808) 참조

10) 覺性스님 『楞嚴經正解』下, 玄音社, p.257. "淸淨比丘 及諸菩薩 於岐路行 不蹋生草 況항以手拔 云何大悲 取諸衆生 血肉充食"

입지 않고 가죽신과 털옷, 우유, 치즈 등 모든 생명 있는 것들의 所產을 취하지 않으면 그를 '참으로 해탈한 자'라고 하였다.

禪定을 닦아 열반에 이르고자 하는 사람은 마음을 청정히 하고 善業을 지어 자신의 惡業을 없애야 한다. 그러나 만약 殺生을 끊지 않고 禪定을 닦는 이는 마치 자기 귀를 막고 큰소리를 치면서 남이 듣지 못하기를 구하는 것과 같아 숨길수록 더욱 드러나게 된다. 그러므로 몸으로 肉食을 금할 뿐 아니라 마음으로도 殺生이나 肉食에 대한 貪心을 끊어야 한다.

3) 도둑질을 끊음

六道衆生이 도둑질하는 마음을 끊으면 생사의 相續을 벗어날 수 있다. 도둑질(偸)하려는 마음은 貪心에서 비롯된다. 貪心에서 비롯되어 남의 것을 훔치고, 강탈하고 물질에 자꾸 욕심을 냄으로써 허망한 중생세계의 번뇌에서 벗어나지 못한다. 주지 않는 것을 취하는 것은 다 도둑질이 된다. 또 아첨하거나 왜곡되게 말하거나 성내거나 두렵게 하여 남의 물건을 취하는 것도 다 盜心이다.

"내가 비구들로 하여금 방법에 따라서 乞食하게 하는 것은 그들로 하여금 貪心을 버리게 하여 보리의 道를 이루게 함이니, 모든 비구들이 스스로 밥을 지어먹지 않고 더부살이하여 三界에 나그네가 되어서 한번 가고 다시 돌아오지 아니함을 보여야 한다."[11]

남의 것을 훔치고자 하는 마음은 所有에 대한 집착에서 비롯된다. 所有는 다시 我에 대한 집착에서 비롯되니 我는 다시 대립의 대상으로 他를 내세운다. 自他의 분별 속에 我의 利를 취하려 하고 他에게 害를 입히니 이 또한 생사의 근본에서 벗어날 수 없음이다. 때문에 부처님은 비구들에게 乞食을 하게 하고 스스로 밥을 지어먹지 않게 하는 것이다. 나그네가 되어서 모든 것에 貪心을 갖지 않게 하니 이것은 곧 所有를 만들지 않음으로써 자기에 대한 애착과 남에 대한 탐함을 모두 털어버리는 것이다. 이는 또한 반대로 비구들에게 공양하는 대중들 입장에서는 비구에게 밥을 줌으로 해서 복을 지어주고 自己(의 것)에 대한 애착을 털어버리는 셈이 되는 것이다.

한편 걸식에는 自利利他의 사상이 들어있는데 바른 道를 행하여 修行을 더욱 증진시키는 일이기도 하지만, 보시하는 사람의 善業을 도모하는 뜻도 있다.

『僧祇律』에 이르되 '乞食이란 分衛를 말하는 것으로 衆僧에게 나누고 베풀어 道力을 지키고 보호하고자 하는 것'이라고 하였다. 僧肇法師가 이르되 '乞食에 간략히 네 가지 뜻이 있으니 一은 群生을 복되고 이롭게 하고자 함이요, 二는 스스로의 교만을 꺾어 굴복시키기 위함이요, 三은 몸에 苦가 있음을 알

---

11) 覺性스님 『楞嚴經正解』下, 玄音社, p.266. "我教比丘 循方乞食 令其捨貪 成菩提道 諸比丘等 不自熟食 寄於殘生 旅泊三界 示一往還 去已無返"

게 하고자 함이요, 四는 걸리고 집착함을 제거하고자 함이다'라고 하였다. 지금 經에서 貪心을 버리고 스스로 음식을 짓지 못하게 한 것은 걸리거나 집착함을 제거하고자 한 것이다.[12)]

『戒環解』에서는 經에서 말한 걸식을 네 가지 뜻 중 한 가지에 국한하였지만 도적질을 금하는 근본적 의의가 自利他利 사상에 도달하는 것을 고려하면 그 네 가지 모두가 經에서 말하고자 하는 바에 해당한다. 때문에 어떤 비구가 決定心을 가지고 三摩提를 닦을 때, 如來의 형상 앞에서 몸에 하나의 등불을 켜거나 하나의 손가락 마디를 태우거나 몸 위에 하나의 香炷를 사룬다면, 부처님은 그를 두고 '이 사람은 無始이래의 묵은 빚을 일시에 갚아버리고 이 세상을 영원히 하직하고 모든 漏를 벗어나리라'고 말한다. 또한 비구들이 의발(衣鉢) 이외에는 아무것도 저축하지 않으며 걸식한 나머지 음식도 굶주린 중생에게 다시 베풀며, 누가 구타하고 꾸짖어도 칭찬으로 여기고, 몸과 마음을 모두 중생과 함께 하는 이가 있으면, 부처님은 그를 '참 삼매를 얻은 사람'이라고 印可를 하신다고 했다. 이는 모두 도적질을 끊음이 自利他利의 사상에 귀결되고 大乘의 큰 뜻을 실현하는 길임을 명시하는 것이다.

4) 거짓말함을 끊음(禁大妄語)

『楞嚴經』에서 말한 거짓말을 끊음은 넓은 의미로는 남을

12) 『戒環解』권12(卍續藏經 17, p.810)

속이는 일체 행위를 말하고, 좁은 의미로는 證得의 여부를 속이는 것을 말한다.

> "이와 같이 세계의 六道衆生이 비록 몸과 마음에 殺生, 도적질과 婬行이 없어서 세 가지 행이 이미 원만하더라도 만일 大妄語를 한다면 곧 三摩地가 청정함을 얻지 못하고 愛見의 魔를 이루어 如來의 청정한 種性을 잃게 될 것이니, 이른바 얻지 못한 것을 얻었다고 말하고 證得하지 못한 것을 證得했다고 말하며, 혹은 世間에서 가장 尊勝함을 구하려 하여 現前의 사람에게 말하기를 '나는 이미 수다원과와 사다함과와 아나함과와 아라한도와 벽지불승과 十地와 十地前의 여러 가지 菩薩位를 얻었다'고 하여 그들의 예참을 구하며 그들의 공양을 탐함이다. 이 一顛迦[13]는 佛種을 끊어버리되 마치 어떤 사람이 톱으로 多羅木을 끊는 것 같이 하리니, 부처님은 이 사람을 受記하기를 '이 사람은 영원히 善根을 없애고 다시 知見이 없어 三苦의 바다에 빠져서 三昧를 이루지 못한다'고 하시느니라."[14]

일반적으로 거짓말을 하는 것을 口業이라 하여 妄語, 綺語, 兩舌, 惡口의 네 가지로 분류한다. 이러한 일반적인 妄語戒를 어기면 波逸提[15]에 해당하지만, 깨달음을 얻었다고 거짓말을

13) 斷善根, 즉 善根을 끊는 것이다.

14) 覺性스님 『楞嚴經正解』下, 玄音社, p.280. "如是世界 六道衆生 雖則身心 無殺盜婬 三行已圓 若大妄語 卽三摩地 不得淸淨 成愛見魔 失如來種 所謂未得 謂得 未證 言證 或求世間 尊勝第一 謂前人言 我今已得須타陀洹果 斯陀含果 阿那含果 阿羅漢道 辟支佛乘 十地 地前諸位菩薩 求彼禮懺 貪其供養 是一顚迦 消滅佛種 如人以刀 斷多羅木 佛記是人 永殞善根 無復知見 沈三苦海 不成三昧"

하고 불자들에게 존승함을 구하는 것은 그 죄를 씻을 길이 없는 大妄語에 속하는 것으로 승단에서 추방당한다. 승단에서 추방당한다는 것은 근본적으로 如來의 種子를 잃고 퇴락하였음을 선고받은 것과 다름 아니니 생사윤회의 원인이 되는 것이다.

이와 같이 일반적인 口業과 구별하여 大妄語를 중요한 戒로 삼는 이유는 大妄語의 결과가 수행자의 一身의 그릇됨에 그치는 것이 아니라 중생 전반의 救濟에 영향을 미치기 때문이다. 수행자가 깨달음을 얻었다고 하면 중생들이 그를 따르고 가르침을 구하게 되므로, 만약 이 깨달음이 거짓이라고 한다면 그를 따르는 모든 중생들을 正道에서 벗어나게 만드는 것이다. 이런 면에서 볼 때 특히 三寶를 이루는 出家者가 중생에게 하는 口業은 대부분 大妄語에 해당하게 된다. 왜냐하면 出家者가 중생에게 말하는 것은 佛法을 傳說하는 것이므로 만약 그의 말에 거짓이 있다면 이는 佛法에 대한 誤導이니, 곧 깨달음에 대한 大妄語와 동일한 결과를 낳기 때문이다.

大妄語를 끊지 않고 修行하는 사람은 마치 인분을 깎아 전단나무의 조각을 얻으려는 것과 같아서 향기를 구할 수가 없으니, 妄을 끼고 禪定을 닦는 것은 본질이 참된 것이 아니므로 깨달음을 구할 수가 없다. 곧은 마음이 곧 道場이니 마음에 부처님을 세우지 않고 大妄語를 하면 곧 因地가 참되지 못하여, 이런 사람은 부처님의 보리를 얻으려 하여도 마치

15) 口業으로써 잘못을 범하는 것으로 지옥에 떨어진다는 뜻이다. 그러나 別衆(세사람 이하)에게 고백하고 참회함으로써 용서가 가능하다.

자기의 배꼽을 씹으려하는 것과 같이 불가능한 일을 바라는 것이다. 만약 비구들이 마음 정직하기가 곧은 활줄과 같으면 모든 일거일동이 다 진실하여 三摩地에 들어감에 영원히 마구니의 유혹에 빠지는 일이 없게 되어 궁극에 보살의 無上覺을 성취하게 된다.

5. 결 어

이와 같이 經에서는 三摩地에 들어가 보살의 道를 구하려면 반드시 먼저 四種戒를 지켜 몸과 마음을 氷雪과 같이 깨끗하게 유지할 것을 강조하고 있다. 그와 같이 하면 修行 이외에 一切의 지엽적인 業을 짓지 않게 되므로 貪心, 瞋心, 痴心의 세 가지 마음과 妄語, 惡口, 綺語, 兩舌 등의 네 가지 입의 허물이 생길 일이 없게 된다. 四種戒律을 엄수하면 마음이 六塵에 반연하지 않아 마구니의 장애가 침입할 틈이 없게 되는 것이다.

戒律은 修行의 근간이자 因地를 佛知見의 果地에 일치시키는 것이므로 佛果를 얻기까지 반드시 엄수해야 할 사항이다. 부처님은 戒, 定, 慧의 三學에서 戒의 정립을 앞세우고 定과 慧를 차제로 삼았다. 生滅心에 攀緣하는 몸과 마음을 가지고 成佛의 因을 세우는 것은 그만큼 어려운 것이다. 생활을 하면서 끊임없이 사방에서 修行者의 청정심을 어지럽히는 六塵의 교란을 물리치지 않고서는 成佛 자체가 거북의 털과 같이 허망한 것이 되어서 輪迴를 벗어나지 못하게 된다.

戒律은 나아가서 大乘思想의 실현의 실천적 의지이다. 戒를 지킨다는 것은 一身의 궁극적 果位만를 위한 것이 결코 될 수 없다. 戒를 지키고 成佛을 위해 정진하면 할수록 수행자는 戒의 엄수가 결국 一切衆生濟度로 귀결되어 自他不異를 실현하는 것임을 깨닫게 된다.

이와 같은 이유로 아난이 末法의 道場건설함을 물음에 부처님이 먼저 禁戒를 말씀하셨다. 외부에 부처님을 모실 道場을 안립하기 전에 戒律로써 마음에 淸淨道場을 세우는 것이 修行에 있어 가장 중요한 것이다. 이러한 修行者는 설령 如來가 出世하지 않은 末法의 세계에서도 절대로 흔들림이 없이 成佛을 이루게 될 것이다.

17. 楞嚴呪 功德에 대하여

蓮宗 慧哲

『楞嚴經』에서 耳根圓通을 통한 三摩提 수행의 방편을 제시하고 이어서 四種戒를 말하여 수행자가 항상 戒를 지킴으로써 衆生의 生死煩惱의 요소를 멀리할 것을 강조하였다. 뒤이은 설법의 내용은 楞嚴道場의 건립과 楞嚴呪의 功德에 대한 것이다. 楞嚴呪는 수행자가 禪定을 닦음에 부처님의 法力으로 魔障에 빠지지 않고 정도에 나아갈 수 있도록 하는 수행의 助道이다. 본문에서는 楞嚴呪를 알리는 의의를 먼저 검토하고, 楞嚴道場과 楞嚴呪의 功德, 그리고 楞嚴呪의 내용을 짚어 보도록 한다.

1. 楞嚴呪를 알리는 意義

『瑜伽師地論』에서는 다라니를 法, 義, 呪, 能得菩薩忍[16] 등 네 가지로 분류하였다. 이 중 呪다라니란 菩薩이 三昧自在를 획득해서 이 自在에 의해 呪文을 얻어 가피를 입히면, 그 呪文이 衆生의 災患을 없애는 최고로 신령스러운 영험을 나타내어 모든 재난을 없애는 다라니이다. 『瑜伽師地論』의 분류로 볼 때 楞嚴呪는 呪다라니에 속한다. 大乘經典에서는 般若經典에서 다라니를 설한 이후로 여러 곳에서 다라니가 언급되거나 게재되고 있다. 다라니(dhāranī)는 불법의 無量無邊한 이치를 섭수하거나 지님으로써 얻어지는 念慧의 힘이다. 다라니는 부처님의 法力으로 세운 것이므로 禪定을 닦는데 도움을 주며, 부처님의 신력과 지혜의 힘에 의해 번뇌와 재해의 魔를 정복하게 한다. 『楞嚴經』에서도 楞嚴呪는 중요한 비중을 차지하는 것으로 나타난다. 여기서 『楞嚴經』에서 楞嚴呪가 소개되는 의의를 검토해보면 다음의 세 가지를 들 수 있다.

---

16) 法다라니는 수행자가 念慧力을 얻어 모든 佛法의 요체를 기억하고 잊어버리지 않는 것이다. 義다라니란 法의 無量한 의미를 한량없는 세월동안 잊어버리지 않게 되는 다라니를 말한다. 能得菩薩忍 다라니란 깨달음에 도움이 되는 다라니로서 菩薩(수행자)이 스스로 견고한 因行을 성취해서 지혜를 具足하고 조용하고 한적한 곳에서 명상에 전념하며, 부처님께서 설한 菩薩의 忍을 얻기 위한 呪文의 의미를 자세히 사유하며 예측하고 관찰하는 다라니이다.

(1) 楞嚴呪는 『楞嚴經』 설법의 動機로써 작용한다

"제가 出家한 후로 부처님의 憍愛 만을 믿고 多聞 만을 구했기 때문에 無爲를 증득하지 못하고, 저 梵天의 삿된 呪術에 禁制를 당했사오니 마음은 비록 명료하나 힘이 자유롭지 못했는데 文殊菩薩을 만나서 벗어나게 되었나이다. 비록 如來의 佛頂神呪를 받자와 암암리에 그 가피의 힘을 입었으나 아직 친히 듣지를 못했사오니, 바라옵건대 大慈로 다시 宣說하시어 이 모임에서 수행하는 이들과 또 미래 末世에 윤회하는 이를 구원하셔서 그들이 부처님의 密音을 받잡고 몸과 마음이 해탈케 하옵소서."[17)]

『楞嚴經』의 시작은 걸식을 나선 아난을 마등가가 外道의 사비라주로 유혹하여 戒體를 훼손시켜려는 상황에서 시작된다. 이를 아신 부처님은 文殊菩薩을 보내 楞嚴呪로 淫術의 結果를 깨뜨리고 아난을 구출하게 된다. 아난이 이를 계기로 자신의 迷妄을 탓하면서 부처님께 묘한 三方便의 法門을 청하게 됨으로써 『楞嚴經』의 설법이 이루어진 것이다. 아난은 부처님께 楞嚴呪 讀誦을 요청하여 그 法力을 사부대중 및 수행자와 末法의 衆生을 위하여 알려줄 것을 부탁하는 것이다.

---

17) 覺性스님 『楞嚴經正解』下, 玄音社, p.328. "自我出家 恃佛憍愛 求多聞故 未證無爲 遭彼梵天邪術所禁 心雖明了 力不自由 賴遇文殊 令我解脫 雖蒙如來 佛頂神呪 冥獲其力 尙未親聞 惟願大慈 重爲宣說 悲救此會 諸修行輩 末及當來 在輪廻者 承佛密音 身意解脫"

(2) 楞嚴呪는 宿業을 없애는 方便이다

楞嚴呪는 宿業을 없애는 방편으로써 소개되고 있다.

> "만약 옛날의 습관을 滅除하지 못하거든 너는 그 사람으로 하여금 一心으로 나의 佛頂光明 摩訶薩怛 多般怛囉 無上神呪를 외우게 하라. 이것은 如來의 볼 수 없는 頂相의, 無爲心인 부처님께서 정수리로부터 발휘하시어 보배연꽃에 앉아서 말씀하신 心呪니라."[18]

불정광명 마하살타 다반다라 무상신주는 楞嚴呪의 다른 이름이다. 佛頂光明은 부처님 정수리로부터 나온 광명을 뜻하고 摩訶薩怛 多般怛囉는 大白傘蓋, 즉 마음의 如來藏性이 온 宇宙法界를 日傘과 같이 다 덮은 지극한 마하의 法을 뜻한다. 無上神呪란 위없는 가장 신비로운 주문을 말한다. 옛날의 습관(宿習)이란 전생에서 현세에 이르기까지 쌓인 舊業을 말함이다. 계를 지킴으로써 生死의 근본이 되는 요소를 떠나려하여도 전생에 쌓은 業과 發心을 하기 전의 業이 수행을 방해하는 것이다.

이때 부처님의 法力으로 발휘된 楞嚴呪를 지극정성으로 一心으로 持誦하면 과거의 버릇이나 습관도 다 깨끗하게 소멸된다. 마음은 한 곳으로 집중하여서 끌리게 되면 다른 곳으로는 마음이 가지 않는다. 그러므로 楞嚴呪를 지극정성으로

---

18) 覺性스님 『楞嚴經正解』下, 玄音社, p.298. "若有宿習 不能滅除 汝教是人 一心誦我佛頂光明 摩訶薩怛囉 多般怛無上神呪 斯是如來無見頂相 無爲心佛 從頂發輝 坐寶蓮華 所說心呪"

讀誦하면 다른 宿習도 저절로 소멸되는 것이다.

(3) 楞嚴呪 讀誦은 一心念佛로 수행의 權機를 삼음이다

楞嚴呪를 讀誦하는 것은 그 자체로서 일종의 念佛修行이라 할 수 있다. 『楞嚴經』권5에서 衆生들에게 적절한 圓通修行法을 알리기 위해 25위의 聖人의 圓通法을 각각 소개한 바 있다. 여기서 大勢至菩薩의 根大圓通으로써 一心念佛修行이 나온다.

"저 부처님이 저에게 念佛三昧를 가르치시기를, '비유컨대 어떤 한 사람은 전적으로 생각을 하고 한 사람은 전적으로 잊어버리면, 이와 같은 두 사람은 만나도 만나지 못하고 보아도 보지 못하나, 두 사람이 서로 생각하여 두 생각하는 마음이 간절하면 내지 이 생에서 저 생에 이르도록 형상에 그림자가 따르듯이 서로 어긋나지 아니하리라. 시방의 如來가 衆生을 불쌍히 생각하는 것이 어머니가 아들 생각하듯 하건마는, 만일 아들이 도망가면 비록 생각한들 어찌 되겠느냐? 아들이 만약 어머니 생각하기를 어머니가 아들 생각하듯이 한다면, 어머니와 아들이 여러 생을 지내도록 서로 어긋나지 않을 것이다. 만약 衆生의 마음에 부처님을 기억하고 부처님을 생각하면 現前에나 當來에 반드시 결정코 부처님을 보아서, 부처님과 멀지 않다. 방편을 가자하지 않고도 저절로 마음이 열리게 됨이 마치 香에 물든 사람이 몸에 향기가 있는 것 같으리니 이것을 香光莊嚴이라 이름한다'고 하더이다."[19]

---

19) 覺性스님『楞嚴經正解』상, 玄音社, p.1339

如來는 大慈大悲의 마음으로 항상 衆生을 가련하게 여기고 생각하지만, 衆生은 迷妄에 빠져 如來를 생각하지 않는다. 이는 마치 어머니가 항상 아들을 사랑하고 그리워하지만 아들은 어머니를 생각하지 않고 벗어나려고 하는 것과 같은 이치다. 이렇게 서로의 생각이 통하지 않으면 衆生이 번뇌의 윤회에서 벗어날 길이 없는 것이다. 念佛을 하면서 부처님을 一心으로 생각하게 되면 如來의 마음과 衆生의 成佛하려는 마음이 만나게 되어 저절로 마음이 열리게 되고 부처님의 가피를 입게 된다.

이러한 念佛修行은 衆生에게도 비교적 적합한 방편이어서 현실적으로도 佛子가 念佛을 통하여 三昧를 구하는 예가 많지만, 根器가 낮은 衆生이 究竟의 寂滅을 얻는 데는 적합한 것이 못되므로, 文殊菩薩은 念佛修行이 아닌 觀世音菩薩의 耳根圓通을 末法衆生의 圓通修行法으로 간택한 것이다. 비록 念佛修行이 成佛을 위한 第一修行의 방편으로는 적합하지 않지만, 수행자의 마음을 맑히고 항상 부처님을 생각하게 함으로써 마음으로 부처님과 함께하여 그 法力의 보호를 받게 하는 權機로써는 최상의 것이 될 수 있다.

이와 같은 면을 볼 때, 楞嚴呪를 持誦하는 것은 그 자체로써 一心念佛의 수행이 되는 것이다. 먼저 楞嚴呪를 持誦하여 부처님과 하나가 되고 마음을 정화시킨 후, 楞嚴道場에서 反聞修行을 하게 되면 三摩地에 이를 수 있는 최상의 조건이 형성되는 것이다.

2. 楞嚴道場

『楞嚴經』에서는 楞嚴道場을 만드는 법이 구체적이고 자세하게 나와있다. 이 道場은 末法에 수행하는 이가 쌓아야 할 道場이며, 楞嚴呪를 持誦하기 위한 道場이다. 楞嚴道場을 따로이 설치하여 楞嚴呪를 持誦하는 것은 수행자는 최대한 자신을 청정하게 하고, 여기에 부처님의 法力을 최대한 끌어모아 수행자와 부처님을 통하게 함으로써 정진 수행에 박차를 가하려는 것이다. 楞嚴道場은 戒, 淸淨道場, 楞嚴呪, 三摩提의 4가지 요소가 통합된 것을 의미하며 이 중 한 가지라도 부족함이나 결함이 있으면 楞嚴道場을 성취할 수 없다.

戒 - 戒는 楞嚴道場을 성취하는 데 있어서 가장 근간이 되는 요소다. 戒는 貪, 瞋, 痴를 버리고 마음을 다잡는 것이니, 곧 마음의 道場을 청정하게 세우는 것이다. 한 사람이라도 戒가 청정하지 못한 이가 있으면 그 楞嚴道場은 성취하지 못하게 된다.

淸淨道場 - 諸佛의 가피를 받으려면 道場을 청정하게 해야 한다. 이를 위해 비구와 비구니는 禁戒를 가져 몸과 마음을 맑히고 깨끗한 옷을 입고, 道場은 가장 깨끗한 재료를 이용하여 건립한다.

楞嚴呪 - 戒로써 몸과 마음을 청정하게 하고 청정한 道場을 세운 후, 楞嚴呪를 持誦하여 十方如來와 諸神을 영접하여야 한다.

三摩提 - 楞嚴呪를 持誦하여 부처님의 가피를 받으면 三摩提에 들어 反聞修行에 임함으로써 楞嚴道場이 성취된다.

楞嚴道場의 구체적인 내용은 다음과 같다.

1) 修行道場의 설정(結界)

楞嚴道場을 안립하기에 앞서 수행자는 먼저 戒가 청정한 사문을 스승으로 모시고 그 가르침에 따라 禁戒를 가져야 한다. 戒가 성취된 다음에는 새 옷이나 깨끗한 옷을 입고 분향하고 고요히 앉아서 楞嚴呪를 108번 외우고 난후, 結界를 하여 道場을 건립한다. 結戒 大衆은 청정비구와 비구니 및 白衣檀越[20]로 구성하여 청정한 戒를 엄수하며 菩薩의 願을 발한다.

2) 壇場의 건립

먼저 雪山에서 비니향초를 먹은 大力白牛의 똥을 구하여 전단향과 같이 버무려서 地面을 바른다. 大力白牛의 똥을 구할 수 없을 경우에는 평원에서 지표면의 흙을 파서 5尺이하의 황토를 얻는다. 이 열 가지의 향을 곱게 갈고 부드럽게 가루를 만들어 황토와 합하여 진흙을 만들어서 道場의 터에 바른다.

그 위에 다시 16척의 八角壇을 모나고도 둥글게 만든다. 팔각단의 중심에는 金, 銀, 銅, 木으로 만든 연꽃을 안치하고 연꽃 가운데에는 바리를 둔다. 바리에는 팔월의 이슬물을 담

20) 白衣檀越은 청신사, 청신녀를 말한다.

아 그 위에 연잎을 띄운다. 다음에 여덟 개의 둥근 거울을 여덟 방향으로 놓아 연꽃과 바리를 둘러싸게 하고, 거울 바깥에 16연꽃과 16향로를 안치하되 향로를 연꽃 사이사이에다 차려 놓아서 향로를 장엄해 놓고 순수한 침수향을 사르되 불이 보이지 않게 한다.

3) 供養

설산 대력백우의 젖을 취하여 16개의 그릇에 두고 우유로 煎餅을 만들고 여러 사탕과 유병(油餅), 유미(乳糜), 소합(蘇合), 밀강(蜜薑), 순소(純酥), 순밀(純蜜)과 모든 과자와 음식과 포도와 石蜜 등 가지가지의 최상 미묘한 음식을 연꽃 밖에 각각 16씩 둘러놓아서 여러 부처님과 위대한 菩薩에게 바친다.

단 앞에는 따로 작은 화로를 하나 안치하고 매번 공양을 할 때와 밤중에 꿀 반 되와 수 세 홉을 미리 준비해 둔다. 도루바향(兜樓婆香)으로 달인 향수로 숯을 목욕을 시켜 화로에 태워 치성하고, 준비해 둔 수와 밀을 성하게 타는 화로 안에 던져 연기가 늘 나게 태워서 佛菩薩님께 공양을 올린다.

4) 尊像의 설립

壇室의 외부 사방에는 번기와 꽃을 두루 달고, 壇室 안의 四壁에는 시방의 如來와 佛菩薩들의 여러 가지 형상을 부설한다. 한복판에 노사나 부처님과 석가모니 부처님과 미륵 부처님과 아축 부처님과 아미타 부처님[21]을 모시고, 여러 가지로 크게 변화하는 觀音菩薩의 형상과 아울러 金剛藏菩薩을 좌우에 모시며, 帝釋, 梵王, 오추슬마, 람지가, 군다리, 비구지, 四天王 등과 빈나와 야가[22]를 문 곁의 左右에 안치하며, 또 거울 여덟 개를 허공에 덮어 매달아 두어서 壇場 안에 안치한 거울과 방면이 서로 상대케 하여 그 형체와 그림자가 重重으로 서로 건너 비추게 한다.

5) 楞嚴呪를 持誦하는 의식

① 처음 일주일 동안에는 지성으로 十方如來와 여러 위대한 菩薩들과 아라한의 名號에 정례하여, 항상 六時로 주문을 외우고 壇을 돌아 지극한 마음으로 道를 행하되 한때에 항상 楞嚴神呪를 108번씩을 행한다. 이때의 呪文은 楞嚴呪의 呪心에 해당하는 419구에서부터 끝까지의 내용인 '다냐타 옴 아나레…', 8句33字를 主로하여 讀誦한다[23].

---

21) 노사나(盧舍那) 부처님은 석가모니 부처님 이전의 부처님이시고, 석가모니 부처님은 現世의 부처님이며 미륵 부처님은 當來의 부처님이시다. 아축불(阿閦佛)은 동쪽에 계시는 부처님이고, 아미타불은 서쪽에 계시는 부처님이다. 이로써 동서고금의 부처님을 모두 모시는 의미가 된다.

22) 오추슬마(烏芻瑟摩)는 火頭金剛力士, 람지가(藍地迦)는 青面金剛力士이다. 군다리(軍茶利)는 관세음보살의 化現으로 철퇴를 들고 계시는 金剛力士이다. 비구지(毗俱胝)는 눈이 세 개이고 상투 같은 것이 나온 金剛力士를 말한다. 빈나(頻那)는 猪頭使者, 야가(夜迦)는 象鼻使者이다.

23) 만약 楞嚴呪 전체를 108회 讀誦한다고 가정한다면, 소요되는 시간으로 볼 때 현실적으로 하루에 讀誦을 마치는 것이 불가능하다. 그러므로 이때의 108회 讀誦은 楞嚴呪의 주심을 108회 讀誦하는 것으로 보아야 한다.

② 두 번째 7일 중에는 한결같이 專心으로 菩薩願을 발하되, 마음이 중간에 끊어짐이 없게 한다.

③ 세 번째 7일 중에는 12시 가운데 언제나 부처님의 楞嚴神呪를 持誦한다.

④ 네 번째 7일이 되면 시방 如來께서 일시에 출현하시어 거울이 서로 비추고 비추는 그 곳에서 부처님이 친히 이마를 만져주시는 것(摩頂受記)을 받게 된다. 이때 즉시 이 楞嚴道場에서 三摩地를 닦기 시작한다.

⑤ 삼칠일 후부터는 단정히 앉아 안거하기 100일을 지나면 영리한 根器를 가진 자는 그 자리에서 수다원의 果를 얻게 된다. 비록 그 몸과 마음에 聖人의 果가 이루어지지 못하더라도 결정코 틀림없이 成佛하게 된다.

기도할 때 먼저 歸依三寶로써 최초방편을 삼기 때문에 처음 칠일에 如來와 菩薩과 羅漢의 名號에 정례하는 것이니, 그 이유는 불가사의한 힘을 빌려서 行을 발하고 道를 돕고자 하기 위함이다. 그러나 願力이 아니면 이를 기대할 수 없기 때문에 第二의 칠일에 戒律에 의지하여 專心으로 發願하게 한 것이다. 行願이 견고하면 大勇猛心을 얻을 수 있기 때문에 제삼칠일에 잠시도 쉬지 않고 한결같이 呪文을 誦持하면 드디어 정성에 감응하게 되니 進力의 지극한 功이 된다. 楞嚴神呪를 108회 讀誦하는 의미는 呪文이 두루한 것으로 만약 道를 행하고자 하면 두루하여야 함을 말한 것이다.[24)]

24) 『戒環解』권14(卍續藏經17, p..817) 참조

3. 楞嚴呪의 功德

다라니에는 기본적으로 世界싯단, 爲人싯단, 對治싯단, 第一義싯단 등 네가지 싯단(悉檀)의 功德이 있다. 세계싯단은 부처님의 광대한 願行이 사람이나 지역에 특정하지 않고 우주법계를 모두 상대하여 베푸는 것이다. 위인싯단은 衆生 가운데 사람을 상대로 慈悲를 베푸는 것이 가장 시급하기 때문에 사람을 위한 싯단의 功德이 있다. 대치싯단은 나쁜 것을 제거하고 다스리는 것이다. 제일의싯단은 衆生을 中道第一義諦, 즉 최상승의 진리에 들어가게 하는 功德이다. 楞嚴呪 역시 이 네 가지 싯단을 고루 갖추고 있다. 楞嚴呪의 呪心은 大白傘蓋를 말하는 것으로 곧 法界를 두루 덮는 如來藏心의 秘密法門이다. 오직 광대하고 두루 덮어서 如來藏이 되기 때문에 楞嚴呪를 지니고 楞嚴呪의 呪心을 因으로 삼으면 능히 諸佛을 출생시키고 無上覺을 이루며, 또한 魔를 항복받고 교화에 응하여 衆生의 苦를 구제한다. 經에 나온 그 구체적인 功德을 諸佛의 功德과 衆生의 利益으로 나눠 살펴보면 다음과 같다.

1) 諸佛의 功德

① 위없는 正徧知覺을 얻게 하며, 大涅槃에 이르게 한다.
② 善知識을 받들어 섬기게 하며, 大法王子가 되게 한다.
③ 微塵數와 같은 여러 나라에서 大法輪을 굴리게 한다.
④ 모든 마구니를 항복시키고 모든 外道를 제거한다.

⑤ 시방세계에 摩頂受記를 하시고, 시방세계에서 부처님 受記를 받게 한다.

2) 衆生의 이익

① 항상 부처님이 계신 곳에 태어나며 한량없는 功德을 쌓게 한다.

② 戒가 청정해 지고 지혜를 얻게 되는 등 모든 行을 성취한다.

③ 楞嚴呪를 持誦하기 전에 지은 輕重의 惡業이 모두 소멸한다.

④ 求하는 바가 있으면 願에 따라 이루게 한다.

⑤ 모든 재앙과 고통을 일시에 소멸시킨다.

⑥ 諸神이 강림해 呪心을 갖는 자를 보호한다.

⑦ 惡處에 나지 않고 대복덕을 이루게 한다.

⑧ 福德男女를 두고 장수하고 건강하게 한다.

⑨ 세상이 풍요롭고 衆生들이 안락하며 재앙이 일어나지 않는다.

4. 楞嚴呪

楞嚴呪는 금강지가 나란다 대학 승원의 密敎 강좌에서 얻어서 중국으로 전래한 것을 不空이 역출한 것으로 알려져 있는데 이를 唐本이라고 한다. 現傳하는 唐本의 楞嚴呪에는 427구와 439구의 두 가지가 있다. 두 다라니는 내용은 서로 차이가 없으나 음율상의 편의를 위해서 차이가 생긴 것이다. 이 중에서 427구의 다라니는 대부분의『楞嚴經』주석가들이 依用하고 있기 때문에 定說 楞嚴呪로 여겨지고 있다.[25] 本文에서 게재한 楞嚴呪 역시 427구이다.

楞嚴呪를 5회로 나누어 내용을 살펴보면, 제1회 초구에서 137구까지는 모든 如來와 聖衆에게 歸依하고 찬탄하는 내용이며, 제2회 138구에서 178구까지는 楞嚴呪의 권증과 신앙에 대한 내용이며, 제3회 179구에서 272구까지는 楞嚴呪의 成就功德이 구체적으로 나타나며, 제4회 273구에서 332구까지는 楞嚴呪를 성취하고 功德이 내증된 것에 대해서 여러 聖衆에게 감사하되 그 本尊인 白傘蓋女神에게 간절히 기도하는 내용이며, 제5회 333구에서 427구까지는 回向 부분이다. 이 중 420구 '옴 (아나례 비샤뎨)'의 부분에서부터 427구까지가 정식주문으로 楞嚴呪의 呪心이 된다.

마지막으로 楞嚴呪의 내용에 대한 해석을 덧붙여서 게재한다. 楞嚴神呪의 내용을 살펴보면 楞嚴呪가 왜 많은 功德을 모두 지니고 있으며, 왜 수승한 원력을 가졌는지를 확인할 수 있다. 楞嚴呪란 용맹스럽게 정진하여 定을 닦는대. 힘을 돕는 呪文이 라는 뜻이다.

본문에서 게재한 능엄주는 전수태님의「楞嚴呪解意」와. 김진열님의「楞嚴經研究入門」에 根據 한 것이다.

25) 김진렬,『楞嚴經研究入門』, 운주사, p.373 참조. 전수태「楞嚴呪解意」운주사. 참조

楞 嚴 神 呪

(1회)
나무사다타소가다야 아라하뎨 삼먁삼볻다샤
사다타붇다구지스니삼
나무살바붇다부디사다베뱌
나무사다남삼먁삼볻다구지남 사스라바가상가남

나무로계아라한다남
나무소로다파나남
나무사가리다가미남
나무로계삼먁가다남 삼먁가파라디파다나남

나무뎨바리시난
나무싣다야비디야다라리시난 샤바노게라하사하사라마타남
나무바라하마니
나무인다라야
나무바가바뎨 로다라야 오마바뎨 사혜야야

나무바가바뎨 나라야나야 반자마하삼모다라

(1회)
지극하신 如來와 응공이신 정각자 및
거룩하신 七俱胝佛께 귀명하나이다.
모든 부처님들과 菩薩들께 귀명하나이다.
칠구지 등정각자와 성문들을 동반한 승가에 귀명하나이다.
세간에 있는 응공들께 귀명하나이다.
預流(果)들께 귀명하나이다.
일래(과)들께 귀명하나이다.
세간에서 바르게 (성과로) 걸어가고
향하여 가는 이들에게 귀명하나이다.
천신들과 성선들께 귀명하나이다.
명주를 성취하여 신통력을 가진 성선들과
두루 이익을 섭수하는 주들께 귀명하나이다.
범천에게 귀명하나이다.
인드라신께 귀명하나이다.
세존이신 루드라신과 우마파

나무싣가리다야
나무바가바뎨 마하가라야
디리바라나가라 비다라바나
가라야 아디목뎨 시마샤나니
바시니 마다리가나
나무싣가리다야
나무바가바뎨 다타가다구라
야
나무바두마구라야
나무발사라구라야
나무마니구라야
나무가사구라야
나부바가바뎨 뎨리다슈라세
나 파라하라나라사야 다타
가다야
나무바가바뎨
나무아미다바야 다타가다야
아라하뎨 삼먁삼볻다야
나무바가바뎨 아추볘야 다
타가다야 아라하뎨 삼먁삼
볻다야
나무바가바뎨 볘사사야구로
볘쥬리야 바라바라사야 다
타가다야
나무바가바뎨 삼보스비다
살린나라라사야 다타가다야
아라하뎨 삼먁삼볻다야
나무바가바뎨 샤계야모나예
다타가다야 아라하뎨 삼먁
삼볻다야

티신 및
그의 권속에게 귀명하나이다.
세존이신 나라야나야신과 오
대인에게 귀명하나이다.
정례하여 귀명하나이다.
세존이신 천흑천신의 삼궁성
을 파괴하여 버린 아디무크타
카신의 묘지에서 살고 있는
마트리신중께 귀명하나이다.
정례하여 귀명하나이다.
세존이신 如來부에 귀명하나
이다.
연화부에 귀명하나이다.
금강부에 귀명하나이다.
如來보부에 귀명하나이다.
상부에 귀명하나이다.
세존이신, 용맹한 군사를 격파
한 왕인 如來께 귀명하나이다.
세존께 귀명하나이다.
아미타 如來와 응공이신 등정
각자에게 귀명하나이다.
세존이신, 아촉 如來와 응공이
신 등정각자에게 귀명하나이
다.
세존이신 약사유리광왕 如來
께 귀명하나이다.

세존이신 개부화왕, 사라수왕
如來 및 응공이신 등정각자에
게 귀명하나이다.
세존이신 샤카무니 如來와 응
공이신 등정각자께 귀명하나

나무바가바뎨 라다나계도라 사야 다타가다야 아라하뎨 삼먁삼볻다야
뎨뵤나무사가리다 이담바가 바다 사다타가도스니삼 사 다다바다람
나무아바라시담 바라뎨양기 라
사라바부다게라하 니가라하 게가라하니 바라비디야치다 니
아가라미리쥬 바리다라야닝 게리
사라바반다나목차니
사라바도시다 도시빕바나니 버라니
쟈도라시뎨남 가라하사하사 라야사 비다붕사나가리
아시다빙샤뎨남 낙사차다라 야사 파라사다나가리 아시 다남 마하게라하야사 비다 붕사나가리
살바샤도로니바라야사
호람도시빕난자나샤니
비사샤시다라 아기니오다가 라야사

아파라시다구람 마하바라전 지 마하딥다 마하뎨사 마 하세다사바라 마하바라반다

이다.
세존이신 보화동왕 如來와 응 공이신 등정각자에게 귀명하 나이다.
그들에게 정례하고 이 거룩한 如來불정 백산개주께 귀명하 나이다.
패함이 없이 주복시키는 분에 게 귀명하나이다.
일체의 귀신들을 완전히 절복 시키며,
다른 신들의 주문을 절단시키 고,
때 아닌 죽음의 액을 능히 제 거할 수 있으며,
모든 衆生의 결박을 벗어나게 하고,
모든 악한 악몽을 없애며,
8만 4천의 사마들을 파멸시키 고,

스물여덟 가지 성숙들을 기쁘 게 하며,
여덟 가지 대악성들을 파멸시 키고,
모든 원적을 차단시키며,
또한 무서운 악몽 등을 소멸 시키고,
독약과 검의 난, 화, 수의 난 으로부터 구제시키도다!
불패의 구라신, 대력의 찬다

라바시니 아리야다라 비리구지 서바비사야 바사라마례디

비샤로다 부드마가 바사라제하나아자 마라제바파라질다 바사라단지
비사라자 선다샤베데바부시다 소마로파

마하세다 아리야다라 마하바라아파라 바사라상가라제바 바사라구마리 구람다리
바사라하사다자 비디야건자나마리가 구소모바가라다나
비로자나구리야 야라토스니삼
비지람바마니자 바사라가나가파라바
로사나바사라돈치자 세다자가마라 차샤시파라바

이데이데 모다라가나 사베라참 굴반도

인토나마마샤

(2회)
옴
리시게나 파라샤싣다 사다

신, 대화염신, 대위광신, 대천녀의 염광신, 대력백의여신,
현도천녀신, 진여신, 최승여신,
마라티 꽃을 가진 금강모신,
유명한 연화에 앉은 여신, 또한 금강설녀신, 꽃다발을 가진 불패의 여신, 금강저여신,
또한 위대하며 아름다운 신들로부터 공양받는,
뛰어난 주술자의 모습을 한,
태백여신, 현도천여신, 대력여신, 금강소여신,
금강동여신, 시여신, 또한 금강수여신, 명주여신, 금만여신,
황금의 보물을 가진 여신,
두루 비추는 역량의 불정여신,
또 개구여신, 번개와 황금의 빛이 나는,
또 연꽃 같은 눈을 가진 여신,
또 백련 같은 눈을 가진 여신,
눈을 가진 월광여신,
이상과 같이 제인들을 보이는 제존들이여,
모든 것들에 수호를 베푸소서!
이와 같이 (연송하는) 이 나에 대하여

(2회)
기원하나이다.
성선중으로부터 찬미되는 如

타가도스니삼
훔 도로옹 점바나
훔 도로옹 싣담바나
훔 도로옹 파라비디야삼박차나가라

훔 도로옹 살바야차하라차사 게라하야사 비등붕사나가라
훔 도로옹 쟈도라시디남 게라하사하사라남 비등붕사나라
훔 도로옹 라차
바가범 사다타가도스니삼
파라뎜사기리
마하사하사라 부수사하사라시리사
구지사하살니뎨례
아베뎨시바리다 다타낭가
마하바사로다라
뎨리부바나 만다라
옴 사시뎨바바도
마마 인토나마마사

(3회)
라사바야 주라바야 아기니바야 오다가바야 비사바야 샤사다라바야 바라자가라바야 돌비차바야 아샤니바야 아가라미리쥬바야 다라니부미

來불정이여!
거룩히 존경하는 파괴자여!
거룩히 존경하는 제어자여!
거룩히 존경하는 타자의 주문을 삼켜버리는 분이여!
거룩히 존경하는 모든 야차귀, 나찰귀들의 재난을 折破시키는 분이여!
거룩히 존경하는 8만 4천의 사마귀신들을 파멸시키는 분이여!
거룩히 존경하는 이여 (나를) 수호하소서!
대 如來불정으로써 조복시키는 분이여!
대 천수여신이여! 천두여신이여!
일조안을 지닌 여신이여!
화염처럼 비추며 춤추는 여신이여!
대금강저를 지닌 여신이여!
삼계의 만다라를 지배하는 여신이여!
원컨대, 길상 있으소서!
나에게 이와 같이 (持誦하는)이 나에 대하여

(3회)
왕난, 도적의 재앙, 화의 재앙, 수의 재앙,
독난, 무기의 재앙, 적병의 재앙,
기아 같은 재앙, 벼락 같은

검파가바다바야 오라가바다바야 라사단다바야 나가바야 비됴다바야
소바라나바야 야체게라하 라차사게라하 피리다게라하 비샤자게라하 부다게라하 구반다게라하 부단나게라하 가타부단나게라하 시간도게라하 아파시마라게라하 오단마다게라하 챠야게라하 혜리바뎨게라하
사다하리남 게바하리남 로디라하리남 망사하리남 메다하리남 마사하리남 사다하리녀 시비다하리남 비다하리남 바다하리남 아슈쟈하리녀 짇다하리녀

뎨삼살볘삼 살바게라하남

비다야사친다야미 기라야미 파리바라쟈그리담 비다야사친다야미 기라야미

다연니그리담 비다야사친다야미 기라야미

마하파슈파다야 로다라그리담 비다야사친다야미 기라야미

재앙, 때 아닌 횡상같은 재앙, 지진의 재앙, 유성 추락의 재앙, 왕의 형벌난, 뱀의 재앙, 뇌전의 재앙,
독수리 형귀의 재앙, 야차귀의 재앙, 나찰귀의 재앙, 아귀의 재앙, 식시육귀의 재앙, 정령귀의 재앙, 수궁귀녀귀의 재앙, 취귀마의 재앙, 기취귀의 재앙, 소아병마의 재앙, 양두귀의 재앙, 광병마의 재앙, 영귀의 재앙, 여매의 재앙, 생아를 잡아먹는 귀신, 태아를 잡아먹는 귀신,
살을 먹는 귀신, 식지귀, 골수를 먹는 귀신,
정기를 빨아먹는 귀신, 목숨을 잡아먹는 귀신,
호흡을 먹는 귀신, 토물을 먹는 귀신, 부정물을 먹는 귀신, 마음을 먹는 귀신,
이와 같은 일체의 재앙들을 일으키는 귀신들의
주문을 나는 절단하노라! 묶어 놓노라!
外道들이 행한 주문을 나는 절단하노라! 묶어 놓노라!
다키니 여신이 행한 주문을 나는 절단하노라!
묶어 놓노라!
대수왕 루드라신이 행한 주문을 나는 절단하노라! 묶어 놓노라!

나라야나그리담 비다야사친다야미 기라야미	나라야나신이 행한 주문을 나는 절단하노라! 묶어 놓노라!
다타가로다세그리담 비다야사친다야미 기라야미	저 가루다 및 그의 권속들이 행한 주문을 나는 절단하노라! 묶어 놓노라!
마하가라마다리가나그리담 비다야사친다야미 기라야미	천흑천신 및 그의 신기들이 행한 주문을 나는 절단하노라! 묶어 놓노라!
가파리가그리담 비다야사친다야미 기라야미	카팔리카 外道들이 행한 주문을 나는 절단하노라! 묶어 놓노라!
사야가라마도가라 살바라다사다나그리담 비다야사친다야미 기라야미	승리한 자, 꿀을 만드는 이, 일체의 이익을 성취하고자 하는 이가 행한 주문을 나는 절단하노라! 묶어 놓노라!
자도라바기니그리담 난다계사라가나파뎨 사혜야그리담 비다야사친다야미 기라야미	사자매여신이 행한 주문을 나는 절단하노라! 묶어 놓노라!
비리양그리지 난다계사라가나파뎨 사혜야그리담 비다야사친다야미 기라야미	토전 外道, 권희왕 및 그들의 권속들이 행한 주문을 나는 절단하노라! 묶어 놓노라!
나게나사라바나그리담 비다야사친다야미 기라야미	나형 外道들이 행한 주문을 나는 절단하노라! 묶어 놓노라!
아라한그리담 비다야사친다야미 기라야미	아라한들이 행한 주문을 나는 절단하노라! 묶어 놓노라!
비다라가그리담 비다야사친다야미 기라야미	이욕자들이 행한 주문을 나는 절단하노라! 묶어 놓노라!
바사라파니 구혜야구혜야	금강수, 금강수, 밀적천의 주가 행한 주문을 나는 절단하

가디파데그리담 비다야사친
다야미 기라야미
라차망 바가밤
인토나마마사

(4회)
바가밤
사다다파다라
나무수도뎨
아시다나라라가 파라바시보
타 비가사다다바데리

스부라스부라
다라다라
빈다라빈다라친다친다
홈 홈
반닥
반닥반닥반닥반닥
사바하
혜혜반
아모가야반 아파라데하다반
바라파라다반 아소라비다라
파가반 살바데뻬뱌반 살바
나가뱌반 살바야차뱌반 살
바간달바뱌반 살바부다나뱌
반 가탁부다나뱌반

살바도랑기데뱌반 살바도스
비리그시데뱌반 살바시바리

노라! 묶어 놓노라!
나를 수호하소서, 세존이시여!
이와 같이 (持誦하는) 이 나에
대하여

(4회)
세존이시여!
백산개를 지닌 신이여!
그대에게 머리 숙여 귀명하나
이다.
흰 불빛과 같이 빛나는 활짝
핀 백산개 여신이시여!
방광, 방광
분쇄, 분쇄
파열, 파열, 절단, 절단!
거룩하고 거룩한
주문
주문, 주문, 주문, 주문으로써
물리쳐 주시옵소서!
다음의 주문들까지도 (물리쳐
주시옵소서)
불공자의 주문, 무애자의 주
문, 은혜를 베푸는 자의 주문,
아수라를 물리치는 자의 주문,
일체의 천신들의 주문, 일체
용신들의 주문, 일체 야차신들
의 주문, 일체 음악신들의 주
문, 일체 기취귀들의 주문,
(일체) 기취귀들의 주문,
재앙을 지나가게 하는 모든
신들의 주문, 재앙을 일으키는
모든 신들의 주문, 모든 열병

바반 살바아파시마리바반 살바사라바나바반 살바디뎨계바반 살바다마다계바반 살바비다야라서자리바반 사야가라마도가라 살바라타사다계바반 비디야자리바반

쟈도라바기니바반 바사라구마리 비다야라서바반 마하파라딩야차기리바반 바사라상가라야 파라댱기라사야반 마하가라야 마하마다리가나 나무사가리다야반 비시나비예반 부라하모니예반 아기니예반 마하가리예반 가다단디예반 메다리예반 로다리예반 자문다예반 가라라다리예반 가파리예반 아디목지다가시마샤나 바사니예반

연기짇 살타바샤
마마인토나마마샤

(5회)
도시다짇다 아마다리짇다
오사하라 가바하라 로디라하라 바사하라 마사하라 사다하라 시비다하라 바랴

귀들의 주문, 모든 양두여호귀들의 주문, 모든 성문들의 주문, 모든 外道사들의 주문, 모든 광란귀들의 주문,모든 명주를 지닌 자들의 주문,
승리한 자, 꿀을 만드는 자들 및 모든 이익을 성취하고자 하는 자들의 주문, 명주를 행하는 자들의 주문,
사자매녀신들의 주문, 금강동녀 및 명주여왕신의 주문, 대조복자들의 주문,
금강소의 주문, 조복왕의 주문, 대흑천신 및 그의 신기들에게 정례·귀명하는 자들의 주문,
비슈누 신의 주문, 범천의 주문, 화신의 주문, 대흑녀신의 주문, 사신의 주문, 마트리 여신의 주문, 루드라신의 주문, 차문다신의 주문, 흑야신의 주문, 촉루신의 주문, 아디무크티카신의 묘소에서 즐겨 살고 있는 여신군들의 주문 및
이들의 어떤 주문들이라도 모두 파멸시킬 이 유정인
나를 위하여 수호하여 주소서!

(5회)
악심, 무자비심을 지니고 있는 식생귀, 식태귀, 식혈귀, 식산귀, 식육귀, 식생아귀, 식수명

야하라 간다하라 포사파하라 파라하라 사샤하라
파라짇다 도시타짇다 로다라짇다
야차그라라 라차사그라하 페례다그라하 비사자그라하 부다그라하 구반다그라하 시간다그라하 오다마다그라하 차야그라하 아파사마라그라하 타카혁다기니그라하 리붇뎨그라하 사미가그라하 샤구니그라하 모다라난디가그라하 아람바그라하 간도파니그라하

시버라예가혜가 듀뎨야가 다례뎨야가 쟈돌타가 니뎨시버라비사마시버라

박디가 비디가 시례시미가 사니파뎨가 살바시버라 시로기뎨 말다볘다로제검 아기로검 목카로검 가리도로검 게라하그람 갈나슈람 단다슈람 흐리야슈람 말마슈람 바리시바슈람 비리시다슈람 오다라슈람 가디슈람 바시뎨슈람 오로슈람 샹가슈람 하시다슈람 바다슈람 사방앙가파라댱가슈람

귀, 식공물귀, 식향귀, 식화귀, 식과실귀, 식곡물귀
또 죄악심, 악심, 진에심 등이 있는
야차신의 재앙, 나찰신의 재앙, 아귀의 재앙, 식시육귀의 재앙, 정령귀의 재앙, 수궁귀녀귀의 재앙, 소귀병마의 재앙,광병마의 재앙, 영귀의 재앙, 반두여호귀의 재앙, 압고여신의 재앙, 여매의 재앙, 독수리의 형귀의 재앙, 마형귀의 재앙, 주희귀의 재앙, 사형귀의 재앙,
닭 형귀의 재앙,
또 열 학질귀의 하루째 발열, 이틀째의 발학, 사흘째의 발학, 나흘째의 발학, 계속되는 의식불명의 높은 학질열,
또 풍병, 저계질에 의한 황달병, 담창병, 체액의 부조로 인한 이질병, 모든 열병, 두통, 편두통, 안질, 구질, 목병(경질), 인후질, 이병, 치통, 심통, 관절통, 늑막염, 척추통, 복통, 요통, 방광통, 대퇴통, 각통, 수통, 족통, 일체의 지절통,

또 정령귀, 기시귀, 압고녀신에 의한 열통,
거미 등과 같은 곤충에 의한 피부발진, 계속 퍼지는 적반

부다비다다 다기니시바라 다도로가건도로기디바로다비 살파로하링가(400) 슈사다라 사나가라

비사슈가 아기니오다가 마라뼤라건다라 아가라미리두 다렴부가 디류1라탁 비리시짇가 살바나구라 사잉가뱌 그라리야차다라츄 마라시뼤 뎨삼사뼤삼

시다다파다라 마하바사로스니삼 마하파라당기람

야바도다샤유사나 변다례나 비다야반담가로미

뎨슈반담가로미

파라비다반담가로미

다냐타

(楞嚴呪心)

옴

아나례 비샤뎨

뼤라바사라다리

반다반다니

바사라방니반

훔도로옹반

사바하

창, 음식독에 의한 놀랄만한 건고병,

또 독이 있는 화신, 수신, 용맹스런 짐승 모습의 신, 불측의 죽음을 가져오는 벌(봉), 말등에(마맹), 전갈, 뱀, 족제비, 사자, 호랑이, 산돼지, 곰, 야크 등 생물 이상의 일체 재앙들을

백산개인 대금강불정으로써 크게 조복, 퇴산 시키도다!

(적어도) 12유구 안에서 행하는

그 주문들을 나는 결박하노라!

광취로써 (그것들을) 나는 결박하노라!

다른 명주들을 나는 결박하노라!

그러므로 이와 같이 염송할지니라!

(楞嚴呪心)

원컨대,

광명, 광취이신

용감한 금강저로써

묶어 주시옵소서!

금강수의 주로써

거룩히 존경하옵는 주로써

파산시켜 주시옵소서!

18. 衆生・世界의 顚倒와 12類生

明宗 德眞

1. 序 文

『楞嚴經』은 권7부터 禪那를 말하고 있다. 禪那는 修行의 과정과 결과를 점검하여 涅槃에 이르는 지혜를 얻었음을 확인하는 것이다. 『楞嚴經』에서는 禪那를 衆生의 12類生, 禪定의 57位, 經名을 말한 이후에 初心者의 긴요한 법을 말씀하시면서涅槃에 이르지 못한 衆生의 內分.外分을 말하는 七趣, 修行 중 찾아드는 50陰魔로 각각 상세하게 說하고 있다. 여기서는 아직 如來藏을 깨닫지 못하고 業報와 因緣에 따라 輾轉하는 衆生世界의 양상을 검토해보도록 하겠다. 먼저 世界와 衆生이 顚倒된 이치를 살피고, 다음에 12類生의 형태로

衆生이 輪廻함을 살펴보도록 한다.

2. 衆生과 世界의 顚倒를 말함

아난은 耳根圓通을 통한 三摩提 修行의 說法을 들은 후, 부처님께 修行의 證得에 대한 가르침을 구하였다. 이를 설명하기 위하여 부처님은 먼저 因緣과 業에 따라 輪廻하는 世界와 衆生의 顚倒를 설하여 아난과 대중들로 하여금 修行을 통해 극복해야할 衆生界의 理致를 깨닫도록 하고 있다. 부처님이 衆生顚倒와 世界顚倒에 대해서 설한 經文의 내용을 일일이 들어 그 의미를 고찰해보자.

1) 衆生顚倒와 世界顚倒의 大原理를 말함

"아난아! 이렇게 알아라. 妙한 성품(妙性)은 둥글고 밝아서(圓明) 모든 名과 相을 다 떠나서 본래 世界와 衆生이 없거늘, 虛妄을 因하여서 生이 있고, 生을 인하여 滅이 있으니, 生滅을 妄이라 말하고, 妄을 없애는 것을 眞이라고 말하나니 그를 如來의 無上菩提와 大涅槃의 二轉依라 이름하느니라."[1]

世界顚倒와 衆生顚倒의 緣由의 大綱을 밝히시고 본래의 眞如門과 生滅門을 眞과 妄을 들어 分別하였다. 이것은 奢摩他

1) 覺性 『楞嚴經正解』下, 玄音社, p.403. "阿難當知 妙性圓明 離諸名相 本來無有 世界衆生 因妄有生 因生有滅 生滅名妄 滅妄名眞 是稱如來無上菩提及大涅槃二轉依"

法門에서 나오는 二種根本의 내용과 비교된다. 二種根本은 無始生死根本과 無始菩提涅槃元淸淨體이다.

첫째 無始生死根本이 生滅門이며, 여기서 말한 妄이다. 본래 性品이 妙하고 元明한 眞如의 자리에서 虛妄이 작용하여 生이 생겼다. 생겨나는 모든 것들은 결국 사라질 運命을 안고 태어나는 것이니 生이란 곧 滅의 시작이다. 生滅은 攀緣心에 따라 작용한다. 用攀緣心爲自性, 즉 攀緣心을 자기 마음으로 착각한 것이다. 攀緣心은 分別心이다.

둘째 無始菩提涅槃元淸淨體가 眞如門이다. 여기서 말한 眞이다. 識精元明이 能生諸緣하는 것이다. 識精元明은 바로 아타나식, 아뢰야식의 本覺자리이다. 能生諸緣은 그것이 능히 여러 가지 因緣을 내어 唯識起緣한다. 『唯識論』을 보면 識에서 宇宙萬法을 다 만들어낸다고 하였다. 唯識으로 緣起하는데 唯識의 性은 바로 本覺이다. 本覺이 바로 唯識도 되고 第8識도 된다. 『起信論』의 아리야식(第8識)에 첫째는 本覺이고 둘째는 不覺이 있다. 本覺은 眞如이고 不覺이 無明이다.

여기서는 根源에 돌아가는, 修行의 입장에서 眞과 妄의 관계를 밝힌 것이다. 經文에서 眞은 '妄을 없애는 것'이라고 말한 것은 始覺, 즉 깨달음을 통해 얻어지는 眞如의 자리를 말한다. 아난이 禪那의 가르침을 구하니까 거기에 맞춰서 始覺에 중점을 두고 있는 것이다.

如來의 無上菩提 大涅槃의 二轉依란 轉煩惱 依菩提, 즉 煩惱를 轉하여서 菩提에 依支하고 轉生死 依涅槃, 즉 生死를 轉하여서 涅槃에 依支하는 것을 말한다. 經文에서 三摩提를 시작할 때 언급된 初發心의 二決定義에서 衆生이 佛知見을

얻기 위해 버려야할 두 가지로 生滅心과 煩惱를 말하였다. 衆生과 世界가 顚倒되어 12類生으로 輪轉함을 설하는 부분이므로 轉生死 依涅槃에 초점을 맞추고 있다.

"아난아! 네가 지금에 참 三摩地를 닦아 如來의 大涅槃에 바로 나아가려고 하면 먼저 衆生과 世界의 두 가지 顚倒한 因을 알아야 하나니 두 가지 顚倒가 생기지 아니하면 그것이 곧 如來의 참 三摩地이니라."[2)]

轉生死 依涅槃을 하기 위해서는 衆生과 世界가 顚倒한 原因을 알아야 한다. 그 原因을 알아야 衆生의 12가지 類型으로 輪轉하는 原因도 알 수 있으며, 虛妄한 輪轉에서 벗어나는 修行의 方便도 證得할 수 있다. 근본부터 알아야 하니까 깨달음의 57位를 설명하기 전에 衆生顚倒와 世界顚倒를 먼저 말하는 것이다.

2) 衆生의 顚倒

"아난아! 어떤 것을 衆生顚倒라 하느냐? 아난아! 性明의 마음이 性이 밝고 둥글기 때문에, 그 밝음으로 말미암아 性을 발하고 性이 虛妄하여서 虛妄한 그 所見이 생겼다. 畢竟 없는 데서 究竟 있는 것이 이루어졌나니,"[3)]

---

2) 覺性 『楞嚴經正解』下, 玄音社, p.409. "阿難汝今欲修眞三摩地 直詣如來大涅槃者 先當識此衆生世界二顚倒因 顚倒不生斯則如來眞三摩地"

3) 覺性 『楞嚴經正解』下, 玄音社, p.410. "阿難云何名爲衆生顚倒 阿難由性明心性明圓故 因明發性性妄見生 從畢竟無成究竟有"

『華嚴經』에서 말하는 '眞如는 不隨自性 隨緣成就一切事法'의 이치를 설하고 있다. 自性을 지키지 않고 因緣을 따라 모든 事法을 이루었다는 말이다. 眞如에는 體와 用의 두 가지 性品이 있다. 體는 不變이고 用은 隨緣이다. 眞如는 不變하면서 隨緣하고 隨緣하면서도 不變하는 不變 隨緣의 성능을 모두 가진 것이다. 부루나장의 '覺非所明이어늘 因明立所', 문수보살장의 '元明이 照生所하니 所立에 照性亡이라 迷妄有虛空커늘 依空立世界라'이 같은 말이다. 所가 成立되면 照性, 즉 不變이 隨緣으로 眞如가 변하여서 生滅이 되는 것이다.

> "이 有와 所有가 因과 所因이 아니며 住와 所住인 相이 마침내 근본이 없나니 이 無住에 근본하여서 世界와 衆生을 건립했느니라."[4]

有는 能有인 惑이고 所有는 業이다. 惑이 능동적인 역할을 하기 때문에 能有라 하고 그 결과가 나타난 것이 所有인 業이다. 因과 所因이 아니라는 것은 그런 能有와 所有의 생성은 原因한 바가 없다는 것이다. 非因所因을 『正脈疏』에서는 眞能因과 眞所因이 아니라고 해석했다. 즉 惑과 業은 眞能因도 아니고 眞所因도 아니다. 虛妄한 能因所因이다. 眞能因은 眞如의 不變이고 眞所因은 眞如의 隨緣에 해당한다.

住와 所住相은 能住相과 所住相을 말한다. 住는 계속하여

4) 覺性 『楞嚴經正解』下, 玄音社, p.413. "此有所有非因所因 住所住相了無根本 本此無住建立世界及諸衆生"

끊어지지 않는 것이다. 業은 能住가 되고 惑은 所住가 되나 다 虛妄하여 근본이 없다. 圓明한 자리, 本覺은 無住이다. 文殊菩薩이 게송에서 말한 '覺海性이 澄圓하고 圓澄覺이 元妙라'고 하는 그 자리가 바로 無住다. 無住에 근본하여 世界와 모든 衆生이 건립되었다. 『維摩經』에도 '이 無住에 의하여 一切法을 건립했다'고 했다.

> "본래의 둥글고 밝은 자리를 迷하여 虛妄이 생겼으니 그 妄性이 實體가 없어서 의지하는 바가 있는 것 아니니라. 장차 眞에 돌아가 참되고자(眞하고자) 하더라도 이미 참 眞如性은 아니거늘,"[5]

의지할 바란 바로 근거를 말함이다. 眞心은 不變이지만 妄心은 본래 空한 것(妄本空)이다. 眞을 회복하려 하여 眞하고자 하는 것은 이미 참 眞如性이 아니다. 眞을 회복하려고 하는 그 자체가 벌써 진짜 眞如性이 아니란 말이다. 그것도 하나의 妄이 발동한 것이다. 이를 두고 經의 권4에서는 "菩提의 마음이 생기고 生滅의 마음이 사라진다면 이것은 다만 생멸일 뿐이다[6]"라고 하였다. 眞에 돌아가고자 하는 마음 자체가 하나의 生滅心일 뿐인 것이다.

『禪家龜鑑』에서 '當體卽是 動念卽乖'라 했듯이, 當體가 본래 순수하고 청정한 그 自體, 本淨의 當體가 곧 옳은 것인데, 생각이 動하게 되면 이미 어긋난 것이다. 한 생각도(즉, 眞이

---

5) 覺性 『楞嚴經正解』下, 玄音社, p.417. "迷本圓明是生虛妄 妄性無體非有所依 將欲復眞欲眞已非眞眞如性"

6) 覺性 『楞嚴經正解』上, 玄音社, p.980. "菩提心生生滅心滅 此但生滅"

라는 생각도) 나지 않아야 한다.

"眞이 아닌 데서 求復하려고 한다면 그릇된 相(非相)을 완연히 이루어서, 그릇된 生(非生)과 그릇된 住(非住)와 그릇된 心(非心)과 그릇된 法(非法)이 展轉히 발생하여,"[7)]

여기서 非相, 非生, 非住, 非心은 相이 아니고, 生이 아니고 住가 아니고 心이 아니고 法이 아니란 뜻이 아니라, 모두 그릇된 것이란 뜻이다. 妄이 의지할 바 없는데 妄이 眞을 의지한다고 하는 것이 바로 妄이다. 곧 妄이 妄을 의지하는 상태에서 眞을 구한다고 하는 것이 바로 非相 非生 非住 非心 非法이 되는 것이다. 이러한 顚倒妄想이 더하여져 業相, 轉相을 시작으로 現相, 智相, 相續相, 執取相, 計名字相, 造業相, 受報相 등에 이르기까지 顚倒의 양상이 심화되는 것이다.

非相은 眞相, 實相이 아닌 그릇된 형상이다. 非生은 非正因, 정당한 原因이 아닌 것을 정당한 原因으로 잘못 아는 것으로, 그릇된 마음이나 모든 因緣法이 생성하는 것이다. 非住는 非正果, 즉 정당한 결과가 아닌데 정당한 결과로 착각을 일으키는 것으로, 생긴 다음에 잠시 머무름이 유지된 상태이다. 非心은 그릇된 지혜, 즉 邪智이고, 非法은 邪境으로 곧 虛妄한 諸有爲法이다.

"발생하는 힘(生力)이 發明(발명조작)하고 熏習하여 業을 이

7) 覺性『楞嚴經正解』下, 玄音社, p.420. "非眞求復宛成非相 非生非住非心非法展轉發生"

루어서 같은 業으로 서로 느끼게 되고 느끼는 業이 있음으로 因하여 서로 滅하고 서로 生기기에 그로 말미암아 衆生顚倒가 있느니라."[8)]

生力이 發明한다 함은 惑한다는 뜻이다. 즉 生力이 惑을 誘發하고 惑이 熏習하여 業을 이룬다. 同業이 서로 感應하니 相互간에 生滅을 誘發한다. 이로 말미암아 衆生顚倒가 생긴다. 衆生顚倒란 두 가지 惑과 두 가지 業이다. 두 가지 惑은 根本無明과 枝末無明이다. 두 가지 業은 變易生死業과 分段生死業이다. 이러한 二惑과 二業으로 말미암아 衆生의 顚倒, 즉 別業妄見, 同分妄見과 같은 衆生의 잘못된 顚倒가 생긴다는 것이다.

衆生은 能因이 되고 世界는 所因이 되니까 能을 먼저 설명하고 다음에 所因인 世界顚倒를 설명한다. 世界와 衆生은 서로 연관성이 있기 때문에 衆生顚倒를 설명할 때 世界顚倒가 나왔다. 世界가 없으면 衆生이 생길 수도 없고 또 衆生이 없으면 世界도 형성될 까닭이 없다. 물질이 없으면 정신도 의지할 데가 없고, 정신이 없으면 물질도 형성될 수 없다. 兩者는 다른 것 같지만 根本이 같은 것이다. 根本은 같으면서 末端이 다르다(本同末異).

3) 世界의 顚倒

8) 覺性 『楞嚴經正解』下, 玄音社, p.423. "生力發明熏以成業 同業相感因有感業相滅相生 由是故有衆生顚倒"

"아난아! 어떤 것을 世界顚倒라 하느냐? 이 有와 所有로 分段이 虛妄하게 생겨서 그로 말미암아 界가 형성되고, 因과 所因이 아니고 住와 所住가 없어서 遷流하여 머무르지 아니하므로 그를 因하여 世가 형성되나니,"[9]

是有所有, 이 有와 所有란 能有와 所有이다. 能有는 過去의 前生의 惑業이고, 所有는 今生의 業報이다. 그래서 이 能有와 所有로 分段이 虛妄하게 생겼다는 것이다. 分段은 分段生死의 몸으로 봐도 되나 모든 世界의 구성요소로 본다. 『正脈疏』에서는 이를 分段生死로 설명되어 있다. 經에서 말하는 世界를 有情의 世界로 봐서 有情物의 分段生死하는 몸이 虛妄하게 생긴다고 본 것이다. 그러나 衆生의 몸을 포함한 모든 世界 자체를 分段으로 봐야 된다. 微塵 덩어리, 分段이 전부 다 어울려서 世界가 된 것이다. 여기서는 能有와 所有인 前生의 惑과 業으로 말미암아 今生에 받아진 果報로 分段이 虛妄하게 생겨서, 分段生死의 몸이 虛妄하게 생겼다고 봐도 되고, 能有(惑)와 所有(業)가 界를 생기게 하는 구성요소로서 分段이 虛妄하게 생겨 그로 말미암아 界가 성립되었다고 봐도 된다.

界를 설명할 때에는 有所有(위치와 존재)와 分段(형체)을 말했고, 世를 설명할 때에는 因所因(원인과 시작), 住所住(현재와 형성)와 遷流(흐름)를 말하였다. 界는 方位이고 世는 遷流이고 時間이다. 본래는 界와 世가 조직체라서 분리하여 말

---

9) 覺性 『楞嚴經正解』下, 玄音社, p.425. "阿難云何名爲世界顚倒 是有所有分段妄生因此界立 非因所因無住所住遷流不住因此世成"

할 수 없는 것이나 여기서는 世界의 근간이 되는 時間性과 空間性이 모두 虛妄의 작용임을 밝히기 위하여 따로 말한 것이다.

"三世와 四方이 和合하여 서로 교섭하므로 변화하는 衆生이 12類를 이루나니라."[10]

衆生이 12가지 유형으로 나타나는 기준을 들고 있다. 三世는 過去, 現在, 未來이고 四方은 東, 西, 南, 北의 空間의 方位性이다. 虛妄하게 생성된 3가지 次元의 時間과 4가지 方位의 空間이 서로 교합한 결과 삼사는 십이, 즉 衆生의 12가지의 類型이 나타나는 것이다.

"그러므로 世界가 움직임으로 因하여 소리가 있고, 소리로 因하여 빛깔이 생기고, 빛깔로 因하여 냄새가 있고, 또 냄새로 因하여 부딪힘이 있고, 부딪힘으로 因하여 맛이 있고, 맛으로 因하여 법을 아느니라."[11]

六塵 境界가 형성함을 나타내고 있다. 六亂妄想이다. 六塵을 설명할 때 일반적인 순서는 色, 聲, 香, 味, 觸, 法인데 지금의 순서는 色과 聲의 순서를 바꿔 聲이 제일 먼저 나왔다. 『楞嚴經』은 '音聲敎體'라고 하여서 音聲을 더 강조하기 때문

10) 覺性『楞嚴經正解』下, 玄音社, p.429. "三世四方和合相涉 變化衆生成十二類"

11) 覺性『楞嚴經正解』下, 玄音社, p.430. "是故世界因動有聲因聲有色因色有香 因香有觸因觸有味因味知法"

에 소리를 먼저 놓았다. 25圓通 소개시에도 色부터 소개하지 않고 교진나의 聲塵圓通이 먼저 나왔고, 圓通의 第一로서도 觀世音菩薩의 耳根圓通이 선택되었다. 그러나 여기서 순서가 중요한 것은 아니다. 六塵이 형성되고 서로 因緣하여 妄想이 어지러워졌다는 것을 아는 것이 중요한 것이다.

> "여섯 가지 어지러운 妄想이 業의 성질을 이루기 때문에 12가지 구분이 이로 말미암아 輪轉하나니, 그러므로 世間의 聲, 香, 味, 觸이 12변화하는 것을 다하여 한 旋復이 되느니라. 이 輪轉하는 顚倒한 상태로 因하여 이 世界에 卵生, 胎生, 濕生, 化生, 有色, 無色, 有想, 無想, 非有色, 非無色, 非有想, 非無想이 있느니라."[12)]

앞서 말한 時와 界의 交合의 결과인 12類型과 六塵이 서로 의지하여 12가지 類型의 衆生이 旋復, 즉 輪轉함을 말하고 있다. 六塵이 마음을 이끌게 되었지만(그렇게 보이지만) 최초는 먼저 自心이 발동하여서 妄想을 이루고, 이를 통해 소리를 듣고 빛깔을 내고 여러 가지 냄새가 생기는 등, 六塵 境界가 형성되었다는 말이다. 六塵에 緣한 妄想이 業性을 이루어 12가지 구분이 그로 인하여 輪轉한다. 聲, 香, 味, 觸에서 色과 法이 빠진 것은 『楞嚴經』 특유의 4句體의 韻文上의 이유일 뿐 이는 바로 앞 구절에서 말한 六塵을 의미하는 것

12) 覺性 『楞嚴經正解』下, 玄音社, p.432. "六亂妄想成業性故十二區分由此輪轉 是故世界聲香味觸窮十二變爲一旋復 乘此輪轉顚倒相故是有世界 卵生胎生濕生化生 有色無色有相無相 若非有色若非無色若非有想若非無想"

이다.

3. 12類生

12類生은 부루나장의 衆生相續 부분에서 언급한 胎生, 卵生, 濕生, 化生이 있고, 色의 有無에 따라 有色과 無色, 想의 有無에 따라 有想과 無想, 그리고 다시 非有色과 非無色, 非有想과 非無想으로 분류한 것이다.

1) 卵生

"아난아! 이 世界에 虛妄하게 輪廻하는 動顚倒를 因하므로 氣에 和合하여 8만4천의 飛沈亂想을 이루나니, 그러므로 卵生 갈라남(羯邏藍)[13]이 국토에 流轉하여 물고기, 새, 거북이, 뱀 같은 종류들이 充塞하느니라."[14]

卵生은 動顚倒에서 비롯된다. 氣란 움직임의 근본을 나타내는 것으로 精의 성질을 갖는 理와 구별된다. 물론 세상의 모든 존재가 움직이지 않는 것이 없겠지만, 그 움직임에서 비롯되어 生命이 卵生의 형태로 처음 싹트게 되어으므로 卵生을 動顚倒로 규정한 것이다. 날거나 잠기거나 하는 어지러

---

13) 갈라남은 범어로 凝滑(응활)이라고 번역한다. 미끌미끌한 惡露의 분비물을 말한다.

14) 覺性 『楞嚴經正解』下, 玄音社, p.441. "阿難由因世界 虛妄輪迴動顚倒故 和合氣成八萬四千飛沈亂想 如是故有卵羯邏藍流轉國土 魚鳥龜蛇其類充塞"

운 생각이 많은 衆生들이 卵生이 되는 것이다.

2) 胎生

"世界에서 雜染輪廻하는 欲顚倒를 因하므로 불어남(滋)에 和合하여 8만4천의 橫竪亂想을 이루나니 그러므로 胎生 알포담(遏蒲曇)[15]이 국토에 流轉하여 사람과 畜生과 龍과 神仙의 무리들이 充塞하느니라."[16]

胎生은 欲顚倒에서 비롯된다. 雜染은 淫慾을 말하는 것으로 곧, 淫慾의 발동으로 나고 죽고 번식하는 衆生을 胎生으로 규정하였다. 부루나장에서는 胎生이 情을 因하여 생긴다고 하였다. 橫하는 것은 獸와 畜이고, 竪(豎)하는 것은 人과 鬼, 또는 神仙이다.

3) 濕生

"世界에서 執着으로 輪廻하는 趣顚倒를 因하므로 따뜻한 데 和合하여 8만4천의 翻覆亂想을 이루나니 그러므로 習相蔽尸가 국토에 流轉하여 含蠢과 蠕動의 종류들이 充塞하느니라."[17]

---

15) 알포담은 갈라남의 상태에서 더 부풀어진 상태를 말한다. 예를 들어 사람이 교합하여 처음에 정자와 난자가 맺어진 상태가 갈라남이고 태중에서 점점 부풀어지는 상태가 알포담이다.

16) 覺性『楞嚴經正解』下, 玄音社, p.445. "由因世界雜染輪廻欲顚倒故 和合滋成八萬四千橫竪亂想 如是故有胎遏蒲曇流轉國土 人畜龍仙其類充塞"

17) 覺性『楞嚴經正解』下, 玄音社, p.447. "由因世界執著輪廻趣顚倒故 和

濕生은 趣顚倒에서 비롯된다. 趣는 나아간다는 뜻으로 濕生의 생각 자체가 꾸물대고 움직임도 꾸물꾸물 나아가는 모습이다. 濕生은 축축한 데에 붙어산다. 썩은 고기, 썩은 나무 구멍, 뒷간, 수렁 등지에서 나는 파리, 모기, 개미 등의 벌레가 濕生이다.

4) 化生

"世界에서 變易輪廻하는 假顚倒를 因하므로 觸에 和合하여 8만4천의 새것으로 바뀌는 어지러운 생각을 이루나니(新故亂想), 그러므로 化相(化生)의 羯南[18]이 국토에 流轉하여 轉蛻와 飛行의 무리들이 充塞하느리라."[19]

化生은 假顚倒에서 비롯된다. 假는 다른 것으로 치우치고 변함을 말한다. 몸을 變化하여 탈바꿈하는 존재(轉蛻)들이 化生에 속한다. 매미나 나비와 같은 것들이 化生이며 또한 天上이나 地獄의 존재들 역시 대부분 化生에 속한다.

5) 有色

合煖成八萬四千翻覆亂想 如是故有濕相蔽尸流轉國土 含蠢蝡動其類充塞"

18) 갈남이 곧 갈라남이다. 갈라남이 생명을 받는 근본이기 때문에 이후에 모두 갈남으로 통용하였다.

19) 覺性 『楞嚴經正解』下, 玄音社, p.449. "由因世界變易輪迴假顚倒故 和合觸成八萬四千新故亂想 如是故有化相羯南流轉國土 轉蛻飛行其類充塞"

"世界에서 留礙輪廻하는 障顚倒를 因하므로 執着에 和合하여 8만4천의 精耀亂想을 이루나니, 그러므로 有色相 羯南이 국토에 流轉하여 休咎精明의 종류들이 充塞하느니라."[20]

障顚倒는 障碍라는 뜻이다. 色은 質礙의 성질과 變壞의 성질이 있는데 그중 質礙의 성질이 강한 衆生이 有色이다. 막히니까 머물게 되고 머뭄으로 因하여 執着이 심해진다. 精耀란 반짝반짝 빛나는 존재들이다. 『열반경』을 보면 '팔십귀신'이 모두 유애로 말미암아 정요가 되었다고 한다. 休咎란 좋고 나쁜 것을 말하고 精明은 태양이나 별과 같은 發光體들을 말한다. 곧, 有色은 좋고 나쁜 發光體들을 통칭하는 것이다.

6) 無色

"世界에서 銷散하여 輪廻하는 惑顚倒를 因하므로 어두움에 和合하여서 8만4천의 陰隱亂想을 이루나니, 그러므로 無色羯南이 국토에 流轉하여 空散銷沈 종류들이 充塞하느니라."[21]

惑顚倒는 迷昧한 것이다. 色이 없으면 보이는 것이 없으니 惑하다. 空散銷沈은 있는 것을 싫어하고 空에 執着하여서 몸

20) 覺性『楞嚴經正解』下, 玄音社, p.450. "由因世界留礙輪迴障顚倒故 和合著成八萬四千精耀亂想 如是故有色相羯南流轉國土 休咎精明其類充塞"

21) 覺性『楞嚴經正解』下, 玄音社, p.452. "由因世界銷散輪迴惑顚倒故 和合暗成八萬四千陰隱亂想 如是故有無色羯南流轉國土 空散銷沈其流充塞"

을 소멸하고 없는 데에 돌아가는 것을 말한다.

7) 有想

"世界에서 妄想으로 輪廻하는 그림자 顚倒를 因하므로 기억에 和合하여 8만4천의 潛結亂想을 이루나니 그러므로 有想羯南이 국토에 流轉하여 神, 鬼, 精靈의 종류들이 充塞하느니라."[22]

그림자와 같이 실물로 존재하지 않고 형상이 없는 것을 影(그림자)顚倒라고 한다. 즉, 형상이 없이 오직 생각으로 존재하는 衆生으로 鬼神들이 이에 해당한다.

8) 無想

"世界에서 愚鈍으로 輪廻하는 어리석은 顚倒를 因하므로 頑과 和合하여 8만4천의 枯槁亂想을 이루나니, 그러므로 無想羯南이 국토에 流轉하여 精神이 變化하여서 土, 木, 金, 石이 되는 종류들이 充塞하느니라."[23]

생각은 없으나 相이 있는 만물의 물질이 다 無想에 해당한다. 土, 木, 金, 石과 같은 물질도 衆生으로서 羯南이 국토에

---

22) 覺性『楞嚴經正解』下, 玄音社, p.454. "由因世界罔象輪迴影顚倒故 和合憶成八萬四千潛結亂想 如是故有想相羯南流轉國土 神鬼精靈其流充塞"

23) 覺性『楞嚴經正解』下, 玄音社, p.456. "由因世界愚鈍輪迴癡顚倒故 和合頑成八萬四千枯槁亂想 如是故有無想羯南流轉國土 精神化爲土木金石其流充塞"

流轉하며 정신이 변화하여 輪轉한 결과인 것이다.

9) 非有色

"世界에서 相待하여 輪廻하는 虛僞인 顚倒를 因하므로 染에 和合하여 8만4천의 因依亂想을 이루나니, 그러므로 非有色인 有色(成色)羯南이 국토에 流轉하여 모든 水母들이 새우로 눈을 삼는 종류들이 充塞하느니라."[24)]

非有色은 非有色成色, 즉 色相이 있는 것이 아니면서 色을 이룬 것이다. 相待輪廻하는 僞顚倒는 자기의 구실을 제대로 못하고 다른 데 寄託해서 존재하는 것을 말한다. 水母는 해파리를 말하는 것으로 해파리가 새우로 눈을 삼듯이, 기생하는 존재라는 의미에서 非有色이다.

10) 非無色

"世界에서 서로 이끄는 輪廻性 顚倒를 因하므로 呪文에 和合하여 8만4천의 呼召亂想을 이루나니 그러므로 非無色相인 無色羯南이 국토에 流轉하여 呪詛가 厭生하는 종류들이 充塞하느니라."[25)]

---

24) 覺性 『楞嚴經正解』下, 玄音社, p.458. "由因世界相待輪迴僞顚倒故 和合染成八萬四千因依亂想 如是故有非有色相成色羯南流轉國土 諸水母等以蝦爲目其類充塞"

25) 覺性 『楞嚴經正解』下, 玄音社, p.459. "由因世界相引輪迴性顚倒故 和合呪成八萬四千呼召亂想 由是故有非無色相無色羯南流轉國土 呪詛厭生其流充塞"

無色에 이끌려서 나타나는 衆生을 말한다. 呪文을 외울 때마다 呪文에 이끌려 나타나는 鬼神이나 精靈들과 같은 衆生이 非無色이다.

11) 非有想

"世界에서 妄에 合하여서 輪迴하는 妄顚倒를 因하므로 다름에 和合하여 8만4천의 廻互亂想을 이루나니, 그러므로 非有想이면서 想을 이루는 羯南이 국토에 流轉하여 저 蒲盧 등이 이질적으로 서로 이루는 종류들이 充塞하느니라."[26)]

非有想은 妄에 和合하는 妄顚倒에서 비롯된다. 본래는 그런 마음이 없는데 이질적으로 다시 변해서 생기는 것이 妄顚倒이다. 蒲盧란 뽕나무벌레인데 나나니벌집에 놓아두면 뽕나무벌레가 나나니벌이 된다. 본성은 그렇지 않은데 虛妄하게 교합하여 그 본성이 바뀌는 것이다.

12) 非無想

"世界에서 怨害로 輪迴하는 殺顚倒를 因하므로 괴상한 데에 和合하여서 8만4천의 부모를 죽이는 그런 생각을 이루나니, 그러므로 無想이 아닌 無想羯南이 있어서 국토에 流轉하여 土梟

---

26) 覺性 『楞嚴經正解』下, 玄音社, p.462. "由因世界合妄輪迴罔顚倒故 和合異成八萬四千迴互亂想 如是故有非有想相成想羯南流轉國土 彼蒲盧等異質相成其類充塞"

등은 흙덩어리에 붙어서 자기 새끼를 만들고 破鏡鳥는 독나무의 열매를 안아서 그 새끼를 삼았다가 새끼가 성장하면 부모가 다 그들에게 잡아먹힘을 당하나니 그런 종류들이 充塞하느니라."[27]

怨害란 서로 怨結이 맺혀서 상대를 해치는 마음을 갖는 것이다. 곧 상대를 해침으로써 태어나는 衆生이 非無想이다. 토효(올빼미)는 흙덩어리를 가지고 자기 아들을 삼는데, 나중에는 그 아들이 어미 올빼미를 잡아먹는다고 한다. 다른 예를 들자면 살모사는 새끼를 낳으면 어미가 죽게 되니 非無想이다.

4. 맺음말 – 顚倒의 虛妄함을 깨닫고 定慧를 쌓음

이상으로 衆生과 世界의 顚倒와 그 顚倒의 결과로 나타난 衆生의 12가지 類型을 살펴보았다. 본래 원만하고 청정한 眞如에서 能所가 虛妄하게 생기고, 다시 能所로 因하여 時間과 方位로 조직되는 虛妄한 六塵의 世界가 형성된다. 虛妄한 世界에 의지하여 발생하는 힘이 나오고 이것이 熏習하여 서로 業을 짓고 生과 滅을 반복하게 되기 때문에 虛妄한 業의 衆生이 생긴다. 衆生은 다시 因緣에 따라 業을 짓고 서로 輪廻

27) 覺性『楞嚴經正解』下, 玄音社, p.465. "由因世界怨害輪迴殺顚倒故 和合怪成八萬四千食父母想 如是故有非無想相無想羯南流轉國土 如土梟等附塊爲兒 及破鏡鳥以毒樹果抱爲其子 子成父母皆遭其食其類充塞"

하여 12가지 類型으로 輪轉한다. 이러한 業의 輪廻를 벗어나기 위해서는 衆生과 世界가 모두 눈을 비비면 나타나는 어지러운 空花와 같이 虛妄한 것임을 깨닫고, 본래의 묘하고 원만하고 참되고 밝은 大涅槃心을 얻어야 한다.

衆生界를 지배하는 緣起는 淨緣起와 染緣起로 나뉜다. 眞如가 유력해서 無明이 무력하게 될 때는 淨緣起, 眞如가 무력해서 無明이 유력하게 될 때는 染緣起를 이룬다. 前者는 깨달음의 세계이고 後者는 迷惑의 세계이다. 결국 12類生은 깨달음을 얻지 못하고 世界와 衆生의 顚倒相에 미혹되어 流轉하는 染緣起를 말하는 것이다.

禪那의 문제로 볼 때 世界 衆生의 顚倒와 12類生은 修行을 통해 涅槃의 자리로 나아가는 修證의 첫 단계로 볼 수 있다. 중생은 修行을 통해 修行者가 12가지로 나타나는 衆生의 굴레를 얼마나 벗어났는가를 점검하여 眞如가 無明에 비해 유력해져 善業을 쌓게 되는 淨緣起로 나아가야 한다. 衆生 輪廻의 虛妄함을 진정으로 깨달았을 때 비로소 涅槃으로 이르는 禪定의 57果位를 단계적으로 얻을 수 있는 것이다.

19. 聖位의 57단계 歷證을 말하다

本經 和禪

Ⅰ. 序 言

衆生은 因緣法을 따라서 生老病死의 苦에 시달리고, 살아가면서 허망한 執着에 빠져 煩悶한다. 生도 如來藏이고 부처님의 慈悲가 깃든 하나의 福일수도 있겠지만, 生의 진리를 깨닫지 못하고 거짓에 의지하여 살다가 生을 마치는 것 자체가 가련할 뿐이다. 이러한 生死와 煩惱에서 해탈하기 위해 佛子는 수행을 통해 佛性을 얻으려 한다. 그러나 生滅心에 의지하는 衆生이 無量無邊의 眞理體인 佛性을 얻는 것은 결코 순탄한 길이 아니다. 『楞嚴經』에서는 衆生界의 虛僞性을 깨닫고 그 속에 숨겨진 眞如의 자리를 찾도록 상세한 가르침을 주고 있다. 佛子가 수행을 하면서 자신의 공부가 얼마나 성과를 이루었는가를 점검하는 것은 앞으로 나아가야 할 길을 위해서 아주 중요한 일이다. 『楞嚴經』은 57단계의 聖位를 말해 佛子의 修行精進이 精髓가 되고 행여 佛道을 얻는데 길을 잃지 않도록 이정표를 제시하고 있다. 57位는 수행을 하여 처음에 欲愛를 없애버린 단계인 欲愛乾慧에서 시작해 十信位, 十住位, 十行位, 十回向位, 四加行位, 十地位, 等覺位를 거처 최후 佛性을 얻는 妙覺位까지의 과정을 단계 별로 나타낸 것이다. 한편 『楞嚴經』에서는 별도로 57位를 이루기 위한 전제로 지켜야할 三漸次를 말하고 있다. 三漸次부터 57位 각각의 단계를 차례로 검토해보자.

Ⅱ. 修證의 前提로서의 三漸次

『楞嚴經』에서는 57位를 말하기에 앞서 衆生이 깨닫지 못하고 業에 따라 12類生으로 輪轉하는 원인을 衆生과 世界의 顚倒로 보았다. 如來의 三摩地를 닦아 證得하려면 顚倒에 의하여 어지러워진 몸과 생각을 제거해야 한다. 이는 마치 깨끗한 그릇에 있는 毒소를을 제거하고 끓는 물과 재와 香으로 그 그릇을 깨끗이 씻은 후에야 甘露를 담을 수 있는 것과 같은 이치다. 身心을 맑게 하고 어지러운 생각을 제거하는 방도가 바로 三漸次이다. 三漸次의 내용은 첫째, 修習, 즉 업을 짓는데 도움을 주는 요인을 제거하는 것이다. 둘째, 眞修, 즉 正性을 제거하여야 한다. 셋째, 增進, 즉 現業을 어기는 것이다.

1) 修習 (除其助因)

"어떤 것이 助因이냐? 아난아! 이 世界의 12類生이 自全하지 못하고 네 가지 먹는 것에 의지하여서 생명을 유지하나니, 이른반 段食, 觸食, 思食, 識食이다. 그러므로 부처님이 '一切 衆生이 모두 먹음에 의지하여서 생존한다'고 말하느니라."[1]

助因은 貪慾을 조장하는 요인을 말한다. 12類生은 생명의 유지를 위해서 각자의 형태에 따라 段食, 觸食, 思食, 識食 4가지 형태로 음식을 먹는다. 段食은 형체가 있는 것을 부수어 먹는 것이고, 觸食은 귀신들이 먹는 방법으로 냄새와 촉각으로 먹는다. 思食은 생각으로 먹는 것이다. 色界天 같은 데서 思食으로 먹는다. 識食은 無色界天에서 意識만 있어서 識으로 먹었다고 생각을 내어서 배부른 것이다.

衆生이 三摩地를 구하려면 음식에서 수행을 방해하는 것을 가려 먹어야 한다. 經에서는 이를 위해 다섯 가지 辛菜를 끊으라고 하였다. 五辛菜란 다섯 가지 매운 음식으로 葱(총), 蒜(산), 韭(구), 薤(해), 興渠(흥거)[2]를 말한다. 五辛菜는 익혀서

---

1) 覺性스님 『楞嚴經正解』下, 玄音社, p.507. "云何助因阿難如是世界十二類生不能自全依四食住所謂段食觸食思食識食是故佛說一切衆生皆依食住"

먹으면 淫心을 발하고 생으로 먹으면 성냄을 부추긴다. 成佛을 하려면 모든 因緣法을 떠나야 하는데 淫心이나 성냄은 衆生界에 대한 執着을 내는 것이므로 수행에 방해가 된다. 또한 五辛菜를 먹으면 사람이 三摩地를 닦더라도 菩薩과 天人과 神仙, 그리고 시방의 善神들이 와서 수호하지 않는다. 이를 틈타 大力의 魔王이 그 방편을 얻어서 부처님의 몸을 가장하고 나타나서 禁戒를 그르다고 하고 淫, 怒, 癡를 찬양하면서 훼방하고 교란하니, 이 사람은 곧 魔王의 眷屬이 되고, 또한 목숨이 마침에 저절로 無間地獄에 떨어지게 된다.

2) 進修 (刳其正性淫慾)

"어떤 것을 正性이라 하느냐? 아난아! 이 衆生이 三摩地에 들려면 반드시 먼저 청정한 戒律을 엄하게 가져야 하나니, 淫心을 영원히 끊고 술과 고기를 먹지 않으며, 불로써 깨끗이 火食하고 生氣를 먹지 아니해야 한다."[3)]

---

2) 葱은 파, 蒜은 마늘, 韭는 부추, 薤는 염교 혹은 달래를 뜻한다. 興渠는 미나리과의 식물로 한국과 일본, 중국에서는 없는 식물이며 한국에서는 양파를 금지하고 있다. 오신채를 금지하는 이유는 이들 식물의 성질이 맵고, 향이 강하기 때문에 마음을 흩뜨려 수행에 방해가 되기 때문이다. 律藏에 따르면, 이러한 음식을 공양하면 입 주위에 귀신이 달라붙는다고 한다. 사찰음식에서는 이들 식물을 대신하기 위해 다시마, 들깨, 방앗잎, 제피가루, 버섯 등이 사용된다.

3) 覺性스님 『楞嚴經正解』下, 玄音社, p.523. "云何正性阿難如是衆生入三摩地要先嚴持清淨戒律永斷婬心不餐酒肉以火淨食無噉生氣"

進修는 戒律을 엄수하는 것을 내용으로 한다. 戒律을 지켜 淫慾을 끊고 술과 고기를 먹지 않으며 火食하고 生食하지 않는다. 佛家에서는 원래 생식을 권하지 않는다. 비록 초목이라 할지라도 그것에 衆生의 業이 남아있기 때문이다. 더러 제사에 생것을 올리는 것은 儒教의 풍습이지 佛教에서는 원래 금하는 것이다. 淫慾은 生死에 대한 집착이고, 술은 정신을 흐트러뜨린다. 고기는 殺生의 業을 남기게 되니 모두 금하여 몸과 마음을 청정하게 해야 하는 것이다. 經에서는 먼저 小乘聲聞의 四棄와 八棄를 가져서 몸을 단속하고 난 후, 보살의 청정한 律儀를 행하여 마음을 잘 닦음으로써 業을 남기지 않고 攀緣心을 떠날 것을 설하고 있다.

3) 增進 (違其現業)

"어떤 것을 現業이라 하느냐? 아난아! 그와 같이 청정하게 禁戒를 가진 사람은 마음에 탐욕이나 淫心이 없어져서 바깥 六塵에 마음이 流逸하지 아니하리라."[4)]

增進은 現業, 즉 현재에 이르기까지 쌓아온 業習을 없애는 것이다. 戒律을 잘 지키면 탐욕과 淫心이 사라져서 六塵에 의해 마음이 혼란해지지 않는다. 마음이 六塵에 초연하게 되면 근원으로 돌아가 본성을 찾게 되니 六塵이 攀緣하지 않게

---

4) 覺性스님 『楞嚴經正解』下, 玄音社, p.531. "云何現業阿難如是淸淨持禁戒人心無貪婬於外六塵不多流逸"

된다. 六塵이 攀緣하지 않음을 따라 六根도 짝할 바가 없어지고 이에 따라 여섯 가지 허망한 識이 일어나지 않게 되니 이것이 궁극적으로 정밀하고 원만하고 청정하고 묘한 如來의 성품에 이르는 길이다.

이와 같이 三漸次의 내용을 살펴봤을 때, 三漸次는 4種戒, 즉 殺, 盜, 淫, 大妄語와 관련이 있음을 알 수 있다. 除其助因과 刳其正性은 四種律儀에 해당하고 違其現業은 耳根圓通章에서 설한 '初於聞中에 入流亡所하여 所入이 旣寂에 動靜二相이 了然不生하며 如是漸增하여 聞所聞이 盡이라'의 漸增과 같은 말이다.

57位는 三漸次를 준수하면서 본격적으로 漸修하여 修行하는 바를 따라 聖人의 지위를 안립하는 절차이자 과정이다. 三漸次를 통해서 六塵에 攀緣함에 대해 초연해진 후 단계적으로 그 과정을 밟는다.

Ⅲ. 五十七位

57位를 크게 四段階로 나누면, 凡夫位, 賢位(三賢), 聖位, 佛位가 된다. 凡夫位는 欲愛乾慧와 十信位가 해당하고, 賢位는 十住位(下賢), 十行位(中賢), 十回向位(上賢)가 해당하며, 聖位는 四加行, 十地位(十聖), 等覺이며 마지막으로 妙覺位가 佛位이다.

1. 欲愛乾慧

乾慧에는 欲愛乾慧, 金剛乾慧 두가지가 있다. 欲愛乾慧地는 『楞嚴經』에서만 특별히 三漸次와 더불어 十信 전에 언급되는 부분이다. 金剛乾慧地는 十地菩薩이나 等覺菩薩이 되어야 비로소 얻어지는 果位이다.

> "아난아! 이 善男子가 欲愛가 말라버리어 六根과 六塵이 서로 짝하지를 아니하여, 현재의 남아 있는 殘質 다시 계속하여 나지를 아니하며, 집착하던 마음이 비고 밝아 순전히 지혜이다."5)

欲愛乾慧는 欲愛가 다 말라서 없어진 경지를 말한다. 三漸次를 통하여 六塵에 攀緣하는 마음을 끊음으로써 얻어지는 단계이다. 欲愛가 말라서 六根과 六塵이 서로 짝하지를 않는 것은 앞서의 違其現業 六用不行, 즉 現業을 없애 여섯 가지 작용이 일어나지 않는 경우이다. 과거에 지어진 것은 할 수 없지만 現業을 어기므로 앞으로는 惡業을 짓게 되는 그런 잔질이 다시 나지를 않는다는 것이다. 欲愛가 마르면 집착하는 마음이 사라지고 순수한 지혜만 남게 된다. 이 순수하고 마른 지혜를 乾慧地라 하는데, 아직 欲愛의 習氣가 남아서 如來의 法流水를 접할 수 없는 상태이다.

---

5) 覺性스님『楞嚴經正解』下, 玄音社, p.546. "阿難是善男子欲愛乾枯根境不偶現前殘質不復續生執心虛明純是智慧"

2. 十信位

欲愛를 마르게 한 후 처음 들어서는 단계로 뒤의 十住位와 묶어서 三賢으로 분류하기도 한다. 十信位는 수행자의 마음이 맑아지는 단계이다.

1) **信心住(中道純眞)** : 欲愛乾慧지를 얻은 마음으로 中道의 안으로 깊이 들어가면 원만하고 미묘함(圓妙)이 열린다. 참 원묘를 따라 거듭 眞妙를 발하면 미묘한 믿음이 常住하여 모든 망상이 다 남김없이 없어져서 中道가 순수하고 참되지는데(純眞), 이 단계를 信心住라고 한다.

2) **念心住(憶念不忘)** : 念心住는 과거의 顚倒輪廻하던 모든 것의 기억을 되살리게 되는 것이다. 참 믿음이 밝아져서 一切法을 두루 통하여 五陰, 十二處, 十八界의 세 가지 妄心의 界가 가로막거나 방해하지 못하며, 또한 未來에 이르기 까지 무수한 겁을 지내는 동안 몸을 버리고 몸을 받던 一切의 習氣가 모두 앞에 나타나서 선남자가 그것을 모두 기억하고 잊어버리지 않게 된다.

3) **精進心(進趣眞淨)** : 마음이 미묘하고 원만하고 순수하고 진실하게 되어 眞精이 發化하고 無始이래의 習氣가 통틀어 하나의 精明함이 되어, 오직 精明으로써 眞淨한 곳으로 나아가려는 마음이 생기게 되는데 이를 精進心이라 한다. 眞精은 妙圓純眞을 관찰하는 힘이자 참되고 바른 菩提涅

槃의 자리이다.

4) **慧心住(純以智慧)** : 마음 精(心精)이 앞에 나타나서 순전히 지혜가 되는 것을 慧心住라고 한다. 心精이란 妄習, 즉 허망한 習氣가 없어졌기 때문에 그 마음에 精明體가 나타난 것을 말한다. 乾慧地의 지혜는 欲愛는 말랐으되 餘習이 남아있었는데 이제 : 餘習마저 없어지고 如來의 마음을 접할 지혜가 생기기 시작하는 것이다.

5) **定心住(寂妙常凝)** : 지혜의 밝음(智明)을 가져서 두루하고 고요하고 맑아서 고요한 묘(寂妙)가 항상 엉겨 있는 것을 定心住라고 한다. 色陰, 受陰, 想陰이 다 녹아진 상태이다. 원래 마음자리에는 寂과 照가 있다. 寂은 본래 빈자리, 즉 眞空이고 照는 밝은 자리, 즉 妙有이다. 寂妙의 자리를 불완전하게나마 찾게 되는 상태이다.

6) **不退心住(精進無退)** : 定의 광명(定光)이 發明하여 밝은 성(明性)에 깊이 들어가서 나아가기만 하고 물러감이 없는 것을 不退心이라고 한다. 定光이 發明한다는 것은 앞의 寂妙常凝의 의미이다. 밝은 性에 깊이 들어간다는 것은 寂照의 照明, 마음의 밝은자리에 깊이 들어가는 것이다.

7) **護法心住(如來氣接)** : 마음으로 나아가는 것이 安然하며 보호하고 지니기를 잃어버리지 아니하여, 十方如來의 기분이 交接하는 것을 護法心이라고 한다. 成佛하려고 하는

것은 攀緣心을 비트는 것이므로 처음에는 불안이 깃든다. 그러나 이제 마음이 精進하되 不勞心力하게 되므로 安然해지고 수행이 옳은 길에 들어섰음에 확신이 생기는 것이다.

8) **回向心住(向佛安住)** : 覺明을 보호하고 지녀서 능히 묘한 힘으로써 부처님의 慈悲 光明을 돌려 부처님을 향해 安住하는 것이 마치 두 거울의 광명이 서로 對하여 그 가운데 묘한 그림자가 겹겹으로 서로 들어가는 것과 같이 되는 것을 回向心이라고 한다. 부처님의 慈光 妙力과 자신의 慈光 妙力이 서로 교류하는 것이다.

9) **戒心住(安住無爲)** : 마음광명(心光)을 비밀히 돌이켜서 부처님의 항상 엉기는 無上妙淨을 얻고 無爲에 安住하여 遺失함이 없는 것을 戒心住라고 한다. 여기서 엉겼다는 말(凝)은 흩어지지도 않고 맑다는 뜻이다. 無上妙淨을 얻었기 때문에 無爲에 安住하여 항상 간직하고 항상 戒를 지키듯이 그렇게 遺失함이 없음이다. 戒란 것은 한시라도 遺失하면 안되는 것인데 이제 마음자체가 戒가 된 것이다.

10) **願心住(所去隨願)** : 戒에 머무름이 自在하여 시방에 다니되 가는 곳마다 원대로 되는 것을 願心住라고 한다. 마음이 自在하여 소위 말하는 神通이 생긴 상태다.

3. 十住位

『華嚴經』에서는 十住부터 나온다. 十住位는 부처님의 자리에 머물게 된다는 의미다.

1) **發心住(圓成一心)** : 수행자가 十心住를 얻게 됨으로 해서 心精이 빛을 발하고 열 가지 작용이 서로 교섭해 들어가서 하나의 마음(一心)을 원만히 이루는 것을 發心住라고 한다.

2) **治地住(妙心成地)** : 心中이 밝음을 발함이 청정한 유리 안에 精金을 나타낸 것 같아서, 앞의 發心住에서 이룬 묘한 마음을 밟아 땅을 이루는 것을 治地住라고 한다. 마음은 발명하는 地가 되고, 眞理는 발명할 바 대상이 된다. 마음이 청정하여 眞理를 명확히 드러내는 心地를 마련한 것이다.

3) **修行住(心地明了)** : 心地가 교섭하여서 아는 것이 함께 명료하게 되고 十方世界를 밟아 노닐되 걸리는 것이 없음을 修行住라고 한다. 一心으로 이루어진 心地에서 能發明(心)과 所發明(地)이 서로 교섭하여 아는 것이 명료해지는 것이다.

4) **生貴住(入如來種)** : 行이 부처님과 같아져서 부처님의 기분을 받는다. 이것이 마치 中陰身이 스스로 자기 부모를 구

하매, 陰信이 암암리에 통하듯이 如來의 種性에 들어가는 것을 生貴住라고 한다.

5) **方便具足住(聖胎具足)** : 이미 道胎에 노닐어서 친히 각윤(覺胤)을 받는 것이 胎가 이미 이루어짐에 사람의 모습이 하나도 부족함이 없는 듯함을 方便具足住라고 한다. 覺胤이란 깨달음을 잇는다는 뜻이니, 곧 부처님의 깨달음의 傳統을 이어받을 자격을 갖추게 된 것을 말한다.

6) **正心住(心容同佛)** : 容貌가 부처와 같고 마음 모양도 또한 같은 것을 正心住라고 한다. 진리와 지혜가 眞諦, 中道諦에 딱 합하는 상태로 權智와 實智, 더 나아가서 法界에 걸림이 없는 진리와 지혜까지도 부처님과 같게 되는 것이다.

7) **不退住(日益增長)** : 몸과 마음이 合成하여 表裏가 동일해지고 禪定을 닦음에 힘이 생겨서 戒, 定, 慧가 停滯되거나 물러남이 없이 나날이 더욱 增長하는 것을 不退住라고 한다.

8) **童眞住(十身相具)** : 十身의 靈相(신령스런 모양)이 일시에 具足한 것을 童眞住라고 한다. 菩薩이 如來十身의 모양을 일시에 다 갖추게 된 상태를 말한다.

9) **法王子住(親爲佛子)** : 형상을 이루고 道胎에서 나와 친히

佛子가 되는 것을 法王子住라고 한다. 道의 胎에서 나와서 부처님의 法王子가 되는 것이다.

10) **灌頂住(灌頂太子)**：表하여 成人이 되는 것이 한 나라의 대왕이 나랏일을 太子에게 위임하고, 刹利王[6]의 世子가 장성함에 陳列하여 灌頂하는 것과 같음을 灌頂住라고 한다. 부처님의 法王子가 되었음을 印可받는 것이다.

4. 十行位

十行位는 三賢 중 中賢에 해당한다. 十行位에서는 利他行의 功德이 깊어지는 내용을 볼 수 있다.

1) **歡喜行(具佛妙德)**：수행자가 法王子가 된 후 한량없는 如來의 묘한 덕을 갖추어서 시방에 隨順함을 歡喜行이라고 한다. 시방에 隨順한다는 것은 布施行을 널리 닦는 것이다.

2) **饒益行(利益一切衆生)**：능히 一切 衆生을 이익되게 하는 것을 饒益行이라 한다. 다른 사람을 濟度하고 자신도 濟度하여서 自他가 다 이익과 安樂을 얻도록 하는 것이다.

3) **無瞋恨行(覺得無違拒)**：스스로 깨닫고 다른 이도 깨닫게

6) 刹利는 인도에서 王族을 칭하는 말로 혹은 刹帝利라고 한다.

하여 違拒함이 없음을 無瞋恨行이라 한다. 이는 忍辱行을 닦은 것으로써 自覺覺他하되 상대를 미워하거나 성냄이 없다.

4) **無盡行(窮三世通十方)** : 衆生의 種類를 出生하여서 未來際가 다할 때까지 三世가 평등하고 시방에 통달함을 無盡行이라고 한다. 갖가지 種類의 衆生을 모두 궁극적으로 成佛하게 하는 것이다.

5) **離痴亂行(合種種法門無差)** : 가지가지 法門에 合同하여 差誤가 없는 것을 痴亂을 떠난 行이라고 한다. 法門에 合同한다는 것은 一念 定心으로 모든 法을 지녀 法 자체와 동일하게 되는 것이다.

6) **善現行(同異善現)** : 같은 가운데서 여러 가지 다름을 나타내기도 하고, 낱낱 다른 모양에서 각각 같음을 나타내는 것을 善現行이라고 한다. 밝은 지혜가 同性과 異性을 모두 분명하게 알아서 나타내는 것이며, 理가 事에 걸리지 않고 事가 理에 걸리지도 않는 것이다.

7) **無着行(現世界不相留碍)** : 시방 허공에 微塵이 가득한 가운데, 그 낱낱의 微塵 가운데에 十方世界를 나타내어, 微塵과 世界를 나타냄에 있어 서로 걸림이 없는 것을 無着行이라고 한다. 空과 眞의 妄을 떠난 것이다.

8) **尊重行(咸是第一度)** : 理無碍, 事無碍, 理事無碍 등 現前하는 갖가지 걸림이 없는 지혜가 모두 다 第一 波羅蜜(제일 바라밀)[7]인 것을 尊重行이라고 한다. 第一 波羅蜜은 부처님의 無餘涅槃의 최고 바라밀다를 말한 것이다.

9) **善法行(能成諸佛軌則)** : 모든 지혜가 두루 막힘없이 원융하여 시방 부처님의 軌則, 즉 법도를 잘 이루는 것을 善法行이라고 한다.

10) **眞實行(一眞無爲)** : 낱낱이 모두가 청정하여 샘이 없으며 一眞으로 無爲하여 性이 本然하기 때문에 眞實行이라고 한다. 有爲法을 모두 떠나고 一心眞如의 지혜를 얻은 상태를 말한다.

5. 十回向住

回向이란 發願하여서 回小向大, 즉 작은 것을 돌려서 크게 만든다는 뜻이다. 크게 보아 佛道回向, 衆生回向, 眞如回向의 三處回向으로 나눌 수 있다. 十回向住는 眞如의 마음과 그 마음을 迷한 衆生, 그리고 眞如와 衆生의 마음을 모두 아울

---

7) 바라밀은 달리 바라밀다(波羅密多)라고도 한다. 이 말은 최고를 뜻하는 파라마에서 파생한 말이며, 이에 근거해서 바라밀을 완성 또는 완전으로 번역하고 바라밀을 漢譯한 것이 바로 到彼岸이다. 여기서 피안은 깨달음의 세계이고, 미혹의 세계인 此岸과 상대되는 말이다. 곧 바라밀은 깨달음의 세계에 도달한 것을 의미한다.

러 깨달은 부처의 佛道에 回向하는 것이다.

1) **離相回向(救護一切衆生離衆生相回向)**：수행자가 神通함에 만족하여 佛事를 이루고서 순결하고 정미롭고 참되어서 온갖 장애와 우환(留患)을 멀리하게 된다. 마땅히 衆生을 濟度하되 濟度한다는 相이 없고 無爲의 마음을 돌이켜 涅槃의 길에 향하는 것을 離相回向, 즉 '一切衆生을 救護하되 衆生相을 떠난 回向'이라고 한다.

2) **不壞回向(壞其可壞遠離諸離回向)**：무너뜨릴 것은 무너뜨리며 멀리 떠날 것은 멀리 떠나는 것을 '不壞回向'이라고 한다. 空한 이치에서 비롯된 모든 虛妄相을 무너뜨리고 떠나는 것이다.

3) **等佛回向(覺齊佛覺等一切佛回向)**：本覺이 湛然하여 깨달은 것이 부처님의 깨달음과 같은 것을 等佛回向, 즉 '(覺이) 一切 부처님과 똑같은 回向'이라고 한다.

4) **至處回向(地如佛地至一切處回向)**：精眞이 發明이 되어 깨달은 경지가 부처님의 경지와 똑같은 것을 至處回向, 즉 '一切處에 이르는 回向'이라고 한다.

5) **無盡回向(界佛無碍無盡功德藏回向)**：世界와 如來가 교섭하여 서로 들어가되 걸리는 것이 없는 것을 無盡回向, 즉 '다함없는 功德藏 回向'이라고 한다. 如來는 理無碍, 事無

碍, 理事無碍, 事事無碍로 一切 걸림이 없기에 世界에 無量한 功德을 낸다.

6) **平等回向(隨順平等善根回向)** : 부처님과 같은 경지, 그 경지 중에서 각각 청정한 因을 내고 그 청정한 因에 의하여 발휘하여서 涅槃의 道를 취하는 것을 平等回向, 즉 '平等善根을 隨順하는 回向'이라고 한다. 청정한 因이란 如來藏을 말하는 것으로 如來藏에 의하여 모두 涅槃의 道를 얻게 하여 平等을 이룬다는 뜻이다.

7) **等觀回向(隨順等觀一切衆生回向)** : 眞根이 이미 이루어짐에 시방 衆生이 다 如來의 本性이라 그 性을 원만히 성취하여 衆生을 잃지 않는 것을 等觀回向, 즉 '一切 衆生을 隨順하여 평등하게 관찰하는 回向'이라고 한다. 앞의 平等回向이 衆生의 涅槃을 통한 平等을 이룸에 중점을 두고 말한 것이라면, 等觀回向은 하나의 衆生도 놓치지 않고 涅槃에 이르게 하려는 의지가 깃든 것이다.

8) **眞如回向(二無所着眞如相回向)** : 一切法에 卽하면서 一切相을 떠나서 卽(妙有)과 離(眞空) 두 가지에 집착하는 바가 없는 것을 眞如回向, 즉 '眞如相回向'이라고 한다. 一切法에 卽했다는 말은 妙有 또는 隨緣의 도리이고, 一切相을 떠났다는 것은 眞空 혹은 不變의 도리이다. 眞如의 實相에 回向하는 것이다.

9) **解脫回向(無縛解脫回向)** : 참으로 같은 바(眞如)를 얻어서 시방 世界에 걸림이 없는 것을 解脫回向, 즉 '속박 없는 解脫回向'이라고 한다. 같은바, 즉 所如는 眞如와 더불어 하나의 모양이 되는 眞如相이다. 眞如를 얻음으로써 시방에 無碍한 것을 말한다.

10) **無量回向(法界無量回向)** : 如來藏의 性德이 원만히 이루어져서 法界量이 없어지는 것을 無量回向, 즉 '法界無量回向'이라고 한다. 法界는 法性으로써 法界量이 없어진다는 것은 俱空을 얻은 것이다.

6. 四加行位

四加行은 앞의 41위를 다하고 十地에 올라서기 전에 수행을 통해 추가로 더해진 네 가지 證得行을 말하는 것으로 成佛에 임박한 단계에 이르렀음을 나타내고 있다. 『華嚴經』에는 加行位가 나오지 않고 『唯識論』에서는 加行位가 나온다.

1) **煖地位** : 부처님의 깨달음으로써 자기 마음을 삼았으나 날 듯 하면서 나지 못함이 나무를 문질러 불을 낼 적에 그 나무를 태울 것 같은 상태를 난지(煖地)라고 한다. 부처에 대한 所見을 떠난 상태다.

2) **頂地位** : 자기의 마음으로 부처님이 밟으신 바를 이루어

의지한 듯 의지하지 아니한 듯 함이 마치 높은 산에 올라서 몸이 허공에 들어갔지만 아래는 조금 걸림이 있는 것 같음을 頂地라 한다. 부처님의 실천하신 바를 거의 실현하였지만 아직 未盡함이 있다. 마음에 대한 견해를 떠난 상태다.

3) **忍地位** : 마음과 부처 둘이 다 같아서 中道를 잘 얻는 것이, 마치 일을 참는 사람이 품어두는 것도 벗어나는 것도 아님과 같음을 忍地가 된다고 한다.

4) **世第一地位** : 因果를 떠남으로 數와 量이 다 소멸하고 迷와 覺의 中道에 둘 다 지목할 수 없음을 世第一地라고 한다. 上求菩提하는 것은 覺中道이고 下化衆生하는 것은 迷中道이므로, 上求와 下化의 묘한 이치를 모두 깨달은 상태이다.

7. 十地位

十地位는 聖人의 지위에 올랐음을 修證하는 단계다. 十地부터는 出世間으로 眞如를 體得한다. 法身을 證得하여 十眞如를 얻게 되는 것이다. 『起信論』에서는 十地에 이른 보살을 法身菩薩이라고 하였다. 十地는 『華嚴經』의 十地品에 나오는 열 가지 명목과 똑같다. 十地의 명목은 비유가 아닌 그냥 法으로 된 것이다.

1) **歡喜地(盡佛境界)**：수행자가 큰 보리의 道를 잘 통달하여 깨달음이 如來와 통하여 부처님의 境界를 다하는 것을 歡喜地라고 한다. 遍滿眞如를 증득한 것이다.

2) **離垢地(同異雙滅)**：다른 성질이 같은 데에 들어가고, 같은 성질도 또한 없어진 것을 離垢地라 한다. 모든 差別이 平等해지고 다시 平等마저 초월한 상태다.

3) **發光地(淨極明生)**：淸淨이 극치에 달하여 光明이 나는 것을 發光地라고 한다. 發光은 眞如의 心光이 발한 것이다.

4) **焰慧地(明極覺滿)**：밝음이 지극하여서 깨달음이 원만해진 것을 焰慧地라고 한다. 淸淨이 지극하여 난 발광이 다시 지극해져서 깨달음이 원만해진 경지에 이른 것이다. 『唯識論』이나 『金光明經』에서 '燒煩惱薪', 즉 번뇌의 섶을 다 태운다고 한 것이 바로 焰慧地의 의미이다.

5) **難勝地(同異兩忘)**：一切의 同과 異가 능히 이르지 못하는 것을 難勝地라고 한다. 同性과 異性을 모두 초월한 상태이다.

6) **現前地(性淨明露)**：無爲眞如의 性이 청정하고 밝게 드러나는 것을 現前地라고 한다.

7) **遠行地(盡眞如際)** : 眞如의 境地를 끝까지 다하는 것을 遠行地라 한다. 現前地에서 드러난 無爲의 妙眞如性의 이치를 다한 것이다.

8) **不動地(一眞如心)** : 하나의 眞如의 마음(一眞如心)인 것을 不動地라 한다. 眞如性의 이치를 다함으로써 一眞如心을 체득한 상태다.

9) **善慧地(發眞如用)** : 眞如의 작용을 발하는 것을 善慧地라고 한다. 또한 모든 보살이 善慧地에 이르러 已往의 修習하는 功을 끝내어 功德이 원만하기에 修習位라고도 한다. 眞如의 妙用의 도리를 체득하고 수행 공부를 마친 상태다.

10) **法雲地(慈陰妙雲)** : 慈悲의 그늘과 묘한 구름이 涅槃의 바다를 덮은 것을 法雲地라고 한다.

8. 等覺位

等覺位는 成佛을 이루기 직전의 단계이다. 이미 모든 공부를 마치고 眞如의 一切를 體得하여 成佛을 한 준비가 완료된 상태이지만 아직 부처님이 된 것은 아니다. 부처님과 더불어 차이가 없기(無間) 때문에 등각이라 부른다. 즉 해탈도의 직전 무간도를 가리킨 것이다. 이 지위가 비록 여래와 완연히 차이가 없는 것 같으나 아직 저 묘각에는 이르지 못한 상태다.

> "如來는 逆流하는데 이 菩薩은 順行으로 나아가서 妙覺의 실제에 들어가 합하나니 等覺이된다고 하느니라."[8)]

부처님은 衆生을 교화하려고 下化衆生하는 쪽으로 逆流해 나오고 菩薩은 成佛을 하기 위해서 上求菩提 하는 쪽으로 順行을 하여 妙覺의 실제에서 합해져서 교접하는 것이다. 『瓔珞經』에서는 '等覺은 照寂하고 妙覺은 寂照한다'고 하였다. 等覺은 等覺菩薩의 聖位이고 妙覺은 부처님이다. 照寂은 寂, 즉 寂滅의 理를 返照하는 것으로 아직 寂滅, 즉 부처님이 된 것이 아니다. 이제 妙覺의 실제에 들어가 합하여 妙覺이 되기 직전의 단계인 것이다.

金剛乾慧

> "아난아! 乾慧心으로부터 等覺에 이른 후에야 이 覺이 비로소 金剛心中의 처음 간혜지를 얻으리라."[9)]

欲愛乾慧心으로부터 시작된 修證이 等覺에 이르면 金剛乾慧를 얻는다. 金剛乾慧란 欲愛乾慧가 欲愛는 말랐으되 如來

---

8) 覺性스님 『楞嚴經正解』下, 玄音社, p.643. "如來逆流如是菩薩順行而至覺際入交名爲等覺"

9) 覺性스님 『楞嚴經正解』下, 玄音社, p.647. "阿難從乾慧心至等覺已是覺始獲金剛心中初乾慧地"

의 法流水와 접하지 못한 것과 같은 이치로, 等覺까지의 모든 공부를 마쳐 본연하고 순수한 如來의 지혜가 드러났으되 아직 如來의 法流水와 접하지 못한 상태를 일컫는 것이다.

9. 妙覺位

等覺菩薩은 金剛乾慧, 즉 金剛般若의 智를 얻어 이를 통하여 如來의 바다를 順行하고 마침내 妙覺과 완연히 합하게 되면 妙覺을 이룬다. 妙覺은 成佛, 즉 부처님의 자리이다.

Ⅳ. 頓悟 漸修가 正觀임을 알림

三漸次를 근간으로 해서 欲愛乾慧부터 妙覺에 이르기까지의 57位의 修證段階를 살펴보았다. 修證의 단계를 57가지로 세세하게 분류한 것은 수행자에게 수행의 歷證의 좌표를 제시함인 동시에 『楞嚴經』이 漸修를 闡明하는 것을 증명하는 것이다. 경에서는 57位의 章을 마치면서 다음과 같은 부처님의 뜻을 전하고 있다.

"이와 같이 重重으로 單으로 하거나 複으로 하여 12번하여야만 비로소 妙覺을 다하여 無上道를 이루리라. 이 가지 가지 지위는 모두 幻과 같은 열 가지 깊은 비유[10]를 金剛으로 관찰

10) 幻과 같은 10가지 깊은 비유라는 것은 『화엄경』, 『유마경』 등에 나오는 幻人, 陽焰, 水月, 空花, 谷響, 乾城, 夢, 影, 像, 化 등 十種喩(열

하여 奢摩他 중에서 如來의 비발사나(毗婆舍那)[11]를 써서 청정하게 닦아 證得하여 漸次로 깊이 들어가느니라. 아난아! 그와 같은 것이 다 세 가지 增進을 쓰기 때문에 능히 55位의 참보리의 길을 성취하는 것이니, 그렇게 觀을 함은 正觀이라 말하고, 만약 다르게 觀을 함은 邪觀이라고 하느니라."[12]

12라는 것은 앞의 欲愛乾慧에서 金剛乾慧에 이르기까지를 말한다. 즉 乾慧, 十信, 十住, 十行, 十回向, 煖位, 頂位, 忍位, 世第一位의 四加行, 十地, 等覺, 金剛乾慧 이다.

여기서 세 가지 增進이라는 것은 三漸次를 말하는 것이다. 부처님은 55位의 聖人의 修證의 근간으로 三漸次를 말하고 있다. 三漸次를 준수함으로써 上位의 聖人의 단계가 가능해지는 것이다.

57位의 聖位나 三漸次, 止觀의 강조 등은 모두 『楞嚴經』이 漸修의 입장을 표함을 나타내고 있다. 먼저 戒와 三漸次를 준수하고, 각각의 단계를 수행자의 根器와 禪定의 깊이에 따라 漸次적으로 成佛의 果位를 향해 精進하는 것이다. 이러한 과정 속에도 止觀으로서 끊임없이 자신의 상태를 확인하고 새로이 깨달음을 얻는 과정을 계속하면서 궁극의 목적지에

가지 비유)를 말한다.

11) 사마타는 마음을 가라앉히는 定 같은 것이다. 定이나 止, 곧 마음을 가라앉혀서 번뇌, 망상을 피우지 않는 것이 사마타이고, 비발사나는 止觀定慧 중의 觀을 말하는 것이다.

12) 覺性스님 『楞嚴經正解』下, 玄音社, p.649. "如是重重單複十二方盡妙覺成無上道是種種地皆以金剛觀察如幻十種深喩奢摩他中用諸如來毗婆舍那淸淨修證漸次深入. 阿難如是皆以三增進故善能成就五十五位眞菩提路作是觀者名爲正觀若他觀者名爲邪觀"

도달한다.

『楞嚴經』, 『涅槃經』, 『華嚴經』은 모두 頓悟漸修가 기본이다. 『圓覺經』도 마찬가지다. 『楞嚴經』 10권에 '理則頓悟 乘悟倂消어니와 事非頓除라 因次第盡이니라'는 頓悟漸修임을 단적으로 천명하는 부분이다. 三摩提 法門에서 觀音菩薩의 耳根圓通을 통하여 六結을 풀어 初發心에서 寂滅의 단계에까지 이르는 과정을 설명하고 다시 또 57位를 설명하는 것은 耳根圓通이 비록 殊勝한 방편이기는 하지만 그것이 결코 일순간에 순탄하고 용이하게 이루어지는 것이 아님을 역설하는 것이다.

頓悟로써 初發心에 佛性의 因地를 세우는 것은 가능하지만 그것으로써 수행자가 부처가 되는 것은 아니다. 衆生은 사바세계에서 끊임없이 生滅의 攀緣心에 의존하는 心身을 갖추었기 때문에 진정한 聖位를 얻기 위해서는 그 生滅門을 수행으로써 모두 떨쳐내야 한다. 어느 날 佛性을 깨달았다고 말한다고 해서 그 몸과 識조차 佛性과 一體가 되는 것은 아닌 것이다. 오직 하나하나 세속의 때를 벗겨나감으로써 그 수행의 進度만큼 단계적으로 佛性에 가까워 질수 있는 것이다. 『楞嚴經』에 의하면 이것이 바로 正觀이고 다른 방편은 모두 邪觀이 될 뿐이다.

Ⅴ. 結語

지금까지 禪定의 果位로써 聖人의 57位의 내용을 살펴보았다. 57位는 欲愛乾慧로부터 시작하여, 十信位, 十住位, 十

行位, 十回向位, 四加行位, 十地位, 等覺位를 거처 궁극의 成佛을 이루는 妙覺位까지 도달하는 수행과정의 단계성을 나타낸 것이다. 經에서 修證의 과정을 이렇듯 복잡하고 중층적으로 나타낸 것은 生滅心에서 벗어날 수 없는 중생이 숙명과도 같은 輪廻의 굴레를 벗어나 寂滅의 無上正覺를 이루는 것이 결코 순탄할 수 없음을 역설하고 있는 것이다. 수행자는 佛性을 얻기까지 끊임없이 자신을 돌아보고 수행의 결과를 점검해야 한다. 『楞嚴經』에서 드러나는 大義가 바로 止觀이요 定慧雙修며 漸修이다. 수행자가 일단 因緣의 허망함을 깨달아 初發心을 낸 이후 禪定을 닦는 과정을 통하여 끊임없이 다시 깨닫고 또 깨닫는다. 57位의 각 단계가 바로 깨달음이다. 定과 慧가 같이 맞물리는 것이다. 그 깨달음의 결과로 다시 觀하여 修行精進함으로써 마치 바닷가에서는 물이 얕아도 들어갈수록 깊듯이 如來의 正覺의 바다에 시나브로 깊이 들어가는 것이다.

20. 七趣에 관한 『楞嚴經』의 내용분석

宗法 海觀

Ⅰ. 序 言

六道衆生이란 말이 있다. 중생이 살아있는 동안 지은 善惡의 행위에 따라 地獄, 鬼神, 畜生, 阿修羅, 人間, 天界의 六道를 윤회하게 된다는 것이다. 『楞嚴經』 제8권에서 나오는 七趣는 기본적으로 六道衆生과 같은 내용이다. 七趣는 六道와 마찬가지로 業果에 따라 중생이 일곱 가지의 양상으로 윤회하는 것으로 六道衆生에 神仙界를 추가한 것이다. 『楞嚴經』에서 七趣를 설하는 동기는 禪那法門 중에서 아난이 부처님께 중생이 六道를 윤전하는 원인을 묻는 것에서 시작한다. 七趣에서 業果를 따지는 중요한 척도가 바로 內分의 情과 外

分의 想이다. 중생이 살아가는 동안 지은 업을 情과 想의 비중에 따라서 다음 생에 그가 태어날 중생의 界가 결정이 되는 것이다. 본 小考에서는 업을 따지는 척도로써의 情과 想에 대해 서술하고 다음에 七趣를 地獄趣, 餓鬼趣, 畜生趣, 人間趣를 중심으로 소개하고, 마지막으로 부처님이 중생이 七趣 윤회의 허망함을 밝히는 내용을 중심으로 글을 전개하기로 한다.

Ⅱ. 중생의 內分의 情과 外分의 想

『楞嚴經』에서는 중생이 七趣의 衆生界를 윤회하는 이치를 情과 想의 관계로 설하고 있다. 본래 청정한 如來藏에서 파생된 중생은 그 本性을 잃고 妄見을 일으키고, 다시 망견에 인하여 妄習을 쌓는다. 이러한 과정에서 內分과 外分이 分開된다고 보았다. 內分은 情이고 外分은 想이니, 중생이 살아가면서 짓는 업은 內分과 外分을 통하여 쌓는 宿習으로 나타나고 이에 따라 來世의 衆生趣가 결정되는 것이다.

1) 內分인 情

내분은 중생이 愛, 貪, 淫, 恨 등 愛染의 허망한 감정을 쉬지 않고 일으킨 것이 쌓여 愛水를 낸 것을 말한다. 예를 들어, 중생이 맛있는 음식을 생각하면 입 속에 침이 고이고, 사랑하는 사람을 그리워하거나 원한이 맺히면 눈물을 흘리게 된다. 또 남녀가 음란한 생각으로 서로 애착하면 男女의 두 根에 저절로 액체가 흐르게 되다. 이렇듯 愛染이 표출되는 양상은 갖가지로 다른 모양이라도 그 결과물이 흘러 맺히는 이치는 동일하다. 이는 愛染의 감정이 水性을 가지고 있음이니 潤濕하는 것은 올라가지 못하고 밑으로 떨어지는 성질을 갖는다. 그러므로 중생이 內分의 情을 많이 행할수록 下位의 趣로 떨어져 궁극에는 地獄趣에 이르게 된다.

2) 外分인 想

外分은 중생의 渴仰으로 인하여 허망한 생각(虛想)이 쉬지 않고 쌓여 수승한 기운(勝氣)을 내는 것을 말한다. 갈앙(渴仰)이란 갈증 날 때 물을 마시고 싶듯이 간절히 염원하는 것이다. 여기서의 想이란 비록 허망한 想이되 본능적인 情에 의지해서 분출되는 것이 아니라, 殊勝한 생각을 내는 것이다. 이는 중생이 마음에 禁戒를 가지면 몸이 깨끗하고 가벼워지고, 마음이 주인을 가지게 되면 돌아보는 것이 웅장하고 씩씩하며 天上에 나고자 하는 마음을 가지면 夢想飛擧하고 마음에 불국토에 있게 되면 聖人의 경계가 그윽하게 나타나고, 善知識을 섬기면 身命을 가볍게 여기게 되는 것들이다. 또한 衆生에 대한 감정적인 사랑이 아닌 중생 전체에 대한 菩薩心을 갖는 등의 이상적인 생각을 내는 것도 想의 표출로 볼 수 있다. 이러한 勝氣는 침몰하지 않고 가볍게 떠오른다. 때문에 想은 외부로 떠올라서 상승하는 火性을 가졌다고 한다. 중생이 살아가면서 想을 많이 낼수록 상위의 趣로 올라가서 궁극에는 天界에 이르게 된다.

3) 想情의 多少에 따라 七趣가 결정됨

중생은 생사윤회의 과정에 있어 살아서는 習을 통하여 업을 쌓고 죽어서는 業果에 따라 變流를 하게 된다. 生의 順習은 順이되고 死의 變流는 곧 逆流로서 逆이 되어 順과 逆의 두 가지 習이 서로 어울려 업을 쌓는다. 중생이 죽음에 임박해서 이 업이 한꺼번에 나타나서 다음 生을 결정하게 된다. 七趣는 이를 情과 想의 작용으로 설명하고 있다. 즉, 情이 많으면 逆의 업을 쌓게 되어 저열한 趣로 떨어지고, 想이 많으면 順의 업을 쌓게 되어 上界의 趣로 오르게 된다. 經에서는 七趣를 설하기에 앞서 當生에서의 想과 情의 비중을 십분율로 따져 그 비율의 비중에 따라 後生의 趣가 결정된다고 하였다. 이에 따라 총 11가지로 분류 된다.[13)]

純想 - 天
一情九想 - 仙
二情八想 - 大力鬼, 阿修羅
三情七想 - 夜叉
四情六想 - 羅刹
五情五想 - 人
六情四想 - 横生
七情三想 - 餓鬼

13) 覺性『楞嚴經正解』下, 玄音社, p.692 참조

八情二想 - 有間獄
九情一想 - 無間獄
純情 - 阿鼻地獄

여기서 중심은 인간이다. 인간은 情과 想이 5 대 5로 균등하여 날지도 않고 떨어지지도 않고, 살아가는 동안 想을 밝히면 총명하게 되고, 情으로 어두움을 내면 아둔하게 된다. 인간을 그 중심에 둔 것은 인간은 생의 업에 따라 神仙, 天界를 포함해서 궁극으로는 부처님이 될 여지도 있고, 악업을 쌓아 단번에 아비지옥에 떨어질 수도 있는 善惡을 동시에 내포한 種子임을 드러내려는 것이다.

인간에서 想이 많아질수록 勝氣와 가벼움이 더해져 羅刹, 夜叉, 大力鬼 및 阿修羅, 神仙의 순으로 내세에 점점 상승한 중생으로 태어나고 온전히 想만 있게 되면 純想이라 하여 天界에 이른다. 특히 純想은 想이 福과 慧와 청정한 願을 겸하게 되면 자연히 마음이 열리게 되어 시방의 불국토에서 부처님을 친견할 수 있다.

인간에서 情이 많아질수록 무거워져 순차적으로 橫生, 餓鬼, 有間獄, 無間獄으로 떨어진다. 최종적으로 그 업이 情으로만 가득할 때 이를 純情이라 하고 아비지옥에 떨어지게 된다.

이상과 같이 볼 때, 七趣의 형성원리는 想과 情 그리고 업의 작용에 따른 것이다. 업의 작용에 따라 想情이 어우러져 上界(天上)와 下界(三惡道)로 윤회하게 된다. 이를 같은 업을 지닌 중생들을 묶어 同分으로 界를 형성한 것이 七趣인 것이다.

Ⅲ. 七趣

앞서 중생이 업에 따라 윤회하여 七趣로 윤전하는 원리가 想과 情의 작용임을 확인하였다. 經에서는 이어서 七趣의 구체적인 내용에 대해서 地獄趣, 餓鬼趣, 畜生趣, 人間趣, 神仙趣, 天趣, 阿修羅趣의 순으로 상세하게 설명하고 있다.

(1) 地獄趣

지옥취는 살면서 열 가지 종류의 惡習을 쌓고, 그 결과로 인하여 죽을 때 여섯 가지 業報를 받는다. 生從順習이 十習因이고 死從變流가 六交報이다. 十習因은 因이되고 六交報는 果가 된다. 十習因에 의해 죽을 때 六交報를 경험하는 것이다.

1) 十習因(十因)

淫習 : 淫行을 저지르는 것이다. 淫習으로 서로 교접하여 마찰함에 大猛火光이 일어나게 되는데 사람이 손을 서로 문지르면 따뜻함이 일어나는 것과 같은 이치다. 二習[14]이 서로 불이 탐으로 이로 인해 鐵牀, 동주(銅柱) 등의 지옥이 있다.

14) 二習은 現行과 種子의 두 가지 習을 말한다.

貪習 : 貪行을 저지르는 것이다. 탐습이 서로 집착하여 빨아들이니 寒氣가 쌓이고 (積寒) 얼음이 맺힌다(堅氷). 이는 사람이 입으로 바람기운을 빨아들이면 冷觸이 생기는 것과 같다. 이로 인해 吒吒, 波波, 羅羅, 靑蓮, 赤蓮, 白蓮의 寒氷地獄 등이 생긴다.

慢習 : 만습이란 교만함을 행하는 것이다. 서로 믿는 바에 의지하여 능멸하는 것이 파도가 치솟아 물이 되니, 혓바닥을 빨아들이면 물이 생김과 같다. 이로 인해 血河, 灰河, 熱沙, 毒海와 融銅과 같은 지옥이 있다.

瞋習 : 진습은 진노함이다. 진습이 서로 부딪히고 거슬러서 火를 발하고 기운을 녹여 金이 된다. 이로 인해 刀山, 鐵橛, 劍樹, 劍輪, 斧鉞, 鎗鋸 등의 지옥이 있다

詐習 : 사습은 유혹함이다. 사습은 서로 꾀어 끌어당기며 머무르지 않고 뻗어나가는 것이 초목과 나무와 같다. 이로 인해 杻, 械, 枷, 鎖, 鞭, 杖, 檛, 棒 등의 형벌이 있다.

誑習 : 광습은 속이는 행이다. 광습으로 서로 속임에 誣罔함이 그치지 않고 마음이 먼지가 바람에 날리는 형상과 같다. 이로 인해 穢汚, 不淨 등의 지옥이 있고, 沒, 溺, 騰, 擲, 飛, 墜, 漂, 淪 등의 형벌이 있다.

冤習 : 원습은 혐오함이다. 원습으로 가슴에 혐오의 恨을 축적하는 것이다. 이로 인해 飛石, 投礰, 匣貯, 車檻, 甕盛, 囊撲, 投擲, 擒捉, 擊, 射, 抛, 撮 등의 지옥과 형벌이 있다.

見習 : 견습은 邪見, 所見에 집착하는 것이다. 我見에 집착하여 상대를 부정하고 거부하는 것으로 이로 인해 王使와

主吏가 文籍을 證執하거나 勘問, 權詐, 考訊, 推鞠, 察訪, 披究, 照明과 善惡童子가 손에 문서를 가지고 밝히는 등의 심판과 형벌이 있다.

枉習 : 왕습은 誣告하고 비방하는 습이다. 마치 참소하는 도적이 어질고 선량한 사람을 핍박하고 그르치는 것과 같은 악행을 말한다. 이로 인해 合山, 合石, 碾, 磑, 耕, 磨 따위의 지옥이 있고, 押捺, 搥按, 蹙漉, 衡度 등의 형벌이 있다.

訟習 : 송습은 그릇된 논쟁과 시비를 가림이다. 서로 잘잘못을 따져 고발하고 은닉하는 것이니, 이로 인해 지옥에서 業鏡이나 火珠로 宿業을 밝히는 심판을 받는다.

2) 六交報(六果)[15)]

六交報는 六識으로 지은 업의 果報가 六根으로부터 나오는 것이다. 六交報의 양태는 먼저 각각의 識의 업에 따른 果報를 받고 다시, 이것이 眼, 耳, 鼻, 舌, 身, 意의 六根으로 轉化되어 여섯 가지 根의 형벌을 받게 된다.

見報 : 見業에 따른 惡果이다. 임종할 때 지옥의 온갖 공포스러운 相들을 보게 된다. 먼저 猛火가 시방세계에 가득함을 보고 亡者의 神識이 날아 떨어져서 연기를 타고 無間地獄에 들어가서 두 가지 모양을 발견한다. 첫째는 밝게 보되 가지

15) 耘虛스님 譯註에 '중생들이 다 自業으로 感得하는 것이니 열 가지 익히는 원인을 만들어서 여섯 가지 얽히는 果報를 받는다'고 하였다.

가지 악물을 두루 보고 한량없는 공포를 느끼게 된다. 둘째는 어둡게 보되 寂然하여 아무것도 보지를 못하여 한량없는 공포를 느끼게 된다. 또한 見火가 보는 것에 붙으면 뜨거운 모래와 뜨거운 재가 되고, 듣는 것에 붙으면 鑊湯과 洋銅이 되고, 숨 쉬는 것에 붙으면 검은 연기와 붉은 불꽃이 되고, 맛에 붙으면 焦丸과 鐵糜가 되고, 촉각에 붙으면 熱灰와 爐炭이 되고, 심장에 붙으면 별의 불이 흩어 뿌려져 허공계에 煽鼓하게 된다.

見報와 같은 식으로 聞報, 嗅報, 味報, 觸報, 思報가 각각 六根을 통해 그 果業의 벌을 받게 된다.

3) 地獄의 명칭

惡業에 따라 중생이 떨어지는 지옥을 분류한 것이다. 8無間獄이 가장 惡業이 많은 지옥이고, 다음에 순차적으로 16지옥, 36지옥, 108지옥이 있다.

8無間獄 : 六根으로 十因을 각각 짓되 그 지은 바가 18界의 境界를 겸하거나 두 가지 이상의 根으로 惡業을 지으면 8無間獄에 떨어진다.

18地獄 : 身, 口, 意의 三根으로 살생과 도적질과 음행의 惡業을 지으면 18지옥에 떨어진다.

36地獄 : 殺, 盜, 淫 3업 중 한 가지나 두 가지 업만 지은 경우는 36지옥에 들어간다.

108地獄：能見과 所見인 하나의 根이 한 가지 업만을 범하면 108지옥에 들어간다.

(2) 餓鬼趣

지옥취에서 業果의 報를 다하면 餓鬼의 報를 받게 된다. 중생들이 부처님의 律儀를 비방하거나 부정하여 菩薩戒를 범하였거나 부처님의 열반을 훼방하였거나, 그 밖에 여러 가지 업으로 지옥취에서 여러 겁 동안 불타는 고통을 받다가 죄의 형벌이 다하면 귀신의 報를 받게 된다. 餓鬼에는 10가지 종류가 있다.

貪의 餘習인 怪鬼：本因에서 물건을 탐하여 죄를 지었으면 이 사람은 죄를 다 마 치면 物을 만나 형체를 이루게 되는데, 이를 괴귀라고 한다.

淫의 餘習인 魃鬼：色을 탐하여 죄가 되었으면 이 사람은 죄를 다 마치면 바람을만나 형체를 이루는데 이를 발귀라고 한다.

誑의 餘習인 魅鬼：惑을 탐하여 죄가 되었으면 이 사람은 죄를 마침에 축생을 만나서 형체를 이루는데 이를 매귀라고 한다.

瞋의 餘習인 蠱毒鬼：恨을 탐해서 죄가 되었으면 이 사람은 죄를 마침에 양밥따위 蠱毒 만나서 형체를 이루는데 이를 고독귀라고 한다.

冤의 餘習인 癘鬼：憶(기억함)을 탐내어 죄를 지었으면 이 사람은 죄를 마침에 衰運 있는 곳을 만나 형체를 이룬다. 이를 여귀라고 한다.

慢의 餘習인 餓鬼 : 오만함을 탐해서 죄를 지었으면 이 사람은 죄를 마치면 氣運을 만나서 형체를 이루는데 이를 아귀라고 한다.

枉의 餘習인 魘鬼 : 罔(남을 기망함)을 탐내어서 죄가 되었으면 이 사람은 죄를 마침에 음흉한 것을 만나서 형체를 이루는데 이를 염귀라고 한다.

見의 餘習인 魍魎鬼 : 밝은 것을 탐하여 죄가 되었으면 이 사람은 죄를 마침에 精靈을 만나서 형체를 이루는데 이를 망양귀라고 한다.

詐의 餘習인 役使鬼 : 이루는 것을 탐하여 죄가 되었으면 이 사람은 죄를 마침에 밝은 것을 만나서 형체를 이루나니. 이를 역사귀라고 한다.

訟의 餘習인 傳送鬼 : 黨(편당)을 탐하여 죄가 되었으면 이 사람은 죄를 마침에 사람을 만나서 형체를 이루나니. 이를 전송귀라고 한다.

(3) 畜生趣

餓鬼報의 업이 다하면 축생이 된다. 이때 情과 想이 둘 다 空해져서 비로소 세간에서 원래 빚진 사람과 원수로 만나게 되어 옛날의 빚을 갚게 된다.

1) 畜生의 種類

축생은 아귀취의 10가지 業報를 이어받아 그에 상응하여 다시 10가지로 분류된다.

올빼미 무리 : 물건에 붙었던 괴귀는 그 물건이 없어지고 업보를 다하면 세간에 태어나서 흔히 올빼미 종류가 된다.

咎徵의 무리 : 바람에 붙었던 발귀는 바람이 없어지고 업보가 다하게 되면 세상에 태어나서 흔히 구징흉사를 예고하는 것들이 된다.

여우의 무리 : 일체 이상한 종류인 축생에 붙었던 매귀가 축생이 죽고 과보가 다하면 세상에 태어나서 흔히 여우 무리가 된다.

毒蟲의 무리 : 벌레에 붙었던 고독귀가 벌레가 없어지고 과보를 다 마치게 되면 세간에 태어나서 흔히 毒類가 된다.

蛔蟲의 무리 : 衰運에 붙었던 려귀가 쇠운이 끝나고 과보가 다하게 되면 세간에 태어나서 흔히 蛔蟲의 무리가 된다.

먹을감의 무리 : 기운을 받았던 아귀가 기운이 소멸되고 과보가 다하게 되면 세간에 태어나서 흔히 食類가 된다.

입을감의 무리 : 어둠에 붙었던 염귀가 어두움이 사라지고 과보가 다하게 되면 세간에 태어나서 흔히 服類가 된다.

철새의 무리 : 정령과 화합했던 망양귀가 화합이 사라지고 과보가 없어지게 되면 세상에 태어나서 흔히 應類가 된다.

休徵의 무리 : 明呪로 영험하던 역사귀가 명주가 사라지고 과보가 다하게 되면 세간에 태어나서 흔히 休徵이 된다.

따르는 무리 : 일체 모든 類인 사람에게 의지하였던 전송귀가 사람이 죽고 귀신의 업보가 다하게 되면 세간에 태어나서 흔히 循類가 된다.

(4) 人間趣

1) 人間과 畜生의 관계

축생이 되었을 때에 묵은 빚은 갚되 만약 빚진 것을 넘어서 갚으면 사람으로 태어난다. 만일 어떤 사람이 有力하고 복덕이 있으면 인간으로서 사람 몸을 상실하지 아니하고 더 받은 것을 다시 갚아주거니와, 만일 복이 없으면 도로 축생이 되어서 더 받은 것을 변상해야 한다.

또한 중요한 것은 만약 돈을 사용하거나 그 힘을 부려먹어서 받을 만큼 받으면 그냥 정지해야 한다. 만일 그 중간에 身命을 죽이거나 혹은 그 고기를 먹게 되면, 지옥취에서 인간취까지의 순환이 끝이 없게 된다. 이 악순환을 그칠 수 있는 것은 오직 奢摩他와 부처님의 出世를 통해서만이 가능하다.

2) 人間의 種類

人間의 종류는 열 가지 축생의 종류에 응하여 열 가지로 나뉜다.

사나운 무리 : 올빼미 무리들이 빚을 더 갚은 바가 있으면 인간으로 태어나되 사나운 무리에 끼이게 된다.

괴이한 무리 : 구징의 무리는 빚을 더 갚은 바가 있으면 괴이

한 무리의 인간으로 태어난다.

용렬한 무리 : 여우의 무리들은 빚을 더 갚은 바가 있으면 용렬한 무리의 인간으로 태어난다.

심술궂은 무리 : 독한 무리들은 빚을 더 많이 갚은 바가 있으면 심술궂은 무리의 인간으로 태어난다.

미천한 무리 : 蛔蟲의 종류가 빚을 더 많이 갚으면 미천한 무리의 인간으로 태어난다.

나약한 무리 : 먹을감인 축생의 무리들은 빚을 더 많이 갚으면 나약한 무리의 인간으로 태어난다.

노동하는 무리 : 입을감인 축생의 무리들은 더 많이 갚고서 사람의 형체를 회복하여 人道에 태어나면 노동하는 무리에 속하게 된다.

글자 아는 무리 : 철 따르는 무리들은 더 많이 갚고서 사람의 형체를 회복하여 人道에 태어나면 글자 아는 무리에 끼이게 된다.

총명한 무리 : 상서로운 축생들은 더 많이 갚고서 형체를 회복하여 人道에 태어나면 총명한 무리에 속하게 된다.

통달한 무리 : 순종하는 종류가 더 많이 갚고서 사람의 형체를 회복하여 人道에 태어나면 통달한 무리에 속하게 된다.

(5) 神仙趣, 天趣, 阿修羅趣

人間趣 이후에 神仙趣, 天趣, 阿修羅趣가 있다.

Ⅳ. 地獄趣에서 人間趣까지의 과정에 대한 고찰

1) 12類生과의 비교

『楞嚴經』에서는 중생의 生死輪廻를 설하는 내용으로 七趣 외에 권7에서 12類 중생에 대한 설법을 하고 있다. 12類生은 세계와 중생이 顚倒의 결과로 卵生, 胎生, 濕生, 化生, 有色, 無色, 有想, 無想, 非有色, 非無色, 非有想, 非無想의 12가지 중생으로 輪轉함을 밝힌 것이다. 經에서는 중생이 12가지로 나뉘는 원리를 과거, 현재, 미래의 三世와 四方位의 界가 서로 화합하고 교섭하는 결과로 12類形이 나오는 것으로 보고 있다. 이렇게 중생을 분류한 것은 중생의 意志作用을 배제하고 중생이 존재하는 형태를 기준으로 한 것이다. 때문에 12유형에서는 七趣에서 서로 다른 趣에 속하는 중생이 같은 유형으로 분류되어 있는 경우가 많다. 예를 들어 胎生에 속하는 중생은 사람과 축생과 용과 신선으로 세 가지 다른 취에 해당하는 중생이 모두 같은 유형으로 분류되어 있다. 이 점은 12유생의 중생분류는 중생 자체의 의지적 업보 보다는 세계의 顚倒라는 원인에 따라 나타나는 중생의 형태를 분류한 점에서 七趣와 비교된다. 七趣는 분류의 기준으로 情과 想 양자의 작용한 결과에 따라 중생의 趣가 결정되는 것이다. 이것은 중생의 업이 意志作用에 의해 결정되는 것을 나타내고 있다. :

2) 七趣는 人間趣를 중심으로 구성되었다

趣를 분류함에 이러한 의지작용이 개입되는 것은 人間趣를 그 중심에 두고 생각하게 한다. 전반적으로 검토해 볼 때 七趣의 중심에 인간을 두고 있음을 확인할 수 있다. 이는 단순히 위치상으로 볼 때 중간이라는 의미가 아니다. 인간은 業報에 따라 바로 전후단계인 畜生이나 神仙으로 태어날 수도 있고 단박에 지옥으로 떨어질 수도 있으며, 天界나 부처님까지도 이룰 수 있다. 그러나 한번 지옥에 떨어지면 곧바로 단계를 뛰어넘을 수 없다. 罪業을 다 갚아야 餓鬼로 태어나며 다시 죄업을 다 갚고 나서야 畜生이 된다. 축생에서 갚은 빚이 넘칠 때만 인간으로 태어난다. 인간으로 태어나서부터는 자신의 노력여하에 따라 그 결과에 제한이 없다. 想과 情의 관계에서 볼 때 역시 인간은 想과 情이 균등하여 치우침이 없기 때문에 想의 상승함이나 情의 가라앉음에 따라 다음 生의 성격이 완전히 달라진다. 七趣가 비록 眞如에 대한 완전한 깨달음을 얻고 生死輪迴를 끊는 궁극의 果位가 배제된 중생 顚倒의 일환이기는 하지만 衆生界 내부에서도 善業과 惡業에 따라 그 윤회에 優와 劣이 있음을 나타내고 있다. 이러한 점은 暗默的으로 戒의 중요성을 강조하는 것이다. 결국 『楞嚴經』에서 七趣를 설하는 것은 대중에게 心中에 戒를 엄수함으로써 지옥에서 인간까지의 악순환에 빠지는 것을 警戒하려는 의도가 담겨있음을 확인할 수 있다.

또한 七趣가 결국 보리를 깨닫지 못하고 생사윤회에 갇힌 중생의 界를 아우른 것임을 볼 때, 人間趣는 七趣 중 佛性을 깨달아 生滅을 완전히 소멸하는 데 있어서는 가장 우월한 趣가 된다.

裵休는 圭峰 宗密의 『원각경소초』의 서문에서 '아수라는 성내기를 좋아해서 안되고 지옥은 최고로 고통스러워서 안 되고 또 축생은 너무나 우치하여서 안 되나니, 날짐승이나 또는 들짐승이나 새나 고기들은 항상 자기 주위에 자기를 침해하고 힘이 강한 자들에게 먹힐까봐 늘 바스락만 해도 이 생명에 대한 공포심을 많이 느끼고 어리석고 또 공포심 때문에 도를 닦을 수 없고, 아귀는 고통스럽고 지옥도 고통스럽고, 천상은 너무나 낙을 많이 받기 때문에 안 되고, 도를 닦기는 人道가 제일 좋다.'고 하고 있다.[16] 이는 인간취가 情과 想이 균일하기 때문에 좋은 쪽이던 나쁜 쪽이던 치우치고 침잠함이 없어 오히려 윤회의 세계를 떠난 初發心을 내기에 유리하기 때문이다.

3) 七趣는 본래 있는 것이 아님

칠취가 업에 따라 지옥에서부터 천계까지 차별을 두어 분류되고 있지만, 어느 취를 막론하고 진여의 성품을 깨닫지 못하고 윤회의 고리에서 벗어나지 못하는 것은 마찬가지이다. 經에서는 각각의 趣를 설명하는 말미에 이러한 趣들이 모두 본래 있는 것이 아니라 허망한 생각으로 발생한 것이라고 말하고 있다.

"아난아, 이와 같은 지옥, 아귀, 축생과 인간, 신선, 하늘, 아

16) 覺性 『楞嚴經正解』下, 玄音社, p.81 참조

수라인 七趣를 정밀하게 연구해보건대 모두가 이 昏沈인 온갖 有爲相이라, 妄想으로 태어나고 妄想으로 업을 따르거니와, 묘하고 원만하고 밝은 無作本心에는 모두 허공꽃과 같아서 원래 붙어있는 것 없고 다만 하나의 허망뿐이라, 다시 꼬투리(根緖)가 없느니라."[17]

七趣가 모두 허공꽃과 같다. 병든 눈에 허공꽃이 보이는 것이지 허공꽃은 본래 없는 것이다. 마찬가지로 병든 마음, 迷한 마음에서 천상, 인간, 지옥, 아귀, 축생 등이 있는 것이지, 본래 순수하고 본래 청정한 妙圓明無作本心에는 七趣라는 분류된 세계 자체가 없다. 그러나 중생이 허망한 생각으로 악업을 짓되 같은 업을 지은 중생이 모여서 衆同分을 이루므로 본래 없는 것이 있는 것 처럼 된 元地를 이루어 衆同分의 중생들이 업에 따라 모이게 된다. 이러한 이치는 본래의 청정담연한 眞如의 자리에서 허망이 작용함으로써 六塵의 세계가 나타나는 것과 같은 것이다. 虛妄이 能所를 낳고 업에 따라 각각의 界를 형성하는 것이다. 이렇게 해서 세계가 겹겹으로 형성되고 중생은 업에 따라 그 허망한 세계를 전전하며 生死를 반복하며 끝없이 윤회한다. 이러한 덧없는 윤회를 마치려면 깨달음을 통해 佛性을 얻거나 부처님의 出世를 제외하고는 다른 길이 없는 것이다.

Ⅴ. 맺음말

17) 覺性『楞嚴經正解』下, 玄音社, p.854. "阿難 如是地獄 餓鬼畜生 人及神仙 天洎脩羅 精研七趣 皆是昏沈 諸有爲相 妄想受生 妄想隨業 於妙圓明 無作本心 皆如空華 元無所著 但一虛妄 更無根緖"

지금까지 七趣를 地獄趣에서 人間趣까지를 중심으로 살펴보았다. 七趣는 12유생과 다르게 情과 想의 작용에 따라 분류된 중생계로 그 중심에 인간취가 있다. 인간은 情과 想의 작용으로 나타나는 業習에 따라 地獄趣에서 天趣까지를 윤회한다. 情이 많을수록 가라앉아 낮은 趣를 전전하게 되며 想이 많을수록 가벼운 성질을 가져 상위의 趣로 비상한다. 그러나 아무리 想이 많고 情을 냄이 적다하더라도 이는 生滅心을 벗어나지 못하였으므로 윤회의 경계를 벗어나지 못하는 것이다. 오직 보리의 깨달음으로 三摩地에 들어서야만 이 업의 윤회를 멈추고 究竟의 정미롭고 자체가 밝은 佛性의 자리에 이를 수 있는 것이다.

21. 七趣 중 神仙趣, 天趣, 阿修羅趣에 대하여

智圓 悟心

Ⅰ. 들어가는 말

『楞嚴經』에는 衆生의 衆同分의 분류로써 地獄에서 天界까지 七趣에 대한 설법이 나온다. 七趣는 아난이 본래 청정담연한 如來藏에서 六道衆生이 생기게 된 이유를 묻는데서 시작된다. 산하대지와 산천초목 등 一切의 萬物이 참된 如來藏에서 나온 것이라면 어떤 이는 왜 地獄에 떨어지고, 어떤 이는 人間이 되며, 어떤 이는 天界에서 태어나게 되듯이 각자 고통과 환희 속에서 다른 삶을 살게 되는가를 묻는 것이다.

이에 대해 부처님은 想과 情의 관계를 들어서 衆生이 七趣를 輪轉하게 되는 이치를 말하시고 이어서 七趣의 구체적인 내용을 설명하신다. 중생의 妄想에서 비롯되어 허망한 세계가 나타나되 침잠하는 情과 상승하는 想을 쓰는 여하에 따라 일곱 가지 衆同分을 輪轉한다는 것이다.

情과 想의 비율로 볼 때 人間趣는 그 中心의 자리에 위치한다. 人間趣에서 想을 더 많이 낼수록 神仙趣와 天趣에 속하는 중생으로 다음 생을 받을 수 있다. 비록 神仙趣와 天趣 역시 因緣法에 지배되는 輪廻의 과정일 뿐이지만, 중생이 現生에서 惡業보다는 善業을 쌓음으로써 차별적으로 결정되는 衆同分이다. 본고에서는 七趣에 대해 고려해야 할 점을 몇 가지 검토해보고 나서 七趣, 즉 地獄趣, 餓鬼趣, 畜生趣, 人間趣, 神仙趣, 天趣, 阿修羅趣 등의 七趣 중에서 人間趣 이후에 나오는 神仙趣, 天趣, 그리고 阿修羅趣를 중심으로 七趣의 내용과 의미를 살펴보겠다. 특히 天趣는 그 구성이 상당히 복잡한 부분으로 이를 중점적으로 정리하려고 한다.

Ⅱ. 衆生의 분류로써 드러나는 七趣의 특징

(1) 12類生과 구분되는 특징

七趣는 衆生이 生死를 통해 輪轉하는 衆同分의 世界를 분류한 것이다. 그런데 衆生의 輪廻와 그 類型에 대해서는 경에서 七趣 이외에도 제시한 부분들이 있다. 바로 『楞嚴經』

권4에 나오는 부루나장의 衆生 相續 부분과, 권7에 나오는 衆生의 12類生의 부분이 이에 해당한다.

부루나장의 衆生 相續 부분에서는 허망한 밝힘이 覺의 허물이 되어 이에 의해 見聞覺知가 생기고, 분별이 생김으로 해서 同業을 끌어당겨 胎, 卵, 濕, 化의 衆生이 생긴다고 했다. 이 胎, 卵, 濕, 化는 각각 情, 想, 合, 離에 따라 業을 짓고 서로 번갈아 變化하여 衆生이 相續됨을 밝히고 있다. 12類生 부분에서는 세계와 衆生의 顚倒性을 설명하면서 허망한 六塵에 六根이 結合함에 어지러운 妄想이 業의 성질을 이루어 卵生, 胎生, 濕生, 化生, 有色, 無色, 有想, 無想, 非有色, 非無色, 非有想, 非無想의 12類의 衆生이 있다고 하였다.

經에서 이렇게 衆生의 相續과 類型에 대하여 앞서 설명을 하고서 다시 七趣를 들어 衆生의 界를 설명하는 이유는 무엇인가? 七趣는 앞서 언급한 衆生의 相續과 類型에 대한 내용들과 차이가 확연하다.

이를 고찰해 보면 다음과 같은 점들을 지적할 수 있다. 부루나장에서 언급한 衆生의 상속부분은 자체로 두루하고 밝은 本覺의 자리에서 器世間의 복잡한 7大의 형상이 생기게 된 연유를 따지는 흐름상에서 衆生의 생겨나고 사라지지 않는 이유를 원리적으로 설한 내용이다. 때문에 구체적인 衆生의 類型에 대해서는 12類生을 통해서 비교적 자세히 설명하고 있다. 12類生은 經의 구성으로 볼 때 57位의 禪定에 대한 修證의 내용에 앞서 배치되어 있다. 經에서 12類生을 설한 취지는 佛性을 깨닫지 못한 상태의 衆生들이 전전하는 유형에 대해서 설명함으로써 禪定을 통해 이 허망한 輪廻를 하는 衆

生의 상태에서 벗어나는 修證의 좌표의 하나로 제시하고자 함을 엿볼 수 있다. 때문에 12類生을 살펴보면 깨달음의 개념이 없이 주로 情에 의지하여 生을 輪廻하는 양태이다.

七趣의 경우는 業에 대한 善과 惡의 개념이 개입되어 있다. 즉 善業을 지으면 상위의 趣로 올라가고 惡業을 지으면 下位의 三惡道로 떨어지게 된다. 이는 輪廻의 갈래를 설명함에 있어서 실천적 요소를 포함한 분류를 나타낸 것임을 의미한다. 또한 七趣의 분류의 기준이 되는 것은 內分의 情과 外分의 想의 배합이다. 現生에서 살아가는 동안 감정에 의지하는 情의 비율이 많을 수록 하위의 趣에 자리하고, 순수한 사고와 이상의 想의 비율이 많을 수록 상위의 趣를 구성한다. 이는 주로 情과 想에 의지하여 전전하는 12類生의 분류와도 구분되며 衆生이 비록 菩提의 깨달음을 소지하고 있지 않더라도 그 善業과 惡業에 따라 輪廻함에 차별성이 있음을 보여줌으로써 業의 중요성을 각인시키고 있는 것이다.

(2) 六道衆生과 구분되는 특징

본래 불교에는 七趣와 유사하게 衆生의 실천적 輪廻를 분류한 개념이 따로 있는데 이것이 六道衆生이다. 경에서 부처님이 七趣를 설명하기에 앞서 아난이 질문을 한 내용도 사실 衆生의 六道를 물어본 것이다.

> "世尊이시여! 만일 이 묘하고 밝고 참되고 청정하고 묘한 마음이 본래 두루하고 원만하며, 이와 같이 내지 대지, 초목과

연동하는 함령이 본래 眞如이어서 곧 如來의 성불하신 眞體이오면 부처님의 본체가 진실하거늘, 어찌하여 지옥, 아귀, 축생, 아수라, 人道, 天道 등이 있나이까? 세존이시여! 이 道는 본래부터 스스로 있는 것이옵니까? 중생의 허망한 習氣로 말미암아 생겼나이까?"[1)]

그러나 정작 부처님이 이에 대해 설명하는 부분에서는 六道가 아닌 七道가 되어 있다. 六道에는 본래 없던 神仙趣가 추가된 것이다. 『楞嚴經』에서만 유독 七趣 중 神仙趣가 추가된 의의는 人間趣와 天趣 양자의 성격을 모두 갖춘 神仙趣를 따로 분류함으로써 人間趣와 天趣의 간격을 메우게 된다는 점이다. 神仙趣는 한가지 일에 통달한 이들의 衆同分으로서 인간이 情보다 想에 치중할 경우 능히 도달할 수 있는 상위의 경지로써 人間趣에서 天趣에 이르는 데 있어 보다 단계적인 衆同分을 제시한다.

Ⅲ. 神仙趣, 天趣, 阿修羅趣에 대한 概要

1. 神仙趣

인간이 되어 佛道의 發心을 내고 正覺에 의지하여 三摩地

1) 覺性 『楞嚴經正解』下, p.662 "世尊하 若此妙明眞淨妙心이 本來徧圓이며 如是乃至大地草木과 蠕動含靈이 本元眞如라 卽是如來成佛眞體인댄 佛體眞實이어니 云何復有地獄餓鬼와 畜生脩羅와 人天等道이닛고. 世尊하 此道가 爲復本來自有이닛이 爲是衆生의 妄習生起이닛이."

를 닦지 않았지만, 深山과 島嶼의 인적이 미치지 않는 곳에 은거하여 따로 망념을 닦아서 생각을 두고 형체를 견고하게 하면 神仙이 된다. 그러나 이것은 보리를 깨달아 삼매를 닦지 않고 妄想으로 流轉한 탓으로 그 과보가 다하면 다시 七趣의 여러 갈래로 업에 따라 전전하게 된다.

1) **地行仙** : 약을 굳건하게 먹어서 쉬지를 아니하여 먹는 도를 원만히 이룬 이는 地行仙이 된다.
2) **飛行仙** : 풀과 나무 먹는 것을 견고하게 하고 쉬지를 아니하여 藥의 도가 원만히 이룬 이는 飛行仙이 된다.
3) **遊行仙** : 쇠나 돌을 견고하게 하고 쉬지 아니하여 변화하는 도가 원만히 이룬이는 遊行仙이 된다.
4) **空行仙** : 움직이고 그치는 것을 견고하게 하고 쉬지를 아니하여 氣와 精을 원만히 이루는 이는 空行仙이 된다.
5) **天行仙** : 津液을 견고하게 하고 쉬지를 아니하여 윤택한 德(天池, 玉液)이 원만히 성취한 이는 天行仙이 된다.
6) **通行仙** : 精色을 견고하게 하고 쉬지를 아니하여 흡수하는 것을 원만히 성취한 이는 通行仙이 된다.
7) **道行仙** : 呪禁을 견고하게 하고 쉬지를 아니하여 術法이 원만히 이룬 이는 道行仙이 된다.
8) **照行仙** : 思念을 굳게 하고 쉬지를 아니해서 생각이 원만히 이루는 이는 照行仙이 된다.
9) **情行仙** : 交遘를 견고히 하고 쉬지를 아니해서 감응을 원만히 이룬 이는 精行仙이 된다.
10) **絶行仙** : 변화를 견고히 하고 쉬지를 아니하여 覺悟를 원만히 이룬 이는 絶行仙이 된다.

2. 天趣

天趣는 천계의 衆生들의 衆同分이다. 天趣는 크게 欲界, 色界, 無色界로 나뉘고, 다시 欲界는 6天, 色界는 18天, 無色界는 4天으로 세분된다.

(1) 欲界의 六天

欲界天은 비록 형상으로는 躁動함을 벗어났으나 마음과 자취는 아직 사귐이 남아있어 欲에 대해 초월하지 못한 것이다. 六天으로 四天王天, 忉利天, 須燄摩天(時分天), 兜率天(도솔천), 化樂天, 他化自在天이 있다.

1) **四天王天** : 세상에서 常住[2]를 구하지 않고 아내나 첩의 애정을 버리지는 못하나 정당하지 않은 淫行에는 빠지지 않는 이는 목숨을 마친 뒤에 해와 달에 이웃하는 사천왕천에 태어난다.
2) **忉利天** : 자기 아내에게도 愛慾이 없어지고 청정하게 사는 이는 목숨을 마친 뒤에 日月의 밝은 것을 초월하여 인간의 정상인 忉利天三十三天에 태어난다.
3) **須焰摩天** : 愛慾의 境界를 만나면 잠깐 어울리나 떠나면 생각이 없어져서 고요함이 많은 이는 목숨을 마친 뒤에 日月의 광명이 미치지 않는 곳에서 자체로 광명을 가진 수염마

---

2) 常住는 常住妙明, 즉 如來藏 妙眞如性을 뜻한다.

천「時分天」에 태어난다.

4) **兜率天** : 도솔은 知足이란 뜻으로 知足天이라고도 한다. 언제나 항상 고요하다가도 어울리려는 것이 오면 거절하지 못한 이는 목숨을 마친 뒤에 下界의 人天에 접하지 않는 도솔(타)천에 나게 된다. 도솔천은 劫이 무너져도 三災가 미치지 않는다.「도솔천 내원궁」

5) **化樂天** : 자신은 욕심이 없으나 상대에 응하여 일을 행하는 어쩌다 교접 시에도 거기서 즐거움을 구하지 않는 이는 목숨을 마친 후에 樂變化天(化樂天)에 태어난다.「化自在天이라고도 한다」.

6) **他化自在天** : 世間에 있으면서도 어울리고 교접하는 일에 초월한 이는 목숨을 마친 후에 타화자재천에 난다. 이 무리는 化와 無化의 경지에 두루 뛰어 나게 된다.

(2) 色界의 十八天

色界의 18天은 홀로 다니고 사귐이 없으나 몸의 허물을 다 벗지 못한 상태다.

1) 初禪三天

초선삼천은 일체 고뇌가 핍박하지 못하는 곳이다. 비록 진정한 三摩地를 닦는 것은 아니나 청정한 마음에 모든 漏가 움직이지 않게 된다.

1> **梵衆天** : 세간에서 모든 마음을 닦는 사람들이 禪那를 의

지하지 않아 보리의 지혜는 없으나, 다만 몸을 잘 단속하여 음욕을 행하지 않고, 걸어 다니거나 앉아있을 때에 상념이 없어, 愛染이 나지 않으면 欲界를 떠나 梵侶가 되어 범중천에 태어난다.

2> **梵輔天** : 欲習이 이미 제거되고 애욕을 떠난 마음이 나타나서 모든 律儀를 좋아하고 隨順하면 이 사람은 곧 梵天의 청정한 덕을 잘 행하게 된다. 이와 같은 무리를 범보천이라고 한다.

3> **大梵天** : 몸과 마음이 미묘하고 원만하며 威儀가 결함이 없어서 禁戒를 청정하게 가지며 밝게 깨닫기까지 하면, 大梵天에 태어나 大梵王이 된다.

2) 二禪三天

이선삼천은 일체 걱정과 우수가 핍박하지 못하는 경지이다. 비록 참다운 삼마지를 바로 닦는 것은 아니나 청정한 마음에 麤漏가 이미 조복되었다.

1> **少光天** : 梵天의 사람들을 통솔하여 梵行이 원만하고, 마음을 맑혀 흔들리지 않으며 고요하고 맑아서 빛이 나는 무리를 소광천이라고 한다.

2> **無量光天** : 광명과 광명이 서로 비추어서, 비추는 것이 끝이 없으며 시방세계를 비추어 두루 유리를 이루는 그와 같은 무리를 무량광천이라고 한다.

3> **光音天** : 원만한 광명을 흡수해서 교체를 이루고 교화를

발함이 청정하고 응용함이 끝없는 이들을 광음천이라고 한다.

3) 三禪三天

삼선삼천은 큰 隨順을 갖추어서 몸과 마음이 편안하여 한량없는 樂을 얻는다. 비록 참 삼마지를 바로 얻은 것은 아니나 편안한 마음에 환희를 모두 갖추게 된다.

1> **少淨天**: 天人이 뚜렷한 광명을 놓아 음성을 이루고 소리를 놓아두고도 妙한 이치를 드러내어 정묘한 행을 이루고 寂滅樂에 통하는 이들을 소정천이라고 한다.

2> **無量淨天**: 청정하고 빈 空이 앞에 나타나 끝없이 引發해서 몸과 마음이 경쾌해져 寂滅樂을 이루는 무리를 무량정천이라 한다.

3> **徧淨天**: 세계와 몸과 마음이 일체가 다 원만하고 청정해서 청정한 덕을 성취하여 수승한 정과 수승한 낙이 나타나 寂滅樂에 돌아가는 이들을 변정천이라고 한다.

4) 四禪天

사선천은 온갖 세간의 고락의 환경으로는 요동시킬 수 없는 경지로 비록 진정한 無爲의 不動地는 아니지만, 所得이 있는 마음에서는 그 공부가 純熟되었으므로 사선천이라고 한다.

1> **福生天**: 天人이 몸과 마음을 고통이 핍박하지 아니하여

고통의 원인이 다하였으나, 그 樂은 항상 있는 것이 아니고 오래되면 반드시 무너지기에, 苦와 樂의 두 가지 마음을 동시에 모두 다 버려서 거칠고 무거운 想이 없어지고 청정한 福의 성질이 나는 무리를 복생천이라고 한다.

2> **福愛天** : 버리는 마음이 원만하고 융통하여 훌륭하게 아는 것이 청정하여 福이 한정 없는 가운데 묘하게 수순함을 얻어서 未來際가 다한 무리를 복애천이 라고 한다.

3> **廣果天** : 복애천 이후 두 갈래의 기로에서 만약 먼저 마음에 한량없이 청정한 광명의 복과 덕이 둥글고 밝아서 닦아 증득하여 머무는 무리는 廣果天에 난다.

4> **無想天** : 복애천 이후의 두 갈래 기로에서 만약 먼저 마음에 苦와 樂을 둘 다 싫어하고 버리는 마음을 정미롭게 연마하기를 간단없이 하여 버리는 道를 원만히 다하면, 몸과 마음이 함께 사라져서 마음 생각이 재와 같이 되어서 오백 겁을 지내게 된다. 이 사람은 마음의 생과 멸로써 원인을 삼았기 때문에, 능히 不生滅의 마음자리를 발명하지를 못하여 初半劫은 멸하고 後半劫은 생한다. 이와 같은 무리를 무상천이라고 한다.

5) 五那含天(五不還天)

오불환천은 아나함들이 모여 사는 곳으로, 하계(欲界)의 九品 習氣가 동시에 다 없어지고, 苦와 落을 둘 다 잊어버려서 아래에는 있을 데가 없으므로, 따로이 있을 곳을 마련하여 모여 사는 것이다. 때문에 不還天은 四禪의 天王들이 듣고 흠모하기만 할뿐 알거나 보지 못한다. 이는 마치 이 세상의 넓은 들과 깊은 산에 있는 성스러운 도량은 다 아라한들이 있는 곳이나, 세간의 범인들은 능히 보지 못하는 것과 같은 이치다.

1> **無煩天** : 苦와 樂 두 가지가 다 없어져서 싸우는 마음이 일어나지 않는 무리를 무번천이라고 한다.
2> **無熱天** : 機와 括이 홀로 행하여 研交할 곳이 없는 무리를 무열천이라고 한다.
3> **善見天** : 시방세계를 묘하게 봄이 원만하고 맑아서 塵象과 일체 沈垢가 없는 이들을 선견천이라고 한다.
4> **善現天** : 정미롭게 보는 것이 현전하여 만들어냄이 걸림 없는 무리를 선현천이 라고 한다.
5> **色究竟天** : 모든 幾微를 다 끝내고 色性의 성품까지 다 궁구하여 비어 끝없는 데에 들어가는 무리를 색구경천이라고 한다.

여기까지가 色界의 18天이다. 18天은 홀로 다니고 사귐이 없으나 아직 形累를 다하지 못하여 色의 境界에 머문 것이다. 다음으로 無色界가 나타나는데, 色界와 無色界 사이에 두 가지 갈림길이 있다. 첫 번째는 色界에서 버리는 마음을 통해 지혜를 얻어 원통하면, 곧 塵界를 벗어나 回心大阿羅漢이 되는 것이고, 두 번째는 거기서 如來藏의 지혜를 얻지 못하고 無色界의 4空天으로 가는 것이다.

(3) 無色界의 四天

無色界에는 空無邊處天, 識無邊處天, 無所有處天, 非想非非想處天의 4空天이 있다. 4空天은 몸과 마음이 멸하여 없어지고, 禪定의 성질이 現前하여 業果의 色은 없어진 상태이다.

1) **空無邊處天** : 버리는 마음이 있어서 버림과 싫어함을 성취하여, 몸이 장애가 됨을 깨닫고 장애를 소멸하여 공에 들어가면 空處天에 난다.
2) **識無邊處天** : 모든 장애가 소멸되고 장애가 없어졌다는 것까지 없어지면 그 중에 오직 아뢰야식(제8식)과 말나식(제7식)의 미세한 半分만 남게 되는데 이를 識處天이라고 한다.
3) **無所有處天** : 空과 色이 없어지고 識心도 모두 없어져서 시방이 고요하여 훤칠하게 갈 데가 없어진 무리를 無所有處天이라고 한다.
4) **非想 非非想處天** : 識의 性이 不動하거든 滅로써 궁구하고 잘 연마하여 다함이 없는 가운데서 그 다하는 性을 발명하여, 마치 있는 듯 하면서도 있는 것 아니고, 다한 것 같으면서도 다하지 않은 무리를 非想 非非想處天이라 한다.

無色界의 4空天은 空을 연구하되 空의 이치를 다하지 못한 것이다. 때문에 無色界 天人들은 잘못하면 舊業을 지어서 다시 윤회에 들어가기가 쉽다. 空의 이치를 궁구하여 聖人의 道를 얻은 경우에도 回心하지 못한 둔한 아라한이 되고, 聖人의 道를 얻지 못하고 有漏를 범하면 다시 七趣의 가운데에서 輪廻하게 된다.

3. 阿修羅趣

地獄趣에서 天趣까지 六趣가 있고 그 외에 阿修羅趣가 있다. 想과 情의 배합으로 볼 때 天趣가 가장 상위의 界이지만 阿修羅趣를 제일 마지막에 거론하는 이유는, 阿修羅趣는 胎, 卵, 濕, 化에 따라 餓鬼趣, 天趣, 人間趣, 畜生趣를 전전하기 때문이다. 아수라는 非天이라고 번역한다. 아수라는 하늘의 福은 있지만, 하늘의 용심과 행동이 없기 때문에 非天이라고 하는 것이다.

1) **卵生 鬼趣의 아수라** : 귀취에서 法을 보호한 힘으로 신통을 얻어 허공에 들어가는 아수라는 알로 생겨 귀신의 갈래에 속하게 된다.
2) **胎生 人趣의 아수라** : 만일 하늘에서 덕이 감해져서 좌천되어 떨어져서 그 자리를 잡고 사는 것이 해와 달과 이웃을 하는 이 아수라는 胎로 생기며 사람 갈래에 속한다.
3) **化生 天趣의 아수라** : 어떤 修羅王은 세계를 주름잡고 힘이 세고 두려움이 없어서 능히 梵王과 제석천왕과 사천왕과 더불어 권세를 다툰다. 이 아수라는 변화로 인하여 생기는 것으로 天趣에 속한다.
4) **濕生 畜生趣의 아수라** : 따로 어느 하열한 아수라가 있으니, 큰 바다에 속에 생겨나서 물구멍 어귀에 잠겨 있으면서, 아침에는 허공에 놀고, 저녁에는 물에 돌아와서 자는 이 아수라는 濕氣로 통해 있으며 축생취에 속한다.

Ⅳ. 七趣의 허망함을 밝혀 正法을 세움

(1) 七趣의 허망함

神仙趣, 天趣, 阿修羅趣를 중심으로 七趣를 살펴봤다. 地獄趣에서 人間趣까지의 衆同分을 논외로 하고 말할지라도 神仙趣, 天趣, 阿修羅趣는 세계가 본래 청정하고 원명한 如來藏性에서 비롯된 것임을 알고 成佛을 이루는 菩提涅槃의 깨달음과는 거리가 있는 세계임을 확인할 수 있다. 비록 天趣의 최고의 단계인 無色界에 들더라도 菩提涅槃의 깨달음을 얻지 못한 세계이기 때문에 여기서 깨달음을 얻으면 佛性에 이르기가 수월할지라도 그렇지 못한 경우에는 기껏해야 聲聞이나 緣覺의 수준에 도달할 뿐이다.

"아난아! 이와 같은 지옥, 아귀, 축생과 인간, 신선, 하늘, 아수라인 七趣를 정밀하게 연구해보건대 모두가 이 昏沈인 온갖 有爲相이라, 妄想으로 태어나고 妄想으로 업을 따르거니와, 묘하고 원만하고 밝은 無作本心에는 다 허공꽃과 같아서 원래 붙어있는 것 없고 다만 하나의 虛妄뿐이라, 다시 꼬투리(根緖)가 없느니라."[3)]

---

3) 覺性 『楞嚴經正解』下, 玄音社 p854, "阿難아 如是地獄과 餓鬼.畜生과 人及神仙과 天洎脩羅를 精研七趣컨댄 皆是昏沈諸有爲相이라 妄想으로 受生하며 妄想으로 受業이어니와 於妙圓明無作本心에는 皆如空華 元無所著이요 但一虛妄이라 更無根緖니라.

七趣는 지옥계에서 천계까지 모두 생사의 근본을 벗어나지 못하는 衆生界의 輪廻의 범주일 뿐이며, 生住異滅, 生老病死, 成住壞空하는 有爲相을 따를 뿐이다. 七趣가 모두 허공꽃과 같이 허망한 망견에 지나지 않음을 알아야 한다. 妄見에 의해 천상, 인간, 지옥, 아귀, 축생 같은 것이 있는 것이지, 본래 순수하고 본래 청정한 妙圓明無作本心에는 七趣 같은 것이 다 없는 것이다.

(2) 戒를 옹립함

그러나 衆生들은 眞如의 本心을 알지 못하고 이 윤회를 받으면서 眞淨을 얻지 못한다. 이것은 모두 殺, 盜, 淫의 3業을 따라 貪心에 연연하기 때문이다. 殺, 盜, 淫이란 중생이 忽生 및 相續하게 하는 가장 강력한 객진번뇌의 요소이니 이에 의지하게 된다면 중생의 업보를 계속 이어갈 뿐이다. 七趣는 비록 각각의 界가 殺, 盜, 淫의 많고 적고 혹은 있고 없고의 차이가 있으나 비록 天趣에 이르더라도 殺, 盜, 淫의 업보에서 해탈을 이루지 못한 상태이다. 殺, 盜, 淫이 있으면 지옥, 아귀, 축생의 3惡道가 되고, 殺, 盜, 淫이 없으면 인간, 천상, 신선의 3善道가 된다. 그저 그 다소와 유무에 따라 七趣를 윤회하는 것이니 七趣의 어느 곳도 殺, 盜, 淫의 업에서 자유로운 곳은 없다. 윤회를 벗어나려면 이 殺, 盜, 淫의 3惑이 있는 것도 떠나고 없는 것도 떠나서 완전히 소멸시켜야 한다. 이것은 진정한 如來의 常住眞心을 깨달아야 가능한 것이다.

"만약 묘하게 三摩提를 개발하게 되면 곧 묘하고 항상하고 고요해서, 有無가 둘이 없고 둘이 없다는 것까지도 없어져서, 오히려 살생하지 않고 도적질하지 않고 淫行을 하지 아니한 것까지도 없거니, 어찌 다시 殺, 盜, 淫의 일을 따르겠느냐? 아난아, 3업을 끊지 못함이 각기 사사로움이 있으며 그 제각기 사사로움으로 인하여 衆私同分으로는 일정한 곳이 없는 것은 아니나 자기의 虛妄으로 발생한 것이니, 발생한 虛妄이 원인이 없어서 찾아 궁구할 수 없느니라."[4)]

이러한 허망한 윤회로부터 해탈을 이루려면 三摩提를 통해 모든 客塵煩惱를 없애고 寂滅에 들어가서 本覺의 자리를 찾아야 하는 것이다. 三摩提에 들려면 번뇌의 근원을 알고 生滅門을 떠나 佛性을 因地로 삼아야 하는데 3惑에 집착하여 그것으로 업을 짓거나 道의 방편을 삼기 때문에 영원히 不生不滅의 佛知見을 얻지 못하게 되는 것이다.

이런 점들로 볼 때 七趣는 衆生과 수행자가 戒를 어기고, 邪道의 무리를 따라 여래의 正法을 벗어나는 것을 경계하려는 측면이 있다. 경에서 七趣가 五陰魔에 대한 설법의 바로 앞부분에 자리한 점에서 이러한 의도가 엿보인다. 부처님이 殺, 盜, 淫의 3혹을 끊으라고 하는 것은 戒를 어김을 경계하는 바이다. 戒는 수행자에게 있어 생멸을 따르지 않고 佛法

---

4) 覺性 『楞嚴經正解』下, 玄音社, p.858. "若得妙發三摩提者면 則妙常寂하야 有無二無하며 二無亦滅하야 尙無不殺不偸不婬이어니 云何更隨殺盜婬事리요 阿難아 不斷三業이 各各有私하며 因各各私하야 衆私同分으로는 非無定處나 自妄發生이니 生妄이 無因이라 無可尋究니라.

의 果地를 얻기 위해 가장 근본이 되어야 할 지침으로 戒를 철저히 지킴으로써 올바른 因地를 세우는 것이 가능하다. 七趣는 수행자가 戒를 어겼을 경우 그 결과가 어떠한지를 구체적으로 보여주고 있다.

七趣가 戒의 중요성을 나타내고 있는 점은 경에서 나타나는 七趣 설법의 동기에서도 확인이 되는데 아난은 七趣를 묻는 내용으로 보련향 비구니가 菩薩戒를 어기고 淫慾을 범해 無間地獄에 빠졌다거나, 유리대왕과 선성비구가 殺生과 大妄言으로 阿鼻地獄에 빠진 것을 드는 것은 七趣의 동기가 戒의 엄수를 강조하는 것임을 명확히 보여준다.

(3) 外道를 경계함

七趣는 또한 外道를 경계하는 것으로 볼 수 있다는 점에서 50陰魔와 비교된다. 七趣 중 특히 天趣의 28天의 내용들은 50陰魔에서 나오는 外道들의 양태에 비견되는 부분이 많다. 양자의 차이가 있다면, 50陰魔는 수행자가 初發心을 세우고 三摩地에 드는 과정에서 마구니의 교란에 의해 外道에 빠지는 것이라면, 七趣는 衆生이 佛知見의 初發心 없이 갖가지 想을 내어 이룬 衆生의 善業의 果라고 볼 수 있다. 이런 면에서 七趣와 50陰魔의 비교는 흥미로운 연구대상이 된다 하겠다. 『楞嚴經』 제10권에서 소개되는 識陰魔의 내용들을 보면 수행자가 斷見에 빠져 外道가 됨을 경계하고 있는데, 이 外道들이 숭배하는 대상의 대부분이 天趣의 天主들에 해당한다.

V. 나가는 말

지금까지 神仙趣, 天趣, 阿修羅趣를 중심으로 七趣의 내용과 의의를 살펴보았다. 七趣는 外分의 想을 많이 낼수록 神仙趣를 거쳐 天趣에 이르게 된다. 天趣는 28天을 이루어 복잡한 구조를 통해 수승한 무리들의 衆同分을 형성한다. 그러나 결국 天趣를 포함한 七趣는 모두 생멸에 따라 輪廻하는 衆生계에 해당할 뿐이니, 비록 善業을 쌓아 天趣에 이르러 정미로운 성품을 얻고 500겁을 살게 될 지라도 그 업이 다하면 다시 生死를 되풀이 할 뿐이다. 이와 같은 허망한 輪廻를 끊으려면 殺, 盜, 淫의 3惑을 끊고 不生不滅의 如來藏을 因地로 세워 三摩地에 들어야 한다.

22. 五陰魔에 대하여(色, 受, 想을 중심으로)

永代 普慶

Ⅰ. 글을 시작하며

『楞嚴經』 9권과 10권에서는 禪定 중에 나타나는 50種의 魔에 대해서 설하고 있다. 이는 수행 중 나타나는 妄의 境界를 상세히 가려 삿됨과 오류를 방지함으로써 佛果를 얻는데 흐트러짐이 없도록 조언을 하는 것이다. 때문에 禪家에서는 『楞嚴經』의 五陰魔에 대한 설법을 수행지침의 하나로 애용하여 왔다.

『楞嚴經』 8권에 이르기까지 부처님은 奢摩他, 三摩提, 禪那의 지혜를 대중에게 상세하게 알려주시고 법회를 마치려던 중, 有學인 緣覺과 聲聞이 止와 觀을 닦는 가운데 나타나는 미세한 마구니의 일과 魔境이 앞에 나타날 때 邪見에 떨어질 것을 염려하여 스스로 다시 大慈大悲의 법문을 시작하시게 된다. 이로써 五陰魔에 대한 설법이 『楞嚴經』에 실리게 된 것이다. 본문에서 살펴볼 내용은 五陰魔 중에서 色陰, 受陰, 想陰을 중심으로 한 부분이다. 色陰, 受陰, 想陰 부분은 五陰의 소멸하는 과정으로 배대되는 50魔障 중에서 비교적 거친 성격의 魔障으로 나타나는 부분이다.

Ⅱ. 五陰을 소멸하는 과정

五陰은 色, 受, 想, 行, 識으로 세계의 물질과 정신의 작용을 모두 포괄하는 개념이다. 色은 地水火風 四大로 이루어진 물질을 대표하며, 受, 想, 行, 識이 정신계를 대표한다. 受는 감정·감각과 같은 고통·쾌락의 感受작용이며, 想은 心像을 취하는 작용으로서 표상·개념 등의 작용을 의미한다. 行은 受·想·識 이외의 모든 마음의 작용을 총칭하는 것으로, 그 중에서도 특히 의지작용 및 잠재적 형성력을 의미한다. 識은 인식판단의 작용, 또는 인식주관으로서의 주체적인 마음을 가리킨다.

『楞嚴經』 2권에서 如來藏性을 설하면서 五陰에 대해서 언급하였듯이, 五陰은 인연이 화합하면 허망하게 생겨나고, 인연이 떠남에 허망하게 사라진다. 그러나 生滅去來가 본래 如來藏 妙眞如性인 것을 알지 못하는 중생은 오로지 망상에 의지하여 去來와 迷悟와 生死를 구하게 된다. 究竟의 佛性을 얻으려는 佛道의 수행자로서는 五陰을 소멸시켜야 만이 비로소 寂滅의 俱空을 이룰 수 있는 것이다.

五陰을 소멸하는 과정은 生滅心은 六塵에 반연하는 것이므로 먼저, 물질적 요소인 色을 소멸시키고, 다음 受, 想, 行, 識을 차례로 소멸한다. 識은 제8식의 자리로 識에 本覺과 無明이 공존하니 최종적으로 識을 소멸함으로써 순수한 眞如의 자리를 얻을 수 있는 것이다. 이러한 漸次적 수행에 대해서 『楞嚴經』에서는 五陰魔 설법 말미에 다음과 같이 언급하였다.

> "이 五陰이 원래 중첩하여 생겼으니, 생길 때는 識으로 인하여 있고, 소멸할 때는 色으로부터 제거한다. 이치는 곧 단박에 깨달음이라. 깨달으면 한꺼번에 다 녹일 수가 있지만, 현실은 단박에 제거하지 못하는지라 차례로 없앤다."[1)]

五陰이 형성될 때에는 허망한 識의 작용에서부터 시작되었지만, 이를 소멸할 때는 거꾸로 色으로부터 소멸하여 점차적으로 근원으로 돌아가는 것이다. 이러한 五陰 소멸의 각 과정에서 魔障이 찾아들어 수행을 방해한다. 이는 때로는 공포나 좌절로써 다가오기도 하지만 때로는 환희와 용기와 신통으로써 수행자를 유혹한다. 그러므로 각 단계마다 찾아드는 魔障의 내용을 먼저 소상히 파악하게 된다면 수행자가 중간에 찾아드는 마장의 미혹에 빠져 수행을 그르치거나 外道에

---

1) 覺性 『楞嚴經正解』下, 玄音社, p.1145. "此五陰元 重疊生起 生因識有 滅從色除 理則頓悟 乘悟併消 事非頓除 因次第盡 我已示汝 劫波巾 何所不明 再此詢問"

빠지지 않고 궁극의 단계에까지 정진할 수 있게 된다.

Ⅲ. 色陰, 受陰, 想陰의 魔

1. 色陰魔

(1) 色陰의 區宇

"아난아, 마땅히 알라. 네가 도량에 앉아서 모든 생각이 소멸하여 그 생각이 다해지게 되면, 곧 생각을 여읜 그 곳에 일체가 정미롭고 밝아져서, 動과 靜이 변이하지 않고 기억함과 잊음이 한결같아져 三摩地에 들어가는데, 마치 눈 밝은 사람이 컴컴한 곳에 있는 것과 같아서, 정미로운 성품은 묘하고 청정하나 마음이 아직 광명을 발하지 못했나니, 이를 色陰의 區宇라고 하느니라. 만약 눈이 밝아지면 시방이 환하게 열리어 다시는 幽暗이 없는 것을 色陰이 다한 것이라고 말한다. 이 사람은 곧 劫濁을 초월하리니 그 이유를 관찰하건대 견고한 妄想으로 근본이 되었느니라."[2)]

區宇란 境界, 혹은 限界를 말한다[3)]. 反聞工夫를 통하여 만

---

2) 覺性 『楞嚴經正解』下, 玄音社, p.887. "阿難 當知 汝坐道場 銷落諸念 其念若盡 則諸離念 一切精明 動靜不移 憶忘如一 當住此處 入三摩地 如明目人 處大幽暗 精性妙淨 心未發光 此則名爲色陰區宇 若目明朗 시十方洞開 無復幽黯 名色陰盡 是人 則能超越劫濁 觀其所由 堅固妄想 以爲其本"

가지 생각을 없애면 일체가 정미롭고 밝아져서 動靜에 흔들리지 않고, 기억과 잊음이 한결같게 되니 삼매가 현전하게 되는 것이다. 이로써 色陰의 區宇, 즉 경계가 드러나게 되지만 아직 色陰을 소멸하지 못했기에 色陰의 경계를 확인하였으되 그 안에 갇혀 벗어나지 못한 상태이다.

이 상태에서 10가지 魔障이 찾아드는데, 수행자가 精進修行을 하여 이를 모두 극복하고 눈이 밝아져 어둠을 걷어내면 色陰을 소멸하게 된다. 劫濁은 허공과 見의 허망한 組織을 말하는 것이고 色陰은 堅固妄想을 근본으로 하는 것이므로 劫濁을 초월한다는 것은 허망한 體의 妄想을 벗어난다는 의미다. 區宇에서 소멸까지 찾아드는 色陰의 10가지 魔障을 살펴보자.

(2) 色陰의 10가지 魔障

1) 몸이 구애를 벗어남

정진하여 수행하다 보면 일순간에 四大의 조직이 허물어져 몸이 구애를 받지 않음을 느끼게 된다. 이는 精明[4]이 앞의 境界에 흘러 넘치는 것이다.

그러나 이는 공부의 힘으로 일시적으로 나타나는 현상으로, 수행자가 이를 聖人이 된 것으로 착각하고 이에 만족하게 되면 邪魔가 찾아든다.

---

3) 區는 구역을 뜻하고, 宇는 지붕으로 덮힌 집이니 테두리로 둘러쌓인 영역, 한계, 경계 등을 의미.

4) 精明은 妙明의 自性을 정미로게 닦아 정신을 바짝 차려서 더욱 공부에 박차를 가하는 힘.

2) 몸 속의 벌레를 끄집어 냄

갑자기 몸 안의 요충, 회충 등의 벌레를 끄집어 내어도 몸은 조금도 상하지 않음을 느끼게 된다. 이는 精明이 형체에 흘러넘친 결과이다. 만약, 이를 聖人이 된 것으로 생각하면 갖가지 邪魔가 찾아온다.

3) 허공에서 설법소리를 들음

執受와 몸[5]을 제외한 혼백, 의지, 정신 등이 내외로 자유로이 드나들고 허공에서 설법소리나 密義를 말하는 것을 듣게 된다. 이는 정신과 혼백이 번갈아가며 떠났다가 합했다가 하면서 착한 種子를 성취하는 과정이다. 이 역시 공부가 진보하여 얻는 일시적인 결과로, 이것을 聖人이 되었다고 생각하면 邪魔의 공격을 받는다.

4) 外境이 변해서 부처가 나타남

마음의 광명이 밝아지면 모든 종류의 여래가 눈앞에 나타난다. 이는 心魂이 신령스럽게 깨달아 마음광명이 밝아져서 온 세계를 비추게 됨에 나타나는 것이다. 이를 聖人의 경지로 착각하면 邪魔의 공격을 받는다.

5) 허공이 七寶 빛깔로 나타남

마음으로 묘하고 밝은 성품을 정미롭게 연구하다 보면 홀

---

5) 耘虛스님은 '執受하는 몸'으로 해석하였고, 覺性스님은 '執受'를 제8식으로 보아 '執受와 몸'으로 해석하였다.

연히 시방 허공이 칠보색으로 변하고 青黃赤白의 갖은 보석의 광채가 가득하게 된다. 이는 잡다한 생각을 억눌러 調伏하는 功力이 수승해져 분에 넘쳐 흐른 결과이다. 이를 聖人의 경계로 보면 邪魔에 빠지게 된다.

6) 어둠 속에서 물건을 밝게 봄

心精의 광명이 밝아 산란하지 않으면 밤에나 暗室에서도 대낮에 보는 것과 다름 없이 사물을 밝게 보게 된다. 이는 마음이 所見을 치밀하게 맑혀서 所見이 어두움을 밝히게 된 것이다. 이는 일시적인 것으로 聖人이 되었다는 견해를 내면 邪魔에 빠진다.

7) 몸이 풀과 나무와 같음

비고 원융한 본래의 마음자리에 들어가게 되면 塵이 제거되고 四大性을 배제하게 되어 四肢에 해를 가하여도 초목과 같이 고통을 느끼지 않게 된다. 이는 일시적인 것이므로 聖人이 되었다는 견해를 내면 안 된다.

8) 佛國土와 세계를 봄

大地와 시방의 산하가 모두 佛國土를 이루어서 광명이 충만하고 헤아릴 수 없이 많은 부처님과 그 궁전, 천상, 지옥이 모두 나타난다. 이는 좋아하고 싫어하는 생각이 응집되고 오래도록 깊어져서 나타난 변화이다. 이는 일시적이니 聖人이 되었다는 견해를 내면 邪魔를 받게 된다.

9) 먼 곳을 보거나 들음

멀리 떨어져 있는 곳의 상황을 보고 듣게 된다. 이는 마음을 핍박함이 지극하여 그 결과 마음광명이 날려 나오기 때문에 막히는 데를 많이 보게 되는 것이다. 이를 聖人의 증거로 보면 邪魔의 공격을 받는다.

10) 善知識의 여러 가지 모습을 봄

禪定에 깊이 들어가다 보면 善知識의 형체가 갖가지로 끊임없이 변화하는 것을 보게 된다. 이는 삿된 마음이 도깨비를 받아들이거나 天魔가 찾아와 설법하여 묘한 이치를 깨달음을 받게 된 것이다. 이것은 마구니의 장난이니 이를 聖人의 증거로 여기면 魔의 공격이 심해진다.

色陰의 10가지 단계는 禪定을 닦음으로써 色陰이 단계적으로 소멸되는 과정이다. 각 단계로 성취된 바를 과정으로 보고 이에 만족하지 않고 계속 정진을 하면 좋은 것이나, 각 단계에 머물러 聖人이 된 것으로 착각하는 것이 곧 魔障인 것이며, 뒤이어 마구니의 공격에 빠지고 '聖人이 되었노라'는 大妄語의 戒를 범해 이제까지 쌓아온 禪定이 수포로 돌아가게 되는 것이다.

2. 受陰魔

(1) 受陰의 區宇

"아난아, 저 선남자가 三摩提를 닦아서 奢摩他 중에 色陰을 소멸한 이는 부처님의 마음을 보는 것이 밝은 거울 가운데 자기 얼굴이 나타난 것 같아서, 얻은 바가 있는 것 같으나 능히 작용을 하지 못하는 것이 마치 가위눌린 사람이 손과 발이 완연하고 보고 듣는 것이 헷갈리지 않는데도 마음이 가위에 눌리어서 잘 움직이지 못하는 것과 같나니, 이것을 受陰의 區宇라고 한다. 만약 가위눌린 것이 쉬게 되면 그 마음이 몸을 떠나 제 얼굴을 보게 되며 가고 머무는 것이 자유로와서 조금도 걸림이 없을 것이니, 이것은 受陰이 다한 것이라 말한다. 이 사람은 곧 능히 見濁을 초월하리니 그 까닭을 본다면 虛明한 妄想으로 그 근본이 되었느니라."[6)]

三摩提는 觀이요 奢摩他는 止이다. 止觀을 雙修하는 것이니 奢摩他를 통하여 發心을 하고 다시 三摩提를 통하여 깨달음을 얻는다. 色陰을 소멸하면 六塵의 경계가 무너져 여래의 마음을 볼 수 있다. 여래의 마음은 현전하여 六根이 명료하되 자유자재한 妙用을 얻지 못하여 의식은 있으나 가위에 눌리어 몸을 움직이지 못하는 것처럼 걸림이 있는 상태이다. 受陰의 區宇를 벗어나면 마음과 몸이 모두 자유롭고 걸림이 없어 受陰을 소멸하게 된다. 見濁은 몸이 四大로 조직된 탓으로 見聞覺知가 막히고 留礙한 것이니 受陰의 소멸은 見濁

6) 覺性 『楞嚴經正解』下, 玄音社, p.909. "阿難 彼善男子 修三摩提 奢摩他中 色陰 盡者 見諸佛心 如明鏡中 顯現其像 若有所得 而未能用 猶如魘人 手足宛然 見聞不惑 心觸客邪 而不能動 此則名爲受陰[區宇] 若魘咎歇 其心離身 反觀其面 去住自由 無復留礙 名受陰盡 是人 則能超越見濁 觀其所由 虛明妄想 以爲其本"

의 초월에 배대된다.

(2) 受陰의 10가지 魔障

受陰을 소멸시키는 과정 중 10가지 魔障이 수행자를 교란한다. 受陰은 감정의 작용이므로 수행자가 갖가지 감정의 변화를 느끼게 되는데 이를 극복하지 못하면 마구니에게 굴복하는 것이다.

1) 悲魔를 불러 빠지게 됨

수행 중 안으로 억제하는 것이 과도하게 되면 갑자기 무궁한 슬픔이 발하여 모기와 깔때기 같은 하찮은 것에도 연민의 마음이 생기게 된다. 이는 수행의 힘이 과도하게 커졌을 때 일어나는 것으로 시간이 지나면 녹아 없어진다.

2) 狂魔를 불러 빠지게 됨

色陰이 녹아진 후에 殊勝한 경지가 나타남에 감격함이 지나쳐 용기가 과도하게 치솟고 마음이 맹렬해지게 된다. 마치 자신이 부처님인 양 착각하고 '3아승지겁(三阿僧祇劫)[7]을 一念에 능히 초월한다고' 말하게 된다. 이는 수행의 결과에 자만심이 찾아온 것이다.

3) 沈憶魔를 불러 빠지게 됨

---

7) 阿僧祇劫은 헤아릴수 없는 수의 세월을 말하는데, 부처님께서는 3아승지겁을 부지런히 수행함으로써 비로소 成佛을 한다고 한다.

色陰은 녹아지고 受陰이 명백함을 보되, 새로이 증득함이 없고 돌아서서는 예전에 있었던 데(色陰자리)가 없어졌으므로 앞뒤로 오갈 곳 없이 공부가 停滯됨을 느낀다. 부지런히 정진하는 것 같은데도 마음에 공부의 자양이 고갈됨을 느끼고 항상 침울함이 떠나지 않는다. 이는 마음을 닦을 때 지혜가 부족해서 그런 것이다.

4) 知足魔를 불러 빠지게 됨

지혜의 힘이 禪定에 비해 지나치게 예리하여 마음 속에 갖가지 殊勝한 性을 미리 품게 된다. 이에 공부에 조금만 진전이 있어도 마치 노사나불(盧舍那佛)이 된 것처럼 만족을 얻게 된다. 이는 마음으로 항상 되돌아 살피는 것을 상실하여 知見에 빠진 탓이다.

5) 憂愁魔를 불러 빠지게 됨

수행을 정진함에 있어서 난관에 부딪혀 수행을 감당할 자신을 잃게 된다. 무궁한 근심을 내어 좌절감에 살 의욕조차 상실하는 순간이 온다. 이는 수행함이 방편을 잃었기 때문이다. 이를 견디지 못하면 憂愁魔가 찾아와 항상 근심에 빠져 은둔하거나 자살을 생각하게 된다.

6) 喜樂魔를 불러 빠지게 됨

수행이 순조로와 마음이 청정하고 편안한 후에, 갑자기 한량없는 기쁨이 생겨 즐거움을 억누르지 못하게 된다. 이는 가벼움(輕安)을 자제할 지혜가 부족하기 때문이다. 이를 극복하지 못하면 喜樂魔가 찾아와 이유 없이 아무데서나 웃기도 하고 춤추고 노래하며 '이미 無碍의 해탈을 얻었노라'고 말하게 된다.

7) 我慢魔를 불러 빠지게 됨

수행이 진척됨에 따라 스스로 만족하다고 여겨 大我慢이 생긴다. 온갖 자만에 빠져 聲聞, 緣覺 뿐 아니라 심지어 如來마저 가볍게 여기고 佛法을 무시한다. 이는 수승한 것을 봄에 스스로 구원하는 지혜가 없기 때문이다.

8) 好輕淸魔를 불러 빠지게 됨

수행이 순조로와 정미로운 이치를 순조롭게 깨닫게 되면, 마음에 한량없는 輕安이 생겨서 '이미 聖人이 되어 크게 自在함을 얻었노라'고 생각하게 된다. 이는 지혜가 충만하여 맑고 가벼운 마음을 얻은 것이다. 그러나 이를 극복하지 않으면 好輕淸魔가 찾아와 이 단계에서 만족하고 輕淸함 만을 추구하여 더 이상 수행을 진행하지 않으려 한다.

9) 空魔를 불러 빠지게 됨

수행이 깊어지면서 홀연히 공한 마음이 나타나는데, 그 空에 집착하여 '因果가 없고 길이 斷滅한다'는 견해를 내게 된다. 空에 집착한 나머지 '菩薩은 空道理를 깨달았으므로 범하고 말고 할 戒가 따로 없다'고 하여 戒律마저 부정하고 自制함이 사라진다.

10) 貪慾魔를 불러 빠지게 됨

수행 중 虛明에 맛 들여 심장과 뼛속에까지 사무쳐 들어가 심취하게 되면, 홀연히 무한한 愛慾이 생기고 탐욕한 짓을 하려고 한다. 이는 定의 경계가 편안하고 순탄하게 마음에 들어갈 때 그것을 바로잡는 지혜가 부족한 탓이다. 이를 극복하지 못하면 애욕을 보리의 道라고 여기게 되어 애욕을 행하고 권장하고 퍼트리게 된다.

지금껏 살펴본 대로, 受陰을 소멸하는 수행 중 10가지 禪那의 경계가 나타나는 것은 모두 受陰의 마음씀이 얽히고 설킨 결과이다. 중생들은 완고하고 혼미해서 이를 헤아리지 못하고 聖人의 경지에 이미 이른 것으로 여기거나, 좌절하여 더 이상 정진하지 못하고 수행을 포기하게 된다. 각 과정에서 나타나는 감정의 변화는 수행이 진척됨에 따라 나타나는 일시적 현상임을 알고 있어야 受陰을 소멸할 수 있는 것이다.

3. 想陰魔(天魔, 鬼魔)

(1) 想陰의 區宇

"아난아! 저 선남자가 三摩地를 닦아서 受陰이 다한 이는 비록 漏가 다하지는 못했으나 마음이 그 형체를 떠나는 것이 새가 새장을 벗어난 것 같아서, 이미 능히 성취하여 이 범부의 몸으로부터 위로 보살의 60聖位를 거쳐서 意生身을 얻어 가는 데마다 걸림이 없으리라. 비유컨대 어떤 사람이 깊이 잠들어 잠꼬대를 할 적에 이 사람이 비록 별달리 알지는 못하나 그 말이 語音이 분명하고 차례가 있어서 잠자지 않는 이는 그 말을 알아 듣는 것과 같나니, 이것을 想陰의 區宇라고 한다.

만약 요동하는 생각이 다 없어져서 뜬 생각이 소멸하게 되면, 覺의 밝은 마음이 塵垢를 씻어버린 듯 하여 一倫 生死의 머리와 꼬리를 원만히 비추리니, 이것은 想陰이 다한 것이라고 말할 수 있다. 이 사람은 곧 煩惱濁을 초월하리니, 그 이유를 관찰해보면 融通妄想으로 그 근본이 되었느니라."[8)]

色陰에 이어 受陰까지 소멸하면 마음과 몸이 모두 무애하여, 客塵의 속박으로부터 걸림이 없고 자유롭게 된다. 그러나 아직 無漏를 얻지 못하여 들뜬 마음을 가라앉히지 못하고 識精의 허망한 習氣로 妙用을 덮어서 이것이 成道에 장애가 된다. 이는 마치 깊은 잠에 들어 잠꼬대를 하면서 분명한 語音과 뜻을 말하는 것과 같이 보이나 이는 명료한 의식에 의존하는 것이 아닌 것과 같은 이치다.

想陰의 區宇를 벗어나면 먼지처럼 부유하는 생각의 어지러움이 사라지고, 밝은 覺의 마음이 정연하게 자리잡아 生死의 始終을 원만하게 깨닫게 된다. 煩惱濁은 마음이 六塵에 의지

---

8) 覺性 『楞嚴經正解』下, 玄音社, p.943. "阿難 彼善男子 修三摩地 受陰盡者 雖未漏盡 心離其形 如鳥出籠 已能成就 從是凡身 上歷菩薩六十聖位 得意生身 隨往無礙 譬如有人 熟寐寱言 是人 雖則無別所知 其言 已成音韻倫次 令不寐者 咸悟其語 此則名爲想陰區宇 若動念 盡浮想消除 於覺明心 如去塵垢 一倫生死 首尾圓照 名想陰盡 是人 則能超煩惱濁 觀其所由 融通妄想 以爲其本"

하여 기억하고 인식하고 외우고 익혀 知見을 발하고 번뇌를 일으키는 것이니, 想陰을 소멸하면 煩惱濁을 초월하게 된같다.

(2) 想陰의 10가지 魔障

受陰을 소멸하여 몸과 마음이 모두 자재하면 갖가지 神通을 얻게 되는데, 이것이 수행자를 유혹에 빠뜨린다. 想陰에서는 天魔의 침입이 있어서 수행을 방해한다. 受陰이 다한 이에게는 天魔가 마음속에 들어가기가 쉽지 않으므로 수행자를 직접 공격하거나, 혹은 다른 사람에게 붙어서 수행자를 惱亂시키는 것이다.

1) 善巧[9]를 탐구하여 天, 鬼魔가 붙음

수행을 통하여 受陰을 없애고 禪定이 밝아져 三摩地에 든 이가 허영을 부려 善巧를 탐내어 구하게 되면, 스스로 '無上涅槃을 얻었다'고 말하고, 신통을 부려 갖가지 신이나, 보살의 몸을 보여 사람들을 현혹시킨다. 종국에는 부처님의 律儀를 파하고 탐욕을 부리게 되며, 항상 재앙과 상서와 변이를 말하여 사람들을 공포와 불안에 빠뜨린다. 이는 사실 天魔와 怪鬼가 찾아들어 교란한 것이다.

2) 遊方을 탐구하여 天, 鬼魔가 붙음

9) 부처님이 중생의 자질에 맞추어 정교하게 중생을 가르치는 일

受陰을 없애고 원만한 定이 밝아져 三摩地에 든 이가 마음에 遊蕩함을 좋아하여 각지에 돌아다니기를 즐기면, 그에게 天魔와 발귀(魃鬼)가 찾아와 교란을 일으킨다. 그 수행자가 설법을 할 때, 설법을 듣는 이들의 눈에 그가 여래나 보살과 같이 보이게 한다. 이에 이 수행자가 어리석음에 빠져 자신을 보살이라고 하고 또 부처님의 化身을 운운하여 사람들을 미혹케 하고, 스스로는 破戒하고 탐욕을 부린다.

3) 密契를 탐구하여 天, 鬼魔가 붙음

受陰을 없애고 三摩地에 든 수행자가 마음이 면밀하게 합치되는 것을 사랑하고 탐구하면, 天魔와 매귀(魅鬼)가 찾아와 그를 교란한다. 이로 인해 그가 사람들에게 설법할 때 자신과 사람들의 모습은 변화가 없으나 설법을 듣는 사람들이 법을 듣기도 전에 개오함을 느껴 갖가지 신통을 경험하게 한다. 이 수행자는 스스로 보살이라 칭하고 破戒하고 탐욕을 부린다. 또 '부처도 大佛, 小佛, 先佛, 後佛, 眞佛, 假拂, 男佛, 女佛 등의 구분이 있다'고 말하여 사람들을 현혹시킨다.

4) 辨析을 탐구하여 天, 鬼魔가 붙음

受陰이 사라져 三摩地에 든 수행자가 만물의 변화를 분석하는 마음을 탐구하면, 天魔와 고독귀(蠱毒鬼), 염승악귀(魘勝惡鬼)가 찾아와 그를 교란한다. 설법을 할 때 사람들이 저절로 그에게 마음을 굴복하게 한다. 또 '나의 육신이 곧 여래의 法身이며, 부자간의 세대의 상속이 곧 法身의 상속이며, 현세계가 바로 불국토'라고 현혹된 말을 한다. 그는 스스로 보살이라 칭하고 파계하고 탐욕을 부리며, 남녀 간의 애욕이 곧 보리열반의 자리라고 말한다.

5) 冥感을 탐구하여 天, 鬼魔가 붙음

명감(冥感)이란 암암리에 비밀히 자기를 감응해 주기를 구하는 것이다. 受陰이 사라져 三摩地에 든 수행자가 懸應[10]함을 사랑하고 탐구하면, 天魔와 여귀(癘鬼)가 찾아와 그를 교란한다. 설법을 할 때, 사람들이 그를 봄에 先代의 스승이 감응하고 본래의 善知識과 하나인 것으로 현혹시키고, 청중이 그를 각별히 연모하고 애착하는 마음을 내게 한다. 그는 스스로 보살이라 칭하고 破戒하고 탐욕을 행한다. 또 곧잘 사람들의 전생의 인연을 말하고 따로이 불국토가 있음을 말해 사람들을 미혹케 한다.

6) 寂靜을 탐구하여 天, 鬼魔가 붙음

受陰이 사라져 三摩地에 든 수행자가 자기 몸을 혹사하는 고행(剋己)을 하고 음적한 곳에 있기를 좋아하고 탐구하면, 天魔와 大力鬼가 찾아와 그를 교란한다. 설법을 할 때 사람들의 본래의 業과 비밀을 들추어내기를 좋아하는데 그 내용이 틀림이 없어 사람들이 흠복하게 한다. 戒律을 새로이 정하여 부처님의 律儀보다 더 까다롭게 하고, 비구와 중생들을 비방하고 꾸짖기를 좋아한다.

7) 宿命을 탐구하여 天, 鬼魔가 붙음

---

10) 多劫生來의 인연있는 聖人들이 와서 感應하는 것을 의미한다.

受陰이 사라져 三摩地에 든 수행자가 마음으로 知見을 사랑하고 宿命을 탐구하면, 天魔와 산림, 토지, 성황, 산천의 귀신들이 찾아와 그를 교란한다. 그는 갖가지 畜生으로 변화하거나 보물을 가져다 주기도 하며, 성현들이나 보물이 숨겨져 있는 곳을 말하기를 좋아한다. 또 부처님의 律儀를 파괴하고 은밀히 五欲을 행한다.

8) 神變을 탐구하여 天, 鬼魔가 붙음

受陰이 사라져 三摩地에 든 수행자가 신통과 변화를 탐구하면 天魔와 산천의 여러 精氣와 정령, 요괴 등이 찾아와 그를 교란한다. 그는 손으로 불을 다루고, 물 위를 걷고, 공중부양을 하는 등의 온갖 신통을 부려 대중들을 현혹시킨다. 스스로 부처임을 칭하고 禪과 律을 비방하고 사람들에게 불국토라 하여 환상을 보게 한다.

9) 深空을 탐구하여 天, 鬼魔가 붙음

受陰이 사라져 三摩地에 든 수행자가 寂滅과 空을 탐구하고 또 한편으로 변화의 성품을 사랑하면, 天魔와 일식, 월식의 精氣, 금, 옥, 芝草, 기린, 봉황, 거북, 학의 정령이 찾아와 그를 교란한다. 대중들에게 몸이 홀연히 사라지게 하기도 하고 몸을 유리처럼 꿰뚫어 보이게도 하며, 대변과 소변을 두터운 石蜜처럼 변화시키기도 한다. 항상 '마음이 空하고 因果가 없어 한번 죽으면 영원히 死滅하는 것이며, 聖人과 凡夫도 따로 없다'고 말한다.

10) 長壽를 탐구하여 天, 鬼魔가 붙음

受陰이 사라져 三摩地에 든 수행자가 長壽와 永生을 탐구하면, 自在天魔와 그의 권속 차문다, 비사동자가 찾아와 그를 교란한다. 대중들에게 執金剛神이 그들을 장수하게 한다고 말하여 믿게 한다. 時空을 초월하는 신통을 부리기를 좋아하여 먼 곳을 순식간에 갔다 오기도 하고 信徒로 하여금 아주 가까운 거리의 지점을 하루가 지나도 도달하지 못하도록 하기도 한다. 항상 '내가 부처이고, 시방 중생이 모두 나의 아들이며, 諸佛이 나의 자식이다. 나는 스스로 세상에 나와 수행 없이 저절로 부처가 되었노라'고 말한다.

天魔는 外魔 중 가장 강한 魔로 수행자의 成道를 방해하고 타락시키는 것을 일로 삼고 있기 때문에 天魔에 포섭되면 이에서 벗어나기가 어렵다. 受陰까지만 소멸해도 몸과 마음이 무애하여 갖은 신통을 부릴 수 있고 無學을 얻어 공부할 바가 더 이상 없어 보이지만, 아직 想陰을 소멸하지 못하여 먼지와 같이 어지러운 생각 속에 부처님의 正知見을 올곧이 세우지 못한 상태이다. 여기에 天魔가 침입하여 邪를 正이라 유혹하고 교란하여 수행자가 魔障에 빠지면 外道에 빠지게 된다. 想陰魔가 무서운 이유는 受陰魔까지는 수행자가 禪定을 쌓는 과정에 魔가 끼어 그 수행자 한사람을 방해할 뿐인 것에 반해, 想陰魔에 빠지면 수행자 한사람만 邪事에 빠뜨리는 것이 아니라, 수행자와 더불어 사부대중을 함께 佛法으로부터 멀어지게 하는 점이다.

Ⅳ. 글을 마치며

五陰魔 중 色陰, 受陰, 想陰에 찾아드는 魔를 살펴 보았다. 각각에 10가지 禪那의 境界가 나타난 것은 모든 수행자가 마음 쓰는 것이 얽히고 설킨 이유로 나타나는 것이다. 경에서는 각각의 단계마다 이러한 중생들이 완고하고 혼미해서 스스로 헤아리지 못하고, 그러한 인연을 만나면 迷하여 알지 못하고, '聖人의 경지에 올랐다'고 말하여 大妄語를 하여 破戒를 하고 無間地獄에 떨어질 業을 짓게 됨을 경계하고 있다.

각 단계에 나타나는 魔의 방해가 色陰과 受陰을 소멸하는 단계에서는 수행자의 수행 자체에 있어서의 인식과 감정의 경계로 나타나고 있으나, 想陰의 단계에 이르러서는 수행자가 마구니에 빠졌을 때 나타나는 결과가 수행자 자신을 벗어나서 대중에게 악영향을 끼치게 되는 것을 알 수 있다. 수행의 도가 깊어 갈수록 수행의 결과는 단지 한 개인의 수행의 성패 여부로 국한되는 것이 아니다. 수행을 통해 얻어지는 果位가 크면 클수록 수행자 본인이 원하든 원치 않았든 대중에게 영향을 끼칠 수밖에 없게 된다. 그러나 小乘은 이를 알지 못하고 개인의 成佛만을 추구하는 것이 가능하다고 보므로 발심 자체가 근본적으로 正見에서 벗어난 것이다.

따라서 경에서 五陰을 소멸하는 과정에 나타나는 魔障을 경계하고 있는 것은 오직 大乘을 견지할 때 成佛이 가능함을 시사하고 있다. 수행이 깊어갈수록 수행자는 중생을 제도하는 것과 자신의 成佛이 둘이 아닌 하나의 길임을 스스로 깨달아야 한다. 중생을 제도한다는 것은 단순히 사회적인 사명감이나 동정심에 기인하는 것이 결코 아니며, 그것이 진리이고 깨달음이고 원래 청정하고 본연한 보리열반의 자리이기 때문에 제도하는 것이다. 이 점을 명확히 알고 구도할 때 수행자는 수행 중 수 없이 나타나는 魔障으로부터 佛道를 지킬 수 있으며, 나아가 自他不二 一心眞如라는 궁극의 경지에 이를 수 있는 것이다. 末法의 佛子들은 이러한 도리를 깨달아 수행을 할 때 마땅히 그 警戒로 삼되, 四部大衆에게도 이를 잘 알리고 깨우쳐 위없는 道를 이루게 하여야 한다.

23. 五陰의 消滅 중 外道의 魔에 대한 고찰
(行陰魔, 識陰魔를 중심으로)

度光 昊宙

Ⅰ. 머리말

修行을 하다보면 그 과정이 순탄치 않고 꼭 장애가 생기기 마련이다. 成佛을 이루려고 하는 과정에서 그 장애에 대해서 잘 알지 못하면 최종의 果位를 얻기 전에 중간에서 길을 잃거나 삿된 유혹에 빠지기 쉽고, 심지어 자신이 계속 正道를 걸어가고 있는 것으로 오인을 하여 궁극의 목표마저 혼동을 하게 되어 돌이킬 수 없는 과오를 범하게 된다. 50陰魔는 成

佛을 목표로 하는 修行者가 五陰을 消滅하여 寂滅에 이르는 禪定의 과정에서 마구니의 형태로 나타나는 障碍를 警戒하는 것이다. 五陰의 魔障은 초반에는 修行者 자신이 修身을 하는 데 겪는 어려움이 魔障의 형태로 나타난다. 그러나 修行이 심화되어 行陰과 識陰을 消滅하는 단계에 이르면 魔障이 더욱 정교하고 세밀하게 修行者의 마음을 공략하여 修行者로 하여금 眞如性에 대해 斷見을 내게 한다. 이로써 修行者는 佛知見의 果位를 눈앞에 두고 外道로 빠져 小乘에 만족하거나 나아가 삿된 견해로 大衆을 미혹하게 되는 결과를 낳는다.

본고에서는 色陰, 受陰, 想陰을 消滅한 이후 行陰과 識陰을 消滅하는 과정에서 나타나는 外道魔와 見魔를 살펴보고 五陰의 消滅이 갖는 의의를 고찰하고자 한다.

Ⅱ. 行陰魔

五陰의 진행이 앞에는 거칠고 뒤에는 미세하기 때문에 想陰이 다한 사람은 거칠고 무거운 前塵의 그림자가 없어서 萬相을 보아도 想念이 없다. 그것은 거울의 맑음과 같이 자취가 없으므로 걸림 없이 받아들이고, 비추는 대로 응하기 때문에 마침내 煩惱의 習氣가 없는 것이다.[1)]

生滅의 근원이 이로부터 드러나서 시방의 12類生을 보되 그 종류를 다하리니, 비록 그들 낱낱 생명의 由緖는 통하지 못했

1) 『(楞嚴經) 戒環解』(卍續藏經17, 884상) 참조

으나, 同生基가 아지랑이처럼 반짝거리고 청요하여 浮根塵의 究竟樞穴이 되는 것을 보게 되리니, 이것을 行陰의 區宇라 하느니라.[2)]

同生基란 衆同分이 생기는 기틀이니 즉 12類生의 생명 근본을 말한다. 行陰을 消滅하는 修行 단계는 生滅의 근원을 벗어나는 과정이다. 아직 行陰을 消滅하지 못하였기에 生命의 근본과 由來를 완전히 통달하지는 못하였기에 12類生의 갖가지 衆同分의 요체가 아지랑이처럼 미세하게 생겼다가 사라지는 것을 보게 된다. 생명근원의 境界를 접하였지만 아직 그것을 통달하고 消滅하지 못한 상태이다. 때문에 行陰을 消滅하는 단계에서는 生滅에 대한 갖가지 執着과 斷見·常見에 빠져 미혹에 빠질 위험에 처하게 되는데, 이때 10가지 魔障의 형태로 修行者를 교란한다. 行陰의 단계에서는 修行者가 이미 마음을 밝히고 正法을 세웠으므로 修行者에게 삿된 마음을 생기게 하는 마구니가 찾아들지는 않으나, 生滅에 대한 자기 主見을 일으켜 外道에 빠지게 하는 見魔가 찾아든다. 때문에 경에서는 10가지 行陰魔를 10가지 外道의 전형으로 분류하였다.

行陰의 區宇를 벗어나면 生滅의 근원이 消滅되고 種子와 習氣가 영원히 끊어져 다시 일어나지 않게 된다. 이는 마치 파도가 가라앉으면 변하여 맑고 고요한 물이 되는 것과 같

---

2) 覺性 『楞嚴經正解』下, 玄音社, p.991. "生滅根元 從此披露 見諸十方 十二衆生 畢殫其類 雖未通其各命由緖 見同生基 猶如野馬 熠熠淸擾 爲浮根塵 究竟樞穴 此則名爲行陰區宇"

다. 行陰을 消滅함으로써 生滅心에 의지하여 허망하게 머무르고 변류하는 衆生濁을 밝히게 된다.

1. 外道의 無因論

受想陰까지 없애 正知를 얻은 修行者가 12類生의 근본을 연구하는 중 두 가지 無因論에 빠지게 된다.

1) 本無因이라고 봄

팔만겁 이래 12類生이 輪迴하는 근본이 원인이 없다고 보는 것이다.

2) 末無因이라고 봄

12類生이 輪迴함에 業果의 인연이 없다고 보는 것이다. 사람은 사람을 낳고 새는 새를 낳을 뿐이지, 業果에 따른 그 遷流함이 없다고 본다.

2. 外道의 圓常論

圓常이란 行陰이 항상 생멸하면서 끊이지 않는 것을 常이라 표현하고 생각하는 네 가지가 一切法에 두루하다고 해서 圓이라 표현한다. 圓과 常이 아닌 行陰에서 圓과 常이라고 미리 計較하니 常見外道가 되는 것이다. 곧 圓常論은 보리성이 아닌 것을 항상하고 순환하는 것으로 보는 것이다. 항상한 것은 菩提涅槃元淸淨體 뿐이다.

1) **心境計常**

心境의 循環을 圓常으로 보는 것이다. 마음과 경계 사이에 원인이 없다(二處無因)고 보아, 중생의 생멸함이 增減 없이 순환할 뿐이라는 견해에 빠지는 것이다. 二處無因은 修行者가 마음과 경계 사이의 순환성에 빠진 것이다.

2) **四大計常**

地水火風 四大에 대하여 항상하다는 생각이다. 四大의 성질이 항상하고, 시방중생의 생멸함은 이 四大의 성질에 의지해 增減없이 항상하다는 견해이다.

3) **八識計常**

제8식에 대하여 항상하다는 생각이다. 六根과 말나식(제7식)과 執受(제8식)의 心意識에서 元由를 궁구하여 그 心意識의 性이 항상하여 중생의 생멸이 그 범주에서 순환한다는 견해이다.

4) **想盡計常**

생각이 다 없어진 자체가 항상하다는 생각이다. 想의 근원을 다한 후(想陰을 멸한 후) 生理(行陰)가 流止, 運轉함(순환함)이 없어서 생멸을 생각하는 마음이 이미 없어진 것을 不生滅, 즉 寂滅을 이루었다고 착각하는 것이다.

3. 外道의 一分常論(四顚倒論)

自他에 대한 計度을 내는 이는 네 가지 顚倒된 소견인 一

部分은 無常하고 一部分은 恒常하다는 견해에 빠진다.

1) 自常 他無常

我가 시방에 두루한다는 생각이다. 즉 我가 곧 세계(神我)이며 세계는 我의 마음에서 自生自滅하는 것이라는 견해를 낸다.

2) 不壞處常 壞處無常

마음을 제외시키고 외부의 대상만을 관찰하여 무너지는 것을 無常함으로 보고 무너지지 않는 성질을 恒常한 것으로 본다.

3) 我心常 身無常

我心은 정밀하여 세상을 流轉하여도 本性이 恒常하고, 몸은 마음에 의해 生死가 결정되는 無常한 것이다.라고 보는 것이다.

4) 行常 色受想無常

色陰, 受陰, 想陰을 消滅하고 行陰을 究竟함에 이르러 行陰에 머물러 行陰을 恒常한 것으로 보고 이미 消滅시킨 色受想陰을 無常한 것으로 본다.

4. 外道의 有邊論(四種有邊論)

分位에 대한 分別計度에 빠진 경우이다. 分位란 限界를 말한다. 耘虛스님은 分位란 時間과 方位라 하였다.[3)]

1) 三際分位

過去, 未來는 有邊, 相續心은 無邊이라 보는 것이다. 쉼 없이 흐르는 시간의 속성을 볼 때 과거는 이미 멸하였으므로 有邊이고(한계가 있음) 미래는 아직 오지 않았으므로 有邊이다. 현재의 상속하는 마음은 항상 이어지는 상태이므로 無邊이다.

2) 見聞分位

見聞有邊 無見聞無邊. 행음의 구우에 있는 修行者의 경지로 볼 때 팔만겁까지의 중생계는 볼 수 있어 有邊이라 하고, 팔만겁 이전의 경지는 알 수 없으니 無邊이라고 한다.

3) 彼我分位

我는 두루 알아 無邊性을 얻었고, 他人은 我의 두루 아는 성품을 모르니 有邊性으로 본다.

4) 生滅分位

몸이 한편으로는 생하면서도 한편으로는 멸하는 양상에 치중하여 세계를 볼 때 그 一半은 생하는 無邊性이고, 一半은 멸하는 有邊性으로 본다.

---

3) 耘虛 『楞嚴經註解』, 東國譯經院, 2007, p.465 "分位가 四가 있으니 三際分位, 見聞分位, 彼我分位, 生滅分位라. 分은 時分이요, 位는 方位다."

5. 外道의 四顚倒性 不死矯亂 徧計虛論(四種矯亂論)

知見에 分別計度을 내어 네 가지 顚倒된 不死의 徧計虛論에 빠진다.

1) 八亦矯亂

變恒, 生滅, 增減, 有無의 8가지 교란을 말한다. 變化의 양상을 관찰하면서 遷流하는 것은 변한다 하고 相續하는 것은 恒常하다고 한다. 보는 대상(所見)을 능히 보는 것은 生이라 하고 보지 못하는 것을 滅이라 한다. 相續의 원인을 봄에 그 性이 끊기지 않고 연결되는 것을 增이라 하고, 상속하는 중간의 떨어진 부분을 滅이라 한다. 각자 생기는 것을 有라고 하고, 서로 없어지는 것을 無라고 한다. 法을 묻는 자가 있으면 그에게 '내가 生하기도 하고 滅하기도 하며, 있기도 하고 없기도 하며, 더하기도 하고 줄어지기도 한다'고 하여 교란시킨다.

2) 惟無矯亂

修行할 때 無에 집착하여 모든 것을 '無'라고만 할뿐 다른 설명이 없다.

3) 惟是矯亂 :

修行할 때 有에 집착하여 모든 것을 '그렇다(是)'라고만 할 뿐 다른 설명이 없다.

4) 有無矯亂

有와 無에 집착하되 스스로 境界가 분명하지 못해서 '有가 곧 無이고, 또 없는 가운데 있기도 한 것이 '라고 하여 일체를 교란시킨다.

6. 外道의 死後有相 心顚倒論(十六有相論)

無盡한 흐름에 分別計度을 내어 死後에 相이 있다는 發心轉倒에 떨어지는 것이다.

1) 色, 受, 想, 行에서 四計를 냄

色이 곧 我이고 我가 곧 色이므로 죽은 후에도 色으로 남아 相이 있다고 보는 견해이다. 이런 식으로 色, 受, 想, 行에 대해 각각 견해를 내어 모두 16가지 相을 주장한다.

2) 五陰이 死後에도 있다고 봄

나아가 보리와 번뇌가 병존하면서도 서로 저촉하지 않는다고 하여 동등하게 보는 오류를 범한다. 이로 인해 死後에도 相이 있다는 견해를 낸다.

7. 外道의 死後無相 心顚倒論(八無相論)

현재와 미래에 四陰이 없다는 八無相論에 빠지는 것이다. 먼저 消滅한 色, 受, 想.行에 分別計度을 내어 死後에 相이 없다는 發心顚倒에 빠진다. 色, 受, 想.行의 消滅로 相이 사라짐에 치중하여 色, 受, 想, 行이 현재와 死後에 모두 空하여서 無相함을 8가지 견해로 나타낸다. 또한 無相함으로 인해 열반의 因果도 空하였다고 확대하여 오류를 범한다.

8. 外道의 死後俱非 心顚倒論(八俱非相論)

受陰과 想陰을 엮어 쌍으로 有無를 分別計度하여 死後에 有와 無가 모두 아니라는 여덟 가지 견해를 낸다. 色, 受, 想, 行에 대해서 '有로 보아도 有가 아니고 無로 보아도 無가 아니다'라 하여 8가지의 顚倒된 견해를 내고, 나아가 一切法이 모두 俱非로서 有와 無가 모두 아니라고 하여 허와 실을 종잡지 못하게 된다.

9. 外道의 死後斷滅 心顚倒論(七斷滅論)

일종의 편협한 종말론이다. 身, 欲, 苦, 極樂, 極捨 등 모두 일곱 가지의 세계(七際)[4]가 궁극에 盡滅하여 회복되지 않는다는 斷滅論에 빠진다. 따라서 이런 外道들은 종국에 現世 쾌락주의에 빠지게 된다.

10. 外道의 五現涅槃 心顚倒論(五現涅槃論)

아직 有漏가 남아있는 天界를 涅槃으로 잘못 알고 愛, 憂, 苦, 悅, 樂 등을 내거나 悅樂 없애면 愛.憂.苦각각 欲界天, 初禪天, 二禪天, 三禪天, 四禪天에 이른다고 주장하며 그곳이 바로 궁극의 境地라고 주장하는 것이다. 일종의 편협한 來世論이다.

---

4) 七際는 四洲世界, 六欲天, 初禪天, 二禪天, 三禪天, 四禪天, 四空天의 七處를 말한다.

行陰의 10가지 魔障을 살펴보았다. 行陰의 10魔는 62外道見에 해당한다. 62外道見은 부처님이 세상에 계실 당시의 外道들의 견해를 총괄한 것이다. 이것은 크게 과거와 관련된 18가지 견해와 미래와 관련된 44가지 견해로 구분된다. 『長阿含經』에서는 '모든 出家 修行者나 사제들의 과거에 대한 견해와 미래에 대한 견해에 얽힌 갖가지 주장들은 모두 62見에 빠져 벗어나지 못한다'고 하였다. 行陰의 10가지 魔障은 이 62外道見에 빠져 成道에 이르지 못함을 경계하는 것이다.

이 行陰이 다할 때까지 그 사이에 생기는 魔는 外魔의 境界가 아니라 스스로 계탁하여 짓는 삿된 知見으로 말미암은 心魔이며 外道見이다. 想陰이 다하면 꿈이나 생각이 消滅되어 꿈꿀 때와 깨어 있을 때가 한결같은 正知를 얻어 부동하고 미혹하지 않으므로 外魔가 틈을 얻지 못하게 된다. 外魔는 다 마음으로 인하여 불러들인 것이므로 상념이 다하면 밝음이 지극하여 天魔가 방해할 수 없다.

그러나 行陰을 소멸하는 단계에 이르러서는 수행자가 生滅을 아직 떠나지 못한 상태이므로 12類生의 근본을 궁구하고, 그 와중에 生과 滅 자체에 執着하여 死後의 有無나, 生滅의 原因의 有無, 輪廻의 循環性 등 生滅에 대한 갖가지 斷, 常, 有, 無의 소견을 내게 된다. 이는 禪定 중 본래의 뜻을 잃고 狂解妄計하는 것이니, 이것이 바로 行陰의 魔인 것이다. 즉 行陰의 區宇인 그윽하고 맑게 움직이는 生命의 근원을 보고 나서 마침내 生滅이 다 여기에서 원만해졌다고 하여 識陰의 本末을 궁구하는 데로 나아가지 않고 스스로 계탁을 내어 外道見에 떨어지는 것이다. 이 行陰의 區宇 속에서의 狂解는 스스로 心魔를 불러들여 깊은 재앙을 일으킨 것이다. 見道가 진실치 못해서 여러 갈래로 妄計하는 것이 다 狂解이며 이것을 心魔라고 하는 것이니 가장 철저히 막아야 한다.

Ⅲ. 識陰魔

識陰魔는 보리를 얻기 직전에 최후의 無明과 執着이라고 할 수 있다. 行陰을 다 消滅시키면 生死의 근본을 깨닫고 마지막으로 識을 消滅하는 단계에 접어든다.

"아난아! 저 선남자가 三摩地를 닦아 行陰이 다 없어진 이는, 세간의 性인 깊고 맑고 요동하는 同分生機가 문득 망가지며 잠재하고 미세한 강령 단추인 보특가라의 業을 따르는 깊은 脉의 感應이 멀리 끊어져서, 열반의 하늘이 크게 밝아지려 함이, 마치 닭이 맨 나중 울적에 동쪽을 보매 동이 훤하게 트는 것 같아서, 六根이 비고 고요하여 다시 달려가는 것이 없으며, 내외가 맑고 밝아서 들어가나 들어가는 바가 없으며, 시방의 12類生들이 목숨 받는 근원을 깊이 통달하여, 그 까닭을 관찰하고 本元을 파악해 모든 類生들을 불러들이지 아니하며, 시방계에서 이미 동일함을 얻어서 精色이 어둡지 아니하여(밝아져서) 깊고 은밀함을 발휘하나니, 이것은 識陰의 區宇라 하느니라. 만약 모든 類生(모든 12類生을 불러들이지 아니하고)에서 동일함을 얻은 가운데 六門을 銷磨하여 합하거나 여는 것을 성취하면, 보고 듣는 것이 서로 융통하고 互用함이 청정하며, 시방세계와 몸과 마음이 吠琉璃처럼 내외가 명철하리니, 이것은 識陰이 다

함이라고 한다. 이 사람은 命濁을 능히 초월하리니, 그 까닭을 관찰하면 형체가 없고 허무한 顚倒妄想으로 그 근본이 되었느니라."[5)]

行陰은 分段生死의 근원이고 識陰은 變易生死의 근원이라 할 수 있다. 行陰이 다하고 識陰이 남아있으면分段生死의 感應이 끊어져서 다시 生을 받지 않게 된다. 이렇게 되면 根과 塵이 고요하고 맑아져 들어가도 들어간 바가 없게 되고, 시방의 一切 衆生의 命을 받는 근원을 통달하게 된다. 그러나 行陰을 다하여 生滅의 근본을 없애도 아직 寂滅의 단계에 이르지 못하였으므로 현전하는 境界에 대한 執着을 버리지 못하고 있다. 行陰의 消滅을 통하여 비록 六根 간의 境界는 무너졌으나 根이라는 境界는 아직 남아있어 修行者를 執着하게 한다. 이러한 境界마저 녹여버리고 막힌 것을 열어, 보고 듣는 것이 서로 융통하고 호용함이 청정해졌을 때 識陰魔마저 消滅이 되는 것이다.

이는 妄想 자체가 實在하지 않는 것인데 이를 顚倒하여 實在로 아는 命濁을 밝히는 것에 배대된다. 命濁은『楞嚴經』4권에서 '六根의 性 가운데에는 서로 알되 작용 가운데에는

---

5) 覺性『楞嚴經正解』下, 玄音社, p.1058. "阿難 彼善男子 修三摩地 行陰盡者 諸世間性 幽淸擾動 同分生機 倏然隳裂 沈細綱紐 補特伽羅 酬業深脈 感應懸絶 於涅槃天 將大明悟 如鷄後鳴 瞻顧東方 已有精色 六根虛靜 無復馳逸 內外湛明 入無所入 深達十方十二種類 受命元由 觀由執元 諸類不召 於十方界 已獲其同 精色不沈 發現幽秘 此則名爲 識陰區宇 若於群召已獲同中 消磨六門 合開成就 見聞通鄰 互用淸淨 十方世界 及與身心 如吠琉璃 內外明徹 名識 陰盡 是人 則能超越命濁 觀其所由 妄想虛無 顚倒妄想 以爲其本"

서로가 등져서 同과 異가 표준을 잃어서 서로 조직하여 허망이 이루어진 것'[6]이라 하였다. 그러므로 識陰을 消滅하여 六根이 호용하게 하는 것은 命濁을 밝히는 것과 다르지 않다.

1. 因所因執

본래 의지할 데가 아닌데 의지할 곳이라고 執着하는 것이다. 보리를 얻기 직전에眞如에 원인할 바가 있다는 執着에 빠지는 것이다. 識陰定 중에서는 六根이 막히지 않고 모든 중생의 근원에 통한다. 만일 돌아갈 곳이 진실되고 항상하다(眞常)는 因을 내세우게 되면 이는 '본래 의지할 곳이 아닌데 의지할 곳이라는 執着'에 떨어져서 佛知見을 亡失하게 된다. 이것은 '마음으로 얻은 것이 있으면 돌아갈 결과가 있다'는 견해이니 眞如를 因果로써 보는 것이므로 妄인 것이다. 얻을 바가 있고 돌아갈 곳이 있다고 하는 것은 다 사비가라 등의 外道들이 冥諦[7]가 돌아갈 바라고 하는 미망에 빠지는 것과 같다.

2. 能非能執

能生한다는 執着에 빠진 것이다. 行陰을 消滅한 후 自己

---

6) 覺性 『楞嚴經正解』上, 玄音社, p.1014. "汝等見聞 元無異性 衆塵隔越 無狀異生 性中相知 用中相背 同異失準 相織妄成 是第五重 名爲命濁"

7) 冥諦는 外道가 세운 25諦의 첫 번째로 만물의 본원을 삼으며 어둡고 아득하며 아무 것도 없는 이치라는 뜻으로 세웠다. 이는 覺性스님 『楞嚴經正解』上권(현음사, p.431)에서 밝혔듯이 사비가라의 外道들이 팔만 겁 이전에 대해서 알지 못하므로 알 수 없는 冥諦에 바로 궁극의 진리가 있다고 믿는 근거없는 不思議論에 빠지는 것이다.

自體를 識陰의 근원으로 삼아 모든 중생들이 다 나의 몸에서 나왔다는 견해를 내게 되면 이러한 사람들은 '할 수 없는 것을 할 수 있다고 하는 執着'에 떨어져서 끝없이 몸을 나투는 마혜수라(摩醯首羅)[8]들과 반려가 된다. 本覺은 我他를 떠나 宇宙萬法에 遍在하고 두루한 것인데 識陰을 修行하면서 識을 자신의 마음으로 여기고 識의 能에 執着하므로 '능히 할 수 있다는 마음(能爲心)을 세워 능히 일을 이루었다는 結果(能事果)'를 이루려는 것이다.

3. 常非常執

恒常하지 않은 것을 恒常하다고 하는 執着에 빠진 것이다. 行陰을 消滅하여 生滅을 없앴으나 아직 寂滅에 들지 못하여 識陰에 대해서 돌아가 의지할 바가 있다는 견해를 내고, 몸과 마음과 일체만물이 모두 識陰에서 생겨 흘러나온 것으로 본다. 이는 識陰이 生滅의 가운데 있는 것임을 모르고 참되고 항상한 本體로서 生滅이 없는 것이라는 所見을 낸 것이다. 이 사람은 곧 常과 非常의 집착에 떨어져서 自在天을 주장하는 이들과 반려가 되어 佛菩提를 迷하고 知見을 亡失하게 된다.

4. 知無知執

모를 것이 없이 다 안다는 執着이다. 行陰을 消滅하여 生

---

8) 마혜수라는 색구경천의 天王으로 신통이 자재하여 자신의 몸을 여러 가지로 나타낸다. 불화에 보면 눈이 세 개인 天神이 더러 보이는데 마혜수라를 나타낸 모습이다.

滅을 없앴으나 아직 寂滅에 들지 못하여 所知心을 내는 것이다. 이 사람은 앎이 두루 원만하다고 하여 사람 뿐 아니라 無情物에게도 情이 있어 사람과 다를 것이 없다 하고, 또 초목이 사람도 되고 사람이 죽어서 시방의 초목이 된다고 하는 등 가릴 것 없이 두루 다 안다는 견해를 낸다. 이 사람은 知와 無知의 執着에 떨어져서 一切가 覺이라고 고집하는 바타(婆吒)와 산니(霰尼)[9] 등의 外道와 반려가 된다.

5. 生無生執

본래 만들어 내는 것이 아닌 데도 四大가 만들어 내는 근본이라는 執着에 빠진 것이다. 行陰을 消滅하여 生滅을 없앴으나 아직 寂滅에 들지 못하여, 根의 호용함에 근거하여 四大의 원융과 변화로 일체가 생성된다는 견해를 내는 것이다. 이런 견해로 불의 광명을 구하고, 물의 청정함을 좋아하며, 바람의 周流하는 것을 사랑하고, 塵이 성취함을 관찰하여 각각 숭배하고 섬기게 되니 이로 인하여 '생함이 없는 것을 생한다고 하는 執着'에 빠지게 되어 迦葉波[10]와 婆羅門들의 반려가 된다. 이는 망령되이 숭배하고 집착하여 마음을 미하고 물질을 쫓아가서 허망하게 因을 구하는 것을 세워 허망하게 果報를 바라는 것이다.

---

9) 바타와 산니는 外道의 이름으로 바타란 가장 훌륭한 존재라는 뜻이고, 산니는 군대가 있어 강력하다는 뜻이다.

10) 가섭바(迦葉波)는 가섭 3형제가 처음에 부처님의 제자가 되기 전에 모셨던 외도와 火龍을 숭배하였다.

6. 歸無歸執

돌아갈 데가 없는 데에도 돌아가려는 執着이다. 行陰을 消滅한 이가 識陰定 중에 行陰의 空함을 궁구하여 허무로써 究竟의 性을 삼아 영원히 멸하는 것을 의지하여 귀의할 곳이라고 견해를 내게 되면, 이 자는 '돌아갈 곳이 없는 데 돌아가려고 하는 執着'에 떨어져 無想天 가운데 瞬若多[11] 등과 반려가 된다. 이는 斷空을 잘못 計度하여 돌아가 쉴 자리(休歸處)로 삼으려 한 것이니, 幻滅의 허망한 境界는 허공꽃과 같아서 진실한 귀의처가 아님을 알지 못하기 때문이다. 이것은 뚜렷이 허무한 마음으로 空亡果를 이루려 하는 것이니 圓通을 어기고 涅槃을 등지게 된다.

7. 貪非貪執

탐내지 말아야 할 것을 탐내는 執着이다. 行陰을 窮究하여 生滅을 없앴으나 아직 識陰定에 있어 寂滅을 얻지 못한 자가 몸이 常住하기를 탐하여 영원히 죽지 않으려는 생각을 내면 곧 貪과 非貪의 執着에 떨어져 長命을 구하는 아사타[12]들과 반려가 된다. 이것은 命元을 執着하여 몸의 견고함을 영원히 지키려는 堅固妄心을 因으로 세우는 것이다.

8. 眞無眞執

11) 순야다(瞬若多)는 0(零), 空을 의미하는 말로 여기서는 虛空神, 또는 空生天을 말한다.

12) 아사타(阿斯他)는 無比라고 번역하며 비교할 수 없는 유명한 仙人이라는 뜻으로 수백 년을 산 長壽仙人이다.

眞이 아닌 것을데 眞이라고 고집하는 執着이다. 行陰의 空함을 얻어 生滅은 없앴으나 寂滅을 얻지 못한 이가 塵勞의 消滅을 寂滅로 오인하고 塵勞와 我의 命에 執着한다. 이 자는 '識陰이 다하게 되면 나의 壽命도 다할 것이니 누가 진실한 영원을 證得하겠는가'하는 懷疑에 빠져 오히려 消滅할 대상인 塵勞에 執着하고 세속의 욕망을 즐기려 한다. 이는 眞과 無眞의 執着에 떨어져서 佛菩提를 미혹하고 知見을 망실하는 것으로 타지가라[13)]들과 반려가 되어 外道에 빠지게 된다.

9. 定性聲聞 增上慢

궁극의 寂滅에 이르지 않고 직전에 만족하려는 것이다. 識陰定에 들어 寂滅을 앞에 둔 자가 생명 가운데 정미로움과 거침을 분별하고 眞과 僞를 疏決하며 因과 果가 서로 갚아지는 것이라 하여 오직 感應만을 구하여 청정한 道를 등지는 경우이다. 苦集滅道를 통하여 寂滅에 이르기 직전에 前進을 멈추고 쉬려고 하면 定性聲聞에 떨어져 모든 增上慢인 無聞비구[14)]들과 반려가 되어 佛菩提를 미하고 正知見을 망실하게 된다.

10. 定性辟支 不回心者

辟支와 같이 마음을 돌이키지 못하고 만족하여 고집하는

---

13) 타지가라(吒枳迦羅)는 欲界 第6天의 天主이다.

14) 無聞비구는 4선정을 얻고서 아라한이 되었다고 착각하여 大妄語의 죄로 지옥에 떨어졌다는 비구이다.

것이다. 生滅은 없앴으나 寂滅을 아직 이루지 못한 자가 만약 원융하고 청정한 覺明에 대해서 깊고 묘한 진리를 개발하고 연구를 함에, 이를 涅槃으로 여기고 더 이상 前進하지 않으면서 殊勝한 견해를 내는 것이다. 이 사람은 定性辟支에 떨어져서 마음을 돌리지(回心) 못하는 緣覺, 獨覺들과 반려가 되어 佛菩提를 迷하고 正知見을 망실하게 된다.

識陰이 다할 때까지 생기는 魔는 경계에 대한 執着으로 見魔라고 한다. 行陰에서는 外道見을 이루나 識陰에서는 그 境界에 執着하여 머물러 스스로 外道가 되어 버리는 것이다. 10가지 識陰魔 중 앞의 8가지는 外道를 나타낸 것이고 끝의 2가지는 聲聞과 緣覺이다. 대승의 견지에서는 定性聲聞과 定性緣覺도 부처님이 가르친 소승법에 의지해서 修行하여 과를 얻었지만 그래도 寂滅을 성취한 성불에 이르지 못하였기 때문에 마에 해당하는 것이다.

이것은 寂滅에 이르는 마지막 岐路에서 道를 궁구함에 있어 나아갈 곳을 잃고 중도에서 狂解를 내어 나타나는 境界를 잘못 이해하는 것이다. 寂滅의 자리는 그 境界마저 사라진 후에 現前하는 것인데 오히려 境界를 궁극의 眞理의 자리로 여기고 마침내 마음을 쉬고 궁극의 歸依處로 삼은 것이다. 결국 스스로의 그릇된 견해와 잘못된 알음알이가 재앙이 되어 見魔가 된다.

Ⅳ. 五十陰魔의 의의

1. 五陰을 멸하여 果位를 얻음

色, 受, 想, 行, 識의 五陰을 모두 멸하면 佛知見의 果位를 얻게 된다.

> "識陰이 만일 다하면 너의 現前의 모든 根을 互用하리니, 互用의 가운데로부터 보살의 金剛乾慧에 들어가서 원만하고 밝고 정미로운 마음이 그 중에서 發化하되 마치 깨끗한 유리 속에 寶月을 넣은 듯 하며, 이와 같이 10信, 10住, 10行, 10回向, 4加行의 마음과 보살이 행하는 金剛 10地를 뛰어 넘어서, 等覺이 圓明하여 如來의 妙莊嚴의 바다에 들어가 보리를 원만히 갖추어서 無所得에 돌아가리라."[15)]

五陰의 소멸과정은 『楞嚴經』 8권에서 앞서 설법한 57위의 果位를 모두 證得하여 궁극에 妙覺의 位를 얻는 것이다. 識陰까지 다하면 六門이 소멸되기 때문에 모든 根이 호용되는 것이며, 이렇게 호용한 가운데 金剛慧에 들어가서 圓明心을 발하는 것은 마음이 발화하는 것을 가리키는 것이며, 如來海에 들어가 無所得에 돌아가는 것은 참으로 닦아 道를 證得한

---

15) 覺性 『楞嚴經正解』下, 玄音社, p.1116. "識陰若盡 則汝現前 諸根互用 從互用中 能入菩薩 金剛乾慧 圓明精心 於中發化 如淨琉璃 內含寶月 如是乃超十信.十住.十行.十回向.四加行心 菩薩所行 金剛十地 等覺圓明 入於如來妙莊嚴海 圓滿菩提提 歸無所得

것이다.

2. 중생에게 漸修를 통한 成佛의 길을 열어줌

五陰은 衆生界를 구성하는 물질과 정신을 모두 나타내는 것이다. 이러한 중생은 六塵에 반연하여 일어나는 妄想을 眞으로 보고 이에 의지하기 때문에 生死와 煩惱의 輪廻에서 벗어나지 못하는 것이다. 經에서는 五陰이 妄想임을 깨닫고 五陰을 소멸시킴으로써 본래의 眞如心을 얻어 煩惱와 輪廻의 苦를 멸할 것을 제시하고 있다.

중생은 五陰이 본래 모두 원인 없는 妄想임을 모르기 때문에 거기서 인연 및 자연성을 본다. 그러나 妄想임을 알면 인연과 자연 모두가 허망한 것이니 따질 이유가 없는 것이다.

經의 말미에 허망한 五陰의 起滅에 대하여 부처님은 총괄적으로 밝히고 있다.

"네가 지금 因界의 옅고 깊음을 알고자 하면 色과 空은 色陰의 邊際이고, 觸과 離는 受陰의 邊際이고, 記憶과 忘覺은 想陰의 邊際이고, 滅과 生은 行陰의 邊際가 되며, 湛으로 들어가 湛에 합함은 識陰의 邊際에 돌아가느니라.

이 五陰이 원래 중첩하여 생겼으니, 생길 때는 識으로 인하여 있고, 소멸할 때는 色으로부터 제거한다. 이치는 곧 단박에 깨달음이라. 깨달으면 한꺼번에 다 녹일 수가 있지만, 현실은 단박에 제거하지 못하는지라 차례로 없앤다. (생략) 너는 응당

이 妄想의 근원을 가져서 마음이 開通하고, 장래의 末法 중에서 修行하는 이에게 전해 주어, 허망함을 알아서 깊이 싫어함을 내게 하고, 涅槃이 있음을 알고 三界를 그리워하지 않게 하라."[16)]

邊際란 가장자리, 즉 境界를 말한다. 色, 受, 想, 行, 識이 모두 경계가 있어 한 경계를 넘어서야지만 다음 경계에 들어서 消滅할 수가 있다. 五陰이 형성된 이치는 처음에 무명에 의한 識의 허망으로 인하여 逆으로 생긴 것이지만, 현실적으로 이를 모두 消滅하기 위해서는 마치 양파의 껍질을 벗기듯이 가장자리에서부터 하나씩 소멸해 들어가 마지막으로 識을 소멸하여 寂滅의 도리를 얻는 것이다. 이는 『楞嚴經』에서 頓悟漸修가 佛知見을 얻는 正法임을 천명한 것이다.

Ⅴ. 結 論

五陰魔에 대하여 行陰과 識陰을 중심으로 점검해 보았다. 修行이 깊어갈수록 찾아오는 魔障도 교묘하고 미세하게 修行者를 교란한다. 行陰과 識陰의 魔障을 色, 受, 想의 魔障과 비교해보면 行陰과 識陰은 果位인 佛知見에 대해 修行者의 지혜를 가리는 경향이 크다. 이로 인해 修行者는 안팎으로

16) 覺性 『楞嚴經正解』下, 玄音社, p.1142. "汝今 欲知因界 惟色與空 是色邊際 惟觸及離 是受邊際 惟記與忘 是想邊際 惟滅與生 是行邊際 湛入合湛 歸識邊際 ... 汝應將此妄想根元 心得開通 傳示將來末法之中 諸修行者 令識虛妄 深厭自生 知有涅槃 不戀三界"

果位에 대한 미망을 일으켜 生滅을 不滅로 오해하게 되고 결국 外道의 길로 빠진다. 비록 修行者가 지금까지 수승한 禪定을 쌓아왔다고 하더라도 成佛의 果位를 이루지 못하는 한, 生滅의 業報에서 벗어날 수 없다. 生滅의 業報를 완전히 벗어나지 못하는 한 殺, 盜, 淫의 3惑에서 자유롭지 못한 것은 聖位의 高低를 막론하고 마찬가지이다. 만약 이와 같은 生滅心을 끝내 놓지 못하고 오히려 그것이 진리라는 결론이 나오게 되었다면, 이미 그 수행자는 外道의 길로 빠지고 만 것임을 알고 항상 禪定을 닦음을 거울과 같이 하여야 할 것이다.

首楞嚴經 講解 小考

불기 2554(2010)년 6월 20일 초판 1쇄 인쇄
불기 2554(2010)년 6월 25일 초판 1쇄 발행
불기 2562(2018)년 12월 20일 초판 2쇄 발행

지은이 통화불교 전강원

펴낸이 이 규 택

펴낸곳 경 서 원

110-170 서울시 종로구 견지동 55-2

등록번호 제 1-37호 (1980. 7. 22)

☎ 편집부 02) 733-3345

영업부 02) 733-3346

전 송 02) 722-7787

파본은 바꾸어 드립니다.

값 30,000 원

ISBN 978-89-92062-69-5